ARMAS PARA QUÊ?

ANTÔNIO RANGEL BANDEIRA

ARMAS PARA QUÊ?

O USO DE ARMAS DE FOGO POR CIVIS NO BRASIL E NO MUNDO, E O QUE ISSO TEM A VER COM SEGURANÇA PÚBLICA E PRIVADA

LeYa

Editor executivo: Rodrigo de Almeida
Produção editorial: Anna Beatriz Seilhe
Preparação: Bárbara Anaissi
Revisão: Eduardo Carneiro
Capa: Angelo Bottino
Diagramação: Filigrana

Dados Internacionais de Catalogação na Publicação (CIP)
Angélica Ilacqua CRB-8/7057

B164a

Bandeira, Antônio Rangel

Armas para quê?: o uso de armas de fogo por civis no Brasil e no mundo, e o que isso tem a ver com segurança pública e privada / Antônio Rangel Bandeira. – São Paulo: LeYa, 2019.

416 p.

ISBN 978-85-7734-681-3

1. Armas de fogo 2. Armas de fogo – Legislação 3. Controle de armas 4. Segurança pública 5. Desarmamento 4. Violência I. Título

19-0748 CDD 344.8105
CDU 341.67

Editora Casa da Palavra
Avenida Eng. Armando de Arruda Pereira, 2.937
Bloco B - Cj 302/303 B - Jabaquara
04309-011 - São Paulo - SP
www.leya.com.br

"O primeiro homem a atirar um insulto na cara de seu inimigo, e não uma lança, esse homem foi o verdadeiro fundador da civilização."
Sigmund Freud

"As três coisas mais perigosas na vida são croquete de botequim, mulher dos outros e arma de fogo."
Stanislaw Ponte Preta

***In memoriam* de Pablo Gabriel Dreyfus**,
pioneiro no estudo do universo das armas pequenas
e seu impacto na segurança pública, tragicamente
morto, com sua esposa, Ana Carolina Dreyfus,
em acidente aéreo no oceano Atlântico, em 2009.

***In memoriam* de Valéria Velasco**, jornalista do *Correio
Braziliense,* uma das fundadoras do movimento que levou
à aprovação do Estatuto do Desarmamento, diretora do
Convive (Comitê Nacional de Vítimas de Violência),
falecida em 2018 em plena luta pelo controle de armas.

Agradecimentos à psicanalista Gláucia Helena Barbosa, minha esposa e companheira, pela leitura crítica dos originais; ao Sebastião dos Santos, presidente do Viva Rio, pela constante colaboração; ao Rubem César Fernandes, que através do Viva Rio me deu apoio à empreitada; ao jornalista Yuri Moraes, incansável na busca de informações; e ao estatístico Marcelo Nascimento, estimados amigos.

SUMÁRIO

Apresentação

Todos queremos mais segurança. Ricos e pobres, estamos sob ameaça, principalmente esses últimos. O país atingiu níveis insuportáveis de violência armada. Este livro é sobre os fracassos e acertos alcançados, no Brasil e no mundo, na controversa e antiga relação entre as armas de fogo, os cidadãos e a segurança pública.

Há que se reconhecer que o Estado brasileiro tem falhado reiteradamente em cumprir o seu dever constitucional de proteger a população. Neste cenário desesperador, é compreensível que surja todo tipo de proposta salvadora, principalmente em referência ao uso de armas por civis. Vamos discuti-las aqui, com objetividade e a partir de evidências empíricas, com base em pesquisas científicas, avaliando prós e contras.

O governo, e parte de seus apoiadores, propõe que as pessoas se armem e se defendam sozinhas, como sucedia em tempos antigos, quando a guarda só protegia o rei, a nobreza e o território do reino, ficando os súditos entregues à própria sorte, ou azar. A falência de nosso Estado leva a que se busque essa regressão. É uma proposta motivada pelo medo natural, pelo ódio contra a crueldade dos bandidos, pela descrença num poder público incompetente e por determinada visão das causas da atual violência urbana. Vamos avaliar esses fatores e comparar com as diferentes soluções propostas.

Falência do Estado – O Estado tem se mostrado incapaz, impotente ou cúmplice para enfrentar os fortes interesses por trás da criminalidade. A banda podre da polícia é sócia do crime organizado e de grupos empresariais e políticos, enquanto a milícia associa de forma ainda mais ampla esses influentes atores da nossa sociedade. Setores com poder político, econômico e militar se unem, não contra o Estado, mas através do sequestro de vários de seus braços, agindo por fora e por dentro das instituições públicas. Os novos governantes oferecem uma saída aos cidadãos: "Armem-se e defendam-se!" À polícia, recomendam: "Atire para matar." São essas as soluções? O que ensina a experiência internacional?

Ambivalência das armas – Analiso a tendência de não se levar em consideração a ambiguidade da arma de fogo. As pessoas tendem a se dividir entre as que a glorificam e as que a demonizam. Os primeiros a veem pela perspectiva de seu uso positivo, como artefato para autodefesa, caça, tiro esportivo, ferramenta do policial e do militar, e mesmo instrumento de libertação política. Enquanto os segundos observam seus efeitos destrutivos, como acidentes infantis, suicídios, crimes passionais, principal ferramenta de trabalho de ladrões e outros delinquentes, como fator de morte do usuário e seus familiares. Avaliaremos com isenção ambas as perspectivas.

Razões deste livro – Estava preparando minha aposentadoria, quando amigos que fiz durante os anos de luta pelo controle de armas no Brasil, na Organização das Nações Unidas (ONU), e em diversos países, fizeram-me um apelo, que resumo assim: "Os pioneiros se aposentaram ou morreram. Os jovens não viveram o passado. Você é um dos únicos que estiveram desde o início no epicentro do movimento brasileiro e internacional pelo controle de armas. Tem a obrigação de transmitir as informações e experiências acumuladas em vinte anos de luta, antes de pendurar a chuteira. Ainda mais agora, com os avanços sob ameaça de retrocessos, num Brasil que foi vanguarda nesse tema novo e crucial. Se o atraso vencer, vai sentir remorsos por não dar essa colaboração final." Juntando esse apelo, quase uma chantagem emocional, à angústia de ver a segurança em nosso país entrando em colapso, com taxas estratosféricas de homicídio, com a ameaça de repetirmos os erros de determinados países, não consegui dizer não.

História das armas – É a história dessa luta pelo controle de armas, no mundo e no Brasil, que pela primeira vez aqui se conta. Tema polêmico, difícil porque infiltrado por fortes sentimentos paradoxais de pavor e raiva, facilmente manipuláveis. Mas assumi a missão, e tratei de transmitir um assunto que deve ser técnico, por isso maçante, em um texto mais fácil de ser lido, inserindo as pesquisas acadêmicas no seu contexto histórico e político; revelando os bastidores em que normas foram aprovadas ou engavetadas; investigando cumplicidades e interesses inconfessos por trás da lei não cumprida; relatando atitudes corajosas e solidárias, que salvaram milhares de vidas. Sem omitir as paixões e posturas ideológicas, onipresentes nos debates sobre uso de armas, busquei analisá-las com racionalidade e em sua relação com os dados das pesquisas. Pretendi também tornar a narrativa de episódios com armas e vítimas, genocídios e dramas pessoais, alguns episódios horrendos, em uma leitura mais suportável, e dentro do possível interessante.

Parlamentares esclarecidos – Motivou-me também o objetivo de bem informar, de maneira fundamentada e isenta, nossos representantes no Congresso Nacional, para que decidam com conhecimento de causa sobre um problema recente e complexo. Diante da ameaça de revogação da Lei de Controle de Armas vigente, é essencial que coloquem em primeiro lugar a segurança pública dos brasileiros, levando em conta estudos e pesquisas respeitados internacionalmente. Esses devem pesar mais na hora de decidir do que opiniões de leigos raivosos, de segmentos fanáticos das redes sociais e, no pior dos casos, dos interesses exclusivos do monopólio Companhia Brasileira de Cartuchos (CBC)/Taurus e dos fabricantes estrangeiros de armas e munições.

Opinião pública – Viso em seguida esclarecer a opinião pública, que está relativamente bem informada, ou tem aprendido com o sofrimento. Enquete de opinião do Datafolha, realizada em 5 de julho de 2019, isto é, dias após a assinatura dos decretos presidenciais alterando o Estatuto do Desarmamento, demonstrou que 66% dos brasileiros são contra a posse de arma por civis, enquanto 70% são contra o seu porte. Isto é, os últimos decretos presidenciais liberando as armas afrontaram a vontade da maioria esmagadora da população.

Mas todos, prós e contra, encontrarão aqui a oportunidade de conhecer informações de difícil acesso relativas ao universo das armas, cujo mercado se mantém oculto por fortes interesses comerciais e por cidadãos que não cumprem a lei. Quais as armas que aqui circulam? Quem as possui? De onde vêm? Para onde vão? Como são usadas? Qual seu impacto na segurança e na saúde públicas? Prestam-se a uma autodefesa eficiente? Estas são questões-chave para se entender a dinâmica de um instrumento feito para matar, e que, portanto, tem que ser monitorado para que não fulmine de forma indesejável familiares, inocentes ou o próprio dono.

Campeão de homicídios – Embora sejamos o quinto país em população, atrás de China, Índia, EUA e Indonésia, com desconforto e vergonha constatamos que nossa sociedade ocasiona o maior número absoluto de mortes violentas intencionais no mundo. Em 2017, tivemos 65.602 homicídios dolosos, 180 por dia, 72,4% dessas mortes provocadas por arma de fogo. A título de comparação, o Japão, que tem uma das leis mais restritivas de armas para civis, teve apenas 6 mortes durante todo o ano de 2014. E nós não estamos em guerra. Com razão, o veterano correspondente de guerra da CNN Peter Arnett advertia já em 1994, quando a violência urbana como fenômeno social tomou vulto: "A violência nas grandes cidades é mais grave do que nas guerras."

Apesar de o Brasil contar com apenas 3% da população global, é responsável por 14% dos homicídios do planeta. Uma em cada 13 mortes por arma de fogo é de um brasileiro, mais de 75% atingindo a nossa população negra. Na escala de homicídios de jornalistas, estamos em quarto lugar. Na de feminicídios, em quinto. A nossa polícia é a que mais mata e a que mais morre. Mata e morre cinco vezes mais que a norte-americana. Nos congressos internacionais, fico constrangido. Estamos muito mal na foto.

Controle de armas – Para enfrentar essa dura realidade, que começou sua escalada em meados dos anos 1980, desde o governo Fernando Henrique Cardoso foram tomadas medidas inovadoras no campo do controle de armas, prosseguindo no governo Lula, com resultados devidamente mensurados e positivos. Não foram a panaceia, e desde o início advertimos que era necessário avançar simultaneamente na reforma da polícia, dos presídios, das penas, no combate eficaz ao crime organizado e à milícia e na democratização do Judiciário, para ficarmos no básico. Pouco se fez de inovador nesses setores estratégicos. Não há solução única para problema complexo.

Nessas áreas, é preciso rever o que está em vigor há quarenta anos, não deu certo e se repete. É necessário parar de fazer mais do mesmo. Não adianta aumentar os esforços e investimentos na implementação da mesma política mudando aspectos simbólicos e marqueteiros mas seguindo o mesmo norte. Ao contrário do que se pensa, gastamos muito com segurança. O Brasil despende o mesmo em segurança pública que a média dos países europeus, mas a distância entre a situação de um e outro é abissal. O diagnóstico é que nosso problema não é dinheiro, mas política equivocada, cumplicidade e corrupção. Gasta-se muito e mal, como veremos.

Novos decretos presidenciais – Por meio de meros decretos, o governo propôs como "novo" um verdadeiro retorno ao passado de antes da democratização, acabando com a inovação e regredindo no tempo ao facilitar ao máximo o acesso às armas, como era feito durante o regime militar. Na verdade, tenta fazer pior, liberando armas de uso militar para civis, o que nem a ditadura ousou fazer. Tempos em que a violência do Estado era terrível, embora a violência urbana ainda não fosse um problema sério. Hoje, o mundo mudou e o Brasil não é mais o mesmo. Armas que antes feriam mais, agora matam mais do que ferem. O cenário agora é outro, e está se liberando o acesso às armas no pior momento, num ambiente de crime organizado fortíssimo e descontrolado, de enorme infiltração nas polícias e em setores capturados do Estado, de polarização política extrema, de crise econômica com altos índices de desemprego, de descrença na representação política e nas autoridades públicas. Variáveis mais que suficientes para a tempestade perfeita de explosão da violência homicida. É inevitável que vislumbremos um banho de sangue no futuro próximo, se tomamos o mesmo caminho que desgraçaram países como El Salvador, Honduras e Venezuela, hoje os mais violentos do mundo. Cansei de advertir o governo salvadorenho, inutilmente, quando abandonou a incipiente e bem-sucedida política de controle, com a qual eu colaborava, e liberou as armas.

Sobre os decretos presidenciais contra o Estatuto, a unanimidade dos pronunciamentos das instituições jurídicas do país e as presidências da Câmara e do Senado os consideraram "inconstitucionais" e, portanto, "ilegais". Catorze governadores, inclusive aliados políticos do presidente, e os especialistas em segurança pública, advertiram que os decretos irão fomentar mais ainda a violência. Nada menos que 11 ex-ministros da Justiça e da Segurança Pública, de diferentes governos, divulgaram carta alertando para as graves consequências de se destruir o que fizeram no controle de armas nos últimos vinte anos, e que vinha dando bons resultados.

As aparências enganam – O circuito das armas de fogo se mantém camuflado dos leigos, que têm dele uma percepção distorcida, sem se darem conta que as aparências enganam. Por isso, o cidadão mal ou pouco informado só teria a ganhar se abandonasse o "achismo" dos leigos e levasse em consideração os estudos feitos por entidades idôneas e capacitadas. Por exemplo, não é surpreendente que, dos cerca de 1 bilhão de armas de fogo pequenas e leves que circulam no mundo, segundo o respeitado *think tank* suíço *Small Arms Survey*, 85% se encontrem nas mãos da população civil e não das polícias e das Forças Armadas (FFAA), como geralmente se imagina? No Brasil não é diferente. Estão com civis 88% as cerca de 17 milhões de armas que aqui circulam, de acordo com a ampla pesquisa nacional *Brasil: as armas e as vítimas*, cuja seriedade foi elogiada inclusive pelo Exército. No entanto, há quem diga que "se o povo estivesse armado, a criminalidade seria menor". O fato de os armamentistas não produzirem pesquisas que confirmem suas teses, e desprezarem os inúmeros estudos existentes, faz também com que afirmem que "o problema são as armas estrangeiras", quando pesquisas sérias apontam que 83% das armas apreendidas na ilegalidade são de fabricação nacional. Antes de analisarmos as propostas de políticas de armas que estão na agenda, convém conhecer a situação global, onde o Brasil se insere. Mesmo porque armas não respeitam fronteiras.

Todos os ângulos do problema – Os títulos dos capítulos explicitam os vários aspectos relacionados ao uso civil de armas aqui analisados. Parto do início dos anos 1990, em que pela primeira vez especialistas relacionaram o aumento da violência armada urbana à proliferação das armas pequenas, discorro sobre a formação do movimento internacional pelo seu controle, os seus resultados em países simbólicos quanto ao tema, como Estados Unidos, Suíça, Japão e Austrália, os primórdios da luta no Brasil, seus avanços e recuos, os bastidores do Congresso Nacional e as alternativas à nossa frente.

A Lei é democrática – A aprovação da nova Lei de Controle de Armas, popularmente conhecida como Estatuto do Desarmamento, se deu às vésperas do Natal de 2003. Foi o resultado de cinco anos de pesquisas, mobilização social, debates públicos, marchas nas principais capitais do país e até mesmo diálogo no enredo de novela de televisão. Um ano de debates acalorados no Congresso e, por fim, a votação de uma lei avançada porque originada na sociedade. Longo processo democratíssimo de decisão. Lei curta, de 36 artigos, mas pouco conhecida, aqui comparada em detalhes com os principais projetos de lei que visam revogá-la, ou aperfeiçoá-la, avaliando no final os últimos decretos presidenciais.

Impacto do Estatuto – A comunidade internacional dedicada ao controle de armas se surpreendeu quando aprovamos uma lei tão de vanguarda, considerando-se que nosso país é conhecido lá fora por sua violência, desigualdade e atraso cultural, dos quais só escapam o futebol, o carnaval e a música popular. Como isso foi possível? Quais os verdadeiros resultados da implementação do Estatuto do Desarmamento, no que foi aplicado? Segundo o insuspeito Instituto de Pesquisa Econômica Aplicada (Ipea), nos catorze anos posteriores ao Estatuto, de 2003 a 2017, o índice de mortes por arma de fogo subiu em média 0,85%

ao ano, enquanto nos catorze anos anteriores à lei esse crescimento era de 5,44%, ou seja, mais de 6 vezes superior. De 2004 a 2016, essa nova lei salvou a vida de nada menos que 197.202 brasileiros. Resultado espetacular, aplaudido pela comunidade acadêmica e pelos organismos internacionais. Como então os que agora pretendem revogar a lei se baseiam no "fracasso do Estatuto do Desarmamento"? Quais são seus argumentos, suas fontes? Há que se admitir que os homicídios com armas voltaram a crescer de forma acentuada a partir de 2014. Culpa da lei? E se não fosse a lei? O que dizer da recente queda das mortes violentas? As pesquisas respondem.

Quem tem medo do Estatuto? – Fizemos essa pergunta básica e procuramos respondê-la com objetividade, analisando o obscuro universo das armas. Demonstramos que são os bandidos, que têm o acesso a armas e munições dificultado. As indústrias e comerciantes, que lucram menos e têm o seu faturamento reduzido com a queda na procura por armamento. Os prepostos que se beneficiam indiretamente da sua venda, mas cuja missão em órgãos estatais, pagos pelo contribuinte, deveria ser o de fiscalizar sua fabricação e circulação, combatendo seu comércio ilícito e uso indevido. Não querem a fiscalização e restrições das armas os parlamentares que têm suas campanhas eleitorais financiadas pelo monopólio da indústria de armas e munições e por fabricantes estrangeiros, subordinando a defesa da segurança da população a esses benefícios. Gláucio Ary Dillon Soares, o decano dos sociólogos brasileiros, denuncia: "Há uma tentativa do lobby das armas de acabar com o controle de armas pelo mais torpe motivo: dinheiro!"

A esses devemos somar os policiais-bandidos e milicianos, traidores vis de seus companheiros de farda, que vendem armas para o crime organizado, que têm dificultadas as transações que fazem com armamento ilegal. Todos esses atores ganham com o descontrole das armas. Estão todos satisfeitos com os novos decretos presidenciais, que vieram lhes facilitar a vida. E, por último, mas não menos importantes, consideram-se prejudicados com o Estatuto os cidadãos bem-intencionados, mas mal informados, que se agarram à ilusão da autodefesa, cativos da memória juvenil dos filmes de faroeste e super-heróis e inseguros diante da omissão do Estado em protegê-los.

Quem perde com o descontrole de armas? – As pesquisas mostram que é a população em geral, que verá os índices de violência armada fugirem totalmente ao controle, mergulhando o país num banho de sangue que nos dará saudades da violência atual. As famílias, que sofrerão assaltos mais frequentes e mais violentos por parte de bandidos, agora também em busca de armas e munições em suas residências. A polícia, que correrá mais risco, morrerá mais e matará ainda mais, que terá seu trabalho dificultado, tendo que lidar com conflitos de "pessoas de bem" armadas e fazer abordagens mais perigosas, além de enfrentar bandidos mais bem armados. Não é por acaso que a Associação Nacional dos Praças da Polícia Militar (Anaspra), apoia a lei em vigor, e que o então ministro da Segurança Pública, Raul Jungmann, tenha advertido: "Se aprovadas as mudanças no Estatuto do Desarmamento, vai aumentar o número de homicídios. Entre as primeiras vítimas estarão os policiais."

Lobbies da bala e da lama – Fomos informados recentemente da facilidade com que o lobby das mineradoras engavetou qualquer medida eficaz de fiscalização das suas barragens, o que levou às tragédias de Mariana e Brumadinho. Já no campo das armas, interesses mesquinhos podem causar outra tragédia, criando o cenário para um morticínio muito maior. Depois de refeito da surpresa de uma primeira derrota, com a aprovação do Estatuto, o rico lobby da bancada da bala se reorganizou e voltou forte, dando sucessivas mordidas no texto legal que controla esses produtos perigosos, e agora já pretendendo destruí-lo, para euforia dos negociantes de armas.

O que vai se passar no Congresso, onde 33 projetos na Câmara tentam proteger a Lei, declarando inconstitucionais os últimos decretos presidenciais? Onde tramitavam 642 projetos, contra e a favor da lei vigente? O que é e o que está por trás do Projeto de Lei nº 3.722, que aglutina as propostas da bancada da bala? Avalio as novas normas e os principais projetos, para reflexão dos parlamentares e da opinião pública.

A experiência internacional – Construir uma boa política de armas não é uma questão de bile, emoção e vingança, mas de método. Vamos unir esforços e olhar em volta, não para buscar só o que desejamos encontrar, mas pesquisar, comparar, sem viés ideológico preconcebido. Considerando nossa especificidade, aqui avaliamos as experiências exitosas e as catastróficas, para não repetirmos os erros alheios, pois já bastam os nossos. O que fizeram as nações que foram capazes de construir sociedades pacíficas? É necessário aprendermos com as políticas bem-sucedidas.

PREFÁCIO

Raul Jungmann*
Ex-ministro da Segurança Pública

Este não é um livro acadêmico, embora rigoroso tecnicamente. É um manual para a defesa da vida – a sua e a de todos. Um guia para combater os que usam de artifícios, da falsidade ideológica, da pseudociência, do medo e da insegurança para promover a liberação das armas, em detrimento da inadiável reforma da segurança pública.

Por isso, seu autor despendeu quatro anos de pesquisa e coleta de dados para produzir este livro militante, mas de uma atenção rigorosa às melhores evidências técnicas e científicas no Brasil e no mundo, na academia e na história.

Antônio Rangel nos dá, nas páginas que se seguem, a melhor e mais completa contribuição em defesa da razão pela qual as armas requerem uma política pública focada no seu controle, sem descuidar das demais medidas de prevenção, repressão qualificada e legislação eficaz e moderna, na área da segurança pública.

Sua obra vem num momento agudo, em que pressões de ordem conservadora e comercial investem contra o Estatuto do Desarmamento e todo o aparato regulatório que busca estabelecer controles sobre o flagelo das armas. Por detrás dessa nova investida, estão os ineficientes serviços de segurança prestados pelo Estado, os altos índices de homicídios e mortes – entre os maiores do mundo –, aos quais se associa e é impulsionada a "comunidade das armas".

A tese principal é simples, eficaz e falsa: se a segurança pública não funciona, que se liberem as armas, para que todos possam se defender do crime

* Raul Jungmann foi ministro da Reforma Agrária, da Defesa Nacional e da Segurança Pública. Como deputado federal (PPS/PE), foi o criador e presidiu a Subcomissão de Armas e Munições da Câmara Federal. Como deputado, coordenou a Frente Parlamentar pelo Controle de Armas: pela Vida e pela Paz.

e da violência que nos assolam e encurralam. Aceita, essa tese nos conduziria ao armamento indiscriminado, inclusive das nossas famílias, filhos e netos, multiplicando ao infinito, não a sua defesa, mas o risco às suas vidas, pois, em qualquer ambiente em que muitos estejam armados, é inegável o maior risco de cada um e de todos. Secundariamente, elevar-se-ia o risco para os que fazem a segurança pública, em especial nossas polícias, maximizando as perdas atuais de vidas, já inaceitáveis.

É para estes que esse guia indispensável se destina, como também para parlamentares, estudantes, professores, formadores de opinião, autoridades civis e militares, ONGs, Judiciário e Ministério Público, além de toda a cidadania. É preciso que suas informações sejam levadas a escolas, sindicatos, associações, partidos, igrejas etc., e muito especialmente às redes sociais, formando círculos de debates e mobilização por todo o país. Apenas um amplo e aberto movimento pelo controle das armas, pela vida e pela paz, poderá barrar a barbárie e a regressão que nos ameaçam.

Porém, não percamos de vista algo essencial: a má segurança pública e a insegurança consequente agem diretamente sobre o apoio às teses armamentistas. Daí que a luta pelo controle jamais poderá ser dissociada da luta por uma segurança universal e de qualidade para todos. Caso contrário, nossa defesa da vida e do controle das armas terá seu horizonte e sucesso limitados.

É ainda necessário, nessa jornada, reunir o que equivocadamente separamos no passado, qual seja, a luta pela segurança pública associada aos direitos humanos, ambos complementares e prioritários, de modo a evitarmos correr o risco do isolamento. Como também deixar claro que propomos o controle das armas, não sua erradicação, e que os que se habilitarem, de acordo com a lei, têm o direito à sua posse. Se não entendermos isso, estaremos jogando para o campo dos nossos adversários muitos dos que poderiam marchar conosco, ainda que com eles tenhamos divergências.

Um manual e um guia prático só alcançam a sua finalidade se se tornam fontes de ação coletiva, de mobilização. Essa, daqui em diante, depende de você, leitor/leitora. E também da sua generosa compreensão de que a luta pelo controle das armas é um compromisso ético com a vida, a paz e a democracia.

Mãos à obra, portanto!

PARTE 1

CONTROLE DE ARMAS NO MUNDO

*Reafirmo a necessidade da luta contra a
proliferação de armas de fogo e pela
construção de um mundo livre da violência,
em que a humanidade possa viver em paz.*
Papa Francisco

1. Origens do movimento pelo controle de armas

How many deaths will it take till he knows that too many people have died?
(Quantas mortes mais serão necessárias para que ele saiba que demasiadas pessoas morreram?)
Bob Dylan (*Blowing in the Wind*)

Um fenômeno recente: a violência urbana

A comunidade internacional respondeu de forma lenta ao crescimento da violência urbana nas três últimas décadas. Uma das razões foi ela representar um problema complexo, nem sempre bem avaliado, e que, portanto, exige soluções complexas, que contrariam análises simplistas ou interesses poderosos.

Diversas pesquisas internacionais buscaram as causas dessa violência, comparando países, e listaram, *grosso modo*, cerca de 40 variáveis. Deram mais peso à perda de confiança nas autoridades, à má qualidade da polícia, dos sistemas judiciário e carcerário, ao descontrole das armas, narcotráfico e corrupção do Estado, e a variáveis estruturais, como desemprego e exagerada desigualdade social, além de fatores comportamentais, como exposição à violência durante a infância e juventude, brutalidade contra as mulheres, entre outras influências. Seria a combinação dessas variáveis, diferentes em cada país, que faz eclodir a violência ou não. Daí encontrarmos países com razoável quantidade de armas nas mãos de civis, como o Canadá, onde vivi, mas que são pouco violentos, devido aos altos índices de bem-estar social, polícia eficiente, confiabilidade nos governantes, fiscalização das armas, em geral de caça etc. Países como o Brasil, com grande desigualdade na distribuição de renda, falta de legitimidade das autoridades e das instituições, corrupção minando fortemente as corporações policiais, política de segurança concentrada apenas na repressão e não na prevenção e inteligência, impunidade da maioria dos crimes cometidos, sistema penitenciário sob controle de facções criminosas, crime organizado em expansão, proliferação e descontrole de armas, Judiciário não democrático e lento, enormes setores do Estado capturados pela corrupção, crise econômica e altos índices de desemprego, criam a tempestade perfeita para a violência urbana de grandes proporções que sofremos.

De questão inexpressiva na agenda internacional, o controle de armas pequenas e leves (Small Arms Light Weapons, SALW)[1] se tornou um dos temas mais considerados por sua relação com o presente tema central do terrorismo e por seu nexo com a crescente violência urbana e o crime organizado.

O "século de paz" não chegou

A proliferação e o descontrole das SALW em nível mundial são um problema recente na agenda internacional, surgido no início da década de 1990. Até então, o que caracterizava a geopolítica do mundo era a Guerra Fria. Essa tensão permanente condicionava tudo, em particular os universos bélico e policial. O inimigo, fosse externo, fosse interno, era o sistema oponente. Não que até esse período não existissem tráfico de armas e conflitos locais. Mas eram reprimidos e limitados pelo temor de gerar um descontrole que levasse ao fortalecimento do sistema inimigo e à deflagração de um conflito nuclear, latente e ameaçador. Em tensão, as potências hegemônicas, e seus aliados, tudo subordinavam de forma a não colocar em risco esse delicado equilíbrio de forças nucleares. Simultaneamente, a repressão buscava solapar qualquer veleidade de reforma social, logo considerada "subversão da ordem", seja no sistema capitalista ou comunista.

Com a imprevista e surpreendente abertura promovida por Gorbachev na União Soviética, em 1989, a crise resultou na implosão do sistema soviético. Com a abertura da Cortina de Ferro, expressão cunhada por Churchill, consolidava-se o modelo capitalista, e em menor grau, e nem sempre, o regime democrático. Apressadamente concluiu-se que o término da Guerra Fria traria como consequência "um século de paz", como diziam os analistas, os mesmos que não previram o colapso da URSS.

Nada mais equivocado. Com a redução do controle das superpotências nucleares sobre os países em desenvolvimento, eclodiram conflitos locais de todo tipo: étnicos, religiosos, nacionais e tribais. Nações artificialmente unificadas, como a Iugoslávia e a Somália, submergiram em guerras civis, a violência alcançou níveis nunca vistos em muitos centros urbanos e nos últimos anos o terrorismo atingiu vários países. Cresceu o protagonismo dos atores não estatais, como organizações rebeldes, criminosas ou terroristas. Em conluio, ou não, com países exportadores, inundaram o mercado ilícito internacional de armas de fogo.

A difusão das SALW, condicionada pelo fim do bipolarismo, deveu-se a um somatório de fatores. O esboroamento do sistema soviético levou à redução, e modernização, de seu arsenal bélico, na Rússia e nas demais ex-repúblicas soviéticas, gerando enorme desvio e contrabando de armas. Tornadas obsoletas ou sem controle, inundaram o mercado clandestino em diferentes países, em especial a África, com preço mais baixo. Além da Rússia e da República Tcheca, outros grandes exportadores passaram a armar os novos conflitos locais, como Estados Unidos, Alemanha, Áustria, Espanha, Israel, Bélgica, Itália, Brasil, China, Suíça e África do Sul.

Quanto aos conflitos na América Central nos anos 1960 e 1990, o ex-presidente da Costa Rica Óscar Arias contou-me como costurou o armistício, pondo fim a quase três décadas de guerras civis, o que lhe valeu o Prêmio Nobel da Paz. Conflitos que provocaram uma devastação de vidas, em especial na Guatemala (200 mil mortos), El Salvador (75 mil) e Nicarágua (30 mil). Na Guatemala, visitei o grande lago de Atitlán, que, dizem, ficou tingido de vermelho com o sangue de 1.701 índios da etnia ixil, assassinados durante a ditadura do general José Efraín (1982-83). O processo do pós-guerra não evitou que milhares de armas militares ficassem nas mãos dos soldados desmobilizados, promovendo desvios para a criminalidade e incremento do mercado clandestino, principalmente do tráfico internacional.

Mais próxima de nós, e nos afetando mais diretamente, tivemos a Guerra das Malvinas. Em 1982, esse conflito, rápido e sangrento, terminou com a derrota da Argentina frente ao poderio britânico nessas ilhas austrais. Foi decisiva para a derrocada da ditadura militar do general Galtieri, bêbado contumaz, que tentou enfraquecer a oposição à ditadura pela união contra um inimigo externo conveniente. Com a derrota, vieram a crise econômica e a queda do regime autoritário, levando a uma drástica redução nos arsenais militares do país vizinho. Estudo realizado pelo Viva Rio, sob coordenação de Pablo Dreyfus, e a colaboração do Renar (Registro Nacional de Armas), então o órgão de controle de armas da Argentina, comprovou que parte desse armamento, de fuzis a granadas, veio abastecer o narcotráfico do Rio. Em 2001, 9% das armas apreendidas no estado do Rio tinham pertencido às forças públicas argentinas, assim como 103 granadas apreendidas em 2002, representando 23,4% do total.[2] Nossa investigação motivou a criação de uma Comissão Parlamentar de Inquérito (CPI), no Congresso argentino, que constatou que esse armamento, retirado dos depósitos para ser destruído, foi na verdade desviado por sargentos e oficiais daquele país, com a cumplicidade de setores da polícia de fronteira de ambos os países.

No Oriente Médio, os conflitos locais se acirraram e, nos países muçulmanos, as guerras no Afeganistão, Irã e Iraque dos anos 1980 tomaram outros rumos e continuaram com novos contendores. Na África, o processo de descolonização e independência desembocou em guerras civis brutais, atingindo diversas nações, em especial Angola, Moçambique, Guiné-Bissau, Namíbia, Congo, Sudão, Somália e Etiópia. Os preços dos fuzis russos Kalashnikov (AK) despencaram, difundindo-os pela população empobrecida e aumentando a criminalidade.

O caldeirão brasileiro

No caso do nosso país, além da disponibilidade e do baixo preço de tanto armamento no mercado ilícito internacional, que entra por fronteiras devassadas, e da falta de fiscalização interna das armas e munições aqui fabricadas, tivemos como principal causa da expansão do mercado ilícito de armas a entrada da droga. Ela se dá em meados dos anos 1980, num quadro de esvaziamento econômico do Rio de Janeiro. Na primeira fase, o Brasil serve de corredor para a droga destinada à Europa, mas logo se converte em grande mercado consumidor. Com a droga, vem a arma mais potente, de uso restrito, para garantir seu comércio em um mercado competitivo. Se em São Paulo o crime organizado se unifica em torno do Primeiro Comando da Capital (PCC), no Rio ele se fraciona em diferentes organizações que, aliadas a setores corruptos das polícias, passam a disputar território nas favelas. Dá-se uma combinação explosiva, que não prevalece nos países consumidores, entre drogas e armas, para nossa desgraça. Inicia-se dessa forma o crescimento infernal da violência urbana, que afeta as grandes cidades brasileiras e, nos últimos anos, também o interior, começando pelas cidades às margens das principais rodovias e depois se espraiando.

Fenômeno semelhante, embora em menor proporção, vai ocorrendo crescentemente em toda América Latina e Caribe. Uma verdadeira explosão incontrolada de violência, principalmente em El Salvador, Venezuela, Trinidad e Tobago, Guatemala e Honduras, até explodir no México, que ganha maior protagonismo com a repressão do narcotráfico colombiano. Nos quatro primeiros países, estivemos a convite de seus governos, fazendo sugestões a suas autoridades para melhorar o controle de armas. Mas, diante de um eleitorado amedrontado, predominaram a pressão do comércio e o populismo da autodefesa. E a violência escalou.

Como surge o tema das armas pequenas

Com o fechamento do ciclo de ditaduras militares que assolou diversos países, e o término da Guerra Fria, criam-se as condições para maior preocupação com os indivíduos, isto é, com os direitos humanos. Em 1994, é introduzido o conceito de "segurança humana" na ONU, deixando as análises de se limitarem apenas aos conflitos entre Estados, e sua segurança, e enfatizando também os direitos civis dos cidadãos. A exclusiva "segurança do Estado" (que plasmou nossa doutrina de segurança nacional do regime militar) deixa de ocultar e oprimir a segurança pessoal, os direitos civis e humanos. Quanto às armas, abre-se a perspectiva de serem analisadas não apenas sob o aspecto da "segurança do Estado", do seu comércio e uso em conflitos bélicos, para considerar-se o impacto que têm na criminalidade e na violência interpessoal em tempos de paz.

Daí a constatação inovadora de que a proliferação e o mau uso de armas pequenas começavam a se tornar um grande problema, constituindo a base e a condição para a crescente violência urbana que começava a afetar vários países. Foi assim que, no início dos anos 1990, Michael Klare, especialista em segurança internacional do Hampshire College, de Massachusetts, "soou o alarme" do perigo representado pelo descontrole das armas pequenas, segundo expressão do cientista político e grande figura Edward Laurance, diretor do Monterey Institute of International Relations (MIIR), da Califórnia.[3] Em 1993, surgem na comunidade acadêmica dos EUA e do Canadá os primeiros artigos sobre "o problema das armas leves e pequenas". A questão do desarmamento de ex-combatentes de guerra, principalmente na África e América Central, que estava na agenda da ONU, soma-se à preocupação com o tráfico internacional de armas pequenas. Essa questão aparece nos círculos acadêmicos da América do Norte e, em seguida, da Europa, dedicados à análise do comércio internacional de armas convencionais, ao perceberem que tais análises não davam conta da problemática específica da proliferação das SALW. No ano seguinte, Klare preside os debates de um encontro, promovido em Cambridge (Massachusetts) pela Academia Americana de Artes e Ciências, que discute o tema já pela ótica de sua proliferação, difusão e seus impactos negativos, analisando-se pela primeira vez essas armas como uma questão específica, não mais como parte das políticas de armamento convencional. Os resultados do seminário foram difundidos e publicados em livro.[4]

No final de 1996, Laurance e Sarah Meek, nossa querida companheira que viria a morrer tragicamente em acidente de carro na África, publicaram outro livro sobre o tema,[5] em que discorrem sobre suas pesquisas de campo em El Salvador, falam sobre os programas de desmobilização pós-conflito e de campanhas de desarmamento voluntário, de que participam, e sobre as pesquisas iniciais realizadas pelo British-American Security Information Council (BASIC), de Washington, D.C.

O tema entra na agenda da ONU

Em 1995, o então secretário-geral da ONU, Boutros Boutros-Ghali, faz um apelo para a comunidade internacional "concentrar esforços no que podemos chamar de microdesarmamento. Eu designo assim o desarmamento concreto no contexto dos conflitos nos quais a ONU está envolvida e suas armas, em sua maioria armas leves, que estão atualmente matando centenas de milhares de pessoas".[6]

O crescimento desproporcional da violência urbana em diferentes países e a necessidade de recomendar normas de controle mínimo sobre as armas e munições, alardeados por eminentes especialistas sobre temas relacionados a armamentos e guerras e por ONGs de diferentes países, acabaram por sensibilizar a ONU, organismo criado com o término da Segunda Guerra Mundial exatamente "para garantir a paz".

Jim McLay, embaixador da Nova Zelândia na ONU, falando em nome pessoal, faz uma boa síntese dos danos graves causados pela falta de controle sobre essas armas:

> Além dos efeitos diretos de ferimentos fatais, e dos custos dos tratamentos de vítimas não fatais, a fácil acessibilidade às armas pequenas e leves em muitos países traz instabilidade, conflito e crime organizado, além de prejudicar o desenvolvimento e o crescimento econômico, impedindo a oferta de serviços básicos. Ela também degrada o tecido social das sociedades, erode a autoridade, capacidade e legitimidade do Estado, enfraquecendo o primado da lei. Insidiosamente, ela dá poder àqueles que tratam de impor sua vontade pela força, na busca de interesses ilegítimos.[7]

Como sucede com a introdução de um novo tema relevante em sua pauta, a ONU criou em 1995 um grupo de especialistas para analisar o assunto e fazer propostas. Esse grupo, denominado Painel de Especialistas Governamentais sobre Armas Pequenas, foi coordenado pelo competente embaixador brasileiro Luiz Felipe de Macedo Soares. Teve como objetivos analisar os tipos de armas pequenas em uso nos conflitos sob supervisão da ONU, as causas de seu excessivo acúmulo, produção e transferência ilícitas e como preveni-los. Ao concluir pela gravidade da disseminação de armas pequenas, o Painel propôs a realização de uma conferência internacional sobre o tema, que se tornaria o grande evento propulsor da política de controle de armas e munições.

Em dezembro de 1997, ocorreu um evento em Ottawa que viria a ter grande influência no movimento pró-controle de armas pequenas: a Convenção para Erradicação das Minas Terrestres. O sucesso da campanha internacional pelo banimento das minas terrestres não só deu relevo ao novo papel das ONGs em política internacional, como também levou vários de seus ativistas a buscar o mesmo sucesso no controle das SALW.

Durante os debates da Convenção, Laurance propôs que os mesmos métodos de luta para a proibição de minas terrestres fossem adotados para se buscar o controle das armas pequenas. Dois líderes encampam a proposta, o ministro das Relações Exteriores do Canadá, Lloyd Axworthy, e o presidente do Comitê Internacional da Cruz Vermelha, Cornelio Sommaruga. Começa dessa maneira a articulação entre governos tendo em vista o controle de armas, a que logo aderiram a Suíça e a Grã-Bretanha, entre outros, e que iria redundar na seminal Conferência da ONU de 2001.[8]

O papel das ONGs e centros de pesquisa acadêmicos

Àquela altura, crescia a mobilização das ONGs em torno da causa do microdesarmamento. Após o esforço inicial do BASIC, aglutinando vários pesquisadores e ativistas, Edward Laurance, o diretor do MIIR, cria o website PrepCom, iniciando as pressões para a realização de uma Conferência Preparatória da ONU, de que participam vários centros de pesquisa e ONGs. Com o apoio de 30 entidades, o ministro Axworthy concorda em promover uma reunião, que se realiza no Project Ploughshares em agosto de 1998, quando é proposta a criação da IANSA (International Action Network on Small Arms). Uma reunião mais ampla se realiza em Bruxelas, em outubro, e a IANSA acaba sendo oficialmente lançada em maio de 1999, na Holanda, no chamado "Apelo pela Paz de Haia" (The Hague Appeal for Peace), já com a participação do Viva Rio.

A IANSA estava destinada a ter um papel decisivo no movimento internacional, em especial na primeira Conferência da ONU de 2001, e chegaria a ter, em 2010, no seu auge, cerca de 800 ONGs de 120 países. Mas mesmo antes, no final dos anos 1990, já contava com umas 20 ONGs e centros de estudos dedicados à pesquisa e ao ativismo sobre o controle de armas pequenas, como o Viva Rio e o Instituto Sou da Paz. Promovendo a interconexão dessas entidades e ações conjuntas, contávamos com um pequeno escritório da IANSA em Londres.

Essa rede de ONGs teve como primeira coordenadora a inglesa Sally Joss, e tomou grande impulso com a coordenação de Rebecca Peters, que esteve à frente de 2002 a 2010, sendo substituída por Baffour Amoa, de Gana. Jornalista e advogada, norte-americana criada na Costa Rica, que depois adquiriu a nacionalidade australiana, Rebecca liderou a maior campanha de desarmamento já realizada na Austrália. Ajudou-me muito com sua experiência, participando da destruição de 100 mil armas que realizamos no Rio em 2001. Em 2018, recebeu a mais alta condecoração concedida por aquele país, a de Oficial da Ordem da Austrália.

Em 2000, o novo secretário-geral da ONU, Kofi Annan, decide dar maior relevância ao tema: "Em relação à carnificina que provocam, armas pequenas, de fato, podem ser descritas como armas de destruição em massa", disse, num momento em que a maioria dos governos atentava apenas para as bombas químicas e nucleares, consideradas de "destruição em massa". Ao enquadrar as SALW como "uma das piores patologias do século", garantiu importante foco na questão na agenda da ONU.

Na Convenção para Erradicação das Minas Terrestres, as ONGs, que até então ocupavam a periferia das grandes causas internacionais, como caudatárias dos governos, participaram pela primeira vez do centro das negociações, antes exclusivo dos governos. Foram reconhecidas pela relevância de suas pesquisas independentes, trabalho de *advocacy* (influência e assessoria para mudança de uma política pública) junto aos governos, capacidade de mobilização em rede e de angariar apoio popular. Esse papel inédito na diplomacia mundial iria se repetir no movimento pelo controle de armas, com sua participação como protagonista na Conferência da ONU de 2001, primeira vez em que a ONU permitiu que as ONGs participassem dos seus trabalhos junto às delegações dos Estados-membros.

Fórum Parlamentar sobre Armas Pequenas

Em 2002, foi criado em Estocolmo o Fórum Parlamentar Internacional sobre Armas Pequenas, reunindo parlamentares de mais de 50 nações. Participamos intensamente de todo o processo. Seus objetivos foram os de intercambiar experiências e fomentar a criação de Comissões Parlamentares destinadas ao controle das políticas de armas, seja produção, comércio ou uso. Essas comissões já existiam em países como Suécia, Estados Unidos, Canadá e Espanha. Seu fundamento sempre foi o de que uma atividade tão sensível à segurança do país e da população tem que passar pelo controle democrático do Parlamento, não ficando apenas nas mãos de empresários de armas e de organismos não eleitos, como as Forças Armadas, muito sujeitas às pressões do lobby da indústria e do comércio de armamento. Outra razão para a formação dessas comissões é o fato de em países com pouca ou nenhuma tradição democrática o assunto "armas" ser pautado dentro de comissões mais gerais, como de Defesa Nacional, ou de Segurança Pública, fazendo com que o tema específico das armas torne-se mais facilmente manipulável pelo referido lobby. Era o caso brasileiro. Veremos como, por essa razão, sugeri a criação da Subcomissão de Armas e Munições da Câmara dos Deputados, no capítulo "CPI da Câmara dos Deputados sobre tráfico de armas".

A demanda civil por armas: guerra ou prevenção?

Entre 2003 e 2006, o movimento começa a se preocupar também com a "demanda" por arma de fogo, para entender por que as pessoas se armam, quais circunstâncias favorecem essa atitude, e passa a considerar os altos índices de mortes por arma de fogo como fator prejudicial ao desenvolvimento econômico (Guns or Growth?). Continua-se a insistir nas vítimas, isto é, nos efeitos da violência armada nos direitos humanos, encontrando forte resistência dos grandes produtores de armamento, contrários à discussão da temática no âmbito da ONU. O foco em "demanda" e nos direitos da cidadania é bem fundamentado a partir de um seminário em Durban, em 1999, organizado pelo norte-americano David Atwood, do Center for Humanitarian Dialogue, de Genebra. Oportunidade que aproveito para conhecer *in loco* as políticas de desarmamento voluntário e destruição pública de armas desenvolvidas pelo presidente Nelson Mandela.

A compreensão da "demanda" repercute com a publicação de *Putting People First*, pelo Center. Além disso, na questão da segurança pública, passa-se a tomar o modelo de "saúde pública", ao invés de "guerra ao crime", introduzindo medidas preventivas e não apenas ações repressivas, vendo a arma de fogo como "veículo" de propagação da violência urbana e não de forma simplista, como sua "causa". Nova perspectiva que dá às políticas públicas uma dimensão humana, propondo a aproximação da polícia com a população, tomada como agente de proteção, e não como soldado, abrindo espaço para a participação popular na política de segurança pública.

2. Os Estados Unidos e as armas

Se você me perguntar qual minha maior frustração como presidente, eu digo que é os Estados Unidos não terem uma lei de controle de armas, mesmo com todos esses constantes assassinatos em massa. O número de assassinatos com arma de fogo nos Estados Unidos é maior que o de vítimas de ataques terroristas.

Presidente Barack Obama,
após massacre em um cinema na Louisiana, 24 de julho de 2015.

Dedicamos um capítulo à parte aos EUA pela sua relevância no tema. Primeiro, porque é de longe o maior produtor e exportador de armas pequenas do mundo. Suas armas são as que mais matam, dentro e fora do país. Estima-se que mais de 250 mil armas são contrabandeadas todos os anos daí para o México. Calcula-se que na zona de fronteira, onde os estados do Arizona, Novo México e Texas têm legislação permissiva, existam cerca de 17 mil lojas de armas, de grandes magazines como Walmart a pequenas lojas que não são obrigadas a informar ao governo sobre suas vendas.[9] Segundo, porque a influência da National Rifle Association (NRA), lobby da indústria e comércio de armas, no movimento armamentista, especialmente o brasileiro, tem sido decisiva. Terceiro, porque as pesquisas realizadas pela academia e pelos centros de pesquisa norte-americanos sobre o impacto das armas na segurança e na saúde da população, tanto em números quanto em rigor científico, estão entre as mais importantes. Conclusão: a política de armas pequenas vigente nos Estados Unidos afeta a segurança de todo o mundo.

O país mais armado

Acredito que há algo de errado na cultura de um país quando se constata que para cerca de 38 mil supermercados e 27 mil franquias do McDonald's existam cerca de 64 mil locais de venda de armas para civis. Embora os EUA detenham apenas 4,43% da população mundial, os civis desse país têm em mãos 46% do total de armas pequenas existentes em nível mundial.[10] Quais as consequências?

Estima-se que em 2017 os EUA tinham taxa de 120,5 armas para cada 100 habitantes, isto é, mais de uma arma por habitante, de longe a maior percentagem de armas com civis em nível internacional.[11] O que não quer dizer que quase todos os norte-americanos têm armas, pois elas se concentram na posse de um terço dos habitantes. Há famílias com muitas armas e a maioria sem arma alguma. Calculou-se em 2011 que de 32% a 47% das residências possuem armas. Karp estimou o número total de armas em mãos de civis nos EUA em 393.300.000, em 2017. Diz-se que o país tem mais armas que carros.

As vítimas das armas

Nos últimos cinquenta anos, 1.516.863 de cidadãos foram mortos no país por arma de fogo, segundo o órgão oficial Center for Disease Control and Prevention (CDCP). Esse número é maior que o de americanos mortos em todas as guerras em que o país participou (1.396.733), de acordo com o Departamento para Questões de Veteranos de Guerra.

Trata-se de um país violento, com uma cultura de confronto. Nada menos que quatro de seus presidentes foram mortos por arma de fogo: Abraham Lincoln, James Garfield, William McKinley e John Kennedy. Quando presidente, Ronald Reagan foi baleado, mas sobreviveu. Grandes figuras foram mortas dessa forma, como Martin Luther King e John Lennon. Quando estive como bolsista nos EUA pela primeira vez, em 1967, ouvi um dos líderes do movimento negro, Stokely Carmichael, dizer: "A violência é tão americana quanto a torta de maçã."

Segundo o CDCP, entre 2001 e 2013 foram mortos por arma de fogo 406.496 pessoas, média de 31.268 por ano. Em 2017, foram mortos dessa forma 39.773 indivíduos, mais do que em qualquer ano posterior a 1968, isto é, 12 mortos por 100 mil habitantes.[12] No primeiro semestre de 2019, aconteceram nada menos que 32 massacres com mais de 3 mortos. E não estamos computando quantos indivíduos são mortos por armas norte-americanas em outros países. No Brasil, no Rio de Janeiro, elas constituem 33,5% das armas estrangeiras apreendidas com a criminalidade.[13] De acordo com o *Small Arms Survey*, 70% das mortes violentas nos EUA foram causadas por arma de fogo no período 2010-15.[14]

Em 2017, 19 crianças foram mortas por arma de fogo por dia nos EUA, e 5.800 foram feridas no ano, de acordo com o CDCP. Não por coincidência, 43% dos proprietários de armas afirmaram que mantêm suas armas carregadas em casa, para serem usadas como proteção.[15]

A polêmica Segunda Emenda

A história violenta dos EUA é bem conhecida, com a matança de índios, guerra civil, os linchamentos de cerca de 5 mil negros pela Ku Klux Klan e, desde o século passado, a frequência crescente de massacres em escolas, igrejas e locais públicos. Mas há um exagero intencional ao se afirmar que o uso de armas tem sido tradicionalmente liberado, cenário inventado pelos filmes de faroeste. Até o início do século passado, as armas sofriam restrições, principalmente nas cidades. Mas esses controles foram caindo por pressão da indústria de armas sobre os políticos (a NRA foi criada em 1871), ajudada pela indústria do cinema, que popularizou os bangue-bangues.

Com sua avassaladora influência, Hollywood criou três fortes mitos: que os índios eram maus e perigosos (para justificar seu extermínio), que um indivíduo (o mocinho) resolve o problema da comunidade (individualismo da ideologia do *self-made man* em detrimento da solidariedade social) e que "homens livres andam armados". Diz um analista: "Na mitologia, o Oeste Selvagem era a terra do 'saque rápido e atire seis vezes' (*quick draw and six-shooter*)."[16] O faroeste, depois atualizado como *Rambos* e congêneres, na TV e nos games penetra fundo a formação dos meninos em nossos países e molda os machistas adultos, que associam arma à masculinidade. Mas é preciso entender que na vida real essa obsessão por armas é um fenômeno recente. Até 1977, a NRA não passava de um clube de caçadores, como diz o próprio nome, quando uma nova diretoria se associou ao Partido Republicano e, nos governos Reagan, fez da defesa das armas um fator de proselitismo eleitoral. Polarizaram a sociedade com o tema, dividindo-a entre prós e contra o porte de armas. Não por coincidência, é a partir dessa época que se iniciaram os massacres em lugares públicos no país.

Exemplo é a polêmica sobre a Segunda Emenda. Ela se baseava num "direito coletivo" e não individual. No início, a interpretação era do direito de a coletividade se armar, em milícias complementares ao Estado, para lutar contra a ameaça do ex-colonizador (a ameaça inglesa), contra a tirania (influência da antiga legislação inglesa) e em defesa da autonomia dos estados, da Federação recém-conquistada. Diz a Segunda Emenda, de 1791: "Sendo necessária à segurança de um Estado a livre existência de uma Milícia bem regulada, o direito do povo de ter e portar armas não deve ser infringido." Até dez anos atrás, prevalecia a "teoria de direito coletivo", pelo qual a Emenda não dava o direito individual ao cidadão de ter arma, mas à Milícia, corpo coletivo, e concedia ao Estado autoridade para regular a compra e o uso de armas, confirmado em julgamento de 1934.

A turbulência dos anos 1960 levou ao aumento ainda maior do controle. Os assassinatos de John e Robert Kennedy, de Martin Luther King e o recurso às armas do movimento negro Black Panther (com cujos líderes, na época em que estive na Califórnia, me reuni, por pura curiosidade, já que discordava desse ato de desespero contra o racismo) levaram à promulgação do Ato de Controle de Armas, em 1968. A NRA começa então a sua ofensiva em defesa do uso de armas, pregando a desconfiança em relação aos governos, em nome da "liberdade do cidadão", e financiando campanhas eleitorais, transformando o Partido Republicano em seu braço político.

O propalado fundamento "do direito de uso de arma garantido pela Segunda Emenda da Constituição" é bem recente. Só em 2008, uma maioria eventual de juízes nomeados pelo governo conservador de George W. Bush fez a Suprema Corte interpretar essa emenda como "um direito dos indivíduos às armas", ganhando a votação por um voto. A Corte sugeriu que esse direito não deveria ser estendido a doentes mentais e a criminosos, mas essa primeira ressalva foi ignorada no governo Trump.

A escalada dos massacres

Nos últimos anos, aumentou tanto o número de assassinatos múltiplos, que se convencionou considerar *mass shooting* (assassinato em massa) apenas aqueles com pelo menos quatro vítimas; abaixo desse número, não são nem mais noticiados.

Os maiores assassinatos múltiplos ocorreram nos últimos onze anos, e 5 dos 11 mais sangrentos aconteceram nos últimos dois anos. Segundo o *Mass Shooting Tracker*, em 2015 houve 353 *mass shootings* no país, quase um por dia, com 435 mortes. É assustador que esses massacres estejam escalando em número e em gravidade. Vejamos um exemplo: em dezembro de 2012, tivemos a tragédia da escola infantil Sandy Hook, na pacífica cidade de Newtown, Connecticut. O homicida era um jovem com problemas mentais, Adam Lanza, de 20 anos. Vítima de bullying naquela escola, quando lá estudou, sua mãe, Nancy, comprou cinco armas (2 pistolas, 2 espingardas e um fuzil AR-15) e levou o filho para treinar tiro, "para se defender dos abusos". Quando começou a atirar, tinha apenas 9 anos. No fatídico dia, usando o fuzil, primeiro matou a própria mãe, com quatro tiros na cabeça, e rumou para a escola, onde fuzilou 20 crianças, de 6 a 7 anos de idade, e 6 adultos. O choque provocou na opinião pública uma reação forte, com o crescimento de organizações civis pelo controle de armas.

Obama e Bloomberg reúnem especialistas

Ainda sob esse impacto, em janeiro de 2013 o presidente Barack Obama convocou o então prefeito de Nova York, o milionário Michael Bloomberg, que também preside uma associação que reúne 725 prefeitos em favor do controle de armas. Pediu-lhe que organizasse uma reunião de cúpula com os vinte maiores *experts* em controle de armas do país, entre pesquisadores e policiais, e convidou quatro especialistas de outros países: Michael North (Grã-Bretanha), Philip Alpers (Austrália), Rebecca Peters (IANSA) e eu, pelo Brasil. A cúpula reuniu-se na Johns Hopkins University, de Baltimore, centro de excelência de medicina. Coube-me participar devido "ao interesse do governo Obama em conhecer a experiência de se mudar a lei em um país cujo Congresso está sob a influência do lobby da indústria de armas e em saber mais sobre a avançada lei de controle de armas do Brasil". O encontro fez sugestões para a proposta do governo ao Congresso americano. Denominado Summit on Reducing Gun Violence in America, a reunião de cúpula foi publicada em livro.[17]

O maior massacre

Mas o maior morticínio de civis por arma de fogo da história do país ainda estava por vir.[18] Em 2017, em Las Vegas, Stephen Paddock, 64 anos, um pacato contador aposentado, levou para o quarto do hotel Mandaley Bay 17 armas (16 fuzis e um revólver) e, usando um *bump stock* (acelerador de tiros),[19] atirou contra uma multidão de 22 mil pessoas, a maioria de jovens, que assistia, numa noite de domingo, a um show de música country a 300 metros do hotel. Em dez minutos, efetuou mais de mil disparos. Matou 58 e feriu 851 pessoas.

Na casa de Paddock, a polícia encontrou mais 42 armas, todas compradas legalmente nos últimos anos. Não por acaso, em Las Vegas se realiza a maior feira livre de armas dos EUA, o Shot Show, com instalações para receber 65 mil visitantes, que lá encontram todo tipo de arma, inclusive as usadas por Paddock. Importante frisar que o show country, cujos participantes Paddock alvejou, contava com segurança armada, que nada pôde fazer. O assassino foi morto pela polícia, e até hoje especula-se sobre as motivações do aposentado, sem antecedentes criminais, "um homem de bem".

Massacre na Flórida e seus reflexos

O morticínio que mais repercutiu no Brasil ocorreu na Flórida, em 2018. Nikolas Cruz, de 19 anos, ex-aluno de uma reputada escola de nível médio, a Marjory Stoneman Douglas, em Parkland, após ligar a sirene de perigo para que todos deixassem as salas de aula, fuzilou 17 pessoas (13 ex-colegas, um professor e dois funcionários) e feriu outras 12 com um fuzil semiautomático AR-15, que havia comprado legalmente.

O *mass shooting* teve pelo menos duas consequências: criou um movimento pelo controle de armas de força e abrangência nunca visto naquele país, e no Brasil reteve momentaneamente a pressão da bancada da bala no Congresso para derrubar a nossa Lei de Controle de Armas, conforme admitiram seus líderes.

Luiz Eduardo Girão, empresário brasileiro muito ativo na nossa luta em defesa do Estatuto do Desarmamento, recém-eleito senador (PODEMOS/CE), estava morando na Flórida com a família. No dia do morticínio, suas duas filhas adolescentes se encontravam na escola de Parkland, onde estudavam. Em artigo refletindo sobre a tragédia que atingiu a sua e outras famílias, escreveu:

> Na porta da escola, encontrei pais desesperados. Procurei acalmá-los. Um deles gritou com um policial que fazia a barreira e virou-se para mim, aos prantos: "Armas, armas... eles sabem! Já é a vigésima escola. Até quando?" O massacre deixou 17 mortos e famílias destroçadas. O episódio,

> que o destino me fez vivenciar de perto, reforçou a convicção que eu já tinha antes de chegar à Flórida, em 2015: a política de armas dos Estados Unidos é fracassada. Um controle é fundamental, mas, ao invés de rigor na venda de armamentos, a NRA vem com uma proposta quase inacreditável: armar professores. A tragédia americana reforça o meu temor pela pressão que o Congresso brasileiro vem recebendo para liberar armas de fogo para a população, uma irresponsabilidade sem precedentes. Entendo o desespero de muitos que acreditam ser esta a melhor solução para a sua defesa pessoal, tendo em vista a falência de nossa segurança pública. Mas revogar o Estatuto do Desarmamento seria um equívoco terrível. Não apenas repetiríamos o erro americano. Iríamos além, pois nosso país, sem estrutura para garantir a resposta rápida e eficiente da polícia, ainda carrega o estigma da impunidade, patrocinada por boa parte do nosso Judiciário. Liberar as armas no Brasil equivale a pretender apagar um incêndio com querosene.[20]

Se os massacres anteriores geraram diferentes reações na época, que logo deram lugar ao conformismo, dessa vez os estudantes se indignaram e criaram um movimento inédito, o Never Again (Nunca mais), que se espraiou pelo país. Eles pedem a volta da proibição da venda de fuzis semiautomáticos para civis, são contra a venda de armas para menores de 21 anos (hoje a idade mínima para a compra de armas curtas em vários estados é de 18 anos) e para pessoas com problemas psiquiátricos, além de serem a favor da checagem dos antecedentes criminais de quem quer comprar arma. Pedem também que a NRA pare de financiar os políticos para que o dinheiro não influencie o voto dos parlamentares.

O primeiro ato do movimento Never Again foi a organização de manifestações em todo o país, culminando com uma marcha em Washington, March for Our Lives (Marcha por nossas vidas), que em 24 de março de 2018 reuniu meio milhão de pessoas. Na ocasião, houve marchas em oitocentas outras cidades americanas, elevando a participação para 1 milhão de manifestantes, e atos de protesto em quarenta países, inclusive em frente ao consulado americano em São Paulo. Na véspera, 150 mil pessoas marcharam em Nova York, entre elas o diretor-executivo do Instituto Sou da Paz, Ivan

Marques, com cartaz lembrando que o descontrole de armas é um problema de ambos os países.

Em Nova York estava também o ex-beatle Paul McCartney, que declarou: "Um dos meus melhores amigos foi morto com uma arma aqui, então é importante para mim participar", referindo-se ao assassinato de John Lennon, no Central Park. Como reação ao ataque à escola da Flórida, vários americanos postaram vídeos em que apareciam serrando publicamente os canos de seus fuzis, em solidariedade às vítimas.

Ao completar um ano das marchas convocadas pelos alunos da escola de Parkland, milhares de jovens voltaram a marchar em Washington e em outras cidades dos Estados Unidos. "Foi um dos maiores movimentos políticos da juventude desde a Guerra do Vietnã", afirmou a agência de notícias Associated Press. A multidão que marchou cantava "Somos a mudança". Grandes marchas ocorreram no mesmo dia em Boston, Nova York, Los Angeles, Chicago e Houston. "Estou muito cansado de ter medo na escola", disse Maya McEntyre, de 15 anos. A neta de Martin Luther King falou, parafraseando o inesquecível discurso do avô, "Eu tenho um sonho". Disse a menina: "Eu tenho um sonho de que já basta. Este deve ser um mundo livre de armas. Ponto final."

Comentando o massacre, o comediante D.L. Hughley, afirmou que "no meu país está mais fácil comprar 10 fuzis de assalto que duas caixas de Sudafed [remédio para congestão nasal]". Mas, segundo meus amigos norte-americanos, a irracionalidade do acesso fácil a armas, e sua óbvia relação com as chacinas, somado a outros retrocessos da política do governo Trump, está levando a um renascimento e à mobilização dos setores democráticos do país.

Duas novas chacinas abalaram os EUA. Em 3 de agosto, em El Paso, Texas, Patrick Crusius, de 21 anos, matou 20 e feriu 26 com um fuzil de guerra. Deixou um manifesto contra "a invasão hispânica do Texas". Apenas 13 horas depois, em Dayton, Ohio, Connor Betts, de 24 anos, matou 9 pessoas, e feriu outras 27, com um fuzil de assalto.

Reação às chacinas: mais ou menos controle?

Após o massacre na escola de Parkland, pesquisa da Quinnipiac University apontou que 97% dos americanos já apoiam a checagem de antecedentes para compradores de armas, 65% são pela proibição da venda de fuzis de guerra para civis e 60% estão a favor de leis mais rigorosas de controle de armas. Mas o que faz com que sucessivos *mass shootings* não levem a medidas de maior controle? No resto do mundo não é assim. Massacres na Austrália, Escócia, Alemanha, Nova Zelândia e no Canadá, por exemplo, levaram a fortes restrições às armas.

Os estados com mais restrições nos EUA têm menores índices de mortes por arma de fogo, enquanto os estados com menor controle têm o dobro de mortes:

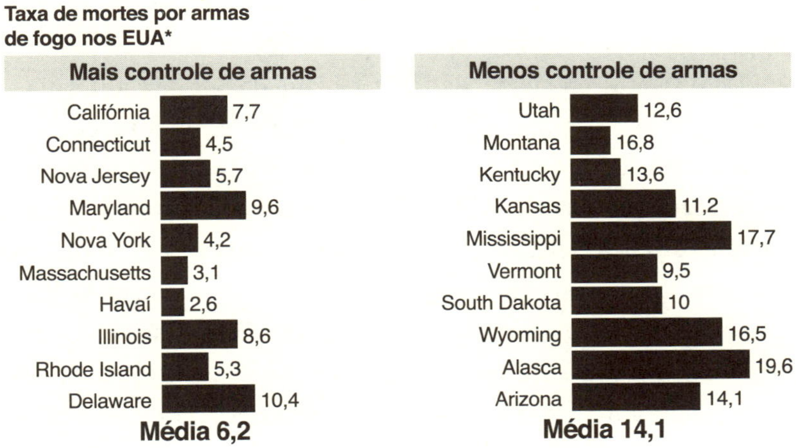

Fonte: *IstoÉ*, 23.5.2017.

Em 1993, Bill Clinton assinou a Lei Brady de prevenção à violência das armas de fogo, criando um sistema federal de checagem de antecedentes (National Instant Check System) e um "período de espera" de cinco dias na compra de armas, para forçar o comprador a "parar para refletir" antes da compra, visando àqueles que se armam para matar ou se suicidar.

O presidente Obama reagiu à indiferença dos políticos que se submetem à NRA, ao falar para familiares das vítimas: "Após a tragédia de Sandy Hook, criamos um projeto que obrigaria quem comprasse uma arma a passar por verificação de antecedente. A ideia tinha o apoio de 90% da população e de 90% dos democratas no Senado, mas não foi aprovada porque 90% dos republicanos foram contrários. O lobby das armas pode estar mantendo o Congresso como refém no momento, mas não pode manter os Estados Unidos como refém." Ficará o nosso Congresso também refém do lobby da indústria e comércio de armas e munições, ou defenderá a segurança dos brasileiros?

Armas para crianças e adolescentes

Determinadas leis estaduais demonstram absoluta insensatez. Por exemplo, Jack, jovem de 13 anos que mora na Virgínia, por causa da pouca idade não pode dirigir carro, comprar bebida alcoólica, cigarros, revista pornô, bilhete de loteria, mas pode comprar um fuzil, como mostra um vídeo do YouTube.[21]

"Crianças são vítimas e perpetradores, muitas vezes ao mesmo tempo [crianças que 'brincam' de atirar]. Desde 2015, houve mais de 1.500 mortes desse tipo entre crianças. Isso se tornou tão frequente que raramente é noticiado."[22]

Pesquisa de Kathleen Heide, da Universidade do Sul da Califórnia, computou que "nos EUA, morrem por arma de fogo, em média, cinco pais a cada semana, mortos por seus próprios filhos". Apesar disso, ultimamente a indústria norte-americana está focada em convencer os pais a comprarem armas para as crianças (elas podem atirar, com a supervisão de um adulto). São armas multicoloridas, como se fossem brinquedos inofensivos e alegres, e com desenhos de flores, para atrair as meninas. Enquanto isso, "cerca de 1.300 crianças morrem e 5.790 são feridas por arma de fogo a cada ano. Não por acaso, as taxas de homicídio por arma de fogo entre as crianças são mais altas em vários estados do Sul e parte do Centro-Oeste, com leis mais permissivas em relação aos demais estados do país".[23] O candidato Trump distribuía pistolas de brinquedo em seus comícios. Deve ser horrível viver em um país em que o presidente ensina as crianças a atirar e não a ler...

Armas nas escolas

A NRA reagiu ao aumento das chacinas nas escolas advogando que os professores se armem. Especialistas têm criticado a ideia, que exporá os alunos a tiroteios, afora a ameaça representada pela presença da arma num ambiente de debate de ideias, em que a intolerância ideológica e a ocorrência de *bullying* e outras situações de tensão já ocorrem.

Estava em Nova York quando completou um mês do assassinato das crianças da escola Sandy Hook. Pude ler, publicado numa página inteira do *New York Times*, um manifesto, assinado pelos diretores de escolas da cidade, dirigido ao presidente Obama e aos políticos, em que diziam "Basta!" (*Enough!*). Pediam "a proibição das armas semiautomáticas" e condenavam o fato "de os Estados Unidos serem o país em que mais civis andam armados, o que estaria levando ao altíssimo índice de suicídios, acidentes e de crianças mortas por e com armas todos os anos".[24]

Mas a maioria dos americanos está cada vez mais consciente dos riscos do descontrole das armas. O Partido Democrata cresceu nas eleições de 2018, voltando a controlar a Câmara dos Deputados e reconquistando o governo de vários estados. Simultaneamente, a NRA enfrenta um declínio em sua influência no eleitorado. Ela admite "perda de US$ 55 milhões com a redução da contribuição de seus membros em 2017, comparando os ganhos de US$ 367 em 2016 com US$ 312 em 2017".[25]

"Os Estados Unidos têm mais armas e menos homicídios que o Brasil"

Este argumento virou um bordão do lobby das armas no Brasil, defendendo que o Brasil siga o exemplo americano de política de armas. A frase tem lógica? Tem. São duas verdades acopladas. A conclusão a que induz é que é falsa, ao sugerir que o problema dos homicídios nada tem a ver com arma. Porque são dois países tremendamente desiguais, e vários fatores dessa desigualdade influem fortemente na causalidade da violência armada.

Em entrevista ao jornal *Valor Econômico*, David Hemenway, da Universidade de Harvard, afirmou que "em estudo que comparou a taxa americana com a de 12 outros países de alta renda – como Austrália, Canadá, França e Alemanha – a equipe do pesquisador de Harvard identificou que o percentual de mortes nos EUA é 25 vezes mais alto".[26] Ainda segundo Hemenway,

> os EUA têm, de longe, o pior problema de lesões por arma de fogo entre os 24 países de alta renda, membros da OCDE. Embora os EUA tenham taxas de criminalidade não relacionadas a arma de fogo semelhantes a essas nações, têm taxas muito maiores de mortes não intencionais, suicídios, crimes e homicídios por arma de fogo. Sua taxa de homicídios por arma de fogo é 25 vezes maior na comparação com esses outros países de alta renda.[27]

E completa:

> Na comparação com os demais países de alta renda, para os jovens de 15 a 24 anos, a taxa de homicídios por arma de fogo nos EUA foi 49 vezes maior.

> As taxas de suicídio relacionadas a armas de fogo foram 8 vezes maiores. 90% das mulheres, 91% das crianças de 0 a 14 anos, 92% dos jovens de 15 a 24 anos e 82% de todas as pessoas mortas por arma de fogo eram dos Estados Unidos.[28]

Os EUA exercem imensa influência cultural no Brasil, como no passado exerceram a Inglaterra e, na geração de nossos avós, a França. Se a influência é inevitável, que nos abramos aos aspectos positivos da cultura norte-americana, e não se tente canhestramente copiar o que ela tem de pior.

3. Mapa mundial das armas

As armas de fogo surgiram na China, também inventora da pólvora, no século XIII, e foram desenvolvidas no século XV na Europa. No século seguinte, se tornaram a tecnologia de guerra dominante, vindo a favorecer a expansão napoleônica. Naquela época não havia preocupação de quantificá-las com exatidão, bastando relacionar-se quantas armas se tinha e quantas tinha o inimigo, conforme o preceito "o que interessa se mede", isto é, o que não interessa não se conta. Quantificações globais sobre armas pequenas e leves (SALW) só irão se tornar necessárias com a eclosão das guerras locais e da violência urbana, após a Guerra Fria, e por isso apenas em 1995 chega-se a uma primeira, e incompleta, avaliação, calculando-se na época em 500 milhões o seu número global.[29] Ao se quantificar as SALW, revelou-se a enormidade do problema, mas deu-se esperança de que podiam ser monitoradas e controladas. O que iria fundamentar, e dar sentido de urgência à realização futura de uma conferência da ONU sobre o tema, que decidisse por uma política global de enfrentamento de um problema que se revelava global.

Revelação: quantas são as armas e quem as possui

De acordo com a última estimativa, calculada pelo *Small Arms Survey* 2018, em 2017 circulavam no mundo pelo menos 1 bilhão e 13 milhões de armas de fogo leves e pequenas, considerando-se 133 países, e sem incluir armas obsoletas e armas de fabricação caseira.

Quanto aos seus usuários, os números são surpreendentes para o olhar dos leigos, que acreditam que as armas de fogo se concentram nas mãos das Forças Armadas e das forças de segurança pública, devido aos seus papéis institucionais de "protegerem" a nação ou sua população, respectivamente. Ledo engano, e exemplo eloquente de como as aparências enganam os não iniciados no obscuro universo das armas. A realidade é surpreendente: mais de 857 milhões de SALW estão nas mãos de civis, representando 85% do total.

As Forças Armadas contam com cerca de 133 milhões de armas pequenas, isto é, 13% do total, e as forças públicas policiais com cerca de 22,7 milhões, ou 2% do total:

Número de armas pequenas e leves no mundo (2017)	
Civis	857 milhões (85%)
FFAA	133 milhões (13%)
Polícia pública	22,7 milhões (2%)
Total	1.013 bilhão

Fonte: *Small Arms Survey* 2018

Das armas com civis, de 2 a 10 milhões estão na posse de gangues, de 1,1 a 1,8 milhão na de grupos armados e de 1,7 a 3,7 milhões na de empresas de segurança privada. Apenas 100 milhões das armas em mãos de civis estão legalmente registradas (12%), e a posse de armas varia de 120,5 armas para cada 100 habitantes nos EUA, até menos de 1 arma por 100 habitantes no Japão, Cingapura, Indonésia, Malawi e várias das ilhas do Pacífico. Estima-se que o Brasil conte com 8,8 armas por 100 habitantes, ocupando o sétimo lugar no ranking mundial de armas com civis (*Small Arms Survey* 2016).

Quanto às armas com as Forças Armadas, tomando-se 177 países, elas estão muito concentradas: 43% pertencem apenas a dois países (Rússia e China, que têm enormes estoques de reserva) e dez países concentram 93,3 milhões de armas, do total de 133 milhões. Levando em conta os 22,7 milhões de armas com as forças de segurança pública, considerando-se os dados de 28 países, existe 1,7 arma para cada policial.[30]

A respeito das armas com civis, os números são estimados – segundo alguns, subestimados – porque um terço das armas com civis não são registradas, são ilegais.[31] Além disso, normalmente as Forças Armadas, por razões estratégicas, não divulgam os números de seus arsenais, que têm que ser estimados. Mas já foram desenvolvidos métodos de avaliação com resultados comprovadamente bem realistas, e Pablo Dreyfus foi um de seus principais criadores, ao estimar as armas existentes no Brasil, conforme veremos no capítulo "Mapa das armas do Brasil".

Não se tem informações sobre posse de arma por civis de apenas vinte países, como Cuba, Vietnã e países do Oriente Médio. A ONU até recentemente não tornava obrigatório o fornecimento de dados sobre as SALW de seus países-membros e muitos governos enviam dados incompletos ou manipulados, por razões estratégicas ou, mais frequentemente, por exportarem ou importarem armas de forma ilícita.

Produção de armas e munição – e seus consumidores

Estima-se que pelo menos 92 países fabriquem armas pequenas de forma industrial, envolvendo cerca de 1.249 empresas, de acordo com a ONU.[32] A falta de fiscalização sobre essa produção de armas, suas partes e componentes, seja por empresas privadas, seja por estatais, faz com que muitas fábricas de armas e munições sejam uma das principais fontes que abastecem o mercado ilícito, conforme veremos no capítulo "CPI da Câmara dos Deputados sobre tráfico de armas".

A produção de armas pequenas e leves estimada por ano era de 7,5 a 8 milhões de unidades, na primeira década deste século.[33] Os EUA respondem por, pelo menos, a metade da produção mundial: entre 1986 e 2010, produziram uma média de 4,24 milhões de armas a cada ano.

O Brasil passou a ser o terceiro maior exportador de armas leves do mundo, segundo o *Small Arms Survey* 2017. A liderança continua sendo dos EUA, com vendas de US$ 1,1 bilhão, seguida pela Itália, com US$ 689 milhões. O Brasil aparece com US$ 591 milhões. Num mercado de US$ 6 bilhões, o produto brasileiro detém quase 10% de todo o mercado mundial.[34]

Contrariando a percepção comum de que apenas os países produtores de SALW do Hemisfério Norte abasteciam os países do Hemisfério Sul, o avanço das pesquisas indicou que 17 países em guerra na África também fabricavam SALW e munições entre 1997 e 2006.[35] Sem falar nos produtores Brasil, Argentina, Chile e México (munição), no nosso continente.

Levando-se em conta 76 países, em 2000 a produção de munição para SALW, para uso militar ou civil, foi de US$ 4,6 bilhões, enquanto a produção de armas pequenas, militares ou civis, foi de US$ 2,8 bilhões.[36] Isto é, o valor da munição vendida corresponde a quase o dobro das armas vendidas. Não é à toa que os produtores de munição resistem tanto ao seu controle e à sua marcação.

Considerando-se que mais de 80% das armas são compradas por civis, três dos cinco maiores vendedores de SALW para civis nos EUA, o maior mercado, não são norte-americanos: SigSauer (alemã), Beretta (italiana) e Taurus/CBC (brasileira).[37]

As SALW militares mais vendidas no mundo são os fuzis da série AK, fabricados sob licença em 14 países, seguidos dos FN da FAL (belga) e dos M-16 da Colt (EUA).[38]

4. O PAPEL DA ONU

Em relação à carnificina que provocam, armas pequenas, de fato, podem ser descritas como armas de destruição em massa.
Secretário-geral da ONU, Kofi Annan, 2000.

I Conferência da ONU sobre Tráfico de Armas

A Primeira Conferência Internacional sobre o Tráfico de Armas de Fogo e suas Partes e Componentes realizou-se no quente verão de 2001, em Nova York. Pela primeira vez a ONU permitiu que 120 ONGs especializadas participassem, mas sem direito a voto, reconhecendo-se o papel relevante jogado por elas como parceiras dos governos, e principalmente na realização de pesquisas e produção de dados que dão embasamento científico às decisões governamentais. Apenas dez países incluíram representantes de ONGs em suas delegações oficiais, o Brasil entre eles. O presidente Fernando Henrique Cardoso incluiu o Viva Rio na nossa delegação, que já contava com representante da Divisão de Fiscalização de Produtos Controlados (DFPC), do Ministério da Defesa, além dos diplomatas habituais. Nomeou para presidi-la o ministro da Justiça, José Gregori, francamente favorável ao controle de armas, ao contrário do Itamaraty, que nunca teve autonomia nesse tema, subordinado de fato e de forma humilhante à DFPC do Exército, como veremos adiante.

Uma das grandes celeumas que polarizou a conferência foi a compreensão de que "não se pode fiscalizar o comércio ilegal de SALW sem se fiscalizar também o comércio legal, já que a maioria das SALW é legalmente produzida", posição negada pelos EUA, sob o pretexto da irrestrita "defesa do livre comércio".

Outra divergência crucial se referiu à atitude frente aos "atores não governamentais" (como rebeldes e oposição civil), com a maioria dos países exigindo sua fiscalização, por serem eles em geral ativos agentes do tráfico de armas, enquanto a delegação norte-americana defendia o direito de se armarem grupos opositores e forças desestabilizadoras (leia-se, a CIA).

Viva Rio na conferência

Quando ministro da Justiça, Nelson Jobim havia solicitado que o governo norte-americano proibisse a exportação de armas pequenas para civis no Paraguai, uma vez que essas armas acabavam compradas por agentes do narcotráfico brasileiro, como relataremos no capítulo "Pesquisas pioneiras". A resposta do Departamento de Estado a Jobim, em 1996, reconheceu o problema: "O governo dos Estados Unidos, ao revisar as licenças de exportações, concluiu que armas de fogo exportadas legalmente pelos Estados Unidos para o Paraguai atravessam as fronteiras paraguaias ilegalmente, abastecendo criminosos no Brasil."[39] Com essa justificativa, acatou o pedido do governo brasileiro.

Mas a equipe do Viva Rio descobriu que, apesar de o Departamento de Estado haver suspendido a concessão dessas licenças de exportação, alguns produtores norte-americanos passaram a exportar para lojas e *brokers* da Alemanha, Argentina, Áustria, Venezuela e do Equador, que por sua vez reexportavam para o Paraguai, fazendo uma triangulação para eludir a proibição. Com essa denúncia a fazer, a IANSA indicou-me para ser um dos oradores a falar em nome das ONGs na Assembleia da Conferência. A delegação dos Estados Unidos teve que ficar calada, por não ter como negar minha denúncia. Não satisfeito em falar para a Assembleia Geral, convoquei uma entrevista coletiva de imprensa, que compareceu em peso, e critiquei duramente a violação da norma estabelecida pelo governo norte-americano por parte de sua indústria de armas.

Entre as várias sugestões levadas pelo Viva Rio à delegação brasileira, outra que repercutiu foi a proposta de que, além da marcação das armas, que se discutia, também se promovesse a marcação das munições. O bloqueio a essa proposta foi enorme. Os grandes exportadores de munição agiram rápido e agressivamente para cortar o debate, pois rechaçavam qualquer controle maior sobre a produção de munição, cuja venda rende duas vezes mais do que a de armas leves e pequenas, como já mencionei em "Mapa mundial das armas".

Nas conferências que se seguiram, o governo brasileiro voltou a cumprir a tradição: o Itamaraty recobrou formalmente o controle da delegação brasileira e a responsabilidade formal pela política internacional de armas do Brasil. Na verdade, foi o Ministério da Defesa quem, por meio da DFPC, retomou o domínio, e a sociedade civil foi banida da representação brasileira, como costuma acontecer num país subdesenvolvido.

O balanço da última conferência da ONU, realizada em junho de 2018, acentuou que, comparando-se a situação atual com vinte anos atrás, constata-se que o controle de armas é mais forte agora, que os países estão controlando melhor suas fronteiras e enfrentando o problema regionalmente. Isso não acontecia há vinte anos, embora mesmo assim mil pessoas continuem a morrer cada dia em consequência das armas de fogo.

As agências internacionais UNLIREC e UNODC

A ONU conta com dois organismos que cumprem significativo papel no combate ao tráfico e controle de armas. Em nível regional, temos o Centro Regional das Nações Unidas para a Paz, a Delegacia Especializada em Armas, Munições e Explosivos (DESARME) e o Desenvolvimento na América Latina e no Caribe (UNLiREC), com sede em Lima. Na Argentina, o UNLiREC contribuiu para a modernização do depósito de armas de Mendoza, criando um padrão de qualidade. O governo do Rio não se interessou em modernizar o Departamento de Fiscalização de Armas e Explosivos (DFAE), depósito que vinha sendo vítima de constantes desvios de armas e munições para a bandidagem. Ficamos sem saber se a contínua recusa de nossos governos federal e estaduais à assistência da ONU é devida à arrogância ou à inércia.

O segundo órgão é o Escritório da ONU sobre Drogas e Crime (UNODC, na sigla em inglês), com sede em Viena, cujo programa de controle de armas é dirigido pela competente advogada italiana Simonetta Grassi, que viveu na Colômbia e conhece bem a problemática de armas do nosso continente. Na América Latina, o UNODC tem como representante Lucía Consoli, agente da Renar argentina, pioneira no combate ao tráfico de armas em seu país. Lucía é uma entusiasta das campanhas de desarmamento voluntário e destruição pública de armas, que ajudou a organizar em Buenos Aires. Foi ferida a tiro pelos que combatem o controle de armas. Continuou na luta.

De início realizando pesquisas sobre desvio e contrabando de armas, focado na relação entre arma de fogo e crime organizado, o UNODC criou um grupo de trabalho internacional, composto por policiais, criminalistas, especialistas do UNODC e por mim, representando a sociedade civil, para elaborar e realizar curso de capacitação em controle de armas. O curso é destinado a instruir policiais, militares, demais autoridades responsáveis pelo controle de armas e por ONGs especializadas no tema. De 2004 a 2005, promovemos treinamento de profissionais de 19 países da América Latina e África. Mesmo países com índices baixos de violência armada, como o Chile, promoveram o curso. Oferecido aos países-membros da ONU, o governo brasileiro rejeitou a colaboração, alegando com empáfia "não precisar do curso".

Lei modelo para a América Latina

O Parlamento Latino-Americano (Parlatino), encarregou-me de sintetizar a experiência acumulada de medidas de controle de armas em diferentes países, elaborando um modelo ideal de legislação que inspirasse os vários países da América Latina e do Caribe interessados em criar leis nesse campo. Reuni uma equipe multinacional e, juntos, elaboramos uma "lei modelo" para o controle de armas: Proyecto de Ley Marco de Armas de Fuego, Munición y Materiales Relacionados, com 155 artigos, lançado um ano depois, na VI Reunião da referida Comissão do Parlatino, em Montevidéu.[40]

Esse documento, que balizou a reforma da legislação de armas de diversos países da América Latina e do Caribe, serviu de base para que o UNODC elaborasse um documento mais abrangente, não se limitando ao nosso continente, e incentivasse e orientasse os países-membros da ONU a criar leis, ou aperfeiçoar as existentes.[41]

O Tratado de Comércio de Armas

O passo mais importante estava para ser dado, através de um tratado vinculante (de execução obrigatória) que tratasse da fiscalização do comércio de todo tipo de armamento, isto é, o convencional e o de armas pequenas.

A proposta ficou em pauta de discussão durante anos, sob a denominação de Tratado de Comércio de Armas (Arms Trade Treaty, ATT). A penúltima Conferência da ONU não conseguiu o consenso necessário para sua aprovação. Com forte pressão da maioria dos governos e das ONGs mobilizadas em nível internacional, o tema foi então a votação da própria Assembleia Geral da ONU, que, por fim, em abril de 2013, aprovou o ATT. Ele entrou em vigor em dezembro de 2014, após ser ratificado por mais de cinquenta países. O Brasil seria um dos últimos a assiná-lo, o que fez a contragosto.

Em linhas gerais, pelo ATT os países se obrigam a não vender armas para atores que sabidamente estejam envolvidos ou planejem se envolver em graves crimes contra os direitos humanos e o direito humanitário, nem tampouco para países que sabidamente possam entregar essas armas a terceiros. Além disso, os Estados que ratificam o tratado se comprometem a enviar relatórios periódicos sobre suas transferências de armas.

O Brasil votou pelo tratado, mas levou anos para ratificá-lo pelo Congresso Nacional, instância necessária para que uma lei internacional entre em vigor no país. O lobby das armas pressionou forte para que isso não acontecesse. Uma vez ratificado o ATT, estamos na luta para que seja implementado e o Brasil ingresse no rol de países que exportam armas de forma legal e responsável.

Perspectivas da política internacional

Segundo as organizações internacionais, a situação das SALW melhorou em países que adotaram medidas de controle e boas leis, e que antes eram campeões de violência armada, como a Colômbia; melhorou, porém está retrocedendo em países que aprovaram boas leis mas não tomaram medidas adicionais de melhoria da segurança pública, como o Brasil; e também melhorou, e em seguida piorou muito, em países que tiveram avanços no controle de armas e depois o abandonaram, como El Salvador. Esse país, que conheci bem, realizou a primeira campanha de desarmamento voluntário na América Latina, desenvolveu projetos de prevenção com bons resultados (como bairros livres de armas), mas depois cedeu ao populismo eleitoral fácil e à pressão dos importadores de armas, permitindo o porte de armas automáticas e até de submetralhadoras por civis. Jogou fora suas conquistas e se transformou no segundo país mais violento do mundo. É a isso que leva o retrocesso, como alguns querem promover no Brasil.

PARTE 2

SETORES MAIS VULNERÁVEIS À VIOLÊNCIA

"Control guns, not my body!"
(Controle as armas, não o meu corpo!)
Movimento das Mulheres nos EUA

5. Mulheres e violência armada

Para muitas mulheres, a casa é um lugar mais perigoso do que a rua.
Small Arms Survey 2013

Feminicídio[1]

Muitos países não têm estatísticas sobre violência doméstica porque a consideram um "assunto privado" e não um crime. É comum mulheres e meninas ficarem relutantes em denunciar a agressão praticada por familiares, principalmente pelo "chefe" da família, presas que estão a uma visão patriarcal das relações pessoais, em que a família é "propriedade do chefe". No Brasil, apesar de essa tendência ainda prevalecer nas áreas mais atrasadas, desde que foi aprovada a Lei Maria da Penha,[2] tivemos alguns avanços em relação à mentalidade de que "em briga de marido e mulher não se mete a colher". Incentivadas pelos resultados baseados nessa lei, as mulheres estão perdendo o medo e denunciando seus agressores. É assim que começa a mudar.

Alguns números internacionais dão a dimensão do problema: cerca de 66 mil mulheres são mortas com violência a cada ano, representando 17% dos homicídios intencionais.[3] Em 80% dos homicídios, as vítimas e os perpetradores são homens.[4] Quando os homens têm acesso a armas, o risco de feminicídio aumenta em 500%, segundo o *Guns and Violence Against Women*, dos EUA.[5]

Como se sabe, feminicídio é um crime regulado por lei de 2015, e consiste no assassinato de mulheres causado pelo fato de serem mulheres. A importância do conceito criminal de "feminicídio", adotado pelos países de regime democrático, é inibir um homicídio praticado contra uma pessoa apenas porque ela é mulher, aproveitando-se de sua fragilidade e da vida íntima, baseando-se no entendimento patriarcal de que a mulher deve estar sujeita ao homem, que pode dispor de sua submissão até matá-la. Deve ser punido, portanto, com penalidade agravante, assim como são os crimes de parricídio e infanticídio.

Dados do *Global Burden of Armed Violence* estimam que um terço dos feminicídios são cometidos com armas de fogo. Dos 25 países com maiores índices de feminicídio, mais de 50% estão na América Latina e no Caribe. Em países como Brasil, Colômbia, El Salvador, Guatemala e Honduras, mais de 60% dos feminicídios são cometidos com arma de fogo.[6] Em 2016, os três primeiros lugares de mais feminicídios foram a Índia, a Nigéria e o Brasil. Quanto ao assassinato de mulheres, entre 83 países, o Brasil aparece no quinto lugar, em estatística da ONU, segundo a Organização Mundial de Saúde (OMS); a cada duas horas, uma mulher é assassinada em nosso país.[7]

Em nível mundial, se estima que entre 40% e 70% dos feminicídios são cometidos pelo cônjuge (marido, namorado ou amante).[8] No Brasil, segundo pesquisa do Ipea de 2014, pelo menos 40% dos homicídios contra as mulheres são cometidos por seus parceiros, enquanto 6% dos praticados contra os homens têm como autoras suas mulheres. Em Teresina, 70% das mulheres assassinadas foram vítimas de seus cônjuges.[9] Em El Salvador, esse número sobe para assustadores 98%.[10] Segundo o nosso Ministério da Saúde, cerca de 50% das mulheres assassinadas são mortas com arma de fogo, enquanto a taxa dos homens é de 75%.[11]

Dormindo com o inimigo

Estudos realizados pelos governos dos Estados Unidos e da Austrália indicam que apenas cerca de 15% dos homicídios por arma de fogo são cometidos por "estranhos" e 85% por "conhecidos ou familiares".[12] Essa realidade choca, pois tendemos a ver nossos lares como lugares seguros e acreditar que o perigo mora na rua.

No Brasil, 44% das mulheres se disseram vítimas de violência por parte de seus cônjuges.[13] Segundo a juíza Adriana Melo, baseada em sua experiência na Vara de Família de São Paulo, nessa cidade 70% das mulheres assassinadas foram vítimas de seus cônjuges e 63% delas foram assassinadas em suas casas.[14] (Para mais detalhes ver capítulo "Pesquisas sobre vitimização".) De acordo com o *Mapa da Violência* 2015,[15] a cada cinco minutos uma mulher é agredida; a cada 11 minutos, uma é estuprada; a cada duas horas, uma é morta. Uma em cada três foi vítima do parceiro ou ex.

Não importa se o país é rico ou pobre. O problema é o fácil acesso às armas. Assim, na África do Sul, uma em cada três mulheres mortas em casa foi vítima de arma de fogo; nos Estados Unidos, duas em cada três. Daí a campanha internacional promovida pela IANSA, "Desarmar a Violência Doméstica", dentro da semana de Ação Global contra a Violência Armada, realizada em 2017 em 85 países.[16] Analisando a situação em nível internacional, o anuário *Small Arms Survey* chegou à mesma conclusão: "Para muitas mulheres, a casa é um lugar mais perigoso do que a rua."[17]

Mulheres: diferentes, mas não desiguais

Nas sociedades arcaicas, o menino é contemplado como depositário de mais autoridade, privilégio e poder, em detrimento das meninas. Sua educação parte de pequenos privilégios em casa, para a cobrança futura de ser o "provedor e protetor da família", com todo o poder, o privilégio e a autoridade que isso significa em relação à mulher.

Trabalhando para a ONU no Togo, vi a cara de espanto que homens de cultura tribal fizeram quando fui instado a explicar o conceito "mulheres: diferentes, mas não desiguais". Um deles me respondeu: "Mas o homem é superior, é mais forte e mais sábio que a mulher. Temos que controlar e proteger as mulheres. Elas têm que nos obedecer. Quando necessário, têm que ser castigadas." Na Libéria, seis mulheres em dez disseram que um marido está justificado a bater na sua mulher sob certas circunstâncias.

Em certos segmentos do nosso país, não se pensa diferente dos africanos. Segundo a OMS, mais de um terço das moradoras de zonas rurais no Brasil é vítima de agressões de seus cônjuges. Estudo da psicóloga Alina Martins diz que são números subestimados, pela subnotificação, motivada por medo ou "naturalização" da violência doméstica. Ela constatou o caso de uma mulher que foi amarrada por dois dias a uma árvore pelo marido, motivado por agressões verbais que teriam sido proferidas contra ele. A mulher foi privada de alimento e banho.

Quando se acresce à atitude machista o uso de arma de fogo, a desproporção, a desigualdade e a ameaça redobram. Uma policial dos Carabineros do Chile disse-me durante uma reunião de trabalho: "O homem nem precisa usar a arma. Basta tê-la em casa. A mulher vai entender que tem que obedecê-lo, diante dessa ameaça constante." É o que se chama de "violência pelo controle coercitivo" (*coercitive controlling violence*).

Mulheres como vítimas e como autoras de violência armada

Não podemos esquecer que frequentemente as mulheres exercem papel crucial na educação sexista que dão aos seus filhos homens. Vítimas inconscientes, educam os futuros "chefes de família", que irão submetê-las e explorá-las no futuro. A juíza Andréa Pachá, do alto de sua experiência em Varas de Família no Rio, afirma: "A violência cometida pelos pais acaba sendo reproduzida pelas crianças, e esse modelo de submissão das mulheres agredidas acaba sendo reproduzido pelas crianças quando crescem."

Nas guerras das últimas décadas, mulheres têm sido vítimas de brutal violência. Não são apenas vítimas de efeitos colaterais do conflito, mas constantemente o estupro e a violência sexual são perpetrados como método e política de guerra, quer para aterrorizar, quer para servir aos combatentes como "escravas sexuais" ou "esposas escravas", como avalia a especialista Sarah Taylor.[18]

A República Democrática do Congo é chamada de "capital mundial do estupro", mergulhada em 22 anos de guerra civil, que causaram mais de 5 milhões de mortes, e ainda hoje com focos de conflito. Lá os médicos sabem onde ocorreram as violências contra as mulheres pelo tipo de ferimento que apresentam. Em Bunyakiri, os soldados queimam as nádegas das mulheres, ao passo que em Fizi-Baraka dão tiro no órgão genital. Usa-se a violência armada e os estupros como estratégia de terror.[19]

McKay e Mazurana estudaram o papel das mulheres, principalmente as jovens, nos conflitos bélicos nesta passagem de século, e concluíram que com frequência elas se envolveram de forma ativa em insurreições, revoluções e guerras. Entre 1995 e 2003, participaram como milicianas ou oposição armada em 55 países e atuaram na guerra em outros 38. Se por um lado essa participação revela o protagonismo de mulheres antes submissas, por outro, nessas situações de conflito, "foram vítimas ou autoras de violência".[20]

A participação de mulheres e meninas em exércitos rebeldes correspondeu a cerca de um terço entre os sandinistas da Nicarágua, cerca de 30-40% entre as Fuerzas Armadas Revolucionarias de Colombia (Farc) da Colômbia e pelo menos um terço dos combatentes Tamil Tiger no Sri Lanka. Recentemente, foi decisiva a atuação de mulheres entre os combatentes curdos, em sua luta contra o governo sírio e pela autonomia de seu território, ocupado por Turquia, Síria e Iraque. A proporção de mulheres nas Forças Armadas varia de 0,4% na Bolívia a 14-15%

na República Tcheca, Eslovênia e no Uruguai. A Noruega recentemente se tornou o primeiro país a tornar o serviço militar obrigatório também para a mulher.

Mesmo entre as mulheres que usam armas profissionalmente, o número das que a usam para cometer crimes é muito pequeno. Nos EUA, apenas cerca de 4% dos que cometeram homicídio com arma de fogo eram mulheres, entre 2000 e 2010. O mesmo pequeno envolvimento em homicídios armados sucede nas mulheres membros de gangues, com exceção da Guatemala, onde esse envolvimento é crescente.[21]

Violência contra a família

Assassinato-suicídio – Um tipo de violência, mais comum nos EUA, mas que também ocorre entre nós, principalmente neste momento de crise econômica, é o "assassinato-suicídio" (*murder-suicide)*, em que, após matar uma ou mais pessoas, em geral da família, o agressor comete suicídio. Em 2011, nos EUA, 1.300 pessoas foram mortas dessa maneira, das quais 72% eram cônjuges, e em 90% dos casos foram usadas armas de fogo.[22]

Arma de trabalho – Profissionais que usam arma de fogo no trabalho tendem a correr mais risco de morte, ou cometer mais homicídios na vida extraprofissional. Suas casas são cenários frequentes de violência doméstica contra a mulher e os filhos, de assassinato ou suicídio com armas. Estão acostumados a resolver problemas com as armas: ou perdem a cabeça numa desavença e usam a arma sem pensar, ou então estão submetidos a situações de forte pressão e violência no trabalho e são vítimas do chamado transtorno do estresse pós-traumático (TEPT), frequente entre policiais e ex-combatentes. A situação era tão preocupante na Força Aérea norte-americana que, em 1997, foram implementadas medidas preventivas, que reduziram em 33% os suicídios e em 54% a violência contra familiares.[23] Política que nossas polícias, imersas em verdadeiros confrontos bélicos, deveriam adotar.

Prevenindo a violência armada contra a mulher

A campanha internacional do Laço Branco (White Ribbon Campaign), que foca na violência masculina contra a mulher, surgiu em consequência de um episódio ocorrido em Montreal em 6 de dezembro de 1989. Um jovem, inconformado porque foi rejeitado pela Faculdade Politécnica, irrompeu na classe da Universidade de Montreal portando uma Mini-14 Ruger, exigiu que os rapazes saíssem e abriu fogo contra 14 moças. Ele estava com raiva pelo fato de "as mulheres estarem invadindo um curso masculino, tomando o meu lugar".

No Canadá, 85% dos feminicídios são cometidos pelo cônjuge.[24] A esposa, ou ex-esposa, é sempre consultada pela polícia antes que o marido receba autorização para comprar uma arma. A polícia pode confiscar a arma de alguém que é acusado de conduta violenta. O resultado é que, entre 1995, quando o Canadá começou a reformar sua lei de controle de armas, e 2003 os feminicídios com arma de fogo caíram 40%, de acordo com o seu Ministério da Justiça.[25] Na Austrália, a polícia pode consultar a parceira para saber da conveniência de autorizar a venda de arma para o interessado. Cinco anos após a promulgação da lei de controle de armas, os homicídios com armas de fogo contra as mulheres haviam caído 57%, segundo o Australian Institute of Criminology, 2003.[26] Portugal, África do Sul e Trinidad e Tobago também proíbem a venda de armas por quem tenha cometido violência doméstica e o confisco da arma de quem a tenha.[27]

Em nosso país, as mulheres tiveram papel decisivo nas campanhas de desarmamento voluntário, convencendo seus parceiros, filhos, netos ou irmãos a entregar suas armas, conforme pudemos constatar nos postos de entrega de armas da sociedade civil. Falo mais detalhadamente sobre isso no capítulo "O sucesso da campanha de desarmamento".

Mulheres normalmente apoiam medidas fortes pelo controle do acesso a armas, pensando principalmente em seus filhos. Nos EUA, em 1999, um homem disparou contra um grupo de crianças, matando várias delas, em Granada Hill, Califórnia. Mary Leigh Blek, cujo filho Mathew Blek havia sido morto a tiros em 1994, a qual vim a conhecer na Conferência da ONU de 2001, liderou então uma campanha para que as mães marchassem em frente à Casa Branca, no Dia das Mães de 2000, exigindo que o Congresso adotasse medidas efetivas de controle de armas. Mais de 750 mil pessoas marcharam em Washington naquele dia e sessenta outras marchas aconteceram no mesmo dia em diferentes cidades do país, o que passou à história com o nome de Marcha de um Milhão de Mães (Million Mom March, MMM).[28]

Pesquisa do Datafolha, de julho de 2019, confirmou essa visão crítica que as mulheres têm das armas. Nada menos que 78% das brasileiras se manifestaram contra o porte de armas por civis. Diz a promotora Valéria Scarance, do Grupo de Enfrentamento da Violência Doméstica do Ministério Público (MP) de São Paulo: "A existência de armas de fogo dentro de casa é um fator maior de risco. Afinal, os homens que praticam violência contra a mulher e o feminicídio são em geral réus primários, têm bons antecedentes e residência fixa." Para a promotora, "a principal causa de morte de mulheres até 29 anos, entre 2011 e 2016, foi disparo de arma de fogo".[29]

Aos homens sexistas e violentos que desejam manter as mulheres sob seu controle e liberar o uso de armas, as norte-americanas respondem: "Control guns, not my body!"

Violência contra minorias sexuais

Não podemos deixar de fazer menção à violência cometida contra homossexuais no Brasil, expressão da mesma mentalidade atrasada, preconceituosa e violenta de setores da sociedade. Em 2017, ocorreram 445 crimes violentos contra os LGBTQI, segundo o Grupo Gay da Bahia. Em 2000, tinham sido 130, o que revela seu crescimento. Apesar de a OMS haver retirado o homossexualismo da lista de doenças conhecidas, em 1992, ainda hoje 73 países criminalizam a homossexualidade, sendo que em 13 a punição é a pena de morte.

Para alguns sociólogos, essa violência é fruto da desumanização daqueles com os quais o agressor não se identifica. Para os psicanalistas, os agressores não suportam o outro em sua diferença. Muitas vezes o mecanismo psíquico da "formação reativa" leva um agressor a atacar aquele que espelha sua própria inclinação à homossexualidade, da qual não tem consciência.

A decisão do Supremo Tribunal Federal, equiparando a discriminação contra identidade de gênero ao crime de racismo, deve dar mais visibilidade à violência contra essas minorias sexuais, dando maior segurança de que seja denunciada, ultrapassando o receio das vítimas e seus parentes e inibindo a omissão e a cumplicidade frequentes das delegacias.

6. Violência e juventude

Quem ensina batendo, está ensinando a bater.
Pedagogia contemporânea

Os jovens,[30] especialmente do sexo masculino, são as principais vítimas da violência armada, no Brasil ou nos demais países. Segundo a OMS, tomando-se os dados disponíveis de setenta países relativos a homens jovens de 15 a 29 anos, eles representam metade das vítimas de homicídios por arma de fogo, e em nosso país essa taxa é quatro vezes mais alta (22 por 100 mil habitantes) do que a população em geral (5 por 100 mil).[31]

Armas de fogo são a maior causa de morte entre jovens do sexo masculino no Brasil, superando as mortes por doenças, acidentes de trânsito ou qualquer outro fator externo.[32] Nos EUA, jovens foram responsáveis por 80% das mortes por arma de fogo de cerca de 400 crianças e ferimentos em cerca de 3 mil, média anual.[33]

Crianças-soldados

Determinados fatos revelam em toda sua dramaticidade e terror os efeitos da manipulação e da violência infligidas às crianças durante as guerras contemporâneas. As imagens de meninos de 10 anos matando reféns, por ordem do Estado Islâmico, chocaram o mundo. Crianças sendo mortas no confronto entre policiais e traficantes no Rio já nem mais escandalizam de tão habituais.

Este depoimento, prestado durante a guerra em Serra Leoa, expressa a barbaridade a que são submetidas as chamadas "crianças-soldados":

> Os rebeldes ameaçaram matar os meninos pelo fato de terem se escondido em cima de uma árvore, durante ataque realizado contra a aldeia de manhã cedo. A mãe dos meninos suplicou para que fosse morta no lugar dos filhos. Na frente dela, um dos rebeldes ordenou que um dos meninos

> atirasse em sua mãe. Como se recusou, levou um tiro na perna. O rebelde então ordenou que o mais jovem dos meninos atirasse em sua mãe. Ele atirou. O menino foi recrutado e elogiado por ser um combatente duro e corajoso.[34]

Até recentemente, a ONU se preocupava apenas com essas "crianças-soldados" devido à enorme proporção do seu envolvimento nos conflitos bélicos. Entretanto, o antropólogo inglês Luke Dowdney, trabalhando para o Viva Rio, conseguiu introduzir na agenda internacional o que denominou "crianças e jovens envolvidos em violência armada organizada", situação distinta das guerras, mas nem por isso menos violenta. Com esse novo enfoque, Luke chamou a atenção para os milhares de crianças e jovens envolvidos com o narcotráfico e o crime organizado, como sucede nas periferias das grandes cidades da América Latina e África, bem como nas "maras", gangues juvenis comuns na América Central e nos EUA.[35] Segundo o antropólogo, "o número de crianças e adolescentes mortos por armas de fogo entre 1987 e 2001 foi oito vezes maior na cidade do Rio de Janeiro do que na guerra Israel-Palestina durante o mesmo período. Nessa última, morreram 467 menores, enquanto na luta do tráfico carioca, 3.937".[36]

Causas da violência juvenil

Durante muitos anos, se atribuiu a violência dos jovens a fatores biológicos (altos índices hormonais estimulando à ação e agressividade), ou demográficos (muitos jovens entre os pobres e marginalizados). Hoje, se atribui seu envolvimento maior em atos violentos a uma soma de fatores, que incluem, além dos anteriores, causas socioculturais. A mais visível é a "cultura da violência" instigada pelos programas sensacionalistas e por games violentos, nos quais a resolução de conflitos por meio da força é sempre enaltecida em detrimento de outras alternativas, que incluiriam a negociação, o uso da palavra, o uso da inteligência.

Antes se achava que "filmes e jogos violentos" eram bons para que a criança e o jovem "extravasassem os instintos violentos", descarregando-os na fantasia e não na vida real. Isso pode suceder com crianças que têm famílias estruturadas, que recebem uma educação que serve de contraponto a esse tipo de influência.

O mesmo não sucede quando essa contrainfluência não existe. Sucessivos atos violentos em que seus jovens autores explicitamente diziam se inspirar em filmes e vídeos violentos mudaram essa ótica. Entre nós, tivemos pelo menos três conhecidos episódios dessa natureza. Em 1999, o jovem estudante de medicina Mateus Meira, após assistir ao filme *Clube da Luta*, descarregou uma submetralhadora 9 milímetros na audiência de um cinema do refinado MorumbiShopping, em São Paulo, matando três pessoas e ferindo outras cinco. No ano seguinte, o jovem Sandro do Nascimento, sobrevivente da "chacina da Candelária", sequestrou os passageiros de um ônibus da linha 174, no Rio de Janeiro, matando uma de suas reféns. Sandro era fã do filme *Velocidade máxima*, não por acaso sobre o sequestro de um ônibus. Ambos se disseram inspirados nos filmes. Nos Estados Unidos, onde os exemplos são muitos, citemos apenas o estudante James Holmes, de 24 anos, que, em 2012, durante a estreia do novo filme *Batman*, fuzilou 12 pessoas e feriu 59, no Colorado.

Inúmeras pesquisas acadêmicas, de diversos países,[37] já demonstraram que crianças e jovens que vivenciam um cotidiano de violência em suas famílias – mãe sendo espancada pelo marido, pais batendo nos filhos – adquirem tendência a se tornarem adultos violentos. Aprendem a resolver suas frustrações, ou descarregar seus ódios, por meio do uso da força.

O costume antigo, que recomendava "bater para ensinar", foi contestado pela pedagogia contemporânea, ao advertir que "quem ensina batendo, está ensinando a bater". Pais que batem, ensinam os filhos a obedecer por medo, não por convicção. Criam personalidades medrosas, que se sujeitam a qualquer autoridade, submissas, e não com espírito crítico e autônomo. Infelizmente, o uso da violência na educação ainda é muito disseminado em nossa cultura. Quando na solução de conflitos pessoais se impõe a propensão ao uso da força, e não à persuasão e ao diálogo, e a ela se soma o uso de armas de fogo, temos como desfecho o homicídio.

O Congresso Nacional já legislou sobre o tema, buscando timidamente restringir a ação de pais que batem nos filhos, violando a Constituição, que considera crianças e adolescentes "sujeitos de direitos". Faltou amplo debate nas escolas e na sociedade, já que é arraigada a primitiva ideia de que se deve educar crianças como alguns educam os bichos, com palmadas e pancadas. Hoje, mesmo os animais são mais bem treinados por estímulo e não por dor.

Soube de um brasileiro exilado na Suécia que arrastava os filhos pequenos para dentro do armário quando queria surrá-los, para que não fossem ouvidos pelos vizinhos, cuja denúncia de "violação dos direitos dos filhos" o levaria à prisão.

O esforço de se entender a atitude violenta do jovem tem chamado a atenção, além dos fatores conhecidos, para a importância da arma de fogo como fetiche, símbolo de poder e status que assume importância especial para um jovem de comunidade pobre, que de outra forma permaneceria "invisível". A "invisibilidade" desse jovem nos lembra o conceito de *Homo sacer*, do filósofo Giorgio Agamben, que em 1995 assim designava indivíduos desprovidos de direitos, esquecidos pelo Estado, que nessa condição seriam descartáveis, "matáveis".[38] Considerando-se que o jovem se encontra em plena fase de autoafirmação, de aceitação por parte da sociedade, um adolescente excluído, inferiorizado pela pobreza e pela raça, em reação, adquire "visibilidade" e "respeito" dentro de sua comunidade quando empoderado por uma arma de fogo. Os jovens são, dessa forma, presa fácil da glorificação da arma como instrumento de força e poder.

Fundamental na formação de um jovem é o exemplo dos mais velhos. Nas comunidades pobres, o policial deveria ser um modelo respeitado e admirado. Mas não. Em abril de 2017, a polícia flagrou cinco crianças brincando de "boca de fumo", na favela Gardênia Azul, Zona Oeste do Rio. Simulando fuzis de madeira e papelotes de cocaína, brincavam de bandido, que tem para eles uma imagem menos negativa que a da polícia, associada a brutalidade, desonestidade e racismo.

Massacres em escolas e igrejas no Brasil

Massacres em escolas, igrejas e cinemas, traço marcante da história dos EUA nos últimos cinquenta anos, não eram frequentes entre nós. No Brasil, massacres se restringiam a vitimar favelados, trabalhadores sem terra, presos e índios. No entanto, a partir de 1999, por inegável influência da cultura norte-americana, explicitada por seus próprios autores, combinada com o acesso fácil a armas, começaram a se repetir de forma assustadora. Nos últimos vinte anos, contabilizamos 9 massacres e atentados em escolas, 1 massacre em cinema e 1 em igreja.

Já mencionamos o caso em que um estudante de medicina, sob influência do cinema violento de Hollywood, metralhou 8 jovens num cinema paulistano, em 2012. Mas antes disso aconteceram outros casos marcantes. Em outubro de

2002, um estudante de 17 anos atirou contra duas colegas da escola particular Sigma, em Salvador, Bahia, e foi convencido pelo irmão a se entregar à polícia após ameaçar se suicidar. No ano seguinte, em janeiro, um ex-aluno da Escola Estadual Coronel Benedito Ortiz, em Taiuva, interior de São Paulo, que se disse vítima de bullying quando estudava no colégio, atacou 5 colegas, a zeladora, 1 professora e o caseiro; um dos alunos levou um tiro e ficou paraplégico. Em abril de 2012, um aluno da escola estadual Eneas Carvalho, em Santa Rita, na Grande João Pessoa, matou uma colega de 15 anos.

No Rio, em 7 de abril de 2011, sucedeu a maior matança já registrada em estabelecimento de ensino. Na escola Tasso da Silveira, em Realengo, o jovem Wellington Menezes de Oliveira, de 23 anos, que sofreu frequente bullying quando lá estudou, voltou ao antigo educandário e se vingou. Pela internet, sob influência do terrorismo islâmico, utilizando-se de revólveres calibres 32 e 38, matou 12 e feriu 23 adolescentes, cometendo suicídio quando cercado pela polícia. O massacre de Realengo impactou fortemente o país, mas praticamente nada se fez em nível nacional. A única medida tomada foi a criação do Dia Nacional de Combate ao Bullying, aprovado em 2016.

Em São Caetano do Sul, São Paulo, em setembro de 2011, um aluno do Colégio Alcina D. Feijão, de apenas 10 anos, com a arma do pai atirou na professora e a matou. Em 20 de outubro de 2017, um estudante de 14 anos atirou dentro da escola Goyases, num bairro de classe média de Goiânia. Dois alunos morreram e outros quatro ficaram feridos. O jovem ameaçou cometer suicídio em seguida, mas foi dissuadido pela professora. Confessou que foi motivado por ter sofrido bullying dos colegas. Utilizou uma pistola Taurus .40, com capacidade de 12 tiros, de uso militar, pertencente à sua mãe, sargento da Polícia Militar (PM). Quando premeditou o crime, afirmou que buscou informações na internet sobre os massacres de Columbine e de Realengo.

Pouco depois, em 16 de novembro do mesmo ano, a estudante Raphaella Noviski Romano, de 16 anos, foi morta com 11 tiros dentro de um colégio estadual de Alexânia, no entorno do Distrito Federal. A motivação teria sido uma rejeição amorosa. O assassino foi o jovem Misael Olair, de 19 anos, preso em flagrante, que, segundo investigações, juntou R$ 2,3 mil para comprar o revólver e a munição. O atentado paralisou momentaneamente a pressão da bancada da bala no Congresso, como afirmou o deputado Laerte Bessa

(PR/DF): "Achávamos que dava para colocar o PL 3.722 neste primeiro bloco de segurança pública. Mas aconteceu o caso em Alexânia e isso já causou um mal-estar para votar a liberação de porte de armas. Mas sempre vai ter um fato que venha a mudar o pensamento da coletividade e temos que passar por cima disso."[39]

No Paraná, em Medianeira, em setembro de 2018, um aluno de 15 anos, vítima de bullying no Colégio Estadual João Manoel Mondrone, atirou nos colegas, ferindo dois. Usou um revólver calibre 22 e em sua casa foram encontrados recortes sobre massacres acontecidos nos EUA e no Brasil e vídeos violentos a que costumava assistir.

A primeira chacina em uma igreja no Brasil ocorreu em dezembro de 2018, quando um ex-funcionário do Ministério Público de São Paulo, Euler Grandolpho, de 49 anos, assistiu à missa na catedral de Campinas (SP), e ao seu final matou 5 pessoas e feriu outras 3. Suicidou-se após ser baleado pela polícia, que chegou rápido à cena do crime. Usou uma pistola tcheca semiautomática CZ 75B, de 9 milímetros, de uso proibido para civis, e um revólver Taurus 38, que não disparou. Sem antecedentes criminais, aparentemente o assassino sofria de delírio persecutório.

A chacina na escola de Suzano

O último massacre, brutal, o segundo em número de vítimas, ocorreu em Suzano, em 13 de março de 2019, na Grande São Paulo, na Escola Estadual Professor Raul Brasil, considerado um bom estabelecimento de ensino pelos padrões brasileiros. Dois ex-alunos, Guilherme Taucci, de 17 anos, e Luiz Henrique de Castro, de 25, mataram 5 estudantes e 2 funcionárias, ferindo 11 outros alunos, de 14 a 17 anos, matando-se quando surpreendidos pela chegada da polícia, que nesse caso agiu com celeridade, alertada pelo assassinato anterior de um tio de Guilherme. Foram 10 pessoas mortas no total, incluindo os assassinos Guilherme e Luiz. Eles utilizaram um revólver 38, o campeão no envolvimento de homicídios no país, com numeração semirraspada e meio oxidado, comprado de um morador local, 4 *jetloaders* (recarregador de munição), uma machadinha (que seria cravada no ombro de um dos alunos), uma besta, coquetéis-molotovs e uma caixa simulando bomba. Todas as mortes foram causadas pelo revólver, deixando claro, mais uma vez, aos que relativizam os efeitos das armas de fogo, a diferença de sua eficácia se comparadas com outras armas. Sem arma de fogo, essa e outras tragédias não se consumariam, ou teriam um número muito menor de mortes.

A presença de machadinha do tipo militar e da besta levantou a questão de outras armas vendidas livremente na internet, e que não são controladas no país. Nada impede que o sejam, inclusive através de legislação estadual, como ocorreu no Rio, em que a lei proíbe que se porte faca com mais de 10 centímetros de lâmina. Segundo o Datasus, em 2016 houve 9.091 mortes no país por objeto cortante ou perfurante, muito menos que as 44.475 mortes por arma de fogo. Mesmo assim, um número expressivo que deveria ensejar medidas legais restritivas.

Afora a influência dos videogames violentos, fica patente o impacto de massacres nos EUA, principalmente o da escola Columbine. Os acessos na internet feitos pelos jovens assassinos de Suzano deixam isso claro, a ponto de a investigação concluir que os dois rapazes queriam "superar" os estragos causados pela dupla assassina de Columbine, como se também nesse aspecto participassem de um jogo. As roupas pretas, além de todos os apetrechos simbólicos, não deixam dúvida de que os assassinos de Columbine se tornaram ícones, com seguidores que se intitulam "columbiners", jovens enraivecidos e frustrados, em busca da "revanche", "do combate e da glória".

As reações ao massacre de Suzano, como sucede nesses casos, foram opostas: uns pediram mais controle de armas; outros, a disseminação do seu uso. O senador Flávio Bolsonaro comentou que se tratava de "mais uma tragédia protagonizada por menor de idade e que atesta o fracasso do malfadado Estatuto do Desarmamento". O senador Major Olímpio repetiu o argumento usado por Trump, "de armar os professores", e que provocou indignação nos alunos sobreviventes do massacre na escola Parkland e das associações de professores daquele país (que fizeram um movimento para que "o governo armasse os professores com mais livros e mais recursos"). Disse o senador: "Se a legislação do Brasil permitisse o porte de armas, um cidadão de bem na escola, seja um professor ou um servente, evitaria a tragédia, impedindo que prosseguissem a marcha da morte deles."

O deputado Capitão Augusto, atual líder da bancada da bala, repetiu a mesma proposta. Querem armar os professores das 182 mil escolas brasileiras.

Nos EUA, quando surgiu pela primeira vez essa proposta tresloucada, Dave Cullen, que publicou a mais completa pesquisa sobre o massacre de Columbine, lembrou que, durante o episódio, notou-se um homem pendurado no teto do estabelecimento de ensino, e de início pensou-se que era mais um dos atacantes. Era um técnico, fazendo conserto no ar-condicionado. Se os professores, ou os alunos, estivessem armados, seria outra vítima.

Novo assassinato em escola de ensino médio aconteceu em abril de 2019. Dessa vez, um estudante de 17 anos, ameaçado de transferência para outra escola, matou o coordenador de ensino Júlio Barroso, no Colégio Estadual Céu Azul, em Valparaíso, Goiás. Copia-se o nefasto modelito dos EUA.

Morticínio na Nova Zelândia

O último massacre, até agora, meados de 2019, teve lugar na pacífica Nova Zelândia, que tem taxa de apenas 1 homicídio por arma de fogo por 100 mil habitantes. Brenton Tarrant, supremacista branco de 28 anos, fuzilou 50 muçulmanos e feriu outros 48, de idade variando entre 3 e 71 anos, enquanto rezavam em duas mesquitas da cidade de Christchurch, em março de 2019. Utilizou 5 armas, entre elas 2 fuzis semiautomáticos com aceleradores de tiro e 2 escopetas, todas legalmente compradas num país de lei permissiva (os aceleradores eram ilegais). A chacina durou 36 minutos, 17 deles transmitidos pelo terrorista ao vivo pelo Facebook, através de câmara acoplada na testa.

A primeira-ministra da Nova Zelândia, Jacinda Ardern, reagiu imediatamente: "Algumas pessoas afetadas podem ser migrantes ou refugiados que escolheram fazer da Nova Zelândia a sua casa. Elas são todos nós. Aquele que perpetuou essa violência contra, não é." Sua atitude foi elogiada em todo o mundo. Apenas um dia depois, o senador Eduardo Bolsonaro, na viagem oficial que fez com o pai aos EUA, declarou publicamente que "um brasileiro ilegalmente fora do país é um problema do Brasil, isso é vergonha nossa". O presidente Bolsonaro teve que desmentir o filho boquirroto.

Morrendo de vergonha ficamos nós, com essa atitude do parlamentar contra os sofridos brasileiros que tentam ganhar a vida em outro país, apesar da política anti-imigratória do governo Trump. Quanto a Ardern, prometeu mudar a lei do país em dez dias. Não esperou. Em seis dias, em 21 de março, já anunciava a mudança da lei, com apoio do próprio vice-primeiro-ministro conservador, do partido Nova Zelândia Primeiro, que nos últimos anos se havia oposto a três tentativas de mudança na lei de armas. Disse a primeira-ministra: "Em 15 de março, nossa história mudou para sempre. Agora, nossa legislação também mudará. Estamos anunciando hoje maior rigor nas nossas leis de armas. Todas as armas semiautomáticas usadas durante o ataque terrorista serão banidas. Serão previstas exceções para casos muito específicos de fazendeiros no combate a pragas e proteção de animais."

Muitos nem esperaram a nova lei e começaram a devolver espontaneamente suas armas, em solidariedade às vítimas e convencidos do perigo que representam. Menos de um mês após a chacina, o Parlamento votou, por 119 votos contra apenas 1, a proibição da venda de fuzis semiautomáticos e de assalto, peças que convertem armas em semiautomáticas, pentes acima de determinada capacidade e alguns tipos de espingarda. Aprovou-se também um programa de recompra das armas proibidas.

Idade mínima para posse de armas

De acordo com pesquisa de Daniel Webster, da Universidade Johns Hopkins, há uma relação direta entre jovens de 18 a 20 anos e picos de homicídios.[40] No Brasil, apesar da lei, o acesso a armas de fogo ainda é pouco controlado. Pesquisa da FGV/RJ revelou que jovens entre 20 e 29 anos estão 172% mais propensos a comprar arma que pessoas vinte anos mais velhas.[41] Por razões como essas, nossa lei de armas aumentou a idade mínima para compra de 18 para 25 anos, o que os projetos de lei em discussão no Congresso pretendem mudar, reduzindo-a para 18 ou 21 (posse) e concedendo o porte aos 25. Em Erfurt, cidade da Alemanha, em 2003 a idade mínima foi também elevada para 25 anos, medida tomada após massacre promovido por um estudante, que era atirador esportivo.

Prevenção da violência juvenil

Estando os jovens no epicentro da violência, é inacreditável que nossos governos não tenham políticas específicas para prevenir que eles ingressem em atividades violentas. Uma exceção é a prefeitura de Recife, com o Projeto COMPAZ, desenvolvido por Murilo Cavalcanti, empresário, ex-secretário de Segurança Pública de Petrolina, e atual de Recife, e um dos principais líderes do movimento de controle de armas entre nós. Murilo estudou as experiências bem-sucedidas na Colômbia, que conheço bem, e as organizou em livro.[42] Sobre o sucesso de seu atual projeto, melhor ler seu depoimento ao autor:

> 30 de janeiro de 2003. Essa data jamais sairá da minha memória. Era uma tarde quando recebi um telefonema de que uma de minhas irmãs tinha sofrido um assalto, levado um tiro e tinha sido encaminhada ao hospital. Eu era empresário da noite, dono de bares, boates e casa de show. Larguei tudo, absolutamente tudo, para estudar e procurar entender por que se matava e se morria tanto com armas de fogo no Brasil.
>
> Com os aprendizados da militância do movimento Desarma Brasil, fui em busca de conhecer bons laboratórios de prevenção à violência urbana na América Latina. Conheci Medellín, na Colômbia, até os anos 1990 conhecida internacionalmente como a cidade mais violenta do mundo. Através de uma safra de bons gestores municipais, Medellín saiu da lista das cidades mais violentas. Aprendi muito com Medellín. Como secretário de Segurança Urbana do Recife desde 2013, assumi os desafios de colocar em prática uma nova proposta de enfrentamento da violência urbana, que fugisse da política tradicional implantada pela maioria das prefeituras do Brasil, que é armar as Guardas Municipais e, com isso, fortalecer o eixo da repressão. Tinha consciência de que era preciso implantar uma nova forma de enfrentar a violência urbana com criatividade, com foco nos grupos mais vulneráveis, uma política transversal que envolvesse educação, cidadania, direitos humanos e empreendedorismo. Concebemos o COMPAZ (Centro Comunitário da Paz), um equipamento voltado para a cultura de paz e não para a violência, a ser instalado nas regiões mais violentas, degradadas e desestruturadas da cidade do Recife. Atualmente existem dois COMPAZ em funcionamento, com resultados espetaculares em seu entorno.
>
> O COMPAZ é essencialmente um projeto voltado para a promoção da cidadania: cultura, esporte, lazer, mediação de conflito, empreendedorismo, política de gênero, reforço de matemática e português, cursos de línguas estrangeiras (inglês e espanhol), praça de eventos, enfim, uma verdadeira fábrica de cidadania.

Criança Esperança e Luta pela Paz

Por sua vez, o Viva Rio desenvolveu vários projetos bem-sucedidos. O "Espaço Criança Esperança", dirigido pelo psiquiatra Jairo Coutinho, ao longo de quinze anos investiu em milhares de crianças a partir de 3 anos e jovens até 18. Em entrevista que me concedeu, Jairo contou que obteve o apoio do Projeto Criança Esperança, da Globo, em 2001, através de convênio com o Viva Rio, e seu trabalho transcorreu até 2016, quando terminou esse apoio. O projeto funcionou na favela do Cantagalo, em Ipanema, num grande prédio construído para ser hotel-cassino, na expectativa da legalização do jogo, que não aconteceu. O prédio acabou expropriado pelo governo Brizola e Darcy Ribeiro aí instalou um Ciep. As grandes instalações contavam com piscina olímpica, perfeito para o projeto de Jairo, que atraiu o interesse da infância e juventude das três favelas do morro (Cantagalo, Pavão e Pavãozinho) e de toda a vizinhança pobre, oferecendo diversos esportes (coordenados por sua esposa, Norma Reis, ex-coordenadora de esportes da Prefeitura do Rio), reforço escolar (que melhorou o desempenho dos alunos do Ciep), cursos de informática e capacitação profissional, como hotelaria.

Uma das jovens atendidas pelo projeto acabou gerente do Copacabana Palace. A empresa espanhola Fundación Gas Natural, por dez anos, formou cerca de mil técnicos, 30% contratados pela empresa. As ótimas oportunidades faziam com que os próprios traficantes enviassem seus filhos para o Espaço, quebrando o círculo vicioso do crime. O projeto oferecia 2 mil vagas a cada ano e o modelo foi replicado em Angola, na cidade de Kwito.

Outra realização exitosa partiu do antropólogo inglês Luke Dowdney. Após trabalhar no Viva Rio pesquisando a situação dos jovens envolvidos com o narcotráfico na América Latina, Luke usou sua experiência como pugilista juvenil na Inglaterra e abriu uma academia de boxe na favela da Maré, Luta pela Paz, tendo como assistente Leriana Figueiredo. Lá, tem atraído jovens do entorno para serem pugilistas e, simultaneamente, ensinar-lhes disciplina, respeito ao próximo e ética, afastando muitos do crime. Vários alunos já se sagraram campeões, e Luke recebeu a comenda de Sir por esse trabalho, concedida pela rainha do Reino Unido. O projeto já foi replicado em 25 países, atendendo mais de 15 mil jovens diretamente. Entre nós, quando a Petrobras cortou seu financiamento, o projeto no Rio teve que ser bem reduzido em 2016.

Capoeira e Papo Responsa

Mais uma iniciativa que ganhou o mundo foi o projeto de gafieira para jovens, implantado no Viva Rio pelo professor de capoeira Flávio Saudade. O número de crianças e jovens foi crescendo e, em 2005, na campanha pela proibição do comércio de armas por meio do referendo, 700 capoeiristas desfilaram pela praia de Copacabana. Nascia, assim, o projeto Gingando pela Paz. Em 2008, com a participação do Viva Rio na política de pacificação no Haiti, comandada pelo Exército Brasileiro, Flávio levou o projeto para aquele país paupérrimo. Lá, reproduziu sua estratégia de atrair para o esporte crianças envolvidas com as gangues, que então dominavam as favelas haitianas.

A proposta teve tanto sucesso que, em 2014, o United Nations International Emergecy Fund for Children (UNICEF) o convidou para implementar o projeto na República Democrática do Congo, devastada pela guerra civil. Novo êxito, ao reinserir na sociedade crianças e jovens por meio da combinação de esporte, arte e cultura cidadã, política que designou como Capoeira Social. Não estamos falando de grupos de crianças, mas de mais de 5 mil crianças e adolescentes do Haiti e Congo.

Flávio falou com entusiasmo dos resultados, no depoimento que me deu:

> Para nós, é muito gratificante ouvir de crianças, que antes portavam fuzis Kalachnikov, que eram até então inimigas, se perdoarem e conviver na capoeira. É muito valioso ver meninas retomarem a propriedade do próprio corpo, antes aviltados, e redescobrir a sua beleza e a sua força. É muito valioso ver essas crianças empunhando um berimbau em vez de uma arma, cantar canções de paz em vez de gritos de guerra, serem vistas pelas comunidades não como soldados, mas como capoeiristas, que no Haiti e no Congo vêm se tornando sinônimos de defensores da paz. É o que nos motiva hoje a caminhar em direção à institucionalização do projeto no Brasil, passo importante que permitirá fortalecer as nossas ações pelo mundo. (...) A capoeira não está livre de conflitos, mas nasce efetivamente da forma como lidamos com eles, ainda que muitas vezes

> tenhamos de olhar o mundo de pernas para o ar e seguir acreditando, gingando sempre.[43]

Tivessem nossas autoridades sensibilidade e conhecimento para buscar modelos de atividades que tiveram sucesso em retirar o jovem da violência, não estaríamos querendo militarizar nossas escolas, mesmo porque os jovens mais problemáticos nem estão nas escolas. Exemplos não faltam. Em 2003, a Polícia Civil do Rio de Janeiro, por iniciativa dos policiais Roberto Chaves de Almeida e Luiz Cláudio da Cunha – o primeiro foi meu aluno no curso de pós-graduação em segurança pública –, criou o Projeto Papo Responsa. Nele, policiais debatem nas escolas com estudantes adolescentes sobre problemas de droga, violência, ação conjunta da polícia com a sociedade, com resultados muito positivos. Em 2014, o projeto já havia atingido 26 mil adolescentes. O Papo Responsa foi adotado também pela polícia gaúcha.

Não há política para a juventude

Aprende-se uns com os outros. Só o governo federal nada aprende. A política voltada para o jovem delinquente no Brasil se resume a prendê-lo, quando não o mata. "No Rio, se em 2008 foram presos 1.821 menores, em 2017 foram presos 8.480. Análise do seu perfil revela que apenas de 3 a 5% cometeram crimes graves; o restante deveria estar em regime semiaberto. Com a política de encarceramento em massa, o índice de reincidência também disparou, passando de 20% em 2012 para 51% em 2018."[44] Em nível nacional, conforme o *Mapa da Violência* 2018, "os adolescentes são as maiores vítimas, e não os principais autores da violência. Até junho de 2011, cerca de 90 mil adolescentes cometeram atos infracionais. Destes, cerca de 30 mil cumprem medidas socioeducativas. O número, embora considerável, corresponde a 0,5% da população jovem do Brasil, que conta com 21 milhões de meninos e meninas entre 12 e 18 anos".

Ilona Szabó sintetiza o que tem que ser feito:

> Investir na primeira infância tem um custo-benefício altíssimo, e se deveria investir nas famílias mais vulneráveis. Buscar-se os jovens que abandonaram a escola é essencial, porque aí começa o problema. Políticas para os jovens egressos do sistema prisional é importante; os jovens mais aguerridos são

> vistos como *'problema'*, mas podem ser *'solução'* pela liderança que normalmente exercem. O custo dessas políticas é mínimo. Diadema, Medellín e Bogotá são exemplos de que políticas de prevenção funcionam. O nosso governo não consulta os institutos de pesquisa especializados, despreza o conhecimento científico e a experiência já conhecidos e testados. Plano de segurança é política de Estado, não de governos. Sugerimos ao BID (Banco Interamericano de Desenvolvimento) e ao CAF (Banco de Desenvolvimento da América Latina) que exijam indicadores de redução de violência como contrapartida de seus empréstimos e doações.45

Tudo que o jovem precisa é de oportunidade e orientação. Tim Raue, considerado o melhor chef de culinária da Alemanha, quando jovem foi um delinquente. Foi preso pela polícia e, para ser solto, teve que escolher entre três opções de curso profissionalizante. Escolheu fazer o de cozinheiro. O resultado está aí.

Em nosso país, em vez de oportunidade e orientação, a juventude pobre é deixada ao deus-dará. Em 2014, isto é, antes da crise, uma pesquisa da Federação das Indústrias do Rio de Janeiro (FIRJAN) constatou que 23% dos jovens entre 15 e 29 anos eram "nem nem", nem estudavam nem trabalhavam. Mão de obra facilmente recrutável pelo crime organizado. Enquanto isso, as autoridades nada fazem, além de insistirem na repressão da juventude marginal. Apreendem os jovens que cometeram os mais diversos delitos, muitos insignificantes, e os condenam a serem capturados pelas facções criminosas que dominam as instituições destinadas a jovens infratores. O tratamento violento nas detenções empurra os jovens para uma delinquência mais grave. "No Educandário Santo Expedito, o maior do Rio, apenas entre 3% e 5% dos jovens cometeram crimes graves. No abrigo, onde dois adolescentes foram enforcados, tortura-se e praticam-se outros maus tratos."[46]

Raul Jungmann propõe: "Esse quadro aponta para a necessidade e urgência de um programa focado nessa juventude, mas isso infelizmente nós não temos. Entretanto, não seria algo tão difícil de se estruturar, considerando que apenas 123 cidades respondem por 50% dos homicídios."[47]

John Calhoun, do Departamento de Estado dos EUA, advertiu em seminário do Fórum Brasileiro de Segurança Pública: "É uma combinação inflamável a falta de esperança, relações familiares negativas e fácil acesso a armas."

Temos iniciativas isoladas de políticas de prevenção à violência juvenil muito boas, como as realizadas pelas prefeituras de Canoas e Pelotas, no Rio Grande do Sul, de Belo Horizonte, em Minas Gerais, e no Recife, em Pernambuco. Mas, como também sucede no campo da educação infantil, o governo federal as ignora.

PARTE 3

DESTRUIÇÃO DE EXCEDENTES E DESARMAMENTO NO MUNDO

Rezemos para que no mundo prevaleçam os programas de desenvolvimento e não de armamento.
Papa Francisco

7. Destruição de armas e munições

***"One gun, one life!"* (Uma arma a menos, uma vida a mais)**
Campanha de desarmamento voluntário nos EUA

A ONU exorta seus países-membros a destruir os excedentes de armas e munições, que de outra forma ficariam expostos em depósitos e sujeitos, na maioria das vezes, a desvios e explosões. Considera-se como melhor forma a destruição pública, com participação popular, porque ela gera um debate amplo sobre a necessidade do controle de armamento. Além disso, a população terá uma clara demonstração de que o governo está tomando medidas concretas contra a proliferação de armas e a insegurança. A destruição pública, bem como o ato de se danificar a arma no momento da entrega, dá à sociedade o forte e real sentimento de que "pelo menos aquelas armas não mais irão matar".

Nos últimos anos, vários países seguiram essa recomendação da ONU, entre eles, Mali, África do Sul, Camboja, Moçambique, El Salvador, Argentina, Brasil, Angola, Guatemala, Peru, Nicarágua e Honduras. Vários outros promovem rotineiramente destruições longe das vistas do público, como os Estados Unidos e, nos últimos anos, o Brasil, que voltou a essa política depois de ser aplaudido na ONU por promover enormes destruições públicas.

Números globais e excedentes

Segundo o *Small Arms Survey*, destroem-se anualmente cerca de 430 mil armas, o que representa menos do que a produção anual de armamento militar. Considerando-se os cerca de 200 milhões de armas militares existentes no mundo, pelo menos 76 milhões são excedentes. O número de munições em nível internacional é de 100 a 140 milhões de toneladas.[1]

A definição de "excedente" de armas é importante, porque há Forças Armadas que, temerosas de futuras guerras, guardam em depósitos, muitas vezes sem os mínimos requisitos de segurança, grandes arsenais de armas velhas, mas operacionais. Os dois documentos mais importantes sobre "excedente de armas pequenas" são o *Programa de Ação da ONU* (2001) e o *2003 OSCE Handbook of Best Practices on SALW*. O Programa estabelece a obrigação internacional de salvaguardar a segurança dos excedentes de armas, e aponta a preferência por sua destruição. Entre outras vantagens, a destruição ocasiona economia na manutenção dos depósitos.

A polêmica sobre destruir ou não os excedentes

Mas essa política de destruição de excedentes nem sempre é compreendida por determinados governos, que, além de minimizar os comprovados riscos de desvio e explosões, preferem vender esses excedentes no mercado ilegal. Em geral, são países pobres os que resistem a destruí-los, preferindo exportá-los, mesmo para compradores ilegais, sejam governos ou grupos privados. E são exatamente esses países pobres que geralmente possuem depósitos inseguros, propícios a todo tipo de desvio. Mas mesmo países desenvolvidos, como a Rússia, inundam o mercado clandestino mundial de armamento excedente, como já mencionamos.

Na Conferência da ONU de 2001, fui designado pelo ministro José Gregori para negociar com outros países a conveniência de se votar a destruição de excedentes de SALW como política da ONU. A maioria estava de acordo, mas alguns países pobres se opuseram, com o argumento de que necessitavam das armas velhas, e das armas confiscadas na ilegalidade ou recebidas em campanhas de desarmamento, a fim de armar suas polícias, por carecerem de recursos para adquirir armamento novo. Como para ser aprovada uma proposição tinha que se obter consenso geral, a proposta brasileira não prosperou.

No Brasil, ao considerar as dificuldades de se garantir segurança adequada aos depósitos de armas das polícias, dos fóruns, e mesmo das Forças Armadas, o Estatuto do Desarmamento achou por bem determinar a destruição das armas recebidas nas campanhas de desarmamento. Os depósitos das Forças Armadas tiveram seu controle melhorado nos últimos anos, após sofrerem vários desvios e atendendo às recomendações na CPI das Armas da Câmara dos Deputados.

Curioso é que os que se manifestam contra o desarmamento voluntário alegam que "a maioria das armas entregues é sucata". Contraditoriamente, agora se manifestam contra a destruição dessas armas, argumentando que "o governo está jogando dinheiro fora ao permitir que se destruam essas armas, que podem ser utilizadas pela polícia". Na verdade, a avaliação das armas entregues nas campanhas, como, aliás, a maioria de suas alegações, não se baseava em pesquisa. Mas nós investigamos. Analisando cerca de 5 mil armas entregues no Viva Rio em 2004 e 2005, constatamos que 90% eram operacionais, isto é, estavam em condições de atirar para matar. Mesmo porque, armas velhas podem se manter operacionais por décadas, dependendo do estado de conservação. São as munições que se deterioram com mais rapidez.

Alega-se que a polícia por vezes apreende armas sofisticadas, que seria um desperdício não reutilizar. Mas a questão não é assim tão simples. A Polícia Federal (PF), que fundamentou a posição adotada pelo Estatuto do Desarmamento, levou em conta que o Brasil é um grande produtor de armas pequenas e munições e que o uso de armas apreendidas, ou recebidas, por sua heterogeneidade, dificultaria ainda mais o seu controle. Mesmo com armas padronizadas, a fiscalização pelas forças de segurança públicas e privadas tem se revelado longe de ser satisfatória, com frequentes desvios e venda ilegal. Mais complicada ainda, e custosa, seria a manutenção dessas armas, diversas delas usadas pela polícia, que teria que importar peças para manter um reduzido número de armas diferentes em operação. A soma desses fatores levou à determinação de que os excedentes deviam ser destruídos e não reutilizados. Mas, contrariando todos os argumentos anteriores, o governo iria mudar a lei, que exigia a destruição do armamento apreendido ou recebido voluntariamente, permitindo o seu reaproveitamento pela polícia. Como veremos em "Projetos em defesa e contra o Estatuto do Desarmamento", deu errado mais uma decisão baseada no achismo dos que, por usar arma, sem estudar o seu intrincado universo, propõem bobagens.

Explosão de depósitos e arsenais

Uma série de explosões destruiu várias dependências militares em Mpila, Brazzaville, na República do Congo, em março de 2012, numa área densamente povoada. Morreram pelo menos 300 pessoas, mais de 2.500 ficaram feridas e mais de 120 mil foram deslocadas. Em 2007, a explosão do depósito de Maputo matou 100 e feriu outras 600, segundo me contou o ministro da Justiça de

Moçambique. Calcula-se que, entre 1979 e junho de 2016, tenham ocorrido 543 acidentes dessa natureza, em 103 diferentes países, intensificando-se nos últimos anos. A Rússia é a campeã, com 70 explosões, a Nova Zelândia teve zero e o Brasil, 5 acidentes, com 33 feridos e 2 mortes.[2]

No Brasil, tivemos em 16 de julho de 1995 a explosão do principal arsenal da Marinha, constituído por cinquenta galpões e um depósito subterrâneo, localizado na ilha do Boqueirão, na baía de Guanabara, próxima à Ilha do Governador. Além de munição de armamento pesado, incluindo canhões, armazenava material explosivo para sua fabricação. Foi a maior explosão ocorrida em nosso país. Deixou 23 militares feridos e quebrou os vidros de prédios até mesmo da distante Urca, situada a 18 quilômetros. Moradores do entorno tiveram que deixar suas casas, que balançavam, e várias sofreram danos. As detonações começaram às 17 horas e continuaram noite adentro. Paralisou grande parte da cidade.

O perigo representado pelo depósito inseguro de armas e munições é agravado pelo fato de muitas dessas dependências terem sido construídas há muito tempo, fora das cidades. Mas, ao longo dos anos, as cidades foram se expandindo, e hoje os depósitos se encontram em plena área urbana. É o caso do DFAE, inserido no centro populoso do Rio. Quando lá chegamos, em 1999, caminhávamos sobre as munições, espalhadas pelo chão, fios elétricos pendiam do teto, um ambiente tóxico, propositadamente desarrumado (para facilitar o desvio de armamento), colocando em risco milhares de moradores vizinhos. Apesar de nossas advertências, e da tentativa da ONU de trasladá-lo para lugar seguro, o depósito continua lá.

Roubos e desvios de depósitos

No Dia Internacional de Destruição de Armas, 9 de julho, em 2017, a rede internacional de ONGs IANSA relacionou oito países que, ao não destruir seus excedentes de armas e munições, sofreram desvios e roubos de armamento: Afeganistão, Brasil, República Democrática do Congo, El Salvador, Líbia, Ruanda e Sudão do Sul, além da União Europeia. O Brasil, em péssima companhia, não ficou bem na foto. Sob o título "Brasil: Centenas de armas são roubadas da polícia e dos fóruns judiciários", disse o comunicado:

> Em 2 de junho de 2017, o Exército Brasileiro e a Polícia Federal destruíram 4.000 armas apreendidas de criminosos em operações policiais ou entregues voluntariamente pela população do Rio de Janeiro. Um número não revelado dessas armas, consideradas "aproveitáveis", foram incorporadas pela polícia, ao invés de serem destruídas. No entanto, no dia seguinte, um fórum judicial no estado de São Paulo foi assaltado por criminosos, que levaram 175 armas relacionadas a processos em andamento. Apenas uma semana depois, outro fórum, situado a apenas 80km do anterior, foi também assaltado. Os criminosos ameaçaram e amarraram três guardas [as câmaras de segurança estavam suspeitamente desligadas] e levaram 391 armas, incluindo 294 revólveres, 87 pistolas, 3 submetralhadoras e 1 fuzil. Em março, grupos criminosos roubaram 150 armas e outros itens de outro fórum judiciário, no município de Serra, vizinho à capital estadual Vitória. Esses grandes roubos poderiam ter sido evitados se as normas de destruição de armas tivessem sido localmente aplicadas. A realidade é que, no Brasil, prevalece um forte mercado clandestino de armas e faltam políticas públicas de segurança e investimento público na implementação de normas de destruição de armas e em esforços investigativos.[3]

Nosso país, que foi internacionalmente elogiado e admirado por ter aprovado uma avançada lei de controle de armas, passa agora essa imagem de incompetência e descaso com o armamento sob a guarda de seu governo.

Ao ser apreendida, a arma deve ser encaminhada à Polícia Civil (PC), responsável por investigação criminal, que a envia à perícia. Após, a arma volta à PC, e é remetida para os fóruns dos Tribunais de Justiça, para que os laudos produzidos sobre a arma se mantenham vinculados ao processo do crime. Pelo Estatuto do Desarmamento, "as armas apreendidas, depois de periciadas, devem ser encaminhadas pelo juiz competente ao Comando do Exército, no prazo máximo de 48 horas, para destruição ou doação aos órgãos de segurança pública ou às Forças Armadas. "Havia uma controvérsia: se o laudo e a perícia sobre uma arma bastariam para fundamentar os julgamentos na justiça, ou se sua apresentação física seria necessária. Prevaleceu o segundo entendimento, lotando os fóruns que, em 2011, chegavam a 755 mil armas e seus acessórios aí estocados, segundo o Conselho Nacional de

Justiça (CNJ). Em consequência, para agilizar o processo, o CNJ decidiu que os fóruns criminais deveriam enviar as armas já disponíveis, pelo menos duas vezes por ano, para destruição pelo Exército ou para reaproveitamento. A medida permitiu a destruição ou o reaproveitamento de mais de 350 mil armas, entre 2011 e 2016.

Em 2016, o Conselho Superior de Magistratura determinou que as armas apreendidas não fossem mais remetidas para os fóruns, abarrotados e com precária segurança, devendo permanecer sob custódia da polícia. Nos julgamentos, valeriam a versão eletrônica do laudo e da perícia, sendo desnecessária a apresentação da arma, como se faz na maioria dos países desenvolvidos. Mas a resistência na maioria dos estados ainda é grande, e são muitos os fóruns com grandes estoques de armamento e grande também o número de assaltos e desvios de armas. A polícia enxuga gelo apreendendo armas, que em seguida voltam para as ruas, pela precariedade desses depósitos e devido muitas vezes à cumplicidade entre o crime organizado e funcionários corrompidos.

Métodos de destruição de armas

Os métodos para destruição de armas pequenas ou munições variam dos mais simples aos mais complexos, dos mais baratos aos mais caros, dos mais seguros aos mais arriscados, dos inofensivos aos com efeitos colaterais. A experiência internacional é rica, e deve ser adaptada a cada país. São determinantes a quantidade de armamento a ser destruído, a duração e localização do material, as condições do seu transporte e os custos.

O *Guia Prático* publicado por BICC (Alemanha) e Monterey Institute (Califórnia)[4] e os documentos da ONU da série *International Small Arms Control Standards* (ISACS)[5] descrevem os métodos de destruição de armas e munições. Temos a destruição por queima, que é um método barato, pois tudo que se precisa é de material inflamável e de uma estrutura que possa receber as armas. O método tem a vantagem de provocar forte impacto visual, o que pode ser muito positivo, como simbolizar o final de uma guerra ou o início de uma política de combate à violência das armas, e tem sido denominado de "fogueiras da paz". A fogueira também é símbolo de exorcismo e purificação, para os religiosos participantes. Para a mídia, é um espetáculo visual, e a imagem da fogueira que fizemos no Rio correu as televisões em todo o mundo. Além do Brasil, vários países utilizaram esse método, como Mali, Camboja, Congo e Nicarágua. No primeiro caso, inexperientes, os organizadores da ONU não se preocuparam em verificar se havia munição entalada nos canos dos fuzis, apenas vistoriando os carregadores e as agulhas. Quando o fogo pegou na grande fogueira, várias armas começaram a disparar. Foi um deus nos acuda, com os participantes se atirando ao chão. Parecia um filme do Carlitos, dava vontade de rir. Felizmente terminou bem, sem mortos ou feridos.

Outros métodos usuais são o corte com maçarico de oxigênio-acetileno, com maçarico de plasma (gás), cortador hidráulico, ou com uso de serras. A destruição pode ser feita por esmagamento ou fragmentação (com rolos compressores). São todos métodos que danificam as armas. Para realmente destruí-las, há que enviá-las para que sejam derretidas em altos-fornos de siderúrgicas. É importante que essa destruição seja noticiada, para que a opinião pública acompanhe o processo.

Destruição de munição

Há poucas opções para destruir munições e explosivos. As formas variam de acordo com a potência e a quantidade de artefatos. Se a quantidade de munição é muito pequena, e se ela é estocada em local úmido, em pouco tempo estará inutilizada. Quantidades maiores costumam ser queimadas, em covas cobertas com metal resistente ou tonéis de metal, em lugar protegido ou ermo.

Já a destruição de grandes quantidades, ou de explosivos (granadas, obuses, minas terrestres e outros materiais), faz-se sob a responsabilidade das Forças Armadas, devido aos riscos e maiores custos. Em alguns países, usou-se esse material explosivo na construção civil, por exemplo nas obras de estradas, conciliando o interesse na destruição com a redução de custos das obras.

A ONU orienta muito bem todos esses procedimentos.[6]

Reciclagem e arte com armas

A sucata decorrente da destruição de armas, e mesmo de munições, granadas e obuses, tem valor, e pode ser vendida ou transformada. A Argentina inovou, e seu governo convenceu uma grande siderúrgica a devolver em dinheiro o valor do metal obtido, que é aplicado em programas de assistência às vítimas de arma de fogo. Exemplo que nosso Exército poderia seguir, porque as siderúrgicas faturam alto todos os anos com a fundição de milhares de armas, sem maiores benefícios para a sociedade, que eu saiba.

Sucata proveniente da destruição, ou mesmo armamento desativado, tem sido transformada em material de construção, móveis escolares e brinquedos infantis em parques. Ou em arte, em países como Canadá, Suécia, Albânia, Colômbia, Honduras, Argentina, Uganda, Camboja, Bulgária, Costa Rica e Moçambique. Este último surpreendeu o mundo, com seus artistas elaborando réplicas de cadeiras, instrumentos musicais, aves, árvores e outros símbolos da vida a partir de armas desativadas. Na primeira Conferência da ONU sobre Tráfico de Armas, seu governo expôs na sede de Nova York uma enorme escultura feita de armas.

O governo de Mendoza, na Argentina, entregou 2.650 armas e 6.600 munições desativadas, recebidas em sua campanha de desarmamento, para que artistas as transformassem em esculturas, promovendo um concurso. A Universidade Nacional de Cuyo criou um Museu de Arte para exposição de cem dessas esculturas.

No Rio, Valmir Vale, morador da favela de Vigário Geral, catou milhares de cápsulas de munição deflagrada na guerra do tráfico em Vigário e em Parada de Lucas. Trabalhando durante três anos, construiu com elas a escultura de uma família, um casal e seu filho, pedindo socorro. Denominou-a *Almas aflitas*. Quando lutávamos pela aprovação do referendo sobre o comércio de armas, familiares de vítimas da chacina de 1993 de Vigário Geral ofereceram-nos a escultura para ser exposta no Salão Verde do Senado Federal. Hoje faz parte do acervo da casa e Valmir tornou-se um artista plástico reconhecido internacionalmente.

São inúmeras as obras de arte dedicadas à construção de uma cultura de paz. Em setembro de 2017, estreou na Bélgica a peça de teatro *Gun Factory*, que critica a indústria de armas daquele país, onde a FN Herstal fabrica o onipresente fuzil FAL, que no meu tempo de Exército armava nossas Forças Armadas. A peça mostra como essas armas alimentam a violência em muitos países pobres da África, e assim também ocasionam a fuga de milhões de refugiados para a Europa.

Na Suécia, a Humanium Metal (pertencente à IM, Swedish Development Partner) funde armas de fogo e disponibiliza o metal para fins artísticos e comerciais.[7] No México, em junho de 2019, o artista plástico Pedro Reyes promoveu em Culiacán, a cidade com maior índice de mortes por arma de fogo, uma campanha de desarmamento em troca de cupons para aquisição de eletrônicos. Denominada "Pás por Pistolas", a iniciativa recolheu 1.527 pistolas, que foram fundidas pelo Exército e transformadas em pás. "Agora elas servirão apenas para plantar árvores e criar vida", declarou o artista.[8]

8. Desarmamento voluntário

A ONU passou a encorajar, a partir de 1995, campanhas para convencer os cidadãos a entregar ao respectivo Estado nacional as armas ilegais ou não desejadas.[9] Microdesarmamentos, ou Campanhas de Desarmamento Voluntário, com indenização (Voluntary Buy-Back Small Arms Campaigns), são caracterizados como "programas, promovidos por governos ou organizações não governamentais ou/e internacionais, que motivam indivíduos ou grupos a entregar armas, legais ou ilegais, que não sejam úteis para a defesa nacional ou segurança interna, e possam trazer risco para cidadãos, ou que não sejam por eles desejadas". Indivíduos ou grupos são encorajados a participar, motivados por incentivos que podem incluir anistia, anonimato e benefícios materiais, sejam eles monetários, sejam coletivos ou individuais. Esse tipo de campanha já foi implementado em 43 países, sendo que só nos Estados Unidos ocorreram 80 campanhas em 32 estados da Federação.

O impacto dessas campanhas variou de país para país. Embora no geral tenham reduzido espetacularmente os homicídios por arma de fogo, houve casos em que a redução foi modesta, ou mesmo não ocorreu, por equívocos cometidos em sua implementação; ou porque foram medidas isoladas, não atingindo a reforma das instituições de segurança pública, mantendo-se, por exemplo, polícias violentas e acumpliciadas com o crime. Daí a importância de serem estudadas as experiências anteriores antes de implementá-las, como fizemos no Brasil, aprendendo com os erros e acertos de outros países e posteriormente colaborando com iniciativas no exterior.

Em vários países, mudanças da lei e campanhas de desarmamento foram deslanchadas a partir de pressão da opinião pública, ocasionadas por incidentes e morticínios em tempos de paz. Medidas de controle sobre armas foram tomadas nessas circunstâncias no Canadá, Alemanha, Austrália, Argentina, Finlândia, Grã-Bretanha e Nova Zelândia. No Brasil, as campanhas foram idealizadas com o objetivo de redução do alarmante número de mortes por arma de fogo. Em 2000, por exemplo, nossa missão no Paraguai foi motivada pelo assalto ao ônibus 174, no Rio de Janeiro, para restringir o contrabando de armamento para nosso país, como veremos em "Pesquisas pioneiras". Já em 2011, o massacre na Escola de Realengo, também no Rio, convenceu o então ministro da Justiça, José Eduardo Cardozo, a lançar uma nova campanha de desarmamento, em cerimônia que contou com a emocionante participação de familiares dos adolescentes mortos.

Razões para o desarmamento

Campanhas de desarmamento voluntário não visam a "desarmar os bandidos", como criticam os armamentistas. Desarmar bandido é função da polícia, trabalhando com investigação e repressão. As campanhas visam a retirar o excesso de armas em circulação, legais ou ilegais, para assim reduzir os homicídios entre "homens de bem", suicídios, acidentes e, principalmente, roubos de armas de residências, uma das maiores fontes de armamento da criminalidade.[10]

Nesse aspecto, mesmo recolhendo armas que não são do crime, de forma indireta debilitam-no, reduzindo seu suprimento de armas. Outra consequência negativa para o crime organizado é que, com a escassez de armas para roubar, o seu preço no mercado clandestino sobe, conforme se comprovou após a primeira campanha realizada no Brasil: "O mercado paralelo de armas encolheu com a campanha de desarmamento. É a lei da oferta e da procura. Segundo me informou o então secretário de Segurança Pública do Paraná, Luiz Fernando Delazari, o preço do revólver calibre 38, o mais utilizado pela bandidagem, mais que triplicou no mercado clandestino."[11]

As campanhas visam também, principalmente no caso do Brasil, a retirar de circuito as armas "informais", não legalizadas, que estão na posse de "homens de bem", que acabam incorrendo em crime de "posse ou porte de arma ilegal". Armas que, uma vez roubadas por criminosos, não serão passíveis de rastreamento quando apreendidas. No Brasil, 54% dos mais de 8 milhões de armas ilegais pertencem ao mercado informal.[12]

Impacto das melhores campanhas

Falemos sobre algumas das campanhas internacionais mais exitosas. Os detalhes, o êxito e os problemas das campanhas realizadas em nosso país veremos em "O sucesso da campanha de desarmamento".[13]

Austrália – Esta foi a nação que mais recolheu armas. As campanhas que promoveu superaram 1 milhão de armas entregues. Sua lei de controle mais restrito, o National Firearms Agreement, de 1996, proibiu a venda e o uso por civis de armas longas automáticas e semiautomáticas, elevou a idade mínima para a compra de armas e instituiu campanhas de desarmamento, entre outras medidas. O país guarda certa semelhança com o Texas, com grandes extensões de terra para criação de gado e ovelhas, e a cultura do "caubói com rifle" se disseminou. A lei se seguiu a um debate nacional promovido por uma população chocada com o último de seguidos massacres, quando, em 1996, Martin Bryant entrou com dois fuzis de guerra num bar de Port Arthur, na região turística da Tasmânia, e fuzilou 35 pessoas, ferindo outras 19. Nos dezoito anos anteriores, haviam ocorrido 13 assassinatos em massa. Com a implementação da lei, e os desarmamentos voluntários que a sucederam, nunca mais houve massacres na Austrália.[14]

Em 1997, foram aumentadas as penas para quem fosse pego com arma ilegal, redundando em prisão e multas altas. Após a nova lei, foram promovidas duas campanhas de desarmamento voluntário, em 1997/8 e 2003. Na primeira, foram entregues e destruídas 659.940 armas e na segunda, 68.727. Interessante observar que, devido à nova consciência do perigo representado pelas armas, milhares de armas de uso não proibido pela lei foram também entregues, sem indenização. Segundo o especialista Philip Alpers,

> nos dez anos seguintes, os homicídios com arma de fogo caíram mais de 50% e os suicídios com esse armamento, quase 80%. A maior queda se verificou nos estados em que se entregou mais armas. O país economizou (com a redução dos homicídios e suicídios) US$ 500 milhões por ano. A taxa nacional de homicídios por arma de fogo, que em 1996 era de 2,7 por 100 mil habitantes, foi reduzida a 0,13, isto é, 27 vezes menor do que nos EUA.[15]

De julho a setembro de 2017, o governo australiano promoveu nova anistia para quem entregasse armas ilegais, dentro de uma política de combate ao terrorismo. Desde então, quem for pego com arma ilegal está sujeito a catorze anos de prisão ou a pagar 189 mil euros.

Reino Unido – Thomas Hamilton, atirador esportivo, em 1996, entrou numa escola infantil em Dunblane, Escócia, e fuzilou crianças de 5 e 6 anos, matando 16 delas. Foi uma vingança por não ter sido aceito como professor na escola. Esse inacreditável episódio me foi contado por Michael North, pai de Sofia, 6 anos, uma das crianças fuziladas, químico que iria liderar o movimento civil pela proibição de armas no país. Em consequência do debate público causado por essa tragédia, foi mudada a legislação de armas, promulgando-se o Firearms Act em 1997, lei severa, que proibiu não só o porte, mas também a posse de armas de fogo por civis. Em seguida à lei, realizou-se a primeira de várias campanhas de desarmamento voluntário, que "recolheram 159.701 armas, levando à redução em um terço dos homicídios por arma de fogo. Em todo o ano de 2012, houve apenas seis homicídios com arma de fogo em Londres e apenas 32 em toda a Grã-Bretanha".[16] Em 2018, o país registrou 29 mortes por arma de fogo. É desesperador comparar com o Brasil, com mais de 175 mortes por arma de fogo por dia!

Argentina – O desarmamento voluntário na Argentina começou na província de Mendoza, conhecida por seus ótimos vinhos. E teve início de forma acertada, promovendo-se o desarmamento junto com reformas da polícia, reforma do depósito de armas e outras medidas da estrutura policial.

Essa história de sucesso começou com uma jovem promotora de apenas 27 anos, Maria Paula Vetrugno. Ela foi uma das autoras da lei de reforma da polícia, que uniu os partidos políticos de Mendoza em favor do enfrentamento da máfia de policiais, formada durante o regime militar. Conseguiu-se então expulsar centenas de policiais corruptos e se reformou sua corporação.

A iniciativa era parte de um programa de reforma geral da segurança pública, com participação da sociedade civil, esta encabeçada por Gabriel Conte, jornalista, poeta e subsecretário de Relações Comunitárias do governo local. Para mobilizar diferentes setores, Conte criou a Associação Civil Espaços para o Progresso Social, em 2001. Conversando com Conte, explicou-me: "Tínhamos problemas em nacionalizar a campanha, porque não conseguíamos apoio de Buenos Aires. Com os dados positivos da campanha brasileira, aí sim, foi possível mobilizar apoios de ONGs da capital e, principalmente, sensibilizar o presidente Kirchner para implementar o desarmamento voluntário em todo o país."

Na reforma implementada em Mendoza, 500 mil estudantes do ensino básico foram mobilizados para participar da campanha, matéria sobre segurança pública e desarmamento foi introduzida na grade escolar e, com a UNLiREC, o depósito de armas da polícia da província foi modernizado.

Em nível nacional, a Argentina tirou proveito da experiência brasileira e, com nossa colaboração, conseguiu superar alguns problemas que no Brasil não fomos capazes de contornar, diante de nossa burocracia estatal arrogante e preguiçosa. Indenizaram, além da arma, também a munição entregue, ao contrário da negativa que o Banco do Brasil nos impôs, e por isso recolheram proporcionalmente muito mais munição que nós, que continuamos a contar com estoques em muitas residências, que se tornam objetos de furtos e roubos. Além disso, na Argentina a indenização pecuniária era paga no ato de entrega do armamento, mediante cheque ao portador, e não semanas depois, no Banco do Brasil. Lá, as ONGs tinham interlocução direta com o presidente da República, o Congresso criou as bases normativas das campanhas, a partir das propostas das ONGs, que trabalharam em sintonia com a polícia e com o órgão regulador de armas, o Renar, então uma autarquia bem aparelhada e civil.

De acordo com o Renar, baseada na Lei nº 26.216, a contínua campanha de desarmamento, de 2007 até 2013, coletou 148.150 armas e 167.341 munições e destruiu 107.761 armas, reduzindo a demanda pela posse de armas em 50% e pelo porte de arma em 92%, disse-me Matías Molle, então diretor do órgão. De 2006 a 2008, os índices de suicídio com arma de fogo caíram 20% e os homicídios da mesma natureza diminuíram em 26% na província de Santa Fé.[17] No país, houve uma queda anual de 18% dos homicídios por arma de fogo. Antes das campanhas, armas de fogo eram usadas em 80% dos homicídios, índice que caiu para 62%.[18]A campanha argentina foi feita a partir do slogan "Se tens uma arma, tens um problema".

A ANMaC (Agencia Nacional de Materiales Controlados), subordinada ao Ministério da Justiça e Direitos Humanos, em 2015 substituiu o Renar, que era vinculado ao Ministério da Defesa. De acordo com sua nova diretora, Natalia Gambaro, em 2016 foram destruídas 46 mil armas e para 2017 se previa a destruição de mais 32 mil. A agência não espera que os Fóruns de Justiça enviem as armas disponibilizadas dos processos legais para serem destruídas, como no Brasil, sistema que não tem funcionado; vai buscá-las nos fóruns.

Medidas legais recentes passaram a exigir testes psicológicos mais rigorosos e identificação biométrica para os que querem comprar arma. As lojas de armas e munições da Argentina são estritamente controladas, a partir de sistema informatizado e fiscalização permanente, em contraste com a precariedade e o descaso da fiscalização em nosso país.

Segundo me informou o advogado Darío Kosovsky,[19] até 2010 foram recolhidas nas campanhas 774.500 munições, devidamente indenizadas. Darío foi corresponsável pela elaboração da legislação nacional de desarmamento (Lei nº 25.938, de 2006) e pelo Plano Nacional de Entrega Voluntária de Armas de Fogo (Lei nº 26.216, de 2006).

Colômbia - Nos anos 1990, este país sul-americano havia se tornado o mais violento do mundo. Em 1993, as mortes por arma de fogo alcançaram o alarmante índice de 79 por 100 mil habitantes. Não foram ocasionadas apenas pela guerra civil no campo, herança de décadas e só recentemente em processo de negociações de paz, mas principalmente pelas altas taxas de crime e violência nas principais cidades.[20]

Para enfrentar o problema, de início foram implementadas políticas pontuais e experimentais, proibindo-se o porte de armas em Cali e Bogotá durante os dias de pagamento de salários, feriados e dias de eleição, confirmando-se que esse controle reduzia de fato os homicídios.[21] Seguiram-se campanhas de desarmamento voluntário, reforma da polícia (com ênfase em policiamento comunitário e uso fiscalizado de armas), intervenções urbanísticas (boa iluminação, criação de parques em zonas antes tomadas pelo narcotráfico), investimentos na saúde pública, na educação (bibliotecas públicas e campanhas de conscientização), nos transportes públicos (como o famoso teleférico de Medellín, replicado na favela da Maré), depuração da polícia e intensa participação popular nas iniciativas.

Chamo atenção para um aspecto pouco considerado por nossas políticas de segurança: o ambiente urbano. Como diz o coronel da PM José Vicente da Silva, "bandidos são como baratas, gostam de escuridão e sujeira para agirem". A desordem urbana pode ser mais responsável pela criminalidade que a pobreza. É o que concluiu o chamado princípio da "tolerância zero" (quem rouba um ovo, rouba um boi) e a teoria das "janelas quebradas", baseada no experimento de um psicólogo da Universidade de Stanford, Philip Zimbardo, que deixou um automóvel num bairro de classe alta e outro num bairro pobre. Em trinta minutos, o carro deste último bairro foi depenado e o outro permaneceu intacto por uma semana. Em seguida, o pesquisador quebrou uma das janelas do veículo estacionado no bairro rico e este, em poucas horas, também foi destruído.

Demonstrando que, para produzir pleno resultado, o controle de armas deve vir acompanhado de outras medidas que enfrentem as múltiplas causas da violência urbana, os índices de mortes nas cidades, especialmente em Medellín e Bogotá, começaram a cair. De 1997 a 2007, foram recolhidas cerca de 250 mil armas, o que provocou uma redução de 68% nos homicídios por arma de fogo.[22] Em 2000, houve 26.540 homicídios com arma de fogo no país, reduzidos para 17.479 em 2006.[23] Em 2017, essas mortes haviam caído para 8.122, número mais baixo nas últimas quatro décadas.[24]

Camboja – Esta nação asiática emergiu de um conflito bélico (foi envolvida pela Guerra do Vietnã, 1965-75), seguido de guerra civil, que culminou com uma ditadura comunista. Em 1978, o Vietnã invade o Camboja, o país se divide, o Khmer Rouge comunista continua a dominar grandes extensões do país, até que é derrubado. Em 1991, impõe-se um acordo de paz, sob a tutela da ONU, que dá início ao desarmamento da população, visto que armas de guerra haviam se disseminado pelo Camboja.

Em 1997, o governo cambojano promulgou decreto proibindo a posse de armas de fogo por civis e determinou medidas para dar mais segurança aos depósitos estatais de armas. Em seguida, foram organizadas sucessivas campanhas de desarmamento voluntário, com a colaboração de uma coalizão de ONGs, além de uma política governamental de confisco de armas. Sabemos que 85% das armas ilegais foram apreendidas e destruídas e milhares de armas foram entregues voluntariamente. Como resultado, se em 1998 o índice de homicídios por arma de fogo era de 5,4 por 100 mil habitantes, em 2003 havia caído para 1,7, com a taxa de homicídios em geral sendo reduzida de 6,9 para 4,0 no mesmo período.[25] Isto é, não é verdade que "quem não tem arma de fogo mata com outra arma", porque outros instrumentos são muito menos eficientes do que a arma de fogo.

Angola – O governo angolano, até meados de 2016, tinha recolhido através das campanhas de desarmamento, 101.492 armas, 578.943 munições e 158.548 explosivos,[26] para uma população de cerca de 28 milhões.

As autoridades públicas trataram de cooptar os sacerdotes tribais, pagando-lhes salários como se fossem funcionários públicos, para conseguir sua adesão às políticas do governo central de Luanda. Deu certo para o governo, embora essas lideranças tenham perdido sua autonomia, condicionando os interesses locais ao jogo político do governo, consolidando o apoio ao regime. O novo presidente, João Lourenço, anuncia maior abertura política. No caso da campanha, os sacerdotes foram decisivos para convencer as populações tribais a entregar as armas.

O patriarcalismo tribal da cultura tem facilitado convencer muitos angolanos a entregar suas armas, mesmo não havendo indenização. Como foram armas distribuídas para a população pelos movimentos de libertação MPLA (Movimento Popular de Libertação de Angola) e UNITA (União Nacional para a Independência Total de Angola) durante a guerra anticolonial, e a guerra civil seguinte, o governo argumenta que pertencem ao Estado e portanto não há por que indenizá-las. Tentei inutilmente convencer as autoridades de que, passada essa fase de grande entrega de armas, deveria promover nova campanha que oferecesse indenização. Fosse a indenização coletiva ou individual, ajudaria a recolher muito mais armas que, segundo me diziam quando lá estive, ainda se encontram em mãos da população.

Incentivos

Nos demais países, mesmo os que recolheram armas "do Estado" após os conflitos, mas principalmente os que lidam com o problema da proliferação de armas em períodos de paz, considera-se que aqueles que entregam armas ao governo devem ser indenizados, por se tratar de um bem, e principalmente pelo incentivo trazido pela indenização.

Existem vários tipos de indenização, cada um com suas vantagens e desvantagens:

a) **Compensações coletivas** – Esse tipo de incentivo foi utilizado pela primeira vez na campanha de desarmamento realizada pela ONU na Albânia. Com a ingenuidade própria de quem saía de décadas de regime isolacionista comunista, sua população se deixou levar pelo ganho fácil prometido por espertinhos em uma campanha de "pirâmide financeira", em que se dá dinheiro, esperando receber muito mais daqueles que você convence a entrar na "pirâmide". Muita gente investiu suas economias nessa fantasia. Ao constatar o engodo, a população se revoltou, assaltando delegacias e quartéis, roubando cerca de 650 mil armas, 3,5 milhões de granadas e um número não estimado de munições. Com assistência da ONU, o governo escolheu a cidade de Gramsh, para a realização de uma campanha piloto, implementada entre 1998 e 1999. Para convencer os populares a devolverem os armamentos, o governo ofereceu benfeitorias para o distrito, como reforma de estradas, iluminação de ruas, sistema de rádio para comunicação entre a população e a polícia e novos carros para a polícia. À campanha, seguiu-se uma lei restritiva de armas e grande publicidade de conscientização pela mídia. Em Gramsh, a população devolveu 5.981 armas, de um total estimado de 8 mil. Das armas entregues, 87% eram fuzis AK-47. A sociedade ficou satisfeita com a campanha, e sua relação de confiança com a polícia melhorou.[27]

Encontramos outro exemplo na primeira campanha de desarmamento da Argentina, em Mendoza, que se iniciou no dia de Natal de 1998. O projeto, denominado Plano de Entrega de Armas para Melhores Condições de Vida, constou de várias etapas, com diferentes tipos de incentivo. De início, a população entregou armas em troca de um sistema eletrônico de comunicação das residências com a polícia, como forma de substituir a autodefesa armada, considerada arriscada e contraproducente, pela agilidade policial no atendimento da população. A campanha foi um sucesso.[28]

b) **Outros bens** – Campanhas podem também indenizar o armamento entregue com oferta de outros bens, ou, como dizem, uma troca de bens de "morte" por bens de "vida", como computadores, alimentos, ferramentas de trabalho, material de construção etc. Nos Estados Unidos, uma rede de hambúrgueres trocou sanduíches por armas, enquanto uma empresa em Oakland, Califórnia, ofereceu computadores.[29]

Em Moçambique, como as campanhas foram coordenadas pelas igrejas, deu-se um toque bíblico às indenizações. Seguindo o preceito de "trocar a espada pelo arado", enxadas, arados e outros instrumentos agrícolas foram oferecidos como indenização. Com sucessivas campanhas, bicicletas (doadas pela China) e placas de zinco, para a construção de telhados, também despertaram muito interesse.

Em Mendoza, a campanha trocou armas por tíquetes de cesta básica, para compra no pequeno comércio, que estava sendo esmagado pelos grandes supermercados. Resultado: os pequenos comerciantes se tornaram ardorosos defensores da campanha. Ingressos para jogos de futebol também foram oferecidos como indenização. É bom recordar que o importante em Mendoza é que a entrega de armas não foi um ato isolado, mas um dos prolongamentos de uma limpeza na corrupta e violenta polícia herdada da ditadura militar, o que não foi feito em nosso país.

Em Los Angeles, de 2009 até hoje, em todos os Dias das Mães, realiza-se uma campanha de entrega de armas em troca de vale-refeição de US$ 200. No município de Uberlândia, em Minas Gerais, através de parceria entre a PM e a prefeitura, foram trocadas armas por cestas básicas, na campanha de 2004, mas essa boa iniciativa foi uma exceção no país.

c) Indenização monetária – Essa é a forma mais comum de indenização, pela facilidade de ser implementada. No Brasil, sugerimos ao ministro da Justiça que utilizássemos a indenização coletiva, pelas vantagens na promoção do espírito comunitário e na melhoria da interação com a polícia, mas o tempo era pouco, o país é grande e a burocracia ainda maior. Na primeira curto (2004-2005), pagava-se a partir de R$ 100, dependendo da arma, se de curto ou grosso calibre. Considere-se que na época o preço de um revólver calibre 38 usado, a arma mais popular entre nossos delinquentes, estivesse por volta de R$ 350 no mercado clandestino do Rio.[30]A indenização não era muito alta, mas também não era pouca, levando-se em conta que a principal motivação de quem entrega nem sempre é o dinheiro, mas o alívio de se livrar de uma arma não desejada. Isso ficou claro na enquete que fizemos no Viva Rio, em que se comprovou que apenas 18% dos que entregavam arma no Rio tinham como motivação o dinheiro. Na Argentina, pagava-se o equivalente em pesos, de US$ 33 a US$ 150 por arma, e US$ 0,1 por cada munição.[31] O importante é que, ao se estabelecer o preço da indenização, não se exagere. Na campanha do Haiti, pagava-se bem, considerando a miséria reinante, o que motivou muitos a comprarem armas na vizinha República Dominicana e entregarem no Haiti, com lucro.

No campo das indenizações, alguns estados do Brasil pagaram um prêmio em dinheiro para o policial que entregasse alguma arma ilegal confiscada, como Paraná, Maranhão, Paraíba e Piauí. Na campanha pioneira do Paraná, das cerca de 20 mil armas entregues, 7 mil haviam sido apreendidas por policiais, que foram recompensados. Considerando-se que as indenizações atuais para quem entrega arma variam de R$ 150 a R$ 450, na Paraíba e no Piauí ainda se pagam bônus de R$ 300 a R$ 1.500 ao policial, dependendo do tipo de arma e das circunstâncias da apreensão. Em 2016, foram pagos 219 bônus para policiais civis e 859 para PMs do Piauí.[32] O argumento é que essa é uma forma de incentivar o policial a entregar a arma para destruição, evitando a venda no mercado clandestino, casos que, como sabemos, infelizmente acontecem. Segundo esses governos, houve um aumento no número de armas confiscadas após essa medida. Os que se opõem alegam que não se deve premiar um policial por cumprir seu dever. Mas num país em que o policial que cumpre seu dever é celebrado como "herói", e o incentivo está dando certo, o tema é pelo menos controverso.

Armas caseiras

Deve-se dar muita atenção à entrega de armas caseiras, de fabricação artesanal. Elas matam, e muitas vezes podem ser de grosso calibre, como aquelas feitas com cano de motocicleta, verdadeiras escopetas. De acordo com informações fornecidas pelos governos à ONU, pelo menos 25 países contam com significativa produção de armas artesanais.[33]

No Brasil, grande produtor de armas e com precário controle, armas industriais são abundantes, o que diminui muito o apelo à fabricação de armas caseiras. Embora os defensores da CBC afirmem que existem cerca de vinte fábricas clandestinas de munição, são empreendimentos pequenos, se comparados com a Papua Nova Guiné, em que as armas caseiras constituem 40% do armamento em circulação. Países como Turquia, Ilhas Salomão e Chile têm sérios problemas com essas armas, e a África do Sul viu essa produção crescer muito na época em que se lutava contra o *apartheid*. Guerras também estimularam sua difusão no Paquistão e no Afeganistão, embora hoje a oferta de armamento moderno e barato seja tão grande que o esforço para produzi-lo nem sempre compensa.[34]

Alguns países indenizam a entrega de armas artesanais, outros não. A regulamentação do Estatuto previa a indenização das armas caseiras, porque armas rústicas também podem matar. Mas alguns espertinhos passaram a fazer arremedos de arma, de forma simples e barata, para receberem a indenização. Por isso, a Polícia Federal achou por bem cancelar a indenização das armas caseiras. Nós discordamos, por julgarmos que se poderia deixar a critério do agente policial recebedor da arma discernir se se trata de um engodo ou de arma caseira perigosa, mesmo porque o objetivo da campanha era "retirar de circulação armas que pudessem matar". Mas se manteve o cancelamento: recebe-se a arma, mas não se indeniza. O episódio de se construir uma arma que não funciona só para ser indenizado lembra a campanha contra a peste bubônica, em 1903, no Rio de Janeiro, quando o governo indenizava pela entrega de ratos, transmissores da doença. E houve quem passasse a criar ratos para vendê-los ao governo!

Para complicar, temos também explosivos e granadas de fabricação caseira, usados pelo narcotráfico nas favelas do Rio, colocando em risco os policiais e os moradores. O Exército Republicano da Irlanda (IRA) chegou a produzir morteiros, e com controle remoto.[35] Os palestinos fabricam precários lançadores de foguetes artesanais, que disparam sem mira no território israelense.

Campanha em Portugal

Diversas campanhas têm tido diferentes amplitudes, embora buscando os mesmos objetivos de reduzir a violência armada e de legalizar armas que circulam ilegalmente. Tomo Portugal como exemplo. Durante cinco meses, em 2006, esse país realizou uma campanha voluntária oferecendo duas alternativas: legalizar ou entregar para o governo as armas ilegais. Implementada pela Polícia de Segurança Pública (PSP), com apoio da Comissão Nacional de Justiça e Paz da Igreja Católica, responsável pelo processo de esclarecimento, a campanha recebeu 6.496 armas, das quais 4.107 foram legalizadas e 2.389 destruídas em metalúrgica. A maioria das armas era de caça, como geralmente sucede nos países europeus. Não houve indenização nem anonimato, pois se tratava de nada mais que legalização, garantida por uma anistia, não se punindo quem entregou armas ilegais.

De qualquer forma, Portugal é um país pacífico, que tinha em 2008 uma taxa de homicídios por arma de fogo de apenas 1,2 por 100 mil habitantes.[36] Em 2017, teve apenas 76 homicídios, sendo considerado um dos países menos violentos do mundo. Nos últimos cinco anos, foram apreendidas cerca de 61 mil armas em operações de fiscalização e investigação criminais. Por outro lado, a PSP informa que, em 2018, destruiu 18.146 armas de fogo e armas brancas apreendidas ou entregues voluntariamente.[37]

Após a campanha, o Núcleo de Humanidades, Migrações e Estudos para a Paz, da Universidade de Coimbra, sensibilizou-se com o tema, realizando as primeiras pesquisas acadêmicas sobre o universo das armas no país, com a colaboração da PSP, e vem pressionando por novas e mais abrangentes campanhas. Em 2016, publicou o primeiro estudo extensivo, *Violência de armas de fogo em Portugal*.[38] Duas de suas autoras conheceram a experiência brasileira e colaboraram conosco. Tatiana Moura, atual diretora executiva do Instituto Promundo (no Rio de Janeiro), trabalhou em nossa equipe, buscando subsídios para sua tese sobre violência armada contra a mulher no Rio de Janeiro.[39] Rita Santos participou de nosso Seminário Internacional sobre Desarmamento, em 2010. Um terceiro colaborador da pesquisa foi o economista Júlio César Purcena, de nossa equipe do Viva Rio.

A colaboração internacional e o chavismo

Por uma questão de solidariedade, mas também em interesse próprio, já que o problema das armas é uma questão global, o Viva Rio sempre atendeu a várias das solicitações de colaboração com governos de outros países. Ao contrário do que pensam alguns "patriotas", na questão das armas temos que agir como elas, que não respeitam fronteiras. Lembro-me de um coronel do Exército, para quem eu dizia que não devíamos exportar armas para ditaduras, ou para governos que depois as revendiam sabe-se lá para quem, ou para conflitos bélicos, como viria a ser proibido pela ONU. O coronel me criticava: "Temos que pensar primeiro na economia do nosso país." Respondi-lhe: "Coronel, o Brasil andou exportando armas para Angola, durante a guerra civil. Com a vinda de muitos refugiados angolanos para o Brasil, principalmente para as favelas do Rio, estão trazendo armamento brasileiro, que está armando ainda mais o crime organizado, segundo a polícia do Rio. Exportação de armas tem que ser responsável, não é como exportar café." Não o convenci.

No primeiro governo de Hugo Chávez, o Viva Rio foi convidado a colaborar na elaboração de uma campanha de desarmamento civil na Venezuela. Enviamos Pablo Dreyfus para Caracas. Após se reunir com o vice-presidente, José Vicente Rangel (nenhum parentesco comigo), ficou claro que a intenção era "desarmar a oposição". Pablo explicou então que o Viva Rio só iria colaborar se o desarmamento atingisse todos os civis, e não apenas a oposição, que nossa política era de não ingerência na política interna dos países, e o vice-presidente recusou a colaboração do Viva Rio. Essa tem sido a nossa política. Recusamo-nos também a colaborar com o governo da Turquia, em 2002, e com o primeiro governo de Evo Morales, na Bolívia, exatamente porque queriam desarmar apenas a oposição. Postura que independia de nossa simpatia ou não pelo respectivo governo, fiéis a uma questão de princípio.

No caso da Venezuela, com o chavismo, a violência armada aumentou muito, tornando-a o segundo país mais violento do mundo, segundo a ONU, com 53,9 homicídios por arma de fogo para cada 100 mil habitantes, em 2012. Nesse ano, recebemos novo convite do presidente Chávez, dessa vez para participar do "Seminário Internacional de Controle de Armas, Munições e Desarmamento", cujo objetivo seria conhecer a experiência internacional antes de se realizar campanha de desarmamento, agora "de toda a população civil". Consultei os demais participantes, todos meus amigos, e juntos aceitamos participar apenas se essa condição fosse garantida. Eram eles Joseph Dube, assessor de Nelson Mandela, William Godnick, da ONU, e Rebecca Peters, diretora da IANSA e coordenadora da campanha de desarmamento na Austrália. A garantia nos foi dada, e expusemos nossas experiências.[40]

Após o encontro, recebi um telefonema do então ministro da Justiça, Tareck El Aissami, que me disse que o presidente Chávez havia assistido a uma entrevista que dei na véspera a um canal de TV e queria convidar-me para ser um dos entrevistados de seu programa dominical. Decidi aceitar o convite para ter a oportunidade de falar diretamente para o povo venezuelano. Mas não nutria nenhuma simpatia pelo presidente, desde que começou a desmontar as instituições democráticas, sob o pretexto de que "eram burguesas e queria uma comunicação direta com o povo". Linguagem marxista para esconder o velho caudilhismo latino-americano de poder unipessoal. Por isso, temendo ser usado pelo esperto coronel, depois que ele me fez a primeira pergunta em seu programa, desembestei a falar para não ser interrompido e minha mensagem não ser deturpada. Expliquei diretamente aos venezuelanos a importância de uma boa campanha de entrega voluntária de armas, com a esperança de que cobrassem sua realização do governo (a entrevista está acessível em vídeo no YouTube).[41]

Para a entrevista, tinha sido levado para o sul do país num jatinho do governo, acompanhado pelo ministro da Justiça e pelo vice-presidente, Elías Jaua, onde numa fazenda expropriada seria transmitido, ao vivo, o programa de TV. Durante o trajeto, contei ao ministro Tareck que havia conversado com um representante da Igreja Católica venezuelana. Esse representante me afirmou que conhecia a contribuição da Igreja Católica brasileira para a nossa campanha, e que se dispunha a participar do desarmamento voluntário na Venezuela, desde que fosse para "desarmar toda a população". Disse ao ministro que a participação da influente Igreja Católica na campanha daria a segurança de que o desarmamento seria imparcial, garantindo a participação de amplos setores da sociedade, oposição e situação, como havia sucedido no Brasil. O ministro respondeu-me que achava difícil o governo aceitar a participação da Igreja, porque ela "fazia oposição sistemática ao chavismo", mas que levaria a proposta ao presidente.

Após o seminário, seguindo a orientação que havíamos sugerido, o governo criou uma Comissão de Desarmamento, integrada por membros do governo e da oposição, para organizar a iniciativa. Chávez dizia se preocupar com a imagem do país, batendo recordes de homicídios, e deu início à campanha. Mas pouco tempo depois, já com câncer avançado quando o conheci, veio a falecer. Com Maduro, a polarização política aumentou e, ao invés do desarmamento, o governo tratou de armar "os patriotas e homens de bem". Fachada para armar os denominados "coletivos", grupos paramilitares que contariam com 1,6 milhão de membros. Provavelmente não são tantos quanto diz a propaganda oficial. Fala-se em 550 mil, mas Maduro promete que "em abril de 2019 serão 2 milhões". É essa milícia que, ao lado da polícia do regime (Guarda Nacional e Forças de Ações Especiais, a polícia política), passou a reprimir os oposicionistas que se manifestavam pacificamente nas ruas pela democracia. "Povo armado" dá nisso.

Convidados a La Paz, Pablo Dreyfus e eu conversamos com o vice-presidente boliviano, Álvaro García Linera. Ele estava preocupado com fazendeiros e empresários da província de Santa Cruz de la Sierra, vizinha do Brasil, que estavam se armando contra "as ameaças da política comunista do governo" recém-eleito, que acabaram não se mostrando reais. Queria desarmá-los. Mais uma vez, explicamos nosso posicionamento de apenas colaborar com governos no desarme voluntário de toda a população. Desistiu de promovê-la, mas com nossa assessoria e do UNODC conseguiu aprovar uma boa lei de controle de armas, que ajudou a pacificar o país.

PARTE 4

AS ARMAS DO BRASIL

Dos cerca de 17 milhões de armas em circulação no Brasil, 47,6% são ilegais (estão em mãos de criminosos ou de cidadãos que têm armas ilegais) e 56,4% estão na posse legal de civis. E 83% das armas apreendidas na ilegalidade são de fabricação nacional, e não estrangeiras.

Estoques e distribuição de armas de fogo no Brasil, Viva Rio

9. Violência armada: o Brasil no mundo

Quem são as vítimas das armas?

O mais de 1 bilhão de armas leves e pequenas que se calcula que circulem no mundo causam cerca de 740 mil mortes por ano, segundo o anuário *Small Arms Survey* 2012, última pesquisa realizada por esse centro de pesquisa 250 mil vítimas em conflitos bélicos e 490 mil em conflitos interpessoais (homicídios, suicídios e acidentes).

É desconcertante, e assustador, que a maioria esmagadora das mortes por armas pequenas não se verifique em conflitos bélicos, mas em tempos de paz (quase o dobro). Isto é, 85% das mortes por arma de fogo não se dão no campo de batalha, em guerras, mas na paz. Às vítimas diretas das armas há que se somar os "sobreviventes secundários", como familiares, amigos e colegas das vítimas, que passarão a ter problemas de sobrevivência econômica, inserção social, perda de emprego, desestruturação familiar e saúde, como traumas e ansiedade.

A avaliação é de 2012, mas desde o início dos anos 1990 essa desproporção entre as armas em posse dos Estados e aquelas nas mãos de civis já levantava a suspeita de que algo mais se escondia por trás da emergente violência urbana, e que havia uma relação entre ambas. Com esses novos dados, confirmando declaração anterior de Kofi Annan sobre "a carnificina provocada pelas novas armas de destruição em massa", a IANSA concluiu sombriamente: "As armas de fogo pequenas são as verdadeiras armas de destruição em massa. Elas matam indistintamente em tempos de guerra e de paz."

O movimento Instinto de Vida reúne 32 organizações latino-americanas que, baseadas em pesquisas científicas e propondo soluções aos governos, tem como meta reduzir em 50% os homicídios nos próximos dez anos. De acordo com o movimento: "Na América Latina e Caribe, a cada 15 minutos ocorrem 4 homicídios, 400 mortos por dia, 144.000 por ano. Foram mais de 2,6 milhões desde 2000. Das 50 cidades com mais homicídio, 43 estão na América Latina [incluindo o México] e Caribe. De cada 4 pessoas mortas no planeta, uma é brasileira, colombiana ou venezuelana. No mundo, os homicídios diminuíram, mas na América Latina e Caribe, aumentaram."[1]

Homicídios dolosos

Em números absolutos, em 2014 já éramos vergonhosamente o primeiro país em homicídios intencionais por arma de fogo, segundo o UNODC, com 64.357 mortes, cinco vezes mais que a média mundial. Em 2014, esses eram os dez países com maior incidência de homicídios dolosos, isto é, com intenção de matar, em que o Brasil aparece como o mais violento:[2]

Homicídios dolosos (2014)

Brasil	64.357
Índia	52.998
México	26.597
Colômbia	20.923
Rússia	18.760
África do Sul	18.698
Estados Unidos	17.293
Venezuela	17.259
Nigéria	17.059
Paquistão	15.923

Com 8% da população mundial, a América Latina e o Caribe concentram 33% das mortes violentas (subiu para 37% em 2019), sendo que 70% se cometem com armas de fogo, em comparação com a média mundial, que é de cerca de 40%.[3] A maior concentração de mortes está na Venezuela, Honduras, El Salvador, Guatemala, Brasil, Colômbia e México. De acordo com a Secretaria de Assuntos Estratégicos da Presidência da República,[4] embora o Brasil represente apenas 3% da população global, é responsável por 14% dos homicídios mundiais.

Estima-se que, em nível global, a média das mortes causadas pelo uso de armas de fogo em relação ao número de mortes violentas foi de 46% no período 2010-2015 (essa é a média de 50% relativos a homicídios e 32% referentes a mortes em conflitos bélicos).[5] Em 2011, o UNODC havia calculado em 21% a proporção dos homicídios intencionais cometidos com armas de fogo em relação ao número total de homicídios ocorridos na Europa; e em 66% os cometidos na América Latina e no Caribe.[6] Em nosso país, o índice foi de 71,9% em 2015, segundo o *Atlas da Violência* 2017, do Ipea e Fórum Brasileiro de Segurança Pública (FBSP).

O Brasil é o sétimo país mais armado do mundo. Existem aqui 8 armas para cada grupo de 100 habitantes. Circulam em nosso país cerca de 17 milhões de armas. O percentual de homicídios cometidos com arma de fogo no país subiu de 40% para quase 72% do total nos últimos 25 anos. Armas mataram quase 1 milhão de pessoas no período.

Combinando a tabela do *Small Arms Survey* sobre o ranking relativo aos países com maior percentual de mortes por arma de fogo em relação aos homicídios intencionais, com os números do Instituto Igarapé relativos às taxas de mortes por arma de fogo para 100 mil habitantes e homicídios por arma de fogo em números absolutos, temos o Brasil em sétimo lugar (em 2015):

Países com mais mortes por arma de fogo (2015 ou últimas disponíveis)

País	Taxa por 100 mil hab.	Números absolutos
El Salvador	72,5	4.602
Venezuela	64	20.291
Honduras	44	4.055
Jamaica	39	1.146
Trinidad e Tobago	27	380
Guatemala	23	3.864
Brasil	**21**	**44.093**
Porto Rico	15	550
Antilhas	s/n	s/n
República Dominicana	11	1.168
Panamá	8	350

País	Taxa por 100 mil hab.	Números absolutos
México	8	11.031
Costa Rica	7	372
Paraguai	7	521
Equador	5	921
Uruguai	5	189
Argentina	3	1.522
Estados Unidos	3	10.147
Albânia	1	51
Macedônia	1	20

Fontes: *Small Arms Survey Research Notes*, n. 60, out. 2016 (só países com pelo menos 50% de homicídios com arma de fogo), e Instituto Igarapé, 2018 (não tem taxas para as Antilhas).

Segundo a OMS, a taxa mundial de homicídios por arma de fogo está em torno de 3,1 por 100 mil habitantes, considerando a taxa de mais de 10 como epidemia de violência.

Homicídios intencionais: Brasil no mundo

De acordo com a ONU, em 2017, o Brasil atingiu a taxa de 30,8 mortes violentas intencionais por 100 mil habitantes, ocupando o oitavo lugar em números relativos no mundo. Para termos um parâmetro comparativo, superamos até mesmo o Haiti, país mais pobre do continente, que teve 28,1, e mesmo o México, com 19,3, apesar de imerso na guerra das drogas. Já a Grã-Bretanha tem uma taxa de 1,2. Cingapura, com legislação duríssima, de 2000 a 2006 teve apenas dois homicídios por arma de fogo. Lá, a proibição é total. Civil apanhado com uma arma de fogo tem como punição golpes de vara; se estiver com duas ou mais armas, pode ser condenado à prisão perpétua ou pena de morte. Claro que a paz é construída não apenas com restrição de arma e boa polícia; Cingapura é o primeiro colocado no Pisa, que mede o nível de ensino no mundo. O Japão também tem níveis de homicídios por arma de fogo irrisórios. A situação desse país é interessante e vale a pena detalhar.

O exemplo do Japão

A história do Japão nos dá esperança, porque seu passado foi marcado igualmente por uma cultura extremamente violenta, como a nossa, e hoje é um exemplo de pacifismo para o mundo. As armas de fogo para civis estão proibidas. São permitidas apenas armas de ar comprimido, desportivas e espingardas de caça, estritamente controladas, e até mesmo para comprar essas armas são feitas severas exigências de segurança e de capacitação. Sua polícia é muito eficiente, honesta e democrática, com delegados referendados pela comunidade e forte policiamento comunitário, gerando uma confiança na população que facilita o desarmamento civil.

Em 2014, foram registradas no país seis mortes, contra 33.599 nos Estados Unidos no mesmo período. Entre 2010 e 2015, a média foi de 14 mortes por arma de fogo por ano, taxa de 0,3 morte por 100 mil habitantes, a segunda menor do mundo, superado apenas por Cingapura. Em 2017, foram cometidos 22 crimes com armas de fogo no país, que resultaram em apenas 3 mortes e 5 feridos. A taxa de mortes violentas caiu ainda mais, para 0,28 morte por 100 mil habitantes, de acordo com o UNODC.

No Japão feudal, a forma de os samurais lavarem a honra era fazendo haraquiri. No final da Segunda Guerra Mundial, seus pilotos se suicidavam como camicases, lançando seus aviões cheios de bombas contra os navios norte-americanos, numa celebração da morte, em nome "da pátria e do imperador". Esse passado sangrento foi sepultado por uma brutalidade ainda maior, quando os japoneses se viram vítimas de duas bombas atômicas, que dizimaram duas cidades populosas, Hiroshima e Nagasaki. Não "para acabar com a guerra", como dizia a propaganda dos EUA, porque a rendição do Japão era uma questão de semanas, segundo os analistas da época. Mas para conter e dar um aviso à União Soviética, que ameaçava continuar o avanço na conquista de países europeus. Um recado que custou a vida de 242.437 civis em Hiroshima e mais de 135 mil em Nagasaki. A desmilitarização do país imposta pelos Aliados e o duro aprendizado das consequências do belicismo possibilitaram a reconstrução de um Japão em bases pacíficas e avesso às armas. Por trás de um dos países mais pacíficos e seguros do mundo, está uma política inteligente de proibição de armas de fogo, polícia comunitária que integra cidadão e policial e fortes investimentos em educação e cultura de paz. Um exemplo para o mundo.

A verdade sobre as armas na Suíça

A Suíça, com mais de 2,3 milhões de armas em mãos civis, também merece destaque porque é citada com frequência como "exemplo de que um povo armado reduz a criminalidade e a violência". Trata-se de um país que conheço bem, porque aí se situa o principal centro de estudos sobre armas pequenas, o *Small Arms Survey*, com quem desenvolvemos pesquisas.

Conforme escrevi em Bandeira e Bourgois (2005), livro anterior, na Suíça, 27,2% dos lares têm armas de fogo, enquanto nos Estados Unidos esse índice sobe para 48%. O serviço militar é contínuo (alguns períodos por ano): dos 19 aos 30 anos para soldados e praças e até 50 anos para oficiais e especialistas. Enquanto servem nas Forças Armadas, esses militares levam suas armas para casa. Mas elas são fiscalizadas com regularidade, ficam descarregadas e sua munição é mantida em recipientes lacrados, para uso exclusivo no quartel ou em caso de guerra. Bem diferente de se ter um revólver carregado na gaveta, ou na cintura.

Quando terminam o serviço militar obrigatório, os homens têm a opção de comprar o fuzil das Forças Armadas, obedecendo a todos os requisitos de segurança, e com a condição de reverter o fuzil semiautomático. Mas esse interesse é cada vez menor. Em 2004, metade dos que concluíam o serviço militar compravam o fuzil; em 2014, apenas 10%.

Segundo a Universidade de Lausanne, Suíça, nesse país as armas de fogo têm o seu maior impacto dentro de casa. "O que se constata é um significativo uso de armas de fogo em casos de violência doméstica. Estudo realizado em dezesseis nações desenvolvidas mostrou que a Suíça é o país onde mais morrem mulheres por arma de fogo e onde os autores são homens sem antecedentes criminais."[7]

A Suíça vem em terceiro lugar no mundo depois dos Estados Unidos e da Finlândia no que diz respeito a suicídios por arma de fogo. A cada 100 mil habitantes nos EUA a taxa é 6,30; na Finlândia, 5,39; e na Suíça, 4,53. Para os padrões dos países europeus desenvolvidos, os índices suíços não são baixos. Em 2000, a taxa de mortalidade por arma de fogo da Suíça era de 0,55 por 100 mil habitantes, superior a vários países europeus, como França, com 0,29, e Alemanha, com 0,20, segundo o médico Martin Killias, da Canadian Medical Association.

Dizer que "a Suíça é pacífica porque seus homens estão armados" é ignorar fatores muito mais importantes que explicam essa distinção. A arma, por si só, não detona a violência, muito menos num país rico, socialmente homogêneo, com alta qualidade de vida, longa tradição cultural de respeito às leis e forte compromisso com a paz. A neutralidade da Suíça durante as últimas guerras é fato conhecido de todos.[8]

Apesar de todos esses fatores positivos, o conservadorismo da sociedade suíça é pouco conhecido dos brasileiros. Basta dizer que as mulheres só conquistaram o direito de votar em 1971. O Brasil, não propriamente um exemplo de respeito aos direitos das mulheres, conquistou esse direito em 1932. Os analistas suíços atribuem à mistura desse arraigado sexismo, com a disponibilidade de armas, a causa para uma violência familiar acima dos padrões europeus. Segundo Brigitte Schnegg, professora da Universidade de Berna, "é muito comum as mulheres ouvirem seus maridos lembrarem a elas que eles têm uma arma, durante os momentos de discussão familiar".[9] Além do mais, nossos armamentistas vão ter que escolher outro modelo de sociedade armada porque, em maio de 2018, o país foi às urnas e, em referendo popular, votou por aumentar os controles sobre as armas dos civis. Nada menos que dois terços do eleitorado (63,7% contra 36,3%) votou por uma nova legislação, que promova a marcação das armas e proíba armas semiautomáticas, adequando-se aos padrões exigidos pela União Europeia.

Cinquenta cidades mais violentas do mundo

As informações são da organização civil Conselho Cidadão para a Segurança Pública, Justiça e Paz, entidade mexicana que faz um levantamento anual, desde 2007, com base na taxa de homicídios das cidades com mais de 300 mil habitantes. A edição 2017 do estudo foi divulgada no início de março de 2018. O Brasil aparece no ranking das cidades mais violentas do planeta com nada menos que 17 cidades, o México com 12, a Venezuela com 5 e os EUA com 4:

As 50 cidades mais violentas do mundo em 2017 (mais de 300 mil hab.)

Colocação	Cidade	País	Taxa mortes (por cada 100 mil habitantes)
1º	Los Cabos	México	111,33
2º	Caracas	Venezuela	111,19
3º	Acapulco	México	106,63
4º	**Natal**	**Brasil**	**102,56**
5º	Tijuana	México	100,77
6º	La Paz	México	84,79
7º	**Fortaleza**	**Brasil**	**83,48**
8º	Victoria	México	83,32
9º	Guayana	Venezuela	80,28
10º	**Belém**	**Brasil**	**71,38**
11º	**Vitória da Conquista**	**Brasil**	**70,26**
12º	Culiacán	México	70,10
13º	St. Louis	Estados Unidos	65,83
14º	**Maceió**	**Brasil**	**63,94**
15º	Cidade do Cabo	África do Sul	62,25
16º	Kingston	Jamaica	59,71
17º	San Salvador	El Salvador	59,06
18º	**Aracaju**	**Brasil**	**58,88**
19º	**Feira de Santana**	**Brasil**	**58,81**
20º	Juárez	México	56,16
21º	Baltimore	Estados Unidos	55,48
22º	**Recife**	**Brasil**	**54,96**
23º	Maturín	Venezuela	54,43
24º	Guatemala	Guatemala	53,49
25º	**Salvador**	**Brasil**	**51,58**

Colocação	Cidade	País	Taxa mortes (por cada 100 mil habitantes)
26º	San Pedro Sula	Honduras	51,18
27º	Valencia	Venezuela	49,74
28º	Cali	Colômbia	49,59
29º	Chihuahua	México	49,48
30º	**João Pessoa**	**Brasil**	**49,17**
31º	Obregón	México	48,96
32º	San Juan	Porto Rico	48,70
33º	Barquisimeto	Venezuela	48,23
34º	**Manaus**	**Brasil**	**48,07**
35º	Distrito Central	Honduras	48
36º	Tepic	México	47,09
37º	Palmira	Colômbia	46,65
38º	Reynosa	México	39,95
39º	**Porto Alegre**	**Brasil**	**40,96**
40º	**Macapá**	**Brasil**	**40,24**
41º	Nova Orleans	Estados Unidos	40,10
42º	Detroit	Estados Unidos	39,69
43º	Mazatlán	México	39,32
44º	Durban	África do Sul	38,12
45º	**Campos dos Goytacazes**	**Brasil**	**37,53**
46º	Baía de Nelson Mandela	África do Sul	37,53
47º	**Campina Grande**	**Brasil**	**37,29**
48º	**Teresina**	**Brasil**	**37,05**
49º	**Vitória**	**Brasil**	**36,07**
50º	Cucúta	Colômbia	34,78

10. O CASO MARIELLE E O PROBLEMA DAS MUNIÇÕES

Quantos mais vão precisar morrer para que essa guerra acabe?
Vereadora Marielle Franco, um dia antes de ser morta

O assassinato da vereadora carioca Marielle Franco e de seu motorista, Anderson Gomes, expôs o desdém com que a indústria brasileira de munição trata a lei. O Estatuto obriga a marcação da munição vendida para as FFAA e as forças de segurança pública, e sua regulamentação determinou que sejam marcadas por lotes de 10 mil unidades. Os cartuchos de munição recolhidos na cena do crime estavam marcados, e só por isso conseguiu se realizar parte do rastreamento. Segundo o Procurador da República na Paraíba, Antônio Edílio Teixeira, "o lote UZZ18 (ligado ao assassinato de Marielle) tinha mais de dois milhões de balas [mais precisamente 2.463.000 projéteis para calibre 762, .38 e 9 mm. Isso inviabiliza qualquer controle, a elucidação de homicídios. Veja que estamos falando de munição marcada".[10] Diante desse lote imenso, foi impossível continuar o rastreamento e se averiguar para quais unidades da Polícia Federal, e depois as das polícias estaduais, as munições que mataram a vereadora foram vendidas. Acredita-se que o suspeito de assassiná-la, o sargento reformado da PM Ronnie Lessa, tenha usado uma submetralhadora alemã HK MP5, calibre 9mm, de alta precisão.

Violação da norma impede rastreamento

A forma como a lei determina a marcação também tem se mostrado insatisfatória. Estabelece um lote mínimo de 10 mil munições, todas com o mesmo número, referente à mesma unidade das FFAA ou das polícias. Mas se essa quantidade poderia ser até adequada a um batalhão da PM que a recebesse, é em número demasiado grande para uma delegacia de polícia, que passa então a ter que dividir o lote entre várias delegacias, dificultando ou inviabilizando a identificação dos responsáveis.

No caso Marielle, para agravar a situação, o juiz informa que a CBC não respeitou o limite de 10 mil cartuchos marcados por lote, e vendeu um lote de 2,5 milhões para a PF. Em poucas palavras, a CBC teria infringido a lei. Por que a PF aceitou essa transação ilegal? E onde estava o DFAE, com seu papel de órgão fiscalizador, quando foi vendido um lote 250 vezes maior de munições do que o permitido por lei? Transação que impediu um rastreamento que chegasse aos culpados pelos assassinatos.

Cobrada, a DFPC alega que, apenas três meses após o episódio, fez inspeção na CBC e constatou que "a empresa não respeita o tamanho máximo dos lotes de 10 mil unidades". Tampouco "a fabricante grava o código de barras em determinadas embalagens, como manda o regulamento. Apenas afixa fitas adesivas com o número, o que facilita manipulações e dificulta o controle". Essas são informações obtidas pelo ex-deputado Chico Alencar (PSOL/RJ) junto ao Exército, com base na Lei de Acesso à Informação. Conclui o parlamentar: "A empresa que detém o monopólio se acha no direito de não cumprir a regra e o Exército demonstra lentidão nas ações para reverter esse quadro."[11]

O jornalista Eduardo Militão pesquisou o assunto e publicou: "Engavetada há três anos e ignorada pelo governo de Michel Temer, uma proposta de controle mais rígido de munições no Brasil poderia ser a diferença entre solucionar ou não crimes como o assassinato da vereadora Marielle Franco." Além disso, segundo Militão,

> para determinar de onde vem uma munição, a polícia precisa recorrer a uma empresa privada, a CBC, única fabricante de munições no país. A medida foi definida em 2004 pelo Exército, que consultou a própria empresa para criar a regulação. 'Você vai perguntar à raposa como se protege o galinheiro?', questiona Antônio Rangel Bandeira, integrante do grupo de trabalho que elaborou o relatório e membro da ONG Viva Rio. [Referia-me ao Sicovem – Sistema de Controle de Venda e Estoque de Munições.]
>
> O texto, elaborado a pedido do próprio governo por servidores do Ministério da Justiça, PF, PRF e ONGs, foi entregue em dezembro de 2015 e deixado de lado. A proposta prevê a criação de lotes de munição

> menores, que permitiriam "a rastreabilidade individual e não apenas do órgão adquirente".
>
> Além de reduzir o tamanho dos lotes, o documento propõe uma série de outras medidas, como integrar os bancos de dados de armas das forças policiais e do Exército, aumentar a fiscalização sobre empresas de segurança e profissionais que consertam esse tipo de equipamento e controlar melhor a destruição de armamentos apreendidos.[12]

Elio Gaspari: CBC mente ao Congresso

É impressionante a força política do monopólio CBC/Taurus, dobrando a vontade de autoridades e parlamentares. Dou outros exemplos.

Durante o processo de votação do PL que acabou por aprovar o Estatuto do Desarmamento no Congresso, o Viva Rio propôs aos parlamentares que comungavam da nossa causa que a nova lei estabelecesse a marcação das munições, para que elas pudessem ser rastreadas. Pablo Dreyfus havia observado tal prática nas munições usadas pelas forças da Organização do Tratado do Atlântico Norte (OTAN) e nas munições importadas pelo governo colombiano, então imerso na guerra civil contra o narcotráfico, para evitar que fossem desviadas para as guerrilhas. Pablo me mostrou cápsulas da OTAN e da Colômbia, para corroborar sua proposta. Avaliamos que seria mais fácil para a polícia investigar a autoria de homicídios e assaltos armados a partir do rastreamento das cápsulas marcadas e deixadas no solo pelos criminosos, após os enfrentamentos. Poderiam ser recolhidas, em vez de se contar com a difícil hipótese de se apreender as armas envolvidas em crimes, que via de regra são usadas e levadas pelos agressores. Parecia tão óbvio, e tão importante para aumentar os índices vergonhosamente baixos de elucidação de crimes no país, que julgamos que contaria com aprovação unânime, excetuando os bandidos.

Ingenuidade nossa. Quem logo se manifestou agressivamente contra foi a CBC, que se dizia grande defensora da segurança pública. Um de seus donos veio a público. Afirmou que eu parecia ser um sociólogo bem-intencionado, mas não entendia nada de munição, simplesmente porque "marcar munição é inviável tecnicamente, não há espaço suficiente na munição, além de ser antieconômico".

Foi quando um antigo funcionário da CBC me procurou, discretamente, e se disse indignado com a afirmação do antigo patrão. Ato contínuo, entregou-me cinco cartuchos, fabricados pela própria CBC em 1950 e 1952, em que estavam marcadas as abreviaturas do comprador (MG, Ministério da Guerra, antiga designação do Ministério do Exército, e AM, de Aeronáutica) e do ano de fabricação. Era o que propúnhamos fazer, identificando-se a unidade das Forças Armadas ou da polícia para as quais as munições eram vendidas e datando.

O incrível é que essas cápsulas de munição que me foram entregues haviam sido fabricadas muitas décadas atrás, quando a CBC era uma pequena empresa. Agora, quando se tornou uma multinacional monopolista, afirmava não poder fabricar "por inviável e antieconômico". Entregamos as informações e a foto das cápsulas ao jornalista Elio Gaspari, que as publicou na coluna que tem nos principais jornais do país, com um artigo arrasador. No Congresso, o impacto foi enorme, e se constituiu num dos fatos decisivos que levou muitos parlamentares a fecharem com nosso projeto criando a nova lei de armas, repudiando a tentativa de manipulação grosseira por parte do lobby, que visivelmente jogava sujo. Além da munição antiga marcada pela CBC, fizemos entrega aos parlamentares de fotos e informações de munição utilizada pelas Forças Armadas da Alemanha, Grã-Bretanha, Suíça e Colômbia, com marcação de lote e do comprador. Diante de tantas provas, a marcação acabaria sendo aprovada.

Como o lobby boicota a marcação de munição

Mas nossa vitória nesse tópico foi parcial, porque não conseguimos emplacar a marcação de toda munição vendida no Brasil, ficando de fora a mais que importante venda de munição para civis, impossíveis até hoje de serem rastreadas quando envolvidas em delito, uma das causas da impunidade que impera no país.

A sua necessidade é tão óbvia, que também a CPI sobre o Tráfico de Armas da Câmara propôs que a marcação fosse estendida às munições vendidas aos civis, considerando-se que se sabe ser o mercado civil um dos maiores canais de desvio desses produtos para a criminalidade. O relator da Comissão, deputado Paulo Pimenta, apresentou proposta de PL determinando a marcação de toda munição, nas conclusões da CPI, inutilmente.

Qual o resultado de se manter essa situação? De acordo com dados obtidos por meio da Lei de Acesso à Informação, o Exército revelou que foram vendidos no país 171 milhões de munição em 2017, dos quais 131,3 milhões (76,9%) não tinham qualquer marcação. As vendas foram para civis, CACs (Caçadores, Atiradores Esportivos e Colecionadores) e, pior, para dois setores considerados pelas CPIs os principais focos de desvio de armas e munições para a criminalidade: as empresas de segurança privada e as armas privadas de policiais e militares. Apenas 23,1% das munições vendidas foram marcadas, porque destinadas às FFAA e às polícias.[13]

Segundo os informes da polícia do Rio, quase a metade dos fuzis e submetralhadoras usados pelo narcotráfico no Rio, na maioria de fabricação estrangeira, usa munição brasileira da CBC. Segundo a Secretaria de Segurança Pública do Rio de Janeiro (SSP/RJ) e o *Small Arms Survey*, calcula-se que 84,4% da munição utilizada pelo narcotráfico no Rio de Janeiro seja fabricada no Brasil, tanto para as armas brasileiras quanto para o armamento pesado contrabandeado do exterior. Em 1999, o chefe de polícia de Tóquio, em visita a São Paulo e ao Rio, constatando que a munição é fabricada pela CBC em São Paulo e consumida pelo narcotráfico do Rio, indagou surpreso: "Por que ninguém fiscaliza e reprime esse desvio de munição?" Constrangimento geral.[14]

Vimos como a produção de munição rende duas vezes mais que a de armas de fogo. Talvez por isso a CBC tudo fez para não ter que marcar a munição, e quando o faz, não cumpre as normas de limitação dos lotes.

Munições de crimes não são rastreadas

Como se não bastassem esses obstáculos à investigação criminal, a própria polícia, despreparada, sem meios, com setores omissos ou cúmplices, raramente rastreia as cápsulas marcadas que são apreendidas, como revelariam as CPIs. Falta controle também por parte das FFAA. A jornalista Renata Mariz fez uma relevante matéria baseada nos resultados de perícia de munição desviada do Estado. Segundo a reportagem,

> nem o Exército, encarregado de fiscalizar os produtos no país, escapa da falta de controle do próprio paiol. Após obter o laudo da perícia de mais de 6 mil balas apreendidas com um militar da Marinha, no Rio, *O*

> *Globo* descobriu que elas foram desviadas da PM do estado e do Comando Logístico do Exército. A este último cabe coordenar a fiscalização desse tipo de produto controlado no país.
>
> Os projéteis desviados das duas instituições foram apreendidos em 2014, e seriam repassados à facção Amigo dos Amigos. (...) Nem mesmo projéteis coletados em cenas de crime costumam ser objetos de investigações, informa Bruno Langeani, gerente do Instituto Sou da Paz. (...) É raro o delegado pegar uma munição marcada e tentar verificar de quem era, de onde veio. Segundo ele, é absurda a quantidade de informação que se perde ao não identificar a origem de projéteis com marcação de lote. (...) Segundo Langeani, a falta dessa informação ajuda a fomentar o mito de que esse material vem de fora do país e não tem relação com o mercado legal (...).[15]

Em artigo mais recente, Renata Mariz voltou ao tema, dessa vez relatando o resultado de inquérito realizado pelo Ministério Público. Havendo solicitado a todos os governos estaduais a indagação de como são realizados os controles da munição utilizada pelas suas polícias, o MP constatou que "apenas cinco governos têm algum sistema eletrônico para munições da Polícia Militar e Civil" (ES, SC, RS, MT e PI). Nos demais, as munições entregues aos policiais são registradas manualmente em planilhas precárias, ou manualmente em livro (RJ), ou não existe nenhum controle. Vários estados se recusaram a dar informações ao MP (DF, PR, MS, GO, CE e RR). Em geral, o descontrole nas Polícias Civis é pior que nas Militares. Para o responsável pelo inquérito, o procurador Antônio Edílio Teixeira, nem mesmo a legislação brasileira estabelece regras detalhadas de como deve ser feito esse controle. Ele afirma que quase sempre são munições de calibre restrito, que constantemente aparecem em poder do crime. "É o Estado alimentando o crime", diz ele.[16]

No capítulo munição, é bom lembrar que, nos Estados Unidos, quando o menino Terrell Mayes, de apenas 3 anos, foi morto por bala perdida, em 2012, em Minneapolis, relembrou-se a famosa afirmação do senador Daniel Patrick Moynihan, "Guns don't kill people, bullets do" (Armas não matam, balas matam), ironizando o slogan da NRA: "Armas não matam, pessoas matam." O senador proferiu essa frase quando, em 1993, propôs que se aumentasse o imposto sobre munição, cujo preço baixo era um estímulo aos homicídios.

11. Mapa das armas do Brasil

As armas falam

Como dizia Pablo Dreyfus, "as armas falam". Para tanto, é necessário estudar sua "vida", o que significa identificar seu fabricante, tipo, modelo, calibre, origem, número de série, quantidade, primeiro comprador, destinatários, seu uso, eventual envolvimento em crime e, por fim, sua destruição, sua "morte". O que nos permite desvendar sua procedência verdadeira, alterações que sofreu, seu uso legal ou ilegal, desvio, o impacto em suas vítimas, e controlá-las para que não caiam em mãos erradas. E o que é válido para avaliar uma arma se aplica também à munição, quando é devidamente marcada e rastreada.

Como o Brasil se tornou pioneiro na pesquisa de armas

A pesquisa *Brasil: as armas e as vítimas*[17] foi o primeiro levantamento de todo o universo de armas de fogo em circulação em um país. Até então, ninguém tinha a menor ideia de quantas armas existiam no Brasil. As especulações variavam de 10 mil a 40 mil armas. Não havia parâmetros sequer para um número aproximado. Como construir uma Política Nacional de Segurança, em um país acossado pelo morticínio das armas, se não se tinha a menor ideia de quantas e quais armas temos e com quem elas estão? Como fiscalizar o que se desconhece?

Pesquisa como essa nunca havia sido feita porque, nos países em desenvolvimento com altos índices de violência armada, faltavam dados consistentes, capacidade analítica e vontade política. Nos países desenvolvidos, que seriam capazes de criar metodologia para esse novo objeto de pesquisa, não havia interesse, uma vez que o problema da violência armada não existia em seu território, embora alguns deles, grandes exportadores de armas, criassem o problema nos países mais pobres importadores de suas armas. A exceção, nesse caso, eram os EUA, com altos índices de violência armada. Mas aí a vontade majoritária da população de avançar no controle de armas tem sido bloqueada pela influência da NRA sobre seu Congresso.

O Brasil escapou dessa conjuntura desfavorável devido à explosão de violência armada ocorrida na década de 1990, que conscientizou alguns pesquisadores da importância de enfrentar essa questão com eficácia. E temos a sorte, ou o azar, de sermos "dois Brasis", na expressão de Jacques Lambert, com problemas de país pobre e amplos setores atrasados e círculos intelectuais de vanguarda.

Alguns desses últimos, trabalhando em organismos públicos, na academia ou em ONGs, focaram o problema, e identificaram a proliferação de armas bem no centro das variáveis que causavam a violência armada no Brasil. A essa atitude somou-se uma vontade política, ao conseguirmos sensibilizar alguns políticos para o tema: o primeiro governo de Anthony Garotinho no Rio de Janeiro, em que o então subsecretário de Segurança Pública, Luiz Eduardo Soares, conseguiu abrir pela primeira vez um depósito de armas à análise de especialistas do Instituto Superior de Estudos da Religião (ISER) e do Viva Rio no final da década de 1990; o governo FHC, que enviou missão de alto nível para negociar o combate ao contrabando de armas com o governo paraguaio, em 2000, e começou gestões para aprovar uma boa lei de controle de armas; o governo Lula, em que o ministro da Justiça Márcio Thomaz Bastos se empenhou em enfrentar o problema das armas, e durante o qual senadores, deputados e sociedade civil organizada acabariam por aprovar uma lei avançada. A esses fatores somou-se o fato de sermos grandes fabricantes e exportadores de armas pequenas, o segundo no continente, o terceiro no mundo, com grandes desvios de armamento para o crime organizado. Mas faltava um último fator: capacidade. Esta veio com o convite, feito pelo Viva Rio, ao especialista argentino Pablo Dreyfus para coordenar pesquisas que fundamentassem a ação política de nossa equipe, no esforço de conhecer o universo das armas e munições e promulgar uma lei que as controlasse.

Dreyfus colocou o Brasil na vanguarda da pesquisa de armas

E por que Pablo Dreyfus reunia uma competência não encontrada entre os pesquisadores nacionais e internacionais, por melhor que fossem? Porque a investigação do circuito das armas sempre foi bloqueada por ser este em grande parte clandestino, invisível, inacessível, constituído pelo contrabando, pelo arsenal secreto das Forças Armadas, pelas armas ilegais da criminalidade e do imenso mercado informal daqueles que não legalizam suas armas. Mas Pablo havia concluído sua tese de doutorado exatamente sobre uma atividade que apresenta dificuldades ainda maiores, por se desenvolver toda ela na clandestinidade: a produção, o tráfico e o consumo de drogas. Diferentemente das armas, que em sua maioria percorrem um caminho que vai da legalidade à ilegalidade. A tese de Pablo, um calhamaço reunindo pesquisa corajosa, realizada em parte no terreno, nas próprias zonas de produção e tráfico de Bolívia, Colômbia e Paraguai, tinha sido aprovada com louvor pelo prestigioso Institute of International and Development Studies, de Genebra.[18] Contava ele, portanto, com instrumental teórico – e prático – que poderia ser adaptado criativamente a um novo objeto de estudo, o tráfico de armas, com características parecidas, percorrendo muitas vezes os mesmos trajetos que as drogas, monitorados pelos mesmos grupos criminosos. Somava-se a esse *background* sua familiaridade com as armas, do tempo de Colégio Militar, que cursou em Buenos Aires, e principalmente sua competência como autodidata em um tema novo, com pouca metodologia e parâmetros, que ele próprio trataria de criar.

Suas principais pesquisas, anteriores ao mapeamento das armas brasileiras, foram sobre tipos de armas apreendidas no Rio (223.584 armas estocadas no DFAE), contrabando de armas brasileiras e estrangeiras para o Brasil, rastreamento das armas brasileiras desviadas para o mercado clandestino, perfil das armas apreendidas no Rio, São Paulo e Brasília e desvio de munições das polícias do Rio para o crime organizado.

Mas o seu maior desafio estava por vir: levantar o imenso universo das armas de fogo no Brasil. Além das dificuldades metodológicas, teria que enfrentar a má qualidade e escassez de dados; a má vontade, para não dizer hostilidade, das autoridades detentoras de informações e dos produtores e comerciantes de armas; e a falta de colaboração entre os vários organismos relacionados ao tema. Afora nossa determinação, tudo conspirava contra: realizar pesquisa de tamanha envergadura sobre objeto de tão difícil investigação.

Pablo o fez, e com brilhantismo. Elaborou toda uma metodologia para dar conta da tarefa. A mim coube apenas o esforço de criar as condições políticas para sua realização e viabilizar sua aplicação, ajudando a transformar esse novo conhecimento em normas e lei, em parceria com parlamentares idealistas e fiéis ao interesse público. Mas Pablo é celebrado na comunidade internacional e acadêmica especializada como o pioneiro no desbravamento do universo das armas pequenas, criador do seu método de análise, seguido e adaptado às condições de diferentes países. Curioso que, no país em que ele realizou essa façanha científica, não tenha ainda tido o reconhecimento merecido.

Embora sem urgência, países desenvolvidos e com baixas taxas de homicídio por arma de fogo, passaram a ter interesse no conhecimento de seu universo de armas, bem como em criar um banco de dados nacionais com essas informações. Uma das razões foi a eclosão do terrorismo. Vimo-nos então na situação incomum de um país subdesenvolvido, como o Brasil, ensinar aos países mais ricos e de tecnologia mais avançada a realizar uma pesquisa sobre o total de armas em circulação. Pablo Dreyfus orientou analistas da Noruega, Alemanha, Suíça, Grã-Bretanha e dos EUA a aplicarem sua metodologia de pesquisa. Em seguida, esta foi adotada mundo afora, inclusive por organismos internacionais. Sempre celebrado e aplaudido, só não é reconhecido pelas autoridades brasileiras, voltadas para si próprias.

Brasil: as armas e as vítimas

Em 2003, Dreyfus norteou a equipe de pesquisa, coordenada por Rubem César Fernandes, para iniciar o grande desafio de fazer o primeiro levantamento das armas existentes no Brasil e de quem as possui. Era constituída pelo estatístico Marcelo Nascimento, o economista Júlio Cesar Purcena, a advogada Carolina Iootty, a epidemiologista Luciana Phebo, a socióloga uruguaia Patrícia Rivero, o cientista político norte-americano Benjamin Lessing e o inspetor reformado da Polícia Civil Luiz Carlos Silveira. Este último já se mostraria estratégico. Os dados da PF em Brasília eram precários, as Secretarias de Segurança dos estados retinham as informações que possuíam (ainda não havia o Estatuto e por isso o Sistema Nacional de Armas e Munições [Sinarm] era um banco de dados vazio) e as Forças Armadas eram uma caixa-preta, imersa em seu secretismo, próprio para país em guerra, mas incompatível com uma política de combate à criminalidade.

Cimentando todo esse muro de resistência à análise e à colaboração, enfrentávamos também o preconceito contra as ONGs, de que "arma é assunto de militar e polícia, não de civil", mesmo quando especialista. Como se entender de arma significasse apenas saber atirar e não avaliar e rastrear, investigar os meandros do tráfico de armas. Ainda hoje nossas autoridades revelam grande despreparo, imagine-se vinte anos atrás. Luiz Carlos percorreria as capitais dos estados por seis meses, contatando os policiais e demais autoridades, na condição de "policial". Com seu estilo diplomático, extraía as informações na base do papo, do jeitinho, da simpatia pessoal, único caminho eficaz em nossa cultura personalista, estilo do "estou informando porque é para você", e não porque é dever da autoridade pública informar. Esse é o nosso Brasil, em que o dever de informar do Estado, *accountability*, nem tem tradução, porque não existe entre nós. Funcionou. Luiz Carlos desembarcava no Rio com listas e listas de armas, com dados que jamais teríamos conseguido obter com ofícios, solicitações formais e apelos para que se colaborasse com estudo relevante para a segurança pública.

Quem tem e quantas são as armas

Mapa das armas do Brasil (2005)

Entidade	Efetivo	Número de armas
SETOR PRIVADO		**15.257.808**
MERCADO LEGAL		**6.764.951**
Pessoas físicas civis		**4.441.765**
Empresas de segurança Privada legalizadas	**1.120.842 vigilantes**	**413.994**
Armas de uso particular na posse de oficiais e sargentos militares	**194.795 oficiais e sargentos**	**259.790**
da ativa	*129.800 oficiais e sargentos*	*129.800*
reformados	*64.995 oficiais e sargentos*	*129.990*

Armas de uso particular de policiais	**595.211 policiais**	**721.081**
aposentados	*120.180*	*240.360*
da ativa	*480.721*	*480.721*
CAC	**22.851**	**215.460**
Colecionadores	*7.760*	*155.096*
Atiradores	*13.918*	*55.672*
Caçadores	*1.173*	*4.692*
Juízes e ministros de Tribunais	**12.067**	**12.080**
Outras pessoas jurídicas		**700.781**
MERCADO INFORMAL		**4.635.058**
MERCADO CRIMINAL		**3.857.799**
ESTADO		**1.753.133**
Forças Armadas		**1.031.386**
Ativa	*314.300*	*549.505*
Reserva	*400.000*	*481.881*
Polícias e Justiça Criminal		**721.747**
Polícia Federal	7.800	17.550
Polícia Rodoviária Federal	7.300	10.463
Polícia Militar	378.332	538.422
Polícia Civil	82.737	135.082
Bombeiros, guardas, penitenciários e guardas municipais	190.230	19.023
Juízes e Magistrados	12.067	1.207
TOTAL GERAL	**Estimativa:**	**17.010.941**

Fonte: *Brasil: as armas e as vítimas,* op. cit.

Nota: Informações de 2019 calculam em 112.659 o número de CACs no país.

Número de armas por setor no Brasil (2005)

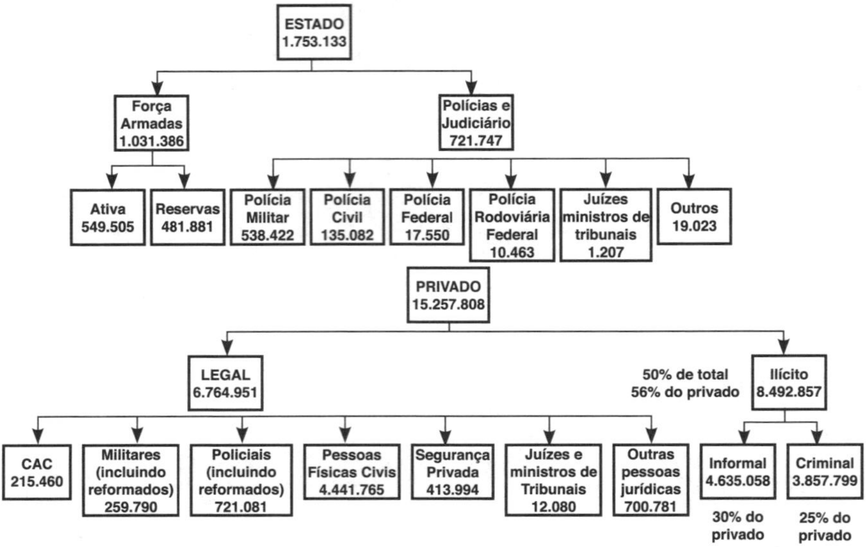

Fonte: *Brasil: as armas e as vítimas,* op. cit.

A pesquisa chama a atenção para o fato de que a posse de armas lícitas e armas ilícitas estava numa proporção, *grosso modo*, de 50/50 [essa proporção irá mudar um pouco nos últimos anos]. Basicamente, as autoridades não sabem onde está metade das armas de fogo do país, nem quem as possui. Metade do estoque em circulação está ou nas mãos de criminosos ou nas mãos de cidadãos que possuem armas ilegais, e que denominamos "mercado informal". Revela também que estão nas mãos da sociedade cerca de 88,5% das armas existentes no país e apenas 11,4% nas do Estado, desmentindo os que dizem que "o povo está desarmado".

Analisando os números e tipos de armas apreendidas entre 1981 e 2004, a pesquisa conclui:

> Saber para onde vão as armas de fogo, qual o seu estado legal e quais grupos as possuem é um primeiro passo para a implementação eficiente de controles e legislação para armas de fogo. Isto tem grande importância em um país no qual vemos que 51% das armas estão em situação ilícita (seja criminal ou informal), que 1/3 do universo das armas de fogo é informal e assim mais propenso a ser desviado para circuitos criminosos.

Pesquisa "Estoques e distribuição de armas de fogo no Brasil"

O Viva Rio decidiu-se pela atualização da primeira pesquisa por diferentes razões. Primeira, devido à sua natureza, isto é, para que servisse de embasamento da política de segurança pública. Segunda, para medir o impacto de duas iniciativas: as campanhas de desarmamento voluntário de 2004-2005 e 2008-2009 e a campanha de legalização de armas de 2008-2009. Terceira, pelo acesso a dados sobre uma massa de 288 mil armas apreendidas na ilegalidade em todo o país. Levantamento, pesquisa e análise desses dados foram também realizados pelo Viva Rio.

Sua equipe concluiu em 2010 dois novos estudos, realizados por Pablo Dreyfus, Marcelo de Sousa Nascimento e Júlio César Purcena, além dos assistentes de pesquisa Natasha Leite de Moura, André Luís da Silva Nunes e Renata Pedro. Os trabalhos foram realizados em parceria com a SSP do Estado do Rio de Janeiro, com a Subcomissão Especial de Armas e Munições da Câmara dos Deputados e com o apoio do Ministério da Justiça.

O primeiro estudo foi publicado com o título "Estoques e distribuição de armas de fogo no Brasil".[19] Persistiu a maioria dos obstáculos que dificultaram o primeiro estudo, agravados pelo veto à consulta do *Anuário Estatístico do Exército*. Tampouco conseguimos acesso aos dados sobre as cerca de 720 mil armas e acessórios acautelados pelo Sistema Judiciário. Em compensação, tínhamos os dados contidos no Sinarm e total apoio da PF; contávamos com informações sobre 272.475 armas regularizadas em 2008-2009; sobre cerca de 288 mil armas apreendidas na ilegalidade em 25 estados brasileiros, fornecidas por Tribunais de Justiça Estaduais, por Secretarias de Segurança de vários estados, pela Secretaria Nacional de Segurança Pública (Senasp) do Ministério da Justiça e por setores do Exército; possuíamos informações sobre 490.570 armas entregues voluntariamente nas campanhas de 2004-2005 (459.855 armas) e 2008-2009 (30.721 armas); e pelas informações e experiência adquiridas na primeira pesquisa.

A pesquisa, ao contrário da anterior, não discriminou entre armas do crime e armas do mercado informal, preferindo unir ambos em uma só rubrica, por se considerar que, com a vigência da nova lei, manter armas na ilegalidade se constitui crime, seja seu proprietário "homem de bem", seja bandido.

A equipe elaborou duas ordens de estimativas. A primeira, denominada "conservadora", teve como parâmetro a precariedade das informações obtidas na maioria dos órgãos de fiscalização estaduais. A segunda, designada "não ortodoxa", balizou-se pelo melhor desempenho da SSP do Distrito Federal.

Na tabela a seguir, a estimativa "conservadora" foi designada "inferior", por se referir a uma estimativa total de armas mais baixa, e a "não ortodoxa" foi classificada como "superior", por haver chegado a uma estimativa mais alta. Mas os pesquisadores indicam que "o ideal é mesclar-se ambos os resultados", isto é, 15.996.301 armas como estimativa "inferior" e 18.191.312 armas como estimativa "superior", cuja média nos dá a estimativa de cerca de 17 milhões de armas em circulação no Brasil, coincidindo com o número total obtido pela pesquisa de 2005.

Mapa das armas de fogo no Brasil segundo quantidade e usuário (2010):

	Grupo	Inferior	Superior
1	**Armas legais**	**8.378.608**	**7.490.300**
	Armas legais de uso privado	6.258.808	5.370.500
A	Pessoas físicas	4.514.208	3.688.500
B	Empresas de segurança privada	259.856	238.500
C	Empresas privadas	61.024	63.100
D	Lojas de armas	178.720	135.400
E	Uso privativo de oficiais e suboficiais das Forças Armadas:	395.200	395.200
	Ativa	289.800	
	Reformados	105.400	
F	Uso privativo de bombeiros e policiais militares:	637.200	637.200
	Ativa	425.000	
	Reformados	212.200	
G	CAC:	212.600	212.600
	Colecionadores	155.100	
	Atiradores	52.800	
	Caçadores	4.700	

	Grupo	Inferior	Superior
	Estado	2.119.800	2.119.800
H	Militares:	1.316.600	
	Ativa	402.200	
	Reserva	914.400	
I	Órgãos de segurança pública:	766.100	
	Polícias militares	561.600	
	Polícias Civil, Federal e Rodoviária Federal	193.700	
	Força Nacional de Segurança Pública	10.800	
J	Outros órgãos	37.100	
2	**Armas ilegais**	**7.617.693**	**10.701.012**
	Total de armas em circulação	***15.996.301***	***18.191.312***

Nota: Dados para o Sinarm até setembro de 2010.

Fonte: Elaborada pelos autores de *Estoques e distribuição de armas de fogo no Brasil*" a partir de informações do Sinarm.

Diferentemente do resultado do primeiro levantamento, em que armas legais e ilegais tinham percentuais quase idênticos, 50% cada, aqui a pesquisa encontrou 52,4% de armas legais para 47,6% de ilegais. Menos mal.

Os gráficos seguintes foram elaborados na mesma pesquisa:

Gráfico 1 – Armas segundo situação legal

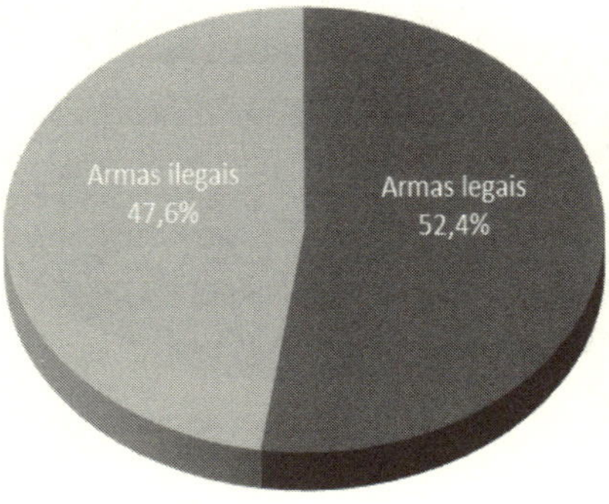

As armas se concentram mais em mãos civis (53,9%) do que do Estado (25,3%):

Gráfico 2 – Armas legais segundo grupo de usuário

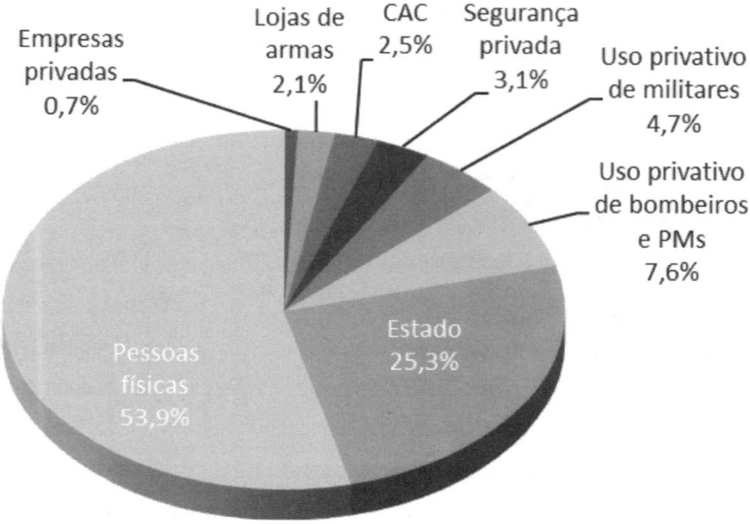

As armas legais civis se encontram em sua maioria em mãos de pessoas físicas (90%):

Gráfico 3 – Armas legais em mãos privadas segundo grupo de usuário

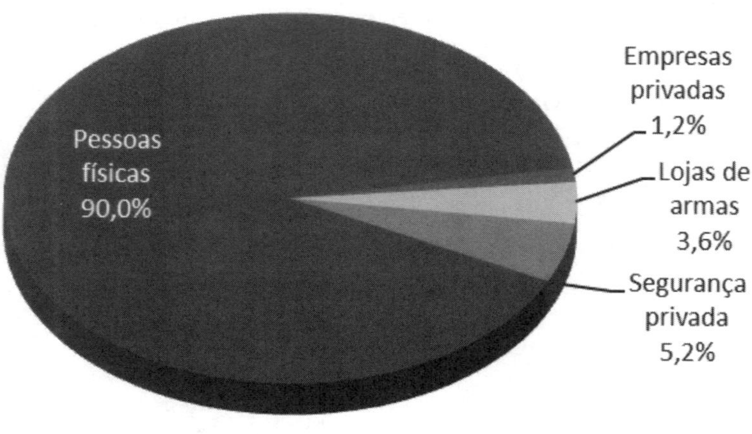

Das armas privadas constantes no Sistema de Gerenciamento Militar de Armas (Sigma), banco de dados das FFAA, o maior percentual se refere aos PMs e bombeiros (51,2%):

Gráfico 4 – Armas inseridas no Sigma segundo grupo de usuário

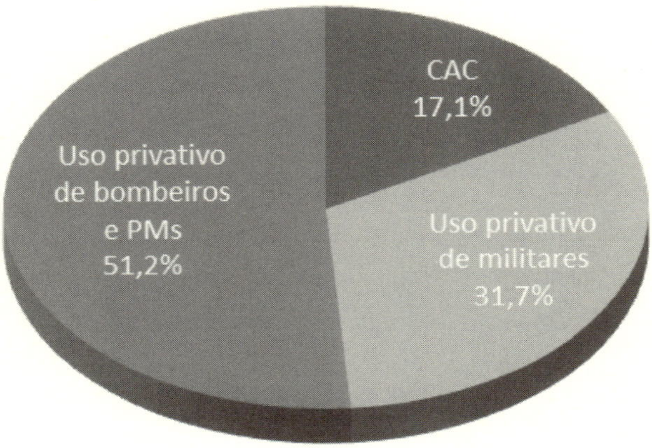

Dentre os CACs, prevalecem as armas dos colecionadores, seguidas dos atiradores esportivos e caçadores. Na Europa é o contrário, com prevalência dos últimos:

Gráfico 5 – Armas dos CACs segundo grupo de usuários

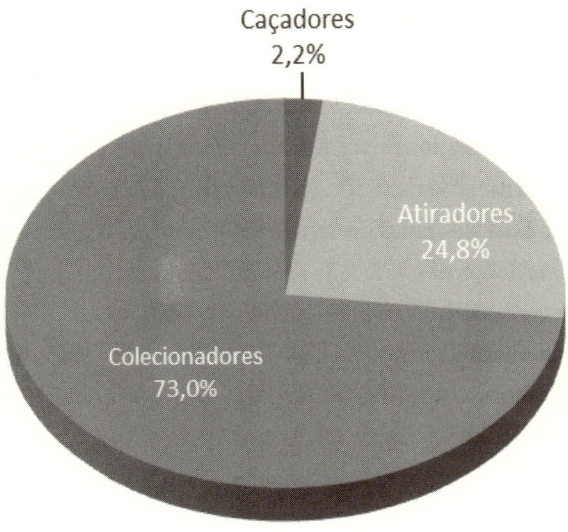

Considerando as armas patrimoniais (das corporações), os militares da reserva possuem mais armas em relação aos órgãos de segurança pública e aos militares na ativa.

Gráfico 6 – Armas patrimoniais segundo grupo de usuários

De acordo com a pesquisa,

> uma vez destacado o perfil dos usuários de armas, avaliou-se o perfil de parte das armas em circulação através dos dados de apreensão. Segundo os dados fornecidos pelas SSPs, mais da metade das armas – nas UFs onde os dados são conhecidos –, é de revólveres; o percentual de armas militares é baixo nos estados que as têm. Já as armas longas para caça representam 39,5% do percentual no estado de GO, seguidos de MS (24,9%) e RS (21%). Em relação aos dados fornecidos pelo Sinarm, a exemplo dos dados das SSPs, possui mais da metade de seu percentual em revólveres, com exceção do Acre (54,5% de armas de caça); nos restantes, os percentuais são semelhantes aos dados das SSPs. [Ver tabela na página 143.]

Assim explicam os autores da pesquisa:

> Mais de dois terços das armas apreendidas, tanto nos dados fornecidos pelas SSPs quanto pelo Sinarm, são de uso permitido. O Maranhão é o estado com o maior percentual de armas de uso restrito apreendidas (24,2% segundo as SSPs) e Goiás possui o percentual mais alto de armas apreendidas que não possuem informação (12,6%). Pelos dados do Sinarm, Roraima é o estado com maior percentual de armas de uso restrito (12,5%) e o Piauí (com 11,1%) é a UF com maior percentual de armas sem informação de uso. [Ver tabela na página 142.]

Pesquisa Seguindo a rota das armas

A mesma equipe do Viva Rio desenvolveu pesquisa paralela, com foco no desvio, comércio e tráfico ilícitos de armas, publicada sob o título *Seguindo a rota das armas: desvio, comércio e tráfico ilícitos de armamento pequeno e leve no Brasil.*[20] O estudo confirma o que nossa experiência e nossos primeiros estudos já apontavam: armas legais e ilegais indistintamente fluem para o mercado clandestino; e o maior problema são as armas nacionais e não as estrangeiras.

> Tendo como fontes comparativas os dados fornecidos pelo Sinarm e pelas SSPs dos estados, essa tabela demonstra que, para o conjunto do Sinarm, a BA teve o maior percentual de armas apreendidas de origem nacional (97,5%), e para o conjunto das SSPs, PE ficou com 85,5%. No Sinarm, o RS teve a maior participação de armas apreendidas de origem estrangeira (18,8%) e o RJ ficou com 16,4% para o conjunto de dados das SSPs. Observamos que a participação de armas apreendidas de origem estrangeira não alcançou mais do que 1/5 da circulação nos estados. [Ver tabela na página 144.]

Apreensão de arma segundo a UF, tipo de uso e fonte de informação

UF	SSP			Sinarm		
	Uso			Uso		
	Permitido	Restrito	Sem informação	Permitido	Restrito	Sem informação
AC	-	-	-	90.9	9.1	-
AL	89.8	4.1	6.1	94.5	0.7	4.8
AM	-	-	-	95.2	2.4	2.4
AP	-	-	-	85.7	10.7	3.6
BA	96.8	2.3	0.9	96.6	1.9	1.6
CE	-	-	-	91.0	2.2	6.7
DF	92.9	3.4	3.7	94.6	3.4	2.0
ES	93.4	4.4	2.3	95.3	2.9	1.8
GO	86.1	1.4	12.6	97.8	2.0	0.1
MA	73.5	24.2	2.3	90.4	3.2	6.4
MG	-	-	-	95.6	1.8	2.6
MS	92.9	2.6	4.5	95.2	3.6	1.2
MT	-	-	-	95.1	1.9	2.9
PA	88.4	8.3	3.3	93.2	1.2	5.6
PB	-	-	-	93.9	3.3	2.8
PE	94.8	1.0	4.2	95.3	1.4	3.3
PI	91.1	3.6	5.3	86.6	2.2	11.1
PR	86.4	4.8	8.8	95.3	2.4	2.3
RJ	79.6	15.1	5.3	89.9	8.7	1.5
RN	-	-	-	97.1	1.5	1.4
RO	-	-	-	93.8	1.6	4.7
RR	-	-	-	87.5	12.5	-
RS	85.4	11.2	3.4	92.8	5.4	1.8
SC	-	-	-	98.3	0.2	1.5
SE	-	-	-	90.6	6.7	2.7
SP	90.8	6.8	2.4	90.7	7.5	1.8
TO	95.9	1.0	3.1	93.1	1.7	5.2

Fonte: Elaborado pelos autores de *Estoques e distribuição de armas de fogo no Brasil* a partir dos dados das SSPs e do Sinarm.

Apreensão de arma de fogo segundo UF, tipo e fonte de informação, em porcentagem

UF	SSP						Sinarm					
	Revólveres	Pistolas	Armas longas para caça	Armas de fogo militares	Armas de fabricação caseira	Outras armas/ sem informação	Revólveres	Pistolas	Armas longas para caça	Armas de fogo militares	Armas de fabricação caseira	Outras armas/ sem informação
AC	-	-	-	-	-	-	36.4	9.1	54.5	-	-	-
AL	78.2	7.8	9.3	0.2	2.9	1.6	81.2	6.8	11.9	0.1	-	-
AM	-	-	-	-	-	-	50.0	16.7	33.3	-	-	-
AP	-	-	-	-	-	-	78.6	7.1	14.3	-	-	-
BA	85.0	9.5	4.3	1.1	-	-	81.6	12.2	5.9	-	-	0.3
CE	-	-	-	-	-	-	65.5	7.4	25.8	0.4	-	0.8
DF	76.2	14.6	8.6	0.2	0.1	0.4	79.2	14.3	6.5	0.1	-	-
ES	71.8	13.6	12.1	0.0	2.5	0.0	75.1	14.4	10.3	0.1	-	-
GO	55.3	4.6	39.5	0.1	0.4	0.2	79.3	9.0	11.7	-	-	-
MA	67.8	5.4	3.7	0.6	22.5	-	78.7	8.5	12.8	-	-	-
MG	-	-	-	-	-	-	61.4	10.1	28.5	-	-	-
MS	68.7	5.8	24.9	0.3	0.3	0.1	76.1	7.3	16.4	0.2	-	-
MT	-	-	-	-	-	-	71.1	8.5	20.1	0.2	-	-
PA	77.6	9.1	5.7	0.1	5.1	2.4	56.2	5.9	37.9	-	-	-
PB	-	-	-	-	-	-	73.2	12.2	14.6	-	-	-
PE	77.5	7.8	14.5	-	0.2	-	76.7	8.2	14.9	0.2	-	0.0
PI	81.0	6.5	9.0	-	2.6	0.8	72.2	7.4	19.5	0.0	-	0.8
PR	64.2	15.0	19.0	0.3	0.7	0.8	48.8	8.4	42.5	0.3	-	-
RJ	56.1	19.2	16.9	3.4	4.1	0.3	68.3	20.5	9.8	1.4	-	0.0
RN	-	-	-	-	-	-	86.1	8.6	5.1	0.2	-	-
RO	-	-	-	-	-	-	64.1	10.9	25.0	-	-	-
RR	-	-	-	-	-	-	50.0	25.0	25.0	-	-	-
RS	54.3	20.4	21.0	3.9	0.3	-	62.5	10.3	26.1	1.0	-	-
SC	-	-	-	-	-	-	71.6	8.7	19.7	-	-	-
SE	-	-	-	-	-	-	80.5	11.4	4.7	3.4	-	-
SP	62.5	18.0	18.8	0.7	-	-	64.9	19.9	14.7	0.5	-	0.0
TO	58.4	7.4	34.2	-	-	-	61.2	6.9	31.9	-	-	-

Fonte: Elaborado pelos autores da pesquisa a partir dos dados das SSPs e do Sinarm.

Armas apreendidas segundo origem de fabricação e UF

UF	Origem de fabricação (Sinarm)			Origem de fabricação (SSP)		
	Nacional	Estrangeira	s/Inf.	Nacional	Estrangeira	s/Inf.
AC	81.8%	9.1%	9.1%	–	–	–
AL	80.8%	3.0%	16.3%	42.7%	1.5%	55.8%
AM	83.3%	7.1%	9.5%	–	–	–
AP	89.3%	3.6%	7.1%	–	–	–
BA	97.5%	0.9%	1.6%	74.8%	9.4%	15.7%
CE	75.2%	8.5%	16.3%	–	–	–
DF	86.6%	5.7%	7.6%	83.3%	7.0%	9.6%
ES	83.9%	6.2%	9.9%	80.8%	6.3%	12.8%
GO	91.0%	5.3%	3.7%	56.4%	9.1%	34.4%
MA	86.2%	3.2%	10.6%	54.4%	3.1%	42.5%
MG	82.0%	8.9%	9.1%	–	–	–
MS	70.3%	12.9%	16.8%	60.9%	13.2%	26.0%
MT	78.2%	8.0%	13.8%	–	–	–
PA	81.2%	3.2%	15.6%	72.5%	3.7%	23.7%
PB	88.7%	5.6%	5.6%	–	–	–
PE	89.3%	3.1%	7.6%	85.5%	2.9%	11.6%
PI	71.4%	6.1%	22.6%	58.6%	3.8%	37.6%
PR	70.7%	8.4%	20.9%	71.8%	6.5%	21.7%
RJ	83.1%	12.0%	5.0%	68.3%	16.4%	15.3%
RN	88.1%	6.6%	5.4%	–	–	–
RO	90.6%	6.3%	3.1%	–	–	–
RR	87.5%	12.5%	0.0%	–	–	–
RS	68.3%	18.8%	12.9%	72.3%	7.6%	20.2%
SC	87.4%	9.2%	3.4%	–	–	–
SE	88.6%	6.0%	5.4%	–	–	–
SP	89.5%	6.3%	4.2%	84.0%	10.0%	6.0%
TO	72.4%	6.9%	20.7%	79.2%	4.7%	16.1%
Total	83.1%	7.2%	9.8%	69.7%	7.0%	23.3%

Fonte: Elaborado pelos autores de *Seguindo a rota das armas* a partir dos dados das SSPs e do Sinarm.

Cerca de 83% das armas ilegais são de fabricação nacional

A pesquisa concluiu que as armas ilegais apreendidas no Brasil, até 2010, foram em torno de 83% brasileiras, e as armas estrangeiras constituíram apenas 7%. O que desmente categoricamente a propaganda do lobby das armas, que procura fazer-nos crer que "o grande problema são as armas que vêm do exterior", minimizando o avassalador número de armas desviadas para o crime aqui dentro, saindo das fábricas, do transporte e das lojas mal fiscalizadas.

A partir da análise de informações sobre 288 mil armas apreendidas entre 1990 e 2008, sendo que 99,6% delas apreendidas a partir de 1999, a pesquisa identificou e comparou a origem das armas fabricadas no exterior que ingressaram no país. Constata-se que "os EUA representam a maioria absoluta, seguidos da Argentina e Espanha. É importante destacar que esses países representaram mais de 99% do total de apreensões de armas de origem estrangeira". (Os pesquisadores acrescentaram à lista dos "10 mais" a China e a Rússia pelo seu papel relevante no mercado internacional de armas, respeitando a posição que ocupam na lista.)

Os pesquisadores terminam por destacar que

> a equipe do Projeto Controle de Armas do Viva Rio, ao longo de mais de onze anos de trabalho, concluiu que existe uma linha tênue que separa o legal do ilegal. Tal afirmação só se tornou possível devido à análise de armas apreendidas, que demonstrou serem as armas de uso permitido, sobretudo as de fabricação nacional, as mais comuns nas apreensões. (...) É importante considerar que as armas apreendidas – que constituem uma importante fonte de informações para a análise de rastreamentos – têm sido subnotificadas, de acordo com os padrões apresentados nas informações obtidas do Sinarm e das SSPs. Por esse motivo, é fundamental que os principais sistemas de informações sobre armas de fogo no Brasil, Sinarm e Sigma, funcionem de forma integrada com os sistemas estaduais, o que infelizmente até hoje não é feito.[21]

Apreensão de armas de origem estrangeira segundo o país (1990-2008)

Sinarm			SSP		
País de fabricação	Part. (%)	Posição	País de fabricação	Part. (%)	Posição
EUA	59,2%	1	EUA	54,5%	1
Argentina	16,7%	2	Argentina	21,8%	2
Espanha	6,9%	3	Espanha	6,8%	3
Alemanha	6,4%	4	Bélgica	6,1%	4
Bélgica	4,1%	5	Áustria	2,8%	5
Áustria	2,3%	6	Alemanha	2,5%	6
República Tcheca	2,1%	7	Itália	1,9%	7
Itália	1,4%	8	República Tcheca	1,4%	8
França	0,4%	9	França	0,8%	9
Israel	0,2%	10	Israel	0,7%	10
China	0,1%	12	Rússia	0,3%	12
Rússia	0,01%	20	China	0,2%	14
Outros países	0,4%		Outros países	0,3%	

Fonte: Elaborado pelos autores da pesquisa a partir dos dados das SSPs e do Sinarm.

As três pesquisas do Viva Rio aqui mencionadas foram realizadas para que os governos atuassem com conhecimento do terreno, o que naturalmente exigiria periódica atualização dos dados. Passados oito anos da última pesquisa, desde a morte precoce de Pablo, nada se fez em nível governamental. Por que o levantamento não foi atualizado? Interesses contrariados? Descaso?

Pesquisa do Instituto Sou da Paz: De onde vêm as armas do crime
Pesquisas realizadas pelo Instituto Sou da Paz têm confirmado os estudos iniciais do Viva Rio. Em 2013, o Instituto divulgou análise do período entre 2011 e 2012, em que foram rastreadas mais de 14 mil armas de fogo apreendidas pela PF na cidade de São Paulo. Identificou que

> 78% das armas eram nacionais, e dois terços tinham sido produzidas antes do Estatuto. O que comprova que o controle mais rígido dificultou o acesso às armas também para a criminalidade, e que sentimos até hoje os efeitos perversos da legislação permissiva que existia anteriormente.
>
> Deste mesmo universo, separando as armas de roubo e homicídios e realizando o rastreamento destas, verificou-se que cerca de 38% comprovadamente tinham um registro prévio no banco de dados da Polícia Federal (Sinarm). O que esses dados apontam é que parte importante das armas do crime advém do mercado legal, reforçando mais uma vez a importância do bom controle de armas no país.
>
> Os resultados apontam que as armas de fogo industriais predominam entre o total de armas apreendidas (74% do total), apesar do crescimento preocupante na participação dos simulacros [airsoft, paintball etc.], que já alcançam mais de ¼ da amostra, tendo metade sido utilizada em roubos.
>
> Confirmando o que já foi apontado em pesquisas anteriores, manteve-se e em alguns casos aprofundou-se o diagnóstico de que as armas que vitimam a sociedade são armas curtas (93%, principalmente revólveres e pistolas), e em sua grande maioria nacionais (78%) e de calibre permitido. A empresa gaúcha Taurus, que detém praticamente o monopólio do mercado legal de armas no Brasil, também domina entre as armas apreendidas com os criminosos (61% de participação).
>
> Os dados demonstram que o revólver é o principal tipo de arma utilizado no cometimento de crimes (59%), seguido da pistola (32%) e da espingarda (4%). Quanto ao calibre das armas, o 38 é o mais utilizado (42%), seguido do 32 (14%), reforçando o que já foi disseminado em diversos outros estudos que se utilizaram de diferentes fontes e amostras. É inquestionável que são as armas de cano curto e de calibre permitido que estão sendo amplamente utilizadas em crimes na cidade de São Paulo.

> Todas as evidências comprovam: o grande problema do Brasil são armas fabricadas em território nacional e, neste sentido, o poder público brasileiro reúne todas as condições para enfrentar de modo decisivo este problema. Fazer com que todas as medidas saiam do papel, algumas das quais centrais e com pouco ou quase nenhum avanço nos últimos dez anos [*desde a promulgação do Estatuto*], como a integração entre bancos de dados do Exército e da Polícia Federal. A implementação eficaz do Estatuto do Desarmamento é mais urgente do que nunca.[22]

Em conclusão, tanto as pesquisas do Viva Rio, quanto do Instituto Sou da Paz, não deixam dúvidas: a maior fonte de abastecimento de armas e munições para o crime organizado e as milícias é o mercado legal brasileiro.

Pesquisa Ipea: Quem compra armas no Brasil?

Pesquisa de 2013 do economista Marcelo Neri, então presidente do Ipea,[23] apurou que o Estatuto do Desarmamento fez com que a compra de armas de fogo fosse reduzida em 40,6% (ultimamente aumentou), comparando os períodos 2002-2003 e 2008-2009, caindo de 57 mil para 37 mil armas. Neri traz outras constatações relevantes para se entender o comércio e a posse de armas no Brasil. Segundo sua análise

> (...) os homens compram 8 vezes mais armas que as mulheres; os jovens de 20 a 29 anos superam em 172% as pessoas vinte anos mais velhas na compra de armas, embora a queda da demanda dos jovens tenha sido de 51,2% após o Estatuto. Embora tenham menor renda, os analfabetos e as pessoas com até 3 anos de estudo compram armas com o dobro da frequência observada entre pessoas com 12 anos ou mais de estudo. [A chance de compra de armas cai com a educação das pessoas.] A proporção de compradores de armas é 396,4% maior no campo do que nas metrópoles (apesar da queda de 25% nas compras no campo).[24]

O estudo do Ipea constatou que a venda (proibida) de armas para terceiros representa 55,4% do comércio de armas. A pesquisa revela também um "aumento de 11% no valor das despesas unitárias com armas e munições".

Isto é, o Estatuto levou ao aumento do preço das armas e munições legalmente compradas, além de a campanha de desarmamento voluntário ter mais que triplicado o valor das armas no mercado clandestino, por provocar sua escassez. A lei propiciou um círculo virtuoso, mas como não foi acompanhada por uma reforma abrangente na segurança pública, nos últimos anos a compra de armas e os homicídios voltaram a subir, como veremos adiante.

Pesquisa do FBSP: apreensão de armas

De acordo com o FBSP, houve apreensão de 110.327 armas de fogo em 2015. As maiores apreensões foram realizadas em Minas Gerais (23.227), São Paulo (18.605), Ceará (11.675) e Rio de Janeiro (9.268).

O FBSP de 2018 apontou a apreensão de 119.484 armas ilegais realizadas em 2017. A omissão no envio de informações para o Sinarm tem sido tão grande por parte de fabricantes, lojistas, SSPs e Sigma, que a quase totalidade dessas armas, 94,9%, não havia sido previamente cadastrada naquele banco de dados da PF.

O problema dos fuzis

Difundiu-se na opinião pública, e mesmo na mídia, a ideia de que "as armas ilegais em sua maioria vêm do exterior", como já vimos. As razões dessa falsa percepção, além da propaganda do lobby das armas, vêm do foco da notícia nos conflitos entre o narcotráfico do Rio e a polícia, onde as armas de grosso calibre, principalmente fuzis, são de fabricação estrangeira (de 101 fuzis apreendidos nos primeiros cinco meses de 2016, apenas 2 eram de fabricação nacional, de acordo com a SSP/RJ). Mas esse entendimento se deve também à má-fé da indústria e do comércio de armas, que sempre buscaram minimizar os desvios de armas dentro do Brasil. Mesmo nas favelas do Rio, a maioria das armas nas mãos dos traficantes é de fabricação nacional, como ficou demonstrado em 2010 durante a invasão pela polícia do Complexo do Alemão, principal QG do tráfico, onde foram apreendidas 466 armas.

Os fuzis, cada vez mais encontrados nas mãos do crime organizado do Rio, esses sim, em sua maioria provêm do exterior. Esse contrabando preocupa, e muito, por conceder às quadrilhas enorme poder de fogo frente aos policiais e atingir inocentes pelo longo alcance dos seus projéteis. Acredita-se que a expansão do uso de fuzis no Rio se deve à entrada do PCC paulista no estado, em aliança com organizações cariocas. Ele teria ampliado as ações para outros crimes, como assaltos a cargas, que, juntamente com o confronto com outras facções, estaria exigindo armamento mais potente. Por isso, a repressão ao tráfico de fuzis é prioritária no Rio, mas não pode ser generalizada para o resto do país, onde o armamento dos bandidos em sua maioria é brasileiro.

A arma que levam escondida para o assalto ao cidadão na rua ou em sua casa, em todo o país, é quase sempre a arma de mão, de punho, isto é, o revólver ou a pistola. No Rio, a política de confronto armado do governo estadual, a guerra entre facções criminosas (da qual participam a banda podre da polícia e a milícia, constituída de policiais e ex-policiais) e o alto poder de compra do tráfico criaram um ambiente propício ao uso de armas de grosso calibre. Estas deixaram de ser privilégio dos chefes de facções e sua guarda pessoal e passaram a armar os assaltantes de carga, de bancos, carros-fortes e os de arrastões.

Nos outros estados, cresce o uso de fuzis de guerra nos cada vez mais frequentes assaltos a bancos, empresas de guarda de valores e depósitos de armas dos fóruns, até mesmo com o cerco de pequenas cidades. Legislação recente aumentou as penas para a posse ilegal de fuzis, que apoiamos, e que veremos em Projetos Contra e Pró o Estatuto. Na contramão do pleiteado pelas autoridades de segurança pública dos estados, decretos presidenciais liberaram o uso por civis de armas antes classificadas pelo Exército como de uso militar, incluindo a posse e porte dos fuzis T4 da Taurus. Diante da indignação geral, inclusive da oposição do Exército, decreto posterior passou a decisão para esse último. Veremos adiante em detalhes esse absurdo de se armar civis com fuzis de guerra.

Sobre os fuzis mais apreendidos, temos o AK-47, desenvolvido pela extinta União Soviética, inicialmente um dos mais usados pelos bandidos do Rio. Calcula-se que circulem no mundo cerca de 100 milhões desses fuzis, e que sejam responsáveis por 250 mil mortes a cada ano. A sua imagem aparece nas bandeiras nacionais da Frente de Libertação de Moçambique (FRELIMO) e do Hezbollah e nas fardas do Zimbábue e de Timor-Leste. Ele tem alcance de 1.500 metros e precisão a 800 metros, enquanto o AR-15 norte-americano tem alcance de 2 mil metros, com precisão a 1 mil metros). O AK é usado pelas

Forças Armadas da Venezuela e Colômbia, e acredita-se que boa parte dos encontrados com o narcotráfico do Rio provenha daí, através da fronteira porosa de 1.403 quilômetros entre Roraima e a Venezuela, área de influência do PCC.

Outros fuzis cada vez mais usados, via contrabando proveniente dos EUA, são o AR-10 e AR-15 norte-americanos. Também são encontrados o G3 alemão e o FAL belga (fabricado sob licença pela IMBEL – Indústria de Material Bélico do Brasil), que têm alcance até 2 quilômetros. Além desses, o M-16, criado para a Guerra do Vietnã, e que tinha um defeito de fabricação que o fazia emperrar com frequência. Muito GI (soldado norte-americano) morreu por isso, alvejado pelo eficiente AK-47 russo, contaram-me alguns ex-combatentes.

Armas registradas no Sinarm e no Sigma

Em 2017, foram registradas em todo o Brasil, pelo Sinarm, 42.387 armas. Isso significa que, a cada hora, cinco armas legais entraram em circulação no país autorizadas pela PF. Rio Grande do Sul (5.653), Paraná (5.259) e Minas Gerais (5.230) foram os estados que mais registraram armas no ano. Juntos, foram responsáveis por quase 40% das armas então registradas.

No mesmo ano, São Paulo tinha 137.883 armas em circulação, segundo a PF. Os dados indicam que o estado é o que mais tem registros de armas junto à PF, com 21,3% das 646.127 armas regularizadas no país de 1997 até 2017.

Segundo a PF, com o Estatuto do Desarmamento o número de armas registradas caiu num primeiro momento, mas voltou a crescer a partir de 2008. De acordo com a DFPC, as vendas de armas caíram 89% entre 2003 e 2005; após, até 2009, subiram 73%. O número de registros de armas ativos é de 678,3 mil, com 346,2 mil de pessoas físicas, de acordo com a PF.

A PF informa que "em 2016, havia 631.444 armas de fogo registradas no Sinarm: 47% de pessoas físicas, 38% de empresas de segurança privada, 8,1% de órgãos civis de segurança, 7% de órgãos públicos e lojas". Informa também que "de 2004 a 2017, ela autorizou 61.771 portes de arma". Em 2018, o número de registros de armas ativos já era de 678,3 mil, com 346,2 mil de pessoas físicas. Nos 4 primeiros meses de 2019, Minas Gerais teve o maior número de novas armas registradas na PF (1.599), seguido por Rio Grande do Sul (1.355) e Santa Catarina (1.249). Por sua vez, o Exército afirma "ter registrado no Sigma, até junho de 2015, 811.441 armas de fogo (armas privadas de membros das FFAA, PMs, Bombeiros, Agência Brasileira de Inteligência do Gabinete de Segurança Institucional da Presidência da República e CACs)".

Desvios, roubos e furtos de armas

Conforme a PF, mesmo descontando a forte subnotificação, em 2003 foram roubadas ou furtadas de residências cerca de 40 mil armas, e no ano seguinte, com a vigência do Estatuto e a Campanha de Desarmamento, o número de roubos e furtos baixou para cerca de 15 mil.

Segundo levantamento feito pelo Sinarm e o Instituto Sou da Paz, e divulgado em julho de 2016, tivemos no país, de 2011 a 2015, as seguintes perdas de armas de fogo:

- **Perdas e extravios** (inclui apreendidas e depois desviadas): 5.274 armas (em 2011), 3.050 (2012), 4.467 (2013), 3.417 (2014) e 10.984 (2015).
- **Furtos e roubos:** 9.574 (2011), 3.050 (2012), 10.552 (2013), 10.418 (2014) e 15.617 (2015).

Em 2017, foram roubadas, perdidas ou extraviadas 13.782 armas, segundo o *Anuário Brasileiro de Segurança Pública* 2018, do FBSP.

12. Indústria brasileira de armas pequenas e munições[25]

Breve histórico

A primeira indústria bélica brasileira, a Fábrica Real de Pólvora da Lagoa Rodrigo de Freitas, foi criada no Rio de Janeiro, onde hoje se situa o Jardim Botânico, em 1808, por d. João VI, ao fugir para o Brasil diante da invasão de Portugal pelas forças de Napoleão. A Guerra do Paraguai (1865-70) e a Proclamação da República (1889) viriam a gerar pressões da caserna para que se estabelecesse no país a produção de armas. A Primeira Guerra Mundial, que trouxe a impossibilidade de se continuar a importar armas da Europa e dos Estados Unidos, acentuou o debate. A chegada de muitos imigrantes trouxe os primeiros empreendedores, como Boito e Rossi, que se estabeleceram no Sul, e a CBC, em São Paulo.[26]

Companhia Brasileira de Cartuchos

A CBC foi fundada em 1926 pelos imigrantes italianos Giancola e Costabile Matarazzo com o nome de Fábrica Nacional de Cartuchos e Munições. Em 1932, forneceu munição para a Revolução Constitucionalista, em que São Paulo se rebelou contra o governo Vargas. Mudou de nome em 1936, passando a se denominar Companhia Brasileira de Cartuchos, ironicamente ao ser comprada pela norte-americana Remington Arms Company e pela inglesa Imperial Chemical Industries (ICI). Foi renacionalizada em 1980 e depois privatizada. Em 1989, 70% de suas ações passaram para as mãos do milionário gaúcho Daniel Birmann, do Grupo Arbi (os 30% restantes pertenciam à época à IMBEL, estatal).

O sócio majoritário da CBC é Bernardo Birmann, filho do mencionado empresário, que em 2005 teria sido multado pela Comissão de Valores Mobiliários em R$ 243 milhões.[27] Em 2007, a CBC adquire a alemã Metallwerke Elisenhütte Nassau e, em 2009, a tcheca Sellier & Bellot, ambas produzindo munição para as Forças Armadas e polícias de países europeus. O nome da munição da CBC no exterior é Magtech, como pudemos observar na munição brasileira exportada para o Paraguai, e que voltava como contrabando para armar o crime organizado aqui.

Taurus

A Taurus foi criada em 1939 por seis gaúchos, no Rio Grande do Sul, como uma forjaria, num contexto de eclosão da Segunda Guerra Mundial e de incentivos do governo Vargas. Começou importando maquinário da Alemanha nazista e, com o início do conflito, teve que produzir seu próprio maquinário. Na década de 1940, passou a fabricar revólveres. Em 1949, tornou-se uma Sociedade Anônima. Com o regime militar, em 1964, a Taurus foi vendida para a norte-americana Smith & Wesson. No início de 1970, a empresa incorporou a IFESTEEL, indústria inglesa de ferramentas, mudando o nome para Taurus Ferramentas Ltda. Em 1977, seu controle acionário passou à brasileira Polimetal e, em 1980, comprou a subsidiária Beretta, dando início à fabricação de pistolas semiautomáticas (minha primeira arma foi uma pistola Beretta nacional). Em 1983, a Taurus cria uma subsidiária em Miami, basicamente de montagem.

Além das falhas nas pistolas e submetralhadoras, que têm vitimado principalmente policiais, essa empresa passou por uma das piores crises financeiras de sua história. Analistas avaliam que os problemas começaram a partir de 2011, quando a companhia realizou uma reestruturação societária incorporando a holding Polimetal, que tinha dívida estimada em R$ 165 milhões à época.[28] A queda na compra de armas após a implementação do Estatuto do Desarmamento também afetou a lucratividade da empresa. Ela acabou incorporada pela CBC. A Taurus depende fortemente dos mercados civil e policial do Brasil e civil dos EUA. Somente 4,2% de suas vendas em 2011 foram para outros países, de acordo com o especialista Daniel Mack, que contradiz as afirmações da Taurus.

A empresa diz exportar 88% da sua produção.[29] Está mudando a fábrica da Flórida para a Geórgia e afirma que é a quarta marca mais vendida nos EUA. Mas o mercado considera a sua situação financeira e sua imagem críticas. Após ser comprada pela CBC, fechou duas das três fábricas, concentrando as atividades em São Leopoldo.[30] Sua dívida, dolarizada, está calculada em R$ 887 milhões e 90% dela têm como credores bancos, como o Banco do Brasil, dos EUA e da China.[31]

Com a previsão de vitória do candidato Bolsonaro, as ações Taurus valorizaram 430% em 2018, mas no início de 2019 caíram 41%, devido "à timidez do primeiro decreto presidencial facilitando a posse de armas", de acordo com os seus lobistas. Às vésperas da publicação do decreto presidencial seguinte, a Forjas Taurus anunciou a mudança do nome da companhia para Taurus Armas. O novo decreto presidencial, facilitando o porte de armas, fez as ações dessa empresa subirem de imediato 20%. Foi quem lucrou com os decretos do presidente.

Outros fabricantes

No primeiro governo Vargas (1930-1945), o Exército foi autorizado a estabelecer sua primeira fábrica de armas leves e pequenas. No governo Kubitschek (1954-1961), com certa abertura ao capital estrangeiro, instalou-se em São Paulo a italiana Beretta e também a brasileira Indústria Nacional de Armas (INA), que passou a fabricar uma variação da submetralhadora Madsen 1950 calibre .45, chamada por nós no Exército de INA, muito imprecisa e insegura. Após comprar a Beretta, a Taurus adquiriu a linha de produção de armas da Rossi, em 2005. A INA teria sido fechada pelos militares após o golpe de 1964, aparentemente devido a ressentimentos dos militares contra seu proprietário, que manteria boas relações com o governo de João Goulart.

Monopólio da CBC

Em 2014, a CBC passou a ser acionista controladora da Taurus, aproveitando-se da crise da empresa, que teria sido causada pela enorme queda nas vendas, reestruturação societária, reações à má qualidade de seus produtos e briga entre acionistas. A CBC compra então 75,7% dos papéis ordinários da Taurus por R$ 121 milhões.[32] Em 2016, adquire 89,55% dessas ações ordinárias, passando a controlar 65,80% do capital social da Taurus.[33]

O especialista Daniel Mack pergunta: "Saberá a população brasileira que um dos donos da Taurus é a Previ, fundo de pensão dos funcionários do Banco do Brasil? A Previ, que supostamente 'investe seus recursos de forma social e ambientalmente responsável', ainda detém cerca de 15% da Taurus, apesar de promessas de se desfazer das ações há anos, e quatro conselheiros na empresa."[34]

Capital estrangeiro moderniza e BNDES financia "nacionalização"

A modernização da indústria bélica brasileira se deu quando as empresas nacionais foram compradas por empresas estrangeiras. Em 1936, quando a CBC foi adquirida pela Remington e pela ICI, e em 1964, quando a Forjas Taurus foi vendida para a Smith & Wesson. Essas indústrias incorporaram então as inovações do mercado internacional. Em seguida, com financiamento de banco estatal brasileiro (nosso dinheiro), essas indústrias foram recompradas por acionistas privados brasileiros: a CBC, em 1980, e a Taurus, em 1977. Portanto, não foi a "nacionalização" que modernizou essas empresas, mas indústrias estrangeiras de ponta, antes de serem "nacionalizadas" por empresários brasileiros com recursos públicos do BNDES, através da Política de Exportação de Material de Emprego Militar (PNEMEM), iniciada em 1975.

Nesse ano, o Exército centralizou as fábricas estatais produtoras de armamento para a instituição numa única empresa, a IMBEL. Vinculada ao Ministério da Defesa, a IMBEL tem cinco fábricas, situadas em São Paulo, Minas Gerais e Rio de Janeiro, produzindo pistolas .38 e outros armamentos militares.

"Complexo industrial-militar"

A indústria de armas pequenas brasileira é parte de um amplo "complexo militar-industrial" (militares associados a empresários), que se expandiu principalmente durante o regime militar. O conceito se popularizou após ser usado e denunciado por ninguém menos que o presidente dos Estados Unidos, Dwight D. Eisenhower, ele mesmo um general, comandante dos países Aliados na Segunda Grande Guerra. Eisenhower, em seu discurso de final de mandato, em 1961, alertava o país sobre os riscos e perigos desse poder: "Temos que proteger as estruturas de governo da influência injustificada (...) do complexo militar-industrial. O potencial para a ascensão desastrosa desse poder existe e vai persistir. Nunca devemos permitir que essa combinação coloque em perigo nossas liberdades ou os processos democráticos."

É importante não generalizar. Vários conhecidos meus, oficiais do Exército, ficam indignados com colegas que se deixam cooptar pelo monopólio das indústrias de armas e munições, defendendo esses interesses sob o manto de "interesses nacionais", muitas vezes em detrimento da segurança da população e dos policiais que usam armas brasileiras com defeitos de fabricação.

"Interesses nacionais" ou negócios privados com dinheiro público?

No início dos anos 1980, com a eclosão da Guerra Iraque-Irã, as exportações de equipamento militar pesado (tanques leves e lançadores de foguetes de artilharia) ganharam impulso. Foi o período "áureo" da indústria bélica brasileira, com exportações para a guerra, financiamento do BNDES e proteção do regime militar. Com o término do conflito no Golfo Pérsico, e com a democratização (1985), os subsídios públicos diminuíram e a indústria de equipamento militar pesado entrou em declínio.

A indústria passou a se concentrar outra vez na produção de armas pequenas e leves e em munições. A Taurus abriu uma fábrica de montagem em Miami em 1983, criando a Taurus International Manufacturing Inc. (TIMI), e chegou a conquistar significativa parcela do mercado de pistolas e revólveres, segundo me contou um dirigente do Bureau of Alcohol, Tobacco, Firearms and Explosives (ATF), órgão de controle do governo dos EUA, que visitou o Viva Rio. Até seus produtos passarem a ser contestados em 2016 pela má qualidade das armas, que causaram vários acidentes com policiais norte-americanos e também provocaram muitas vítimas no Brasil.

Durante o processo de democratização, até o governo FHC, inclusive, o governo brasileiro não deu prioridade à indústria bélica, privilegiada no período da ditadura. Posteriormente é que o governo federal passou a atender grupos de interesse empresarial-militar.

Alguns amigos se preocupam com a "desnacionalização" da indústria de armas e munições. É preciso estarmos atentos para não nos deixarmos enganar por esse conceito abstrato de "interesses da pátria", que pode ser bem-intencionado, mas também encobrir interesses apenas de empresários, e seus sócios na caserna, e não do consumidor brasileiro. É só lembrarmos da Lei Nacional de Informática, de 1984, que garantia reserva de mercado de computadores sob domínio de alguns grupos de empresários e militares brasileiros, que por muitos anos nos condenou a ter aparelhos obsoletos, ruins e caros. O mesmo ocorreu com a telefonia, restritos que estávamos a telefones fixos ultrapassados em lugar de celulares.

O processo de restauração da chamada Base Industrial de Defesa (BID) veio acompanhado de pressões para que o setor industrial militar conseguisse expandir sua participação no mercado internacional de armas. Julgava-se necessário, uma vez que "a baixa demanda interna" seria insuficiente para garantir a sobrevivência da indústria bélica. Foi um retorno à política de incentivo a essa indústria, afrouxando-se o controle das exportações e tornando-as mais agressivas. Somados à falta de transparência das exportações, essa política passa a desrespeitar os compromissos internacionais do Brasil na área de direitos humanos e controle de armas, segundo estudo de David de Magalhães.[35]

Em setembro de 2011, o Poder Executivo enviou ao Congresso uma medida provisória para fortalecer e incentivar o setor de fabricação de armas. Seis meses depois, aprovou-se a Lei nº 12.598/2012, criando isenções de IPI, PIS/Pasep e Cofins em todas as compras do governo de produtos de defesa, bem como suspendendo o imposto de importação sobre matérias-primas. Os incentivos representaram uma economia de 13% a 18% no balanço dessas empresas, segundo Muggah e Thompson.[36]

Pela Lei nº 12.794, de 2 de abril de 2013, o governo concedeu à indústria de armas isenção fiscal e outros incentivos. No mesmo ano, sancionou a Lei de Conversão nº 1, que desonerou a folha de pagamentos da indústria de armas e munições, grande incentivo a esse setor. A emenda parlamentar que introduziu a desoneração foi proposta pelos deputados Sandro Mabel (PMDB/GO) e Guilherme Campos (PSD/SP), que durante as eleições receberam financiamentos da Associação Nacional da Indústria de Armas e Munições (ANIAM) para suas campanhas da ordem de R$ 160 mil e R$ 80 mil, respectivamente.[37]

De acordo com os especialistas Muggah e Thompson,

> dados obtidos por meio da Lei de Acesso à Informação revelam que, de 2008 a 2015, a Forjas Taurus recebeu R$ 53.403.381,00 em empréstimos a juros baixos do BNDES, mais do que qualquer outra empresa. Apenas em 2013, ano em que, segundo o Ministério Público Federal, a Taurus vendeu as 8 mil pistolas ao traficante de armas iemenita [em plena guerra civil no Iêmen], a corporação obteve R$ 31.928.96,00. (...) Já a CBC recebeu R$ 9.232.674,00 entre 2008 e 2014.[38]

Com tantos incentivos com dinheiro público, a Taurus foi sobrevivendo. Por lei, "empresas do setor de comércio de armas não podem ser financiadas com dinheiro público". Mas levantamento realizado por Jefferson Nascimento, da Conectas, revelou que entre 2002 e 2017, a Taurus teria recebido pelo menos R$ 60,5 milhões de financiamento do BNDES, ou de forma indireta, do Banco do Brasil e do Banco do Estado do Rio Grande do Sul. A CBC, por sua vez, teria recebido R$ 13 milhões do BNDES entre 2005 e 2010.[39]

Pequenos fabricantes

À margem do monopólio da CBC, sobrevivem algumas empresas pequenas, como a Boito, criada pelo imigrante italiano João Boito, em 1921, em Alfredo Chaves, hoje Veranópolis (RS), fabricante de espingardas de caça artesanais. Em 1955, associa-se a Elias Ruas Amantino, criando a E.R. Amantino & Cia. Ltda., que passa a produzir espingardas de caça em série. Em 1977, fundam a Microvera – Microfusão de Aços Ltda., fabricante de peças para armas esportivas e implementos agrícolas e industriais.[40]

Segundo ouvi durante um debate do qual participei em Porto Alegre, promovido pelas deputadas federais Maria do Rosário (PT) e Manuela d'Ávila (PCdoB), João Boito teria morrido vitimado pelo disparo de uma de suas espingardas, fato que não consegui confirmar. Acidentes com armas Boito têm sido noticiados na internet por seus usuários, que acusam o fabricante de não substituir as armas seriamente danificadas por seus próprios disparos.[41] A Boito afirma exportar 70% de sua produção, na maioria armas de caça.

Em 1889, o imigrante italiano Amadeo Rossi criou uma funilaria, que em 1920 passaria a produzir revólveres, armas longas e munição, em Caxias do Sul (RS), sob o nome de Amadeo Rossi S.A., com sede em São Leopoldo, chegando a empregar 1.370 funcionários. Em 2005, sua linha de revólveres foi comprada pela Taurus e, em 2008, sua produção de armas longas. A partir de 2010, a Rossi continuou a produzir essas armas apenas para exportação, e tornou-se fabricante de armas de pressão e *airsoft* para o mercado brasileiro.[42] Com a compra da Taurus pela CBC, esta abocanhou também a Rossi. Como nossa indústria de armas e munições já era bastante concentrada, além de protegida contra a concorrência (e a inovação), a situação se agravou nos últimos anos com o monopólio quase total da CBC.

Temos ainda a Companhia de Explosivos Valparaiba (granadas e morteiros) e a Mekanica/Bilbao (submetralhadora URU). No Rio de Janeiro, estabeleceu-se a fabricante Condor, que produz armas de "baixa letalidade", assim denominadas pelos europeus, mas aqui chamadas, de forma enganosa, de "armas não letais", imitando o marketing dos fabricantes norte-americanos. Como a IMBEL só produz armas e munições para as FFAA, temos hoje um virtual monopólio por parte da CBC, que cobra o que quer de nossas combalidas Secretarias de Segurança Pública, em troca de armas defeituosas.

Características da indústria

Na América Latina, o Brasil é o maior fabricante de SALW, à frente de Argentina, Chile, Venezuela, México e Colômbia. No período de 2001 a 2012, as exportações brasileiras cresceram quase 300%, chegando a US$ 293 milhões em 2012. Quanto às munições, as exportações brasileiras aumentaram 397% entre 2001 e 2011, conforme o *Small Arms Survey*. Essa produção deve ser vista à luz de sua importância econômica para o país, que tem sido exagerada, e seu grande impacto negativo na segurança de seu povo, o que normalmente é ignorado ou escondido.

Quanto à importância dessa indústria, embora a bancada da bala, ao lutar contra a aprovação do Estatuto do Desarmamento, dissesse que esse setor empregava "cerca de 40 mil brasileiros", na verdade ocupava naquele tempo (2001) apenas 6.500 funcionários. Na época, de um total de 32,5 milhões de empregos formais no Brasil, a indústria de armas leves e pequenas era responsável por apenas 0,02% deles e, quanto ao seu significado para a economia brasileira, representa irrisórios 0,048% do total da produção industrial do Brasil. A produção de "armas e munições" ocupa o 222º lugar, numa lista de 268 produtos industriais, atrás até mesmo da produção de relógios e de meias.[43]

E estamos falando de "armas e munições" em geral, não apenas de "armas leves e pequenas e suas munições", muito mais limitado. Por mais benevolentes que sejamos, se comparamos os danos provocados pelas armas brasileiras em violência e em milhares de vidas perdidas, como analisaremos em "Pesquisas sobre vitimização", com os benefícios econômicos que nos trazem, há que se admitir que são bem modestos. Pablo Dreyfus me dizia: "Se relacionamos a proliferação de armas e o morticínio que está causando no seu país, o Brasil está pagando muito caro pelo suposto sucesso de suas empresas." Ele não viveu o suficiente para assistir à desmoralização da Taurus, com suas pistolas e submetralhadoras sendo rejeitadas no exterior e pela nossa polícia "por colocar em risco a vida dos policiais". O preço que estamos pagando é realmente muito alto.

Importações e fábricas estrangeiras no Brasil

A primeira mudança na quebra do monopólio da CBC/Taurus ocorreu com a promulgação da Portaria nº 841, de 4 de setembro de 2017, que autorizou a Ruag Indústria e Comércio, empresa suíça, de abrir planta no Brasil, em Pernambuco. No entanto, parlamentares suíços protestaram devido "aos altos índices de homicídios do Brasil". Atenderam às pressões de 13 entidades civis e juristas suíços que questionaram o projeto "num país que conta com mais de 60 mil homicídios por ano". Essa oposição cresceu depois da repercussão do assassinato da vereadora Marielle Franco. Mesmo com a garantia da Ruag de que "teria uma política de tolerância zero diante da corrupção", como as ações da empresa pertencem ao Estado, ela terá que desistir dos planos por decisão do governo, que informou que "a instalação da empresa no Brasil representaria um risco para a reputação da Suíça".[44] Em seguida à Ruag, também a austríaca Glock recuou da decisão de abrir uma fábrica no Rio, "por causa da má reputação da cidade". Essa é a imagem de nosso país nos campos da ética e da segurança pública. Nossos armamentistas, que sempre citam a Suíça como "exemplo de liberalismo no uso de armas", nada comentaram.

É uma ironia que a violência em nosso país, ao invés de atrair as indústrias de armas estrangeiras a produzir aqui, as está afastando (o que não quer dizer que não tenham aumentado as vendas para o mercado brasileiro). Com receio de sujar sua imagem, associando-a a um país que bate todos os recordes de violência armada, fabricantes estrangeiros têm preferido apenas exportar armas para o faroeste brasileiro.

PARTE 5

AS VÍTIMAS DAS ARMAS

Haverá uma explosão de homicídios se a liberalização das armas passar. Vivemos uma cultura de violência, em que qualquer desavença pode se tornar motivo para matar. Imagine com uma arma de fogo disponível?

Julio Jacobo Waiselfisz, *Mapa da Violência*

13. Pesquisas sobre vitimização

Para cada vítima fatal de arma de fogo, há muitas vítimas ocultas, familiares e amigos, marcados pela dor incomensurável que sentirão durante anos e anos.
Sociólogo Gláucio Ary Dillon Soares

A morte por tiro

A violência armada é hoje a terceira causa de morte no Brasil entre pessoas de 10 a 49 anos, só atrás de doenças cardiovasculares e câncer. A pesquisadora Cecília Minayo, da ENSP/Fiocruz, cruzou os dados do Ministério da Saúde e da Rede Sarah de Hospitais, e concluiu que entre as pessoas atingidas por tiro, 83% morreram. Das que sobreviveram, 80% acabaram paraplégicas.

De acordo com o médico Rodrigo Gavina, especialista em medicina de guerra, 90% das pessoas atingidas por disparos de fuzis morrem na rua, nem sequer são levadas para a emergência. Por sua vez, o médico Manoel Moreira, diretor do Hospital de Saracuruna (RJ), explica como feridos por armas de fogo impactam o hospital: "O atendimento utiliza quase toda a urgência, porque um baleado exige a mobilização de vários especialistas ao mesmo tempo. Em um plantão noturno chegamos a receber até 14 baleados. É muito. A maioria dos feridos por fuzil morre."[1] Ainda segundo Gavina, "os ferimentos provocados por balas de fuzil formam uma cavidade temporária, como se abrisse um vácuo no corpo da vítima, sugando pólvora, pedaços de roupa e o que mais houver em volta, e depois fechasse. O risco de infeccionar vira mais um drama. Só 10% sobrevivem".[2]

Custos com segurança

De acordo com o *Atlas da Violência* 2019,[3] o custo econômico da violência no Brasil foi de 5,9% do PIB e de R$ 373 bilhões em 2016, atingindo principalmente a população jovem, em idade de trabalhar, enquanto a população idosa se expande rapidamente. E essa é uma estimativa conservadora, considerando a dificuldade de se mensurar esse tipo de gasto. Por ele, o governo gasta R$ 101 bilhões com segurança e sistema prisional, enquanto a iniciativa privada despende R$ 264 bilhões. Para se ter uma ideia desses valores, a cifra total é superior aos setores inteiros de construção (5,2%) e de agropecuária (5,3%) do país. O pior é que, mesmo havendo aumentado nos últimos doze anos em 144% os gastos com segurança, a situação só tem piorado.[4] Por quê? Porque se faz mais do mesmo e não se muda o modelo falido que adotamos. A política de confronto, e não de investigação e prevenção, da nossa polícia é o pior exemplo dessa obstinação no erro. Outro é o do sistema prisional: nunca prendemos tanto, e o crime só aumenta. Prendemos muito e prendemos mal. Em 2005 tínhamos 297 mil presidiários, e em 2016 eles já eram 729.463, segundo o FBSP 2018.

Vítimas lutam contra as armas

A morte ou ferimento grave por arma de fogo tem provocado reações diferentes. Algumas vezes, a morte de um ente querido tem levado seus familiares a clamar por vingança, ou apoiar políticas de livre porte de arma. Mas outros reagem se engajando no movimento pelo controle das armas. Mesmo algumas vítimas, que ficaram com graves sequelas, têm dado exemplo de coragem e percepção das raízes da violência, tornando-se influentes lutadoras pelo desarmamento. Foi o caso de duas jovens admiráveis, que tomo como exemplo de muitas outras vítimas, entre elas muitos policiais. Em 1998, Camila Magalhães Lima, de 12 anos, saía da escola quando foi baleada em Vila Isabel, bairro do Rio, durante uma troca de tiros entre seguranças de lojas situadas no Boulevard 28 de Setembro e bandidos. Era a primeira vez que ia à escola sozinha, e recebeu um tiro na garganta, que atingiu a coluna. Ficou tetraplégica. Mesmo muito jovem, Camila nos procurou e se disse disposta a lutar pela aprovação de uma lei mais rigorosa de controle de armas, "para que outras meninas não passem pelo que estou passando". Em sua cadeira de rodas, se engajou em todas as nossas iniciativas importantes na época: movimento das mulheres contra as armas, marchas pela mudança da lei, solidariedade a outras vítimas e, posteriormente, campanhas de desarmamento e referendo contra o comércio de armas. Vestindo a camiseta "Arma Não! Ela ou Eu!", sempre serena, mas firme, incansável, comovia a todos. Outra jovem excepcional, tornada tetraplégica devido a disparo de arma de fogo quando telefonava de uma loja, é a gaúcha Vitória Bernardes. Sempre presente em nossas cansativas peregrinações pelo Congresso em defesa do Estatuto do Desarmamento, desdobrava-se com esforço em sua cadeira de rodas, para admiração dos parlamentares. Militante ativa pelo desarmamento em Porto Alegre, pedi-lhe que falasse sobre o drama pelo qual passou:

> Aos 16 anos de idade, na tarde do dia 3.12.2001, fui utilizar o telefone público que ficava dentro de um pequeno armazém, em frente à casa da minha avó. Ouvi um disparo e caí no chão. Senti o sangue escorrer pela minha boca e, nesse instante, percebi que se tratava de um assalto. Mesmo o disparo sendo o resultado de uma reação, e não direcionado a mim, me tornei vítima de uma arma de fogo. Quem me socorreu foi minha mãe, pessoa que com sua firmeza e amor tomou todas as medidas que estavam ao seu alcance para salvar minha vida. No instante em que fui atingida, me tornei tetraplégica.
>
> Foram três meses na UTI e dois meses em um hospital de reabilitação. Em 2005, quando ocorreu o referendo sobre a proibição do comércio de armas e munição no Brasil, passei a me envolver e a defender o controle de armas. Desde então busquei, de forma organizada, ser a voz de tantas pessoas que, assim como eu, foram vítimas de arma de fogo. Em 2010 ingressei na Rede Desarma Brasil e sigo levando esse tema em espaços que ocupo. Sinto-me responsável em falar sobre o sofrimento e os danos causados por esse instrumento covarde, que destrói e marca tantas vidas em nosso país. Atualmente sou psicóloga, mãe da Lara, de 5 anos, e companheira do Márcio. Além da Rede Desarma Brasil, integro a União Brasileira de Mulheres, Coletivo Feminino Plural, Comissão de Saúde da Mulher (CMS de Porto Alegre) e participo da Comissão Intersetorial de Saúde da Mulher (CISMU/CNS).

Exemplo de pais que passam a trabalhar em favor do controle de armas ao perderem seus filhos ocorreu com a morte de Gabriela Ribeiro, de 14 anos, em tiroteio entre um policial e bandidos na entrada do metrô do Rio, em 2003.

A tragédia que se abateu sobre a família levou seus pais, Carlos Santiago e a psicóloga Cleyde Maia, a criar a ONG Gabriela Sou da Paz e desempenhar um papel importante na conscientização da população, lutando pela aprovação da nossa lei de armas e contra a impunidade.

Primeiras pesquisas

Enquanto Julio Jacobo Waiselfisz publicava seus primeiros anuários sobre vítimas de arma de fogo em nível nacional (o conhecido e respeitado *Mapa da Violência*), que veremos adiante, coube à médica Luciana Phebo, trabalhando para o Viva Rio, realizar as pesquisas iniciais sobre vítimas de arma de fogo, a partir do ponto de vista de sua profissão. Com pós-graduação no importante centro de pesquisa sobre violência armada e medicina da Johns Hopkins University, Phebo se baseou nos dados coletados pelo Ministério da Saúde, procurando responder a questões como: quem morre ou se fere por arma de fogo? Qual a sua letalidade em relação às outras armas ou métodos? Qual o impacto das lesões que provocam nas internações hospitalares? Em que circunstância a morte, ou lesão, ocorreu?

Por exemplo, soubemos que a maioria das mortes por arma de fogo era causada por homicídios; que o Rio Grande do Sul e Roraima, em que o uso de arma de fogo é muito difundido, apresentavam os maiores índices de suicídio por arma de fogo (Porto Alegre tinha quase o dobro de suicídios dessa modalidade se comparada com as demais capitais); que a probabilidade de feridos por arma de fogo morrerem é de 75% (no Rio, esse índice disparou desde então), enquanto de arma branca é de 36%. Concluiu: "Armas brancas ferem mais do que matam, armas de fogo matam mais do que ferem."

Aos que afirmavam que, se não tivesse arma de fogo, quem quisesse se suicidar iria usar outro instrumento, pesquisa do *Small Arms Survey* 2001 revelou que, nas tentativas de suicídio, 93% dos que usam arma de fogo têm sucesso, enquanto apenas 30% dos que buscam o suicídio por outros meios são bem-sucedidos. Segundo a OMS, a cada 45 minutos uma pessoa se suicida no Brasil, o que nos faz o oitavo país em número de suicídios. Situação ainda mais alarmante entre os índios brasileiros, cujos jovens se suicidam dez vezes mais do que o resto da população.

Phebo constatou que os jovens no Brasil morrem mais por arma de fogo do que por doenças, acidentes de trânsito ou outras causas externas; que o Rio já tinha 87 homens para cada 100 mulheres, devido a mortes violentas ("Vai faltar homem!", protestou a atriz Fernanda Torres); que o custo médio de uma internação hospitalar por ferimento à bala era, em 2004, de R$ 5.567,00.[5]

Por sua vez, o economista Daniel Cerqueira, do Ipea, ao longo da trajetória que o faria um dos principais pesquisadores sobre o impacto da violência das armas em nosso país, analisou os diferentes aspectos do problema. Em 2010, já havia recebido o prêmio Haralambos Simeonidis, um dos mais importantes na área econômica, por sua tese de doutorado *Causas e consequências do crime no Brasil*,[6]em que, após analisar 16 países desenvolvidos, 14 da Europa, além dos EUA e do Canadá, conclui que "quanto mais acesso a armas de fogo, maior o número de homicídios, suicídios, lesões dolosas e homicídios em residências".

Em 2012, juntamente com o economista João Manuel Pinho de Mello, publica *Menos armas, menos crimes*,[7] em que, analisando os municípios paulistas, concluem que "apresentam-se as evidências de que a política de desarmamento praticada no estado de São Paulo entre 2001 e 2007 foi um dos fatores relevantes que levaram à diminuição nos crimes violentos, em particular nos homicídios". Em 2013, novamente em parceria com João Manuel, publica estudo sobre o impacto do Estatuto do Desarmamento nos crimes com arma de fogo, *Evaluating a National Anti-Firearm Law and Estimating the Causal Effect of Guns on Crime*.[8] Nessa pesquisa, entre outras revelações, a partir de análise comparativa dos municípios brasileiros, comprovam que "um aumento de 1% na compra de armas de fogo faz a taxa de homicídios crescer até 2%", isto é, chega a duplicar o número de homicídios. Baseada em dados do IBGE, essa análise de vinte microrregiões com mais armas no país revelou uma taxa de 53,3 homicídios por arma de fogo para cada 100 mil habitantes; se comparadas às 20 microrregiões com menos armas, estas últimas revelaram ter taxa bem inferior, de apenas 7,2 para cada 100 mil habitantes.[9]

O Estatuto salvou a vida de 197.202 pessoas

Recente levantamento feito por Daniel Cerqueira, com dados do Ministério da Saúde, mostra que, após a adoção do Estatuto do Desarmamento, houve forte desaceleração na escalada de homicídios por armas de fogo no Brasil. De acordo com o cálculo, a lei evitou a morte de 197.202 cidadãos no período 2004-2016.

Em 2004 e 2005, primeiros anos da lei, o índice de assassinatos por armas de fogo caiu duas vezes consecutivas (veja Gráfico abaixo). Se fosse mantido o crescimento médio anual observado antes do Estatuto, a taxa de mortes com armas de fogo teria alcançado, em 2016, o patamar de 34,6 óbitos para cada 100 mil habitantes.

NÚMERO DE HOMICÍDIOS POR ARMA DE FOGO NO BRASIL

— Número de homicídios

— Projeto de número de homicídios considerando taxa de crescimento antes do estatuto do desarmamento

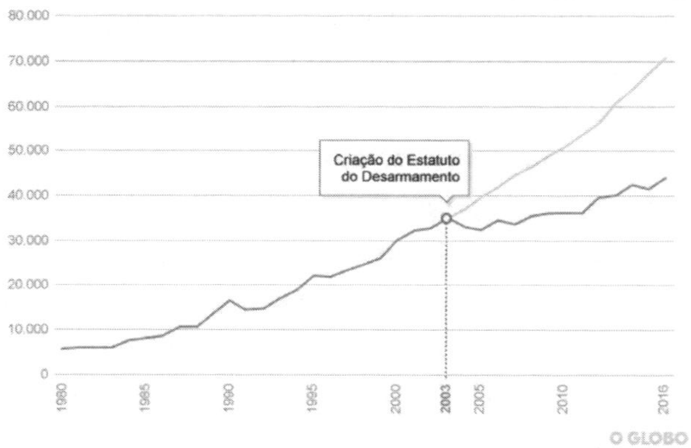

Fonte: *G1*, Editoria de arte de *O Globo*.

Em números absolutos, o país registrou 44.475 assassinatos com armas de fogo em 2016. Se o ritmo anterior à lei fosse mantido, teriam sido mais de 71 mil casos naquele ano. A entrada em vigor do Estatuto evitou quase 200 mil mortes desde 2004. Assim, a nova lei teve papel fundamental para conter o avanço no número de assassinatos, segundo o Ipea.[10]

Atlas da Violência 2019

Recorde de 65.602 assassinatos

Pesquisa nacional sobre homicídios intencionais, com dados de 2017, revela números assustadores. Teriam sido assassinadas no Brasil 65.602 pessoas, equivalente a 31,6 mortes por cada 100 mil habitantes. Dessas, 72,4% foram mortas por disparo de armas de fogo, totalizando 47.510 mortes, 7 em cada 10 mortes. A arma de fogo, portanto, é o maior instrumento de mortes violentas no país. Um recorde nos índices de homicídios dessa natureza. Quase 1 milhão (955 mil) de brasileiros perderam a vida dessa maneira entre 1980 e 2017. Foi observado que a maioria dos homicídios ocorre no país nos meses mais quentes e nos sábados e medidas preventivas que levassem esses fatores em consideração seriam benéficas. Essas são as conclusões da mais recente pesquisa, o *Atlas da Violência* 2019,[11] realizada pelo Ipea e pelo FBSP, e baseada nos dados do Sistema de Informações sobre Mortalidade (SIM), do Ministério da Saúde.

Violência nos estados

O maior número de mortes se deu no Norte e Nordeste, que contabilizaram taxa de 48,3 homicídios por 100 mil habitantes, contra a mencionada média nacional de 31,6. Entre 2007 e 2017, período estudado, essas duas regiões tiveram aumento 2,8 vezes maior do que nas outras regiões, especialmente no Rio Grande do Norte (aumento de 228,9%), no Acre (219,4%) e no Ceará (159,7%). O estado com maior taxa de mortes violentas em 2017 foi o RN (62,8 mortes por 100 mil habitantes) e com o menor índice foi São Paulo (10,3 mortes). O *Atlas* mostra que a taxa de homicídios de São Paulo deve ser observada com cautela, tendo em vista o alto índice de mortes violentas com causa indeterminada (MVCI), que pode estar ocultando óbitos não classificados como homicídios.

De fato, não se computam como homicídios os milhares de cidadãos que simplesmente são considerados "desaparecidos". Segundo Alba Zaluar: "Foram ao menos 693.076 casos em dez anos, um terço dos quais em São Paulo (242.568), que exibe a taxa mais baixa de homicídios. O segundo colocado, o Rio Grande do Sul, registrou 91.469, e o terceiro, o Rio de Janeiro, 56.365 desaparecidos."[12] Testemunhos e outras evidências sugerem que possam ser, em grande parte, execuções, seja por parte do tráfico, seja por parte da polícia, falsamente classificadas como "desaparecimentos". Em 2017, tivemos 82.684 desaparecidos, de acordo com o *12º Anuário de Segurança Pública* 2018, do FBSP.

Brasil: número de homicídios por arma de fogo por UF (2007-2017)

	Número de homicídios por arma de fogo											Variação %		
	2007	2008	2009	2010	2011	2012	2013	2014	2015	2016	2017	2007 a 2017	2012 a 2017	2016 a 2017
Brasil	34.147	35.676	36.624	36.792	36.737	40.077	40.369	42.755	41.817	44.475	47.510	39,1%	18,5%	6,8%
Acre	51	40	61	63	50	85	95	115	116	226	384	652,9%	351,8%	69,9%
Alagoas	1.552	1.596	1.560	1.721	1.913	1.737	1.860	1.806	1.476	1.546	1.526	-1,7%	-12,1%	-1,3%
Amapá	60	65	69	103	80	117	104	152	154	222	177	195,0%	51,3%	-20,3%
Amazonas	415	446	572	635	879	855	695	762	930	791	975	134,9%	14,0%	23,3%
Bahia	2.700	3.828	4.361	4.439	4.170	4.594	4.287	4.671	4.555	5.449	5.427	101,0%	18,1%	-0,4%
Ceará	1.224	1.332	1.511	2.057	2.063	3.135	3.655	3.795	3.393	2.908	4.698	283,8%	49,9%	61,6%
Distrito Federal	516	579	666	576	657	725	593	631	489	516	401	-22,3%	-44,7%	-22,3%
Espírito Santo	1.363	1.495	1.548	1.359	1.352	1.335	1.290	1.292	1.093	968	1.227	-10,0%	-8,1%	26,8%
Goiás	1.009	1.201	1.260	1.317	1.579	1.955	2.138	2.054	2.161	2.143	2.057	103,9%	5,2%	-4,0%
Maranhão	602	698	785	827	944	1.152	1.397	1.688	1.718	1.625	1.483	146,3%	28,7%	-8,7%
Mato Grosso	542	572	573	566	602	641	745	854	769	752	669	23,4%	4,4%	-11,0%
Mato Grosso do Sul	401	392	429	344	368	337	318	357	316	326	327	-18,5%	-3,0%	0,3%
Minas Gerais	2.983	2.755	2.603	2.456	3.000	3.228	3.468	3.377	3.214	3.321	3.067	2,8%	-5,0%	-7,6%
Pará	1.385	1.929	2.038	2.502	2.077	2.138	2.229	2.305	2.539	3.048	3.362	142,7%	57,2%	10,3%
Paraíba	656	750	1.019	1.208	1.379	1.224	1.258	1.253	1.264	1.060	1.054	60,7%	-13,9%	-0,6%
Paraná	2.285	2.540	2.673	2.630	2.365	2.433	2.025	2.071	1.972	2.125	1.832	-19,8%	-24,7%	-13,8%
Pernambuco	3.706	3.449	3.117	2.649	2.541	2.475	2.299	2.543	3.065	3.475	4.478	20,8%	80,9%	28,9%
Piauí	184	159	184	207	251	311	365	455	400	440	376	104,3%	20,9%	-14,5%
Rio de Janeiro	5.102	4.336	4.009	4.111	3.411	3.472	3.555	3.642	3.182	4.019	4.411	-13,5%	27,0%	9,8%
Rio Grande do Norte	438	536	620	611	788	856	1.149	1.314	1.238	1.569	1.927	340,0%	125,1%	22,8%
Rio Grande do Sul	1.661	1.801	1.645	1.496	1.531	1.737	1.714	2.055	2.282	2.507	2.591	56,0%	49,2%	3,4%
Rondônia	321	286	353	351	286	338	300	402	383	465	373	16,2%	10,4%	-19,8%
Roraima	28	29	27	29	25	32	70	47	57	72	93	232,1%	190,6%	29,2%
Santa Catarina	377	505	511	483	483	491	442	499	570	611	653	73,2%	33,0%	6,9%
São Paulo	4.150	3.891	3.851	3.469	3.262	3.848	3.440	3.541	3.097	2.720	2.518	-39,3%	-34,6%	-7,4%
Sergipe	348	368	451	452	523	648	732	898	1.108	1.259	1.106	217,8%	70,7%	-12,2%
Tocantins	88	98	128	131	158	178	146	176	276	312	318	261,4%	78,7%	1,9%

Fonte: MS/SVS/CGIAE – Sistema de Informações sobre Mortalidade – SIM.

O número de homicídios na UF de residência foi obtido pela soma das seguintes CIDs 10: X93-X95, ou seja, óbitos causados por agressão por disparo de arma de fogo. Elaboração: Diest/Ipea e FBSP.

Brasil: taxa de homicídios por arma de fogo por UF (2007-2017)

	Taxa de homicídios cometidos por arma de fogo por 100 mil habitantes											Variação %		
	2007	2008	2009	2010	2011	2012	2013	2014	2015	2016	2017	2007 a 2017	2012 a 2017	2016 a 2017
Brasil	18,0	18,8	19,1	19,3	19,1	20,7	20,1	21,1	20,5	21,6	22,9	26,9%	10,7%	6,0%
Acre	7,3	5,9	8,8	8,6	6,7	11,2	12,2	14,6	14,4	27,7	46,3	538,4%	313,2%	67,3%
Alagoas	50,3	51,0	49,4	55,2	60,9	54,9	56,3	54,4	44,2	46,0	45,2	-10,1%	-17,6%	-1,8%
Amapá	9,4	10,6	11,0	15,4	11,7	16,7	14,2	20,2	20,1	28,4	22,2	135,4%	32,5%	-21,8%
Amazonas	12,2	13,3	16,9	18,2	24,8	23,8	18,3	19,7	23,6	19,8	24,0	95,9%	0,8%	21,4%
Bahia	19,2	26,4	29,8	31,7	29,6	32,4	28,5	30,9	30,0	35,7	35,4	84,5%	9,1%	-0,8%
Ceará	14,7	15,8	17,7	24,3	24,2	36,4	41,6	42,9	38,1	32,4	52,1	254,7%	43,0%	60,5%
Distrito Federal	21,2	22,6	25,5	22,4	25,2	27,4	21,3	22,1	16,8	17,3	13,2	-37,8%	-51,8%	-23,9%
Espírito Santo	38,7	43,3	44,4	38,7	38,1	37,3	33,6	33,3	27,8	24,4	30,6	-21,1%	-18,1%	25,4%
Goiás	17,3	20,5	21,3	21,9	26,0	31,8	33,2	31,5	32,7	32,0	30,3	75,7%	-4,5%	-5,2%
Maranhão	9,6	11,1	12,3	12,6	14,2	17,2	20,6	24,6	24,9	23,4	21,2	120,5%	23,5%	-9,3%
Mato Grosso	18,6	19,3	19,1	18,6	19,6	20,6	23,4	26,5	23,5	22,7	20,0	7,4%	-2,8%	-12,1%
Mato Grosso do Sul	17,2	16,8	18,2	14,0	14,9	13,5	12,3	13,6	11,9	12,2	12,1	-29,9%	-10,4%	-0,8%
Minas Gerais	15,1	13,9	13,0	12,5	15,2	16,3	16,8	16,3	15,4	15,8	14,5	-4,0%	-10,7%	-8,2%
Pará	19,1	26,3	27,4	33,0	27,0	27,3	28,0	28,5	31,1	36,7	40,2	110,3%	47,0%	9,5%
Paraíba	18,0	20,0	27,0	32,1	36,4	32,1	32,1	31,8	31,8	26,5	26,2	45,7%	-18,4%	-1,2%
Paraná	21,7	24,0	25,0	25,2	22,5	23,0	18,4	18,7	17,7	18,9	16,2	-25,6%	-29,6%	-14,4%
Pernambuco	43,1	39,5	35,4	30,1	28,7	27,7	25,0	27,4	32,8	36,9	47,3	9,6%	70,6%	28,0%
Piauí	6,0	5,1	5,9	6,6	8,0	9,8	11,5	14,2	12,5	13,7	11,7	94,6%	18,7%	-14,7%
Rio de Janeiro	32,4	27,3	25,0	25,7	21,2	21,4	21,7	22,1	19,2	24,2	26,4	-18,6%	23,3%	9,2%
Rio Grande do Norte	14,2	17,3	19,8	19,3	24,6	26,5	34,1	38,6	36,0	45,2	54,9	286,9%	107,2%	21,7%
Rio Grande do Sul	15,0	16,6	15,1	14,0	14,3	16,1	15,4	18,3	20,3	22,2	22,9	52,6%	41,9%	3,0%
Rondônia	20,2	19,1	23,5	22,5	18,1	21,3	17,4	23,0	21,7	26,0	20,7	2,3%	-2,8%	-20,6%
Roraima	6,7	7,0	6,4	6,4	5,4	6,8	14,3	9,5	11,3	14,0	17,8	163,9%	161,1%	27,1%
Santa Catarina	6,2	8,3	8,4	7,7	7,6	7,7	6,7	7,4	8,4	8,8	9,3	49,7%	21,3%	5,5%
São Paulo	10,0	9,5	9,3	8,4	7,8	9,2	7,9	8,0	7,0	6,1	5,6	-43,9%	-39,2%	-8,1%
Sergipe	17,1	18,4	22,3	21,9	25,0	30,7	33,3	40,5	49,4	55,6	48,3	182,4%	57,5%	-13,0%
Tocantins	6,5	7,7	9,9	9,5	11,3	12,6	9,9	11,8	18,2	20,4	20,5	216,8%	63,4%	0,8%

Fonte: IBGE/Diretoria de Pesquisas. Coordenação de População e Indicadores Sociais. Gerência de Estudos e Análises da Dinâmica Demográfica e MS/SVS/CGIAE – Sistema de Informações sobre Mortalidade – SIM. O número de homicídios na UF de residência foi obtido pela soma das seguintes CIDs 10: X93-X95, ou seja, óbitos causados por agressão por disparo de arma de fogo. Elaboração: Diest/Ipea e FBSP.

Em São Paulo, "o Estatuto do Desarmamento teria servido como elemento propulsor para uma política focada no controle e retirada das armas de fogo das ruas, que já acontecia desde 1999. Nesse estado, considerando apenas os últimos dez anos, a diminuição na taxa de homicídios por armas de fogo foi a maior do país (-43,9%)".[13]

Considerando outros estados, a falta de foco no controle de armas, somada aos outros fatores que veremos, levou a grandes aumentos nas taxas de homicídios por arma de fogo, entre 2007 e 2017, como ocorreu com o Acre (+538,4%), Rio Grande do Norte (+286,9%) e Ceará (+254,7). No país como um todo, o aumento foi de 26,9% na década, ou 6,0% apenas em 2017. A pesquisa do *Atlas* 2019 dedicada aos municípios revelou que, em 2017, a violência armada cresceu principalmente nas cidades de porte médio e pequeno, caindo 4,5% nos municípios mais populosos. Dezoito das 20 cidades mais violentas estão no Norte e Nordeste, a cidade mais violenta do país se tornou Maracanaú, no Ceará, e a mais pacífica, Jaú, em São Paulo.

Causas do aumento da violência

O *Atlas* aponta como principais causas do aumento dessas mortes violentas intencionais a guerra entre as facções do crime organizado em 2017, em sua luta pelos novos mercados do Nordeste e do Norte, e pelos controles das rotas de drogas, afetando principalmente o Acre, o Amazonas e o Ceará. Outra causa seria o desenvolvimento da região, atraindo investimentos, e com ele o crime organizado, sem que se tenha melhorado a segurança pública e a desigualdade social.

Os pesquisadores consideram que esse aumento dos homicídios só não foi maior pela vigência do Estatuto do Desarmamento, que teria funcionado "como um freio", limitando o ritmo desse aumento. Comprovam demonstrando que, nos catorze anos posteriores ao Estatuto, de 2003 até 2017, o índice de mortes por arma de fogo subiu em média 0,85% ao ano, enquanto nos catorze anos anteriores à lei esse crescimento era de 5,44%, ou mais de 6 vezes maior. O Estatuto teria quebrado o vertiginoso crescimento dos homicídios por arma de fogo, mesmo tendo sofrido no período várias "flexibilizações", como aumento do número de categorias profissionais com porte de arma, concessão na prática do porte de arma para atiradores esportivos etc.

Grupos mais vulneráveis: negros, jovens, mulheres e LGBT+

Quanto às vítimas, os homens são as maiores vítimas e os maiores perpetradores de homicídios por arma de fogo. Sabe-se que 76,9% dos homicídios masculinos foram cometidos no período com a utilização de arma de fogo, e 53,8% dos homicídios contra as mulheres.

Por segmentos da sociedade, segundo a pesquisa, os grupos mais vulneráveis ao assassinato por arma de fogo têm sido os negros, os jovens, as mulheres e as minorias sexuais. Dos homicídios em 2017, 75,5% foram de negros, isto é, de cada 4 vítimas de homicídio, 3 eram negras. Entre 2007 e 2017, o número de negros mortos cresceu 10 vezes mais do que os de não negros. Os estados que tiveram maior aumento na taxa de homicídios de negros foram Rio de Grande do Norte (333%) e Acre (277%), mas foi em Alagoas que se matou o maior número de negros, em comparação com as mortes violentas de não negros: 18,3 vezes mais. Lembra o *Atlas* que mesmo sendo "Alagoas a terra de Zumbi dos Palmares, é como se negros e não negros vivessem em países diferentes".

Já as mulheres sofreram 4.936 homicídios em 2017, 13 assassinatos por dia. A morte violenta intencional das mulheres dentro do lar sofreu uma escalada (1.407 homicídios praticados dentro de casa), segundo a pesquisa, e cresceu 30,7% entre 2007 e 2017, dando-nos uma amostra do que ameaça acontecer com a liberação da posse de armas nos domicílios. A maioria desses crimes é praticada por conhecidos, geralmente o cônjuge da mulher. São números subestimados, porque a subnotificação é grande. Em 2019, apenas 18% das mulheres que disseram ter sofrido violência notificaram a polícia, segundo o FBSP. Quanto às mulheres negras, representaram 66% do total de mulheres assassinadas em 2017.

Os jovens entre 15 e 29 anos são outro alvo preferencial da violência: 35.783 jovens foram mortos em 2017, taxa de 69,9 homicídios para cada 100 mil habitantes, mais do dobro da média nacional, configurando uma "juventude perdida", segundo o *Atlas*. Do total, 94,4% eram de jovens do sexo masculino. De 2007 a 2017, esse número de mortes juvenis cresceu 38%, chegando em 2017 a representar 54,5% do total de homicídios, ainda que os jovens só correspondam a 24,6% da população.

Pela primeira vez, se tentou medir a violência contra a população LGBTI+.[14] É difícil mensurar porque os órgãos estatais não registram essa condição nos boletins de ocorrência, mantendo esse grupo "invisível". Baseada nos dados do serviço Disque 100, do Ministério da Mulher, da Família e dos Direitos Humanos, e do Ministério da Saúde, a pesquisa mostrou que houve pelo menos 193 homicídios contra esse grupo em 2017, um aumento de 127% se comparado a 2016. São crimes de ódio, motivados por preconceito e intolerância, e não por razões econômicas. A subnotificação de agressões contra esse grupo é enorme.

O *Atlas* cita o Nobel James Heckman, que demonstra "ser muito mais barato investir na primeira infância e juventude para evitar que a criança de hoje se torne o criminoso de amanhã, do que aportar recursos nas infrutíferas e dispendiosas ações de repressão bélica ao crime na ponta e encarceramento".

Mapa da Violência 2016[15]

Desde 1998, o sociólogo Julio Jacobo Waiselfisz vem publicando o cômputo das mortes por arma de fogo no Brasil, baseado nos dados do SIM, elaborados com metodologia internacional da OMS. Trabalhando primeiro para a UNESCO e ultimamente para a Faculdade Latino-Americana de Ciências Sociais (FLACSO), em 2013 Waiselfisz ganhou o Prêmio Nacional de Segurança Pública e Direitos Humanos, concedido pela Presidência da República, por sua obra dedicada ao Brasil. Seu estudo pioneiro sobre o tema, o anuário *Mapa da Violência*, tornou-se referência para os estudos de vitimização por armas de fogo em nível nacional no nosso país.

A partir de 2016, o Ipea e o FBSP também se debruçaram sobre os dados do SIM, razão por que Waiselfisz descontinuou a publicação anual de suas pesquisas. Mas não resta dúvida quanto ao pioneirismo desse argentino, radicado em Pernambuco há mais de trinta anos, a quem muito devemos no entendimento dos efeitos nefastos do uso de armas de fogo na mortalidade dos brasileiros, principalmente de nossa juventude, mulheres e negros. Aqui faço apenas algumas menções a aspectos do seu abrangente último *Mapa da Violência* 2016, uma vez que suas tabelas foram atualizadas por pesquisas mais recentes.

Conforme recorda Waiselfisz,

> (...) em 1980, as armas de fogo foram utilizadas para cometer 43,9% dos homicídios. Nessa época, a maior parte dos assassinatos era cometida pelo

> uso de força física, facas, afogamento/sufocação etc. Até 1983, o índice cai ainda mais, para 36,8%, praticamente um em cada três homicídios. A partir desse ano, começa uma íngreme escalada que vai durar até 2003, quando as armas de fogo já são responsáveis por 70,8% dos homicídios.

É quando começa a entrada da droga no país, e o crime organizado se volta para esse novo filão, crescendo em poder e influência.

Armas mataram mais que a aids

Continua Waiselfisz:

> De 1980 até 2014, morreram no Brasil 967.851 vítimas de disparo de arma de fogo. (...) São magnitudes tão absurdas e surreais que torna-se difícil dimensionar seu significado, foge a nosso entendimento e experiência. Temos, para dar um exemplo, que a AIDS matou 12.534 pessoas no ano de 2014. É um número que revela uma situação preocupante, dando origem, justificadamente, a inúmeras campanhas, programas, mecanismos de prevenção, proteção e/ou tratamento. Mas este outro flagelo, o das armas de fogo, que nesse mesmo ano matou um total de 44.861 pessoas – quase quatro vezes mais que a AIDS – pouca ou nenhuma atenção parece merecer.
>
> O Brasil, sem conflitos religiosos ou étnicos, de cor ou de raça, sem disputas territoriais ou de fronteiras, sem guerra civil ou enfrentamentos políticos, consegue a façanha de vitimar, por armas de fogo, mais cidadãos do que muitos dos conflitos armados contemporâneos. (...) Várias centenas de estudos científicos, realizados por instituições prestigiosas em diversos lugares do planeta, corroboram as conclusões do presente *Mapa da Violência*. Armas matam. Mais armas matam mais.

Redução dos homicídios

Se até 2017 houve um grande aumento nas mortes violentas no país, no primeiro trimestre deste ano teria havido uma queda de 24% no número de assassinatos, segundo o Monitor da Violência do G1 (baseado nos registros policiais de 2018, que discrepam dos dados do SIM), que pesquisa com o apoio do Núcleo de Estudos da Violência da USP (NEV/USP) e do FBSP. Nos dois primeiros meses do ano, três estados teriam tido aumento nesses índices: Roraima (+54%), Tocantins (+44%) e Amapá (+10%). Ao contrário, seis estados tiveram redução de mais de 20%: Pernambuco (-23,2%), Alagoas (-22,5%), Santa Catarina (-22,1%), Acre (-22,1%), Minas Gerais (-21,8%) e Espírito Santo (-21,2%). São dados do Monitor da Violência do G1 (baseado nos registros policiais de 2018), que pesquisa com o apoio do Núcleo de Estudos da Violência da USP (NEV/USP) e do FBSP.

Além do Estatuto do Desarmamento como fator de limitação dos homicídios, o *Atlas da Violência* aponta também o envelhecimento da população, principalmente no Sul e Sudeste, considerando-se que a violência está mais associada aos jovens. Outra hipótese pontual levantada foi a negociação entre as facções do crime organizado, principalmente no Norte e no Nordeste, dando uma trégua à guerra entre as gangues. Isso explicaria a queda da taxa de homicídios no Ceará em 57% e as quedas em Pernambuco e Rio Grande do Norte. Quanto aos estados em que os homicídios aumentaram, acrescento o descaso com as prisões, sob controle das facções, e com o controle de fronteiras, incluindo o Amazonas, com forte aumento de homicídios. Ao contrário, a integração dos órgãos federais e estaduais de segurança em São Paulo e Minas Gerais, foco nas armas e políticas preventivas, teriam resultado nas suas quedas de homicídios.

No Rio de Janeiro, o número de homicídios dolosos no estado registrou queda de 22,6% no primeiro semestre de 2019, segundo o Instituto de Segurança Pública, enquanto as mortes causadas pela polícia nos chamados "confrontos" aumentaram 14,6%, o mais elevado índice desde 2003, quando se iniciou a contagem.[16] Apesar do esforço do seu governador, Wilson Witzel, de atribuir a redução à sua política de confronto – ordem à polícia de "atirar na cabecinha de quem estiver com fuzil" –, essa redução foi comum à maioria dos estados, que tiveram em média um declínio de 23% nesses homicídios. Ao contrário do Rio, esses estados não precisaram incentivar uma política de confronto, de "atirar para matar", para reduzir os homicídios, evitando a carnificina dos chamados "autos de resistência", que são, no Rio e na maioria dos casos, assassinatos desnecessários ou de vítimas inocentes.

Para o FBSP, o fator decisivo teria sido a "política de integração entre as polícias".[17]Acho que certamente essa política, incentivada pelo então ministro da Segurança, Raul Jungmann, teve o seu impacto, mas é preciso analisar as demais políticas empreendidas em nível local por cada governador, como foi o caso de Pernambuco e Espírito Santo.

Em 2018 aconteceu também a intervenção de forças federais no Rio de Janeiro e Ceará, inibindo o crime organizado. Mas tudo indica que essa tendência de queda é temporária. Diferente seria se a redução se devesse basicamente à melhoria da polícia. Pelo contrário, as mortes causadas por policiais só têm crescido. No Rio, segundo a OAB, as mortes causadas por policiais no primeiro semestre de 2019 representaram 28,5% das mortes violentas no estado, homicídios cujo aumento ocorreu em todo o país no período.[18] O presidente Bolsonaro atribuiu ao seu governo "a redução dos assassinatos, apesar do terror espalhado por alguns sobre a iminente explosão de violência", conforme disse nas redes sociais. Difícil fazer essa relação com algum tipo de política adotada por sua administração, uma vez que seu governo começou em janeiro de 2019, não abarcado pela pesquisa. Pelo contrário, vários tipos de homicídio, como feminicídios (aumento de 76% em São Paulo no último semestre, segundo o MPSP, e no país como um todo, aumento de 2.211 em 2018 para 2.688 em 2019, segundo o G1) e mortes causadas pela polícia, só têm aumentado em 2019. A única medida preventiva tomada, e que pode ter efeito positivo esse ano, foi a transferência de chefes de facções que estavam em presídios paulistas, como Marcola e mais 21 presos, para presídios de segurança máxima em Mossoró e Porto Velho, em fevereiro passado.

Movimento "Vítimas da Taurus"

Nos últimos dez anos, centenas de policiais, e também civis, têm sido vítimas de armas da Taurus que disparam sem terem o gatilho acionado, ou que disparam rajadas, quando são armas para dar um ou dois tiros no máximo. Quantas são as vítimas não se sabe, porque, inacreditavelmente, os comandos policiais não informam o número de acidentes. Muitos morreram, número ainda maior ficou aleijado. Suas histórias dramáticas estão detalhadas no portal "Vítimas da Taurus".[19] O mais revoltante é que a Taurus alega que a culpa é dos policiais. Seus comandos, em vez de defendê-los, processa-os por "negligência". As pistolas que mais disparam são a PT 24/7, chamada pelos policiais de "24 falha 7". Mas também vitimaram policiais as pistolas PT 840, PT 838, PT 638, PT 940 e PT 100, além da carabina Famae CT-30 cal. 30, e da submetralhadora SMT40, que matou a PM de Alagoas Izabelle, de 24 anos, com uma rajada indevida de 17 tiros.

Enquanto isso, as mortes provocadas pelas armas Taurus em policiais e civis nos Estados Unidos levou essa empresa aos tribunais. "A Taurus concordou em pagar indenizações no valor de US$ 39 milhões aos proprietários de nove diferentes modelos de pistola Taurus. O processo poderá incluir até 100 mil pistolas, envolvendo outras vítimas." Ademais, "em 2015, nos EUA, quase 1 milhão de clientes fizeram acordo judicial para devolver ou trocar suas armas, entre elas, a pistola PT 24/7. O próprio site da empresa, em inglês, orienta clientes americanos a como proceder para requerer reembolso".[20] Só então algo se fez no Brasil. O Ministério Público Federal, no final de 2017, entrou com uma ação contra a Taurus, "no valor de R$ 40 milhões pelos danos causados a mais de uma vítima de armas da Taurus, exigindo que se fiscalize melhor as armas fabricadas por esta empresa, que tem apresentado frequentes defeitos de fabricação".

Por pressão dos policiais vítimas, realizou-se na Câmara Federal, em 3 de agosto de 2016, audiência pública, em que vários deles puderam relatar o horror por que passaram e a revolta por terem sido processados por suas corporações por "negligência". Defenderam a Taurus os então deputados Onyx Lorenzoni e Alberto Fraga. O então deputado Major Olímpio defendeu os policiais vítimas. Esses últimos pleitearam a criação de uma CPI para investigar o problema, e recolheu-se número suficiente de apoios de parlamentares para que ela ocorresse. Mas, por pressão da bancada da bala, a presidência da Câmara arquivou o pedido de CPI.

PARTE 6

A LUTA POR UMA NOVA LEI

A polícia deve estar bem armada, não a sociedade.
Presidente Fernando Henrique Cardoso

14. Evolução das leis de armas

As primeiras leis referentes a produção, comércio e uso de armas de fogo no Brasil se caracterizavam tão somente por proteger e incentivar a indústria nacional de armamento. Visavam resguardar apenas a segurança do Estado, e não da população, estabelecendo de forma direta ou indireta o controle por parte do Exército, seja das armas militares (o que é normal), seja das armas de uso civil (o que se tornou anacrônico).

Como é natural, as Forças Armadas sempre mantiveram o mando sobre os assuntos de guerra, como o controle sobre as armas convencionais. Mas a partir de meados do século XX, com a vitória nos campos de batalha da democracia contra os países do Eixo, nos regimes democráticos o combate à criminalidade e a segurança cidadã foram assumidos pelas forças públicas de segurança, o que incluía a fiscalização e controle das armas de uso civil. Esse é o modelo moderno, criado com a democratização, a urbanização e a gradativa expansão das áreas sobre fiscalização das forças públicas de segurança, sujeitas, como as FFAA, ao poder civil eleito. No entanto, no Brasil, como em outros países subdesenvolvidos, nessa área persistimos atados ao retrógrado "modelo guerreiro" e autoritário. O conservadorismo de nossa oligarquia governante, somado a interesses corporativos e financeiros, se manifestou. Como no passado, para nossa vergonha, fomos também o último país do Ocidente a abolir a escravidão. O resultado está aí.

Nas democracias avançadas, as armas civis estão sob a responsabilidade da polícia, por se relacionarem com o crime e não com a guerra e por exigirem investigação policial e não política de extermínio. Nesse aspecto, o sistema brasileiro se assemelha ao de vários países em desenvolvimento da África, América Latina e Caribe, em que os militares se apropriaram de funções mais compatíveis de serem exercidas por autoridades civis. A persistência do controle das armas dos civis pelos militares no Brasil é um "entulho autoritário" da época do regime militar, tornando-se ainda mais disfuncional porque não é realizado com eficiência, como é comprovado pela precária fiscalização de fábricas, transporte e lojas de armas, apontada pelas CPIs.

Esse fato é agravado pela recusa do banco de dados das FFAA, o Sigma, de repassar as informações sobre armas civis para o Sinarm, impedindo que grande quantidade de armas envolvidas em crimes sejam rastreadas. Essa resistência ilegal se arrasta desde a criação do Sinarm, em 1997, se repetindo com a regulamentação do Estatuto do Desarmamento, em 2004 (Decreto-lei nº 5.124). Um dos pontos cruciais da regulamentação da nova lei foi a concessão do prazo de seis meses para que se efetivasse a interligação dos bancos de dados do Sigma e do Sinarm, medida essencial e até hoje não cumprida pela DFPC, e que o PL 3.722 busca perpetuar.

Com respeito à persistência do controle de armas civis por parte do Exército na América Latina, as maiores exceções são o Chile e a Argentina, em que os Carabineros do Chile são um órgão policial e a autarquia Renar, hoje ANMaC, subordinada ao Ministério da Justiça e Direitos Humanos), da Argentina, é uma entidade civil. Não por acaso, esses são os países do continente, junto com o Canadá, que melhor controlam as armas dos civis.

Legislação sob ditaduras

Entre as décadas de 1930 e 1970, com apoio do Estado, o Brasil desenvolveu uma indústria competitiva de armas de fogo. Essa evolução, contudo, não foi acompanhada pela regulamentação do uso e posse de armas por civis, nem tampouco houve fortalecimento de instituições encarregadas dessa atividade. O resultado foi um longo período sem obrigatoriedade de registro. Mas o mundo era outro, e a violência urbana não era ainda um fenômeno preocupante.

A primeira norma criada foi o Decreto Presidencial nº 24.602, de 6 de julho de 1934, assinado por Getúlio Vargas em plena ditadura do Estado Novo. Tratava essencialmente da produção e do comércio internacional de armas de fogo, enquanto os registros para civis eram regulamentados por diretrizes do Ministério do Exército, mesmo que de maneira secundária. Esse regulamento previa que as autoridades estaduais deveriam providenciar o controle, que, contudo, não era obrigatório.[1]

O decreto proibia a fabricação de armas e munições de guerra por parte de empresas privadas, permitindo somente a produção de armamento de caça, sem qualquer restrição às outras armas de uso civil. Autorizações excepcionais para que empresas privadas produzissem armas e munições de guerra poderiam ser concedidas pelo governo, desde que tais empresas dessem preferência ao governo na compra de seus produtos, aceitassem a fiscalização por parte do Exército e se sujeitassem a qualquer restrição que o governo federal viesse a fazer em relação ao comércio interno e externo de seus produtos. Esse decreto foi posteriormente regulamentado pelos Decretos nº 1.246, de 11 de dezembro de 1936, nº 47.587, de 4 de janeiro de 1960, e nº 94, de 30 de outubro de 1961.[2]

O Decreto nº 24.602 foi revogado, durante uma nova ditadura, pelo Decreto nº 55.649, de 28 de janeiro de 1965, intitulado Regulamento para o Serviço de Fiscalização da Importação, Depósito e Tráfego de Produtos Controlados pelo Ministério da Guerra (SFIDT), conhecido como R-105. Mais abrangente que o título, porque também regulava a fabricação. Teve seu nome alterado pelo Decreto nº 88.113, em 21 de fevereiro de 1983, para Regulamento para a Fiscalização de Produtos Controlados. Ao contrário do decreto de Vargas, simples e curto, o R-105 era, e é, um extenso, detalhado e abrangente documento.[3]

Pelo R-105, a DFPC, subordinada ao Ministério da Defesa, e suas representações nos estados passam a ser o órgão de controle e fiscalização. À Polícia Civil foi dado colaborar com o Exército, através da autorização de posse e porte de arma para civis, não estabelecendo qualquer limite para a quantidade de produtos comprados. Sobre concessão de licença para fabricantes estrangeiros se instalarem no Brasil, o governo cobrava um prazo para a sua nacionalização. Quanto à importação de armamento por parte de empresas, era negada caso houvesse produto similar no Brasil, firmando-se a política de reserva de mercado, que começa a ser superada. Sobre o comércio doméstico, isentava de fiscalização as lojas que fossem "bastante afastadas dos centros povoados".[4]

O regime militar de 1964 se aproveitou do ocaso do estado de direito para, através do art. 222 do R-105, conceder o privilégio de os militares e policiais comprarem armas e munições, para uso privado, diretamente das fábricas e a preço de custo. Os efeitos dessa medida discricionária e discriminatória, vigente até hoje e pouco divulgada, foram avaliados pela CPI do Tráfico de Armas, que em 2006 detectou um grande número dessas armas desviadas e apreendidas no mercado clandestino. Daremos mais detalhes dessa controversa e pouco conhecida medida em "CPI da Câmara dos Deputados sobre tráfico de armas".

A primeira norma sobre a aquisição e registro de armas de fogo por civis foi a Portaria Ministerial nº 1.261, de 17 de outubro de 1980, no governo Figueiredo, que estabeleceu o limite de 6 armas de uso permitido por cidadão, podendo ser adquiridas até 3 armas por ano. O trâmite para o registro das armas comercializadas era de competência do comerciante, que atuava como um despachante junto às Secretarias de Segurança Pública (SSPs). Para adquirir uma arma, o cidadão civil tinha que ter 21 anos, profissão definida e apresentar atestados públicos de ausência de antecedentes criminais e de "conduta político-social adequada".[5] (Não esquecer que estávamos na ditadura.) As armas ficavam registradas nas Polícias Civis de cada estado. Não havia nenhuma instituição nacional responsável pela centralização desses registros. Mesmo assim, essa regulamentação foi um avanço, porque a legislação anterior previa apenas o registro como uma condição opcional.[6]

O R-105 foi reeditado em 1999 (Decreto nº 2.998) e em 20 de novembro de 2000 (Decreto nº 3.665), atualizando as armas de uso restrito (militar) e de uso permitido (civil). Praticamente não regulava o armamento civil, já normatizado pelo mencionado Decreto nº 1.261. Até o momento em que escrevo, o Ministério da Defesa estava concluindo mudanças no R-105 para "permitir a importação de revólveres, espingardas e determinados tipos de pistola, para os órgãos de segurança pública, além de medidas para informatizar o sistema".[7]

Legislação sob a democracia

Mas é no governo Fernando Henrique Cardoso que se dá mais relevância à segurança pública, e a lei deixa de apenas resguardar a segurança do Estado. O governo responde ao crescimento da violência urbana, que vinha atingindo níveis preocupantes. Inicia-se uma política de modernização e democratização ao se buscar atribuir à polícia os temas relacionados com a criminalidade.

O Sinarm, banco de dados a cargo da Polícia Federal, foi criado pela Lei nº 9.437, de 20 de fevereiro de 1997, regulamentada pelo Decreto nº 2.222, de 8 de maio de 1997. Foi o primeiro diploma legal que concentrou a competência de fiscalização de armas e munições numa instituição civil, ainda que policiais, juízes e CACs continuassem a ter seus armamentos particulares fiscalizados pelas FFAA. O Sinarm tornou inafiançável o porte ilegal de arma. Os pedidos de registro e porte de armas ainda seriam efetuados pelas Polícias Civis estaduais, porém caberia à Polícia Federal a autorização final e a implantação de um cadastro nacional para consolidar as informações sobre armas em posse da população.[8]

Todavia, os estados tinham a obrigação de atualizar essas informações periodicamente. Isso nunca foi feito de forma satisfatória: o processo de digitalização de registros locais era lento, o que dificultava a interligação ao Sinarm; várias SSPs estaduais mantinham bancos de dados com sistemas incompatíveis com o Sinarm; e a maioria das informações sobre armas de fogo registradas e apreendidas era subnotificada. Por essa razão, o número de armas registradas no Sinarm era inferior ao número de armas comunicadas.[9]

Por outro lado, continuaram sob responsabilidade do Exército, através da DFPC, os principais aspectos relacionados aos fluxos e aos estoques, tais como: a fabricação e o comércio internacional de todos os segmentos (civil e militar); as armas patrimoniais das Forças Armadas, das Polícias Militares e dos Corpos de Bombeiros dos estados, da Agência Brasileira de Inteligência e do Gabinete de Segurança Institucional da Presidência da República; e o registro e a posse de armas de fogo privadas de oficiais militares, dos membros das Polícias Militares e dos CACs. Toda essa informação fica armazenada no Sigma, criado pelo Decreto nº 5.123, dirigido pelo Exército.

Para agravar a inanição do Sinarm, as armas dos CACs, de uso civil portanto, frequentemente desviadas para a criminalidade, continuaram de forma irracional sobre controle exclusivo do Exército, registradas no Sigma, impossíveis de serem rastreadas pela PF, como mencionamos.

Em relação ao porte de armas, o novo decreto passa a exigir comprovação de "efetiva necessidade", teste de manuseio e psicológico. A DFPC passa a permitir que a PF apenas receba informações, sem as quais qualquer rastreamento é inviável, sobre armas produzidas, importadas e vendidas no país (a exportação continua absolutamente sem transparência, até hoje), acervo policial, modificações feitas nas armas e apreensão de armas, inclusive as vinculadas a procedimentos policiais e judiciais. Dessa forma, a PF começa a poder exercer, embora ainda de forma muito limitada, o combate ao tráfico de armas e à criminalidade violenta.

Mais uma vez, não podemos generalizar quando falamos do Exército. Não se trata aqui de se opor civis contra militares, porque já ouvi de mais de um oficial do Exército críticas aos comandos que dificultam o trabalho da PF, em nome de um corporativismo primário, de interesses inconfessáveis de sua associação com as empresas de fabricação e venda de armamento, e do discutível argumento de que "os militares são honestos e os policiais não são confiáveis". Nos últimos tempos, a PF tornou-se nossa melhor polícia. Bem diferente é o PL nº 3.722 querer restaurar o controle das polícias estaduais na concessão de registro de armas, como veremos.

Outra importante contribuição dessa lei do governo FHC foi a criminalização do porte de arma de fogo, antes considerado apenas uma contravenção penal.[10] A tipificação desse crime, ainda que com uma pena menor que a atual, foi um importante avanço que contribuiu para o trabalho de prevenção de crimes e apreensão de armas ilegais pelas polícias.[11]

No final dos anos 1990, dois fatores decisivos se combinaram para fazer avançar a reforma da legislação de armas. Por um lado, o recrudescimento da violência urbana no país, e, por outro, o fortalecimento da sociedade civil. Algumas ONGs, por suas conexões com a agenda internacional e por estudarem os problemas da nossa segurança pública, se convenceram da necessidade de empreender uma reforma específica do setor, em especial do controle das armas e munições.

Primeira proposta de reforma nacional da segurança pública

Em 2003, com a nomeação de Luiz Eduardo Soares para secretário nacional de Segurança, este tomou a iniciativa de formular uma proposta abrangente de reforma da política de segurança para o país, incluindo o controle de armas. Com esse objetivo, criou uma estrutura de Grupos de Trabalho (GTs) sobre as áreas de segurança consideradas prioritárias, constituídos pelos "especialistas mais reconhecidos" sobre cada tema, segundo seu critério. Os GTs tiveram como coordenadores:

Informação em Segurança Pública: Cláudio Beato
Sistema Prisional: Julita Lemgruber

Controle de Armas: Antônio Rangel, Denis Mizne e Pablo Dreyfus
Controle Externo: Fermino Fechio e Isabel Figueiredo
Perícia Criminal: Marília Motta e Domingos Tocchetto
Gestão Institucional: Adriano Proença e Heitor Caulliraux
Prevenção: Paulo Mesquita
Segurança Municipal: Miriam Guindani
Formação: José Vicente Tavares

O projeto foi financiado pela FIRJAN, coordenado por Luiz Eduardo e, na reta final, por Renato Lessa. Trabalhamos durante meses, elaborando no final o até então mais completo documento de diagnóstico e propostas de solução para os graves problemas que afetam a segurança pública, denominado Projeto de Arquitetura Institucional do Sistema Único de Segurança Pública.

Em fevereiro de 2004, o documento foi entregue ao presidente da República. No entanto, com a surpreendente demissão de Luiz Eduardo, por divergências com o ministro da Casa Civil, José Dirceu, o documento foi engavetado pelo ministro Márcio Thomaz Bastos. Demonstração de que, apesar de estar sempre entre as primeiras maiores preocupações da população, os governos federais nunca deram prioridade à segurança pública neste país, passando a batata quente para os governos estaduais. Começou a mudar com Raul Jungmann. Veremos o que acontece com o ministro Sérgio Moro.

15. Primórdios da luta no Brasil

Quem salva uma vida, salva o mundo inteiro.
Talmude, livros sagrados do judaísmo

As limitações da direita e da esquerda

Entre nós, a tradição do pensamento social, seja de esquerda ou de direita, tratava a questão do impacto do uso de armas por civis com superficialidade. A direita, com sua visão simplista, direcionada apenas ao indivíduo e não à estrutura, baseada no medo, na vingança, no racismo elitista, na convicção de que a tendência à criminalidade é "inata" (sangue ruim), preconizando pena de morte, tortura, política de pura repressão e "mano dura". Focada apenas em exemplos individuais exitosos de violência, ignoram seus efeitos devastadores para o estado de direito, para a convivência solidária, criando-se um ambiente de insegurança, individualismo, ódio e selvageria. Sem falarmos na injustiça de inocentes sendo executados, na contaminação das famílias e das relações sociais pelo uso indiscriminado da violência como método educativo e como meio de solução de conflitos. O apelo às armas é a inevitável consequência dessa perspectiva míope e antiquada.

A esquerda, no extremo oposto, se iludindo com a perspectiva "de que tudo se resolve com a revolução social", ignorando que, se a teoria marxista enfatiza as causas socioeconômicas da criminalidade, na prática do socialismo real o que se viu foi a retomada, e mesmo exacerbação, da pena de morte, da repressão e da tortura como política-padrão de segurança. Não por acaso, nos anos 1980, a nossa esquerda simplesmente não tinha uma proposta de segurança pública. Esse capítulo essencial de qualquer programa de governo era preenchido com propostas genéricas de justiça social e prevenção, ausência absoluta de alternativas sobre o que fazer com a polícia e as armas. Dizia-se que "a revolução vai criar uma polícia popular". Ora, nada mais parecido do que as polícias das ditaduras, sejam de direita, sejam de esquerda, como pude testemunhar viajando por 45 países. Mas, abandonada a ilusão "revolucionária", e impondo-se a viabilidade de um processo de reformas graduais, começamos a nos perguntar: "Como melhorar a polícia? Como reduzir a violência urbana?"

Campanhas pela paz

A ONG Viva Rio, criada em 1993 com o objetivo de reduzir a violência na cidade, de início procurou testar propostas tradicionais para diminuir a violência, enfrentando os problemas de desigualdade e exclusão através de projetos de escola para moradores das favelas, criação de empregos e programas calcados na solidariedade e na cultura de paz. Já havia a compreensão da importância do fator "armas", trazido pelas pesquisas realizadas no Instituto Superior de Estudos da Religião (ISER), vinculado ao Viva Rio, mas esse entendimento não se traduzia em um projeto específico.

As primeiras ações do Viva Rio[12] foram voltadas para a mobilização dos cariocas em defesa da paz. Em 1993, o Rio estava em choque com dois episódios impensáveis: a chacina de 21 inocentes por parte da PM, na favela de Vigário Geral, em represália ao não cumprimento de um acordo espúrio com os traficantes; e o fuzilamento de oito menores de rua, também pela polícia, em frente à Igreja da Candelária, com repercussão mundial. Em 17 de dezembro de 1993, o Viva Rio conclamou a população da cidade a parar por 2 minutos em prol da paz.

No início, a ONG se pretendia um "movimento", e essa foi a primeira de uma série de mobilizações tendo como objetivo a conscientização por uma cultura de paz. Começava a trajetória dessa ONG diferente, laboratório prático de projetos pilotos contra a violência, e não apenas entidade de pesquisas ou denúncias. Mas levaria algum tempo até que integrasse em seus projetos o entendimento de que, no cerne do problema da violência carioca, estava o descontrole das armas de fogo, tema que não constava da agenda de segurança pública no Brasil.

Primeira campanha "Rio desarme-se!"

Entre 1993 e 1994, nos Estados Unidos e na Europa, tinham início as primeiras reflexões de pesquisadores sobre o novo risco trazido pela disseminação de armas pequenas. E aqui no Brasil a primeira iniciativa alertando para o problema acontecia no Rio de Janeiro.

Conforme depoimento de Rubem César Fernandes, em outubro de 1993, mais de cinquenta traficantes puseram em pânico a favela Roquete Pinto, na Zona Norte do Rio, trocando tiros. O Exército resolveu pela primeira vez intervir, e invadiu a favela. A ocupação militar, que se estenderia a outras favelas, iria durar onze meses, e se chamou Operação Rio. O Viva Rio seria criado dois meses depois de iniciada a intervenção militar.

No início de 1994, em conversa na igreja presbiteriana Betânia, em Niterói, Rubem César e o pastor Caio Fábio concluíram que era preciso apontar para algo mais democrático e mais eficaz que a pura repressão para reduzir a violência. A questão da proliferação descontrolada de armas já tinha sido apontada como relevante no diagnóstico da violência urbana carioca, em pesquisa realizada por Luiz Eduardo Soares no ISER. Por isso, resolveram convocar os fiéis da igreja, mobilizados pelo movimento "Visão Nacional de Evangelização", para subir as favelas do Rio, conclamando seus moradores a se desfazerem voluntariamente de suas armas. Ingenuidade em relação aos bandidos, mas com os moradores funcionou.

Começaram pelo morro Dona Marta, em Botafogo, distribuindo panfletos e adesivos explicativos, apelando para uma aproximação entre a comunidade e a polícia, num novo tipo de política: o policiamento comunitário. Esse modelo estava tendo êxito em cidades violentas, como Chicago e Washington, através da parceria entre os moradores e os policiais. O cineasta Eduardo Coutinho subiu a favela junto, filmando as ações para um futuro documentário. A mídia deu cobertura às ações e, orientada pelo Viva Rio, a PM deu início a uma experiência de policiamento comunitário em Copacabana.

A favela se mostrou aberta ao apelo dessa primeira campanha de desarmamento voluntário, feita sob o lema "Rio desarme-se!". Havia um forte componente religioso nesse início, com um apelo ao "desarmamento dos espíritos" para se enfrentar a violência das armas. Ao final, o carro do advogado do Viva Rio Ernan Andrada estava abarrotado de armas, segundo seu depoimento. O que fazer com elas? Não existia na época nenhuma norma prevista. Pelo contrário, pela lei vigente estava se cometendo uma infração. Ernan, achando imprudente levá-las para o Viva Rio, resolveu guardar as armas em casa. Tempos depois, sua residência foi assaltada, e por sorte não encontraram as armas. Com o susto, decidiu levá-las para Angra dos Reis, onde tinha barco. Numa bela manhã, navegou pelo mar de Angra, literalmente "desovando" arma por arma naquele mar de paraíso. Como vimos em "Destruição de armas e munições", um método precário, porque as armas podem ser achadas antes que oxidem. Método a ser utilizado como último recurso, o que era o caso. Foi dessa forma improvisada, mas corajosa, que o desarmamento voluntário, como proposta de política pública de redução da violência armada, foi inaugurado, não só no Brasil, mas na América do Sul.[13]

Como se chegou ao foco nas armas

Diante da impotência para enfrentar com eficácia a violência, que escalava, começaram a ficar claro dois problemas e suas soluções, que não estavam sendo pensados pelas autoridades públicas no Brasil. Primeiro, que não dava para baixar a violência urbana e a criminalidade com uma polícia treinada na ditadura, truculenta, corrupta e despreparada para atuar na democracia e na modernidade. Era preciso reformar essa polícia.

O segundo vislumbre foi considerar que no centro da violência armada estava um componente nunca levado em conta, sempre tomado como aspecto meramente técnico e secundário: a falta de controle sobre as armas de fogo. Sempre víramos a arma de fogo pelo aspecto positivo, considerada um instrumento de autodefesa, de caça ou tiro esportivo, ou de luta contra a tirania e de libertação nacional. Não nos ocorria que a arma pode se voltar contra nós e nossa família, ou que tantas mortes no Brasil, ao contrário de outros países em que a violência urbana via de regra não é letal, se devia ao descontrole dessas armas. A presença da arma nos cenários cotidianos de violência, diferentemente de outras nações com baixa mortalidade criminal, parecia fazer toda a diferença: a ocorrência de homicídios como desfecho de meros conflitos banais. Esse era o ponto.

Sobre aquele período inicial, Luiz Eduardo Soares relembra:

> Em 1992, o ISER criou um Núcleo de Pesquisa, e eu passei a coordenar um estudo sobre Violência e Criminalidade. Ao levantarmos os dados sobre o Rio, constatamos que o problema maior não eram os menores de

> rua, como agências europeias de cooperação acreditavam, mas o tráfico de drogas e de armas. Separando um problema do outro, concluímos que era necessário controlar as armas. Assim, em 1993, quando foi criado o Viva Rio, a questão das armas já estava na nossa agenda. Em 1994, o Viva Rio encaminhou para todos os candidatos a presidente da República propostas que salientavam a questão. Iríamos fazer isso também nas eleições de 2002, mas aí você já participava, e não preciso contar.[14]

Hoje, para muitos, parece óbvia essa perspectiva de análise, mas na época ninguém via. O Viva Rio resolveu abrir duas novas frentes de trabalho: reforma da polícia e controle das armas de fogo. Com o objetivo de propor soluções para a polícia, convidou duas competentes profissionais: Haydée Caruso e Luciane Patrício. Ambas haviam sido alunas de Roberto Kant de Lima, com seu curso de pós-graduação precursor nos estudos de segurança pública, na UFF. Para encarar a questão do descontrole das armas, me convidaram, como veremos adiante.

Criticando o modelo de "guerra ao crime", transposição simplista da perspectiva militar para o trabalho da polícia, o Viva Rio julgava mais procedente utilizar-se o modelo da saúde pública, porque ele enfatiza políticas preventivas (e se tratava de prevenir o crime, e não apenas de combatê-lo depois de praticado) e porque a violência urbana tinha atingido nível de epidemia (que exige convencimento das pessoas para enfrentá-la). Essa visão inovadora ganhava força no pequeno círculo acadêmico, e de especialistas em construção da paz, que na América do Norte e Europa debruçava-se sobre o recente tema da violência urbana. Rubem César, que viajava muito na órbita do Conselho Mundial de Igrejas, de Genebra, instituição que se preocupava com o tema da violência, estava conectado com os avanços na área e sugeria o novo enfoque: "A arma em si não é a única causa dessa violência, mas ela funciona como 'transmissor', como o mosquito no caso das epidemias, sendo o principal 'vetor' da violência, e portanto tem que ser controlada."

MovPaz e Instituto Sou da Paz

Se no Rio a violência armada e a brutalidade policial assumiam proporção assustadora, talvez por isso mesmo favorecendo sua primeira percepção, em outros estados esses problemas também cresciam. A sociedade civil foi a primeira a detectar o novo fenômeno urbano, e a reagir.

Em Feira de Santana, Bahia, surgiu em 1992 o MovPaz, Movimento Internacional pela Paz e Não Violência, realizando uma caminhada. De acordo com o depoimento de seu coordenador, Clóvis Nunes, o MovPaz se inspirou na não violência de Gandhi, e foi uma resposta ao crescimento da violência em Feira. Com o tempo, se estenderia a 23 cidades de 10 estados brasileiros.

As caminhadas prosseguiram nos anos seguintes, com cada vez mais gente e embaladas por trio elétrico, tendo a participação de Gilberto Gil, Elba Ramalho, Geraldo Azevedo, Dominguinhos, Belchior e outros. Em 1998, o MovPaz conseguiria a autorização do então ministro da Justiça, Renan Calheiros, para realizar uma coleta voluntária de armas, atividade que se iniciou numa barraca do 35º Batalhão de Infantaria do Exército, armada em frente à prefeitura, com as faixas "Exército, braço forte e mão amiga" e "Entregue sua arma e siga em paz". Nos anos seguintes, a parceria seria feita com a polícia, e um posto de recolhimento de armas passou a funcionar dentro de uma unidade da PM.

No futuro, um dos membros mais atuantes do MovPaz, Almir Laureano, iria se tornar divulgador do projeto RePacificar, criado por Akira Ninomiya, de Goiânia, cujo objetivo é trabalhar por uma cultura de paz, resolução pacífica de conflitos e desarmamento voluntário, na área da educação. Em 2018, trouxeram o neto do Mahatma Gandhi, que visitou Goiás, São Paulo e Paraíba. Em 2019, juntaram-se à "luta contra o porte de armas e pela vida".

Em 1997, alunos da Faculdade de Direito da USP lançaram a "Campanha dos Estudantes pelo Desarmamento – Sou da Paz", apoiada por OAB, UNE, UBES, Ilanud, Comissão Justiça e Paz, além de jornalistas, políticos e artistas da cidade. Em 10 de novembro daquele ano, Dia Internacional dos Direitos Humanos, 1.721 armas, recolhidas durante apenas 12 dias, foram destruídas na praça da Sé. As iniciativas eram coordenadas pelo presidente do centro acadêmico da Faculdade de Direito, Denis Mizne. Em janeiro de 1999, Denis iria fundar o Instituto Sou da Paz. Lançou um vídeo pelo desarmamento, em que o gesto da pomba da paz era feito por diferentes artistas e celebridades. O Sou da Paz passaria a ter papel de relevo na luta pela mudança da lei de armas e em sua defesa, e hoje se constitui num dos principais centros de pesquisas sobre o tema, coordenado por Bruno Langeani. A ONG é atualmente dirigida por Ivan Marques, e o advogado Felippe Angeli defende o Estatuto do Desarmamento junto ao Congresso.

De instrutor de armamento a crítico do porte de arma

Quem investigasse a antiga relação que eu tinha com as armas de fogo não poderia supor minha posterior dedicação à luta por seu controle. Afinal, eu havia sido um menino típico do Brasil dos anos 1950, assistindo a faroeste no cinema e lendo HQ do gênero. Na adolescência, praticava tiro com meus colegas do Liceu Nilo Peçanha Marco Antônio Beltrão e Manuel Sanches, no estande do Horto de Niterói. Tinha acesso a vários tipos de arma porque meu pai era subgerente da Mesbla, grande vendedora, e o controle sobre armas na época era quase nenhum, como lembrou com saudade o presidente Jair Bolsonaro durante a campanha presidencial.

Essa experiência foi reforçada pelo serviço militar, onde me alistei como voluntário, não conformado de ter sido dispensado por "excesso de contingente". O oficial que me alistou não acreditava: "Todos os universitários fogem, e você é voluntário?" Após o curso de Infantaria no CPOR-RJ, aceitei o convite para estagiar como suboficial na tropa. Bom aluno, enviaram-me para trabalhar na então unidade-padrão do Exército, o Regimento Escola de Infantaria, o respeitado REsI, que não existe mais. Na época, era considerada a unidade mais caxias do Exército, onde se encontravam os armamentos mais modernos, servindo como laboratório para testar as novidades tecnológicas.

Dentre as minhas funções de suboficial no quartel da Vila Militar, estava a de dar capacitação de armamento para a tropa, atividade que exerci com empenho. Desenvolvia todas as minhas tarefas com dedicação, o que me valeu nota máxima na conclusão do estágio, quando fui promovido a segundo-tenente. Junto com outros colegas que foram bem avaliados, fomos convidados a ingressar no quadro profissional do Exército, passando de reservistas para oficiais da ativa. Cursando a faculdade, agradeci e segui minha vida de civil. Relembro essa fase da minha formação mais para informação dos praticantes de tiro ao alvo e brincadeiras infantis de *airsoft*, e que nos debates me acusam de nada entender de armas, por ser sociólogo. Critico o mau uso de armas com conhecimento de causa.

Bem, esse era o meu background no tema da segurança pública, mas nada voltado para o foco das armas. O cerne do problema, a relação entre a proliferação de armas e os altos índices de homicídios, me escapava.

Exílio e "efeito de distanciamento"

Meus primeiros estudos, sem que eu premeditasse, foram sobre violência e sobre formação das mentalidades, o que acabaria por me preparar para, no futuro, melhor entender a cultura de "glorificação das armas".

Quando vivia no Chile, acompanhei com interesse e preocupação a guerra ideológica empreendida pela direita, com apoio e financiamento da CIA (comprovados por CPI do Congresso norte-americano, presidida pelo senador Frank Church, para quem dei meu depoimento em Washington), com o objetivo de desestabilizar o governo de Salvador Allende. Esse grande estadista foi eleito democraticamente, e tentava construir um "socialismo democrático", que tinha mais a ver com a social-democracia europeia do que com o modelo socialista. Uma vez em outro exílio, ao escapar do golpe, dessa vez morando no Canadá, analisei essa guerra de propaganda em *The Ideological Struggle in Chile: the Middle Class and the Military*,[15] que sepultaria por uma década o desenvolvimento pela via democrática, sedimentando o caminho para a noite autoritária que se abateria sobre a América Latina.

Em seguida, defendi tese de mestrado, na York University, sobre a Revolução dos Cravos, buscando compreender um novo tipo de golpe militar, dessa vez de esquerda, que derrocou as cinco décadas de regime salazarista em Portugal, também com foco extensivo à batalha das ideias.[16] No meu curso de doutorado em Boston, tive como orientador o austro-inglês Ralph Miliband, autor da influente obra *O Estado na sociedade capitalista*,[17] teórico do Partido Trabalhista Britânico, e cujos dois filhos se tornariam ministros do Reino Unido. Miliband me estimulou a aprofundar-me na análise do fenômeno da "ideologia", ele próprio um de seus grandes estudiosos.

Com a democratização, ao regressar ao Brasil, após oito anos de exílio, e assumir a cadeira de Ciências Políticas da PUC-RJ, comecei a me interessar pelo tema da segurança pública, e formei um grupo de trabalho sobre o assunto. O que me motivou foi a preocupação com a violência urbana que estava crescendo muito no Rio, com a truculência e corrupção da polícia herdada do regime militar e o aumento dos homicídios, em meados dos anos 1980, com a organização do narcotráfico. Um espanto para quem tinha vivido no Chile, Canadá, Portugal e EUA e um contraste com a memória que eu guardava do Rio tranquilo dos anos 1960.

Comecei a estudar o tema e a falar para a mídia, chamando a atenção para o problema, em programas de TV sensacionalistas, que eram os que me convidavam e tinham audiência. Aí enfrentava jornalistas e advogados que exploravam demagogicamente a violência, aplaudindo policiais violentos, como no programa "O Povo na TV", debatendo com o jornalista Wagner Montes e o advogado Roberto Jefferson. Havia por trás uma jogada malsã: os policiais davam os furos de reportagem sobre crime para esses programas, e em troca os programas exaltavam esses policiais como heróis. Aliás, um tema que deveria ser alvo de análise e crítica mais profundas é o grande mal que esses programas sensacionalistas fazem na TV, e principalmente nas rádios, insuflando o ódio, incutindo a intolerância, o medo, falsas soluções que sempre evocam pseudossaídas via "extermínio", nunca alternativas democráticas. Uma forma baixa de gerar audiência e que fomenta a cultura da violência e do preconceito, dificultando o entendimento racional do problema.

Novo desafio: mudar a lei para controlar as armas

No fim dos anos 1990, eu era membro do Conselho da Presidência da República no Rio de Janeiro, escritório criado pelo presidente Fernando Henrique Cardoso para elaborar, acompanhar e agilizar projetos do governo federal no Rio. O conselho era presidido por Raphael de Almeida Magalhães. Mas eu não estava satisfeito porque o conselho podia pouco, na medida em que "ameaçava" o poder do governador Marcello Alencar. Pensava em voltar a dar aulas quando, em 1999, no restaurante Casa da Suíça, encontrei-me com Rubem César. Ele era um velho amigo, do tempo em que estudamos no mesmo colégio público, o Liceu Nilo Peçanha, época em que havia um ensino de excelência. Na então Faculdade Nacional de Filosofia, continuamos a conviver a distância, ele cursando história e eu, sociologia e política. Foi no exílio que convivemos mais. Escapando de forma cinematográfica de um golpe apoiado pelos russos na Polônia, comprando a benevolência de um funcionário do trem em que fugiu oferecendo-lhe uma garrafa de vodca, Rubem foi fazer doutorado em antropologia na Columbia

University, em Nova York. Visitou-me em Toronto, convivência que prosseguiu nas minhas viagens a Manhattan. De volta ao Brasil, cada um tomou seu rumo, mas nos observávamos, e eu admirava o trabalho dele à frente do Viva Rio. Por isso, quando em 1999 me viu no restaurante, disse à queima-roupa que eu era o homem certo para uma importante iniciativa que o Viva Rio queria tomar: mudar a legislação de controle de armas do país. Como eu participava de um almoço formal, não deu para ele explicar mais. Marcamos um encontro.

Tempos depois, tomando caipirinha na pérgula de um hotel de Copacabana, se explicou o convite. O Viva Rio queria lutar por uma legislação que controlasse as armas no país, convencido de que essa era uma das pedras angulares de qualquer política séria de contenção dos homicídios, que nessa altura explodia. Segundo Rubem, em um encontro posterior e mais tranquilo, eu não só era um sociólogo que pesquisava reformas na segurança pública, como havia operado no Congresso Nacional, na condição de chefe de gabinete do Ministério da Assistência e Previdência Social (1986-1987), trabalhando com o ministro Raphael de Almeida Magalhães. Portanto, tinha adquirido experiência legislativa e convivido com os parlamentares, o que, segundo Rubem, me dava o perfil ideal para coordenar a luta por uma nova lei de armas no Congresso.

Entre a primeira abordagem no restaurante e essa conversa decisiva, debruçara-me introdutoriamente sobre a questão dos homicídios por arma de fogo, em nível internacional e no Brasil. Apesar da escassez de dados sobre o nosso país naquela época, os indicadores já nos apontavam como um dos mais violentos do mundo. Cheguei com facilidade a uma conclusão simples: se dava importância ao meu trabalho de educador, o que não dizer de contribuir para a redução do genocídio que estávamos vivendo, principalmente de jovens, eliminados sem que pudessem ser beneficiados por educação, saúde e emprego? Deu-me um sentido de urgência, de angústia, como aquele manifestado pelo Betinho, companheiro de exílio no Chile e no Canadá, quando me disse emocionado tempos depois, ele que antes era avesso ao mero assistencialismo: "As pessoas estão morrendo de fome, não dá pra esperar."

Rubem esperou que finalizássemos a segunda caipirinha, e aí formalizou o convite para que eu colaborasse com o Viva Rio. Meio tonto, aceitei, mais uma vez mudando a minha trajetória profissional, e sem saber que o novo desafio iria consumir os próximos vinte anos da minha vida.

16. Pesquisas pioneiras

A conquista da opinião pública

Trabalhando voluntariamente para o Viva Rio, antes de ser contratado como consultor, logo constatei que a indústria de armas e munições no Brasil sempre investiu muito no financiamento de campanhas eleitorais, de forma a eleger parlamentares que barrassem qualquer medida que contrariasse seus interesses. Situação que parece imoral, mas é assim que funciona. Diante do escasso apoio no Congresso à proposta de revisão da lei de armas, concluímos que ele só se abriria para a mudança se pressionado pelo eleitorado (a pressão social é componente importante do regime democrático). Lembrei-me de um texto de sociologia do poder de Fernando Henrique Cardoso, que li quando fazia pós-graduação. Revelando a vocação política que se manifestaria no futuro, aconselhava que se fizesse "um movimento de pinça" para sensibilizar um Parlamento que resistisse à vontade popular, em cima pressionando o Parlamento, mas pressionando também embaixo, através da mobilização do eleitorado. Com a porta emperrada do Congresso, decidimos trabalhar a sociedade. Mas como conscientizar para conseguir a mobilização social que poderia sensibilizar o Congresso? Para convencer a sociedade da importância de se mudar a lei de armas, tínhamos que convencê-la com argumentos verdadeiros, com o conhecimento da realidade, com fatos que desmentissem os preconceitos vigentes.

Pesquisa no depósito de armas: revolução no conhecimento

Às leituras, acrescentei muitas viagens para conhecer o problema *in loco* em outros países, facilitado pelas inúmeras conferências e seminários sobre controle de armas que então se sucediam, a partir da existência da IANSA, que articulava intensa troca de informações. Dados de pesquisas sérias e de outros governos eram essenciais para informar a opinião pública brasileira e desmentir as *fake news* do lobby.

Os dados de outros países eram importantes, porque apontavam saídas e demonstravam como resolver os problemas. Controle de armas não era um delírio pacifista, mas uma política viável. Sua implementação competente fazia desmoronarem os índices de mortes por arma de fogo. Mas diante do argumento "o Brasil não é a Europa, não tem jeito", faltava-nos o essencial: pesquisas sobre o Brasil. Não havia. Nossa política de segurança pública não se baseava, e em grande medida continua assim, em conhecimento científico da realidade, em pesquisa.

Por sorte, na mesma época em que necessitávamos de informações confiáveis, foi eleito no Rio um governador, Anthony Garotinho, que deveu sua eleição em grande parte à sua proposta de redução da violência no estado, tema que galvanizou o pleito de 1999. Teve aí um papel decisivo o sociólogo Luiz Eduardo Soares, que escreveu o programa de segurança pública do candidato, assumindo a Subsecretaria dessa área no novo governo. Em consequência, foi aberto pela primeira vez um grande depósito de armas do governo para análise por especialistas. Difícil de acreditar, mas foi um fato inédito na América Latina.

Tínhamos agora a oportunidade única de investigar um enorme acervo com 795.725 informações sobre armas de fogo (224.584 armas apreendidas na ilegalidade entre 1950 e 2001, 550.575 armas legalmente registradas e 20 mil armas patrimoniais, das corporações policiais), além de cerca de 6 milhões de munições, existentes no DFAE da Polícia Civil do Rio. Como foi isso? Vou detalhar porque esse fato iria mudar radicalmente os estudos sobre armas no Brasil e em nível internacional.

No ISER, o sociólogo Ignácio Cano, que hoje dirige o Laboratório de Análise da Violência da UERJ, coordenou esse trabalho pioneiro. Espanhol, ele havia trabalhado em El Salvador, país mergulhado em extrema violência urbana, e já vinha estudando esse novo fenômeno. No Brasil, no final dos anos 1990, deu prosseguimento aos primeiros estudos de Luiz Eduardo e Leandro Piquet Carneiro no ISER sobre violência, e começou as análises sobre armas, coordenando a pesquisa no DFAE. O tema armas era desconhecido, não só por não estar na agenda, mas também porque as informações acumuladas pelos órgãos públicos policiais e militares, nunca analisadas, eram mantidas a sete chaves, principalmente para protegê-las de "civis intrusos", como éramos vistos então. À resistência por parte dos policiais que desviavam armas do depósito para o crime organizado se somava o preconceito contra os civis, em se tratando de armas. Preconceito que encobria e justificava a omissão, exemplo de que, quando o Estado não funciona, pode não ser mera incompetência, mas interesses ocultos que não querem que funcione.

Aliás, esse é um dos maiores obstáculos para o conhecimento do circuito das armas (produção, transporte, comércio, uso, estoque, desvio, apreensão ou entrega e destruição): em geral, aqueles que detêm essas informações, sejam a polícia, os militares ou os fabricantes e comerciantes, tendem a não querer que especialistas civis tenham acesso aos dados. Os primeiros, por preconceito, por considerarem que "arma é um assunto militar", embora se trate de criminalidade; os últimos, por temerem que eventuais negócios escusos de venda ilegal para o crime ou para ditaduras sejam revelados.

O primeiro passo foi dado por Ignácio e sua equipe, com a colaboração de alguns agentes da Polícia Civil, quando em 1999 analisou 19.626 armas do depósito do DFAE apreendidas entre 1996 e 1999. Constatou-se pela primeira vez que "78% dessas armas apreendidas na ilegalidade eram revólveres e pistolas e que três em cada quatro armas eram de fabricação nacional e não estrangeira", como até então se acreditava. Revelou-se também que, "nos casos em que se dispunha de informação, pelo menos um terço das vítimas de armas de fogo conhecia o agressor", desmentindo a percepção corrente de que "o maior perigo são os assaltantes desconhecidos".[18]

Com a saída de Ignácio do ISER, em 2001, o argentino Pablo Dreyfus assumiu a coordenação dessa área de pesquisa, agora pelo Viva Rio. A nova equipe, integrada pelo estatístico Marcelo Nascimento e pelo economista Júlio César Purcena, processou a digitalização e informatização do armamento estocado no DFAE. Assim, de 1999 a 2001, construiu-se um banco de dados com informações de quase 800 mil armas. Foi uma fonte de informação fundamental para as campanhas que se sucederam pelo controle de arma de fogo no país.

Com a colaboração da Inteligência da SSP/RJ, analisou-se o número de série das armas apreendidas, e a partir daí fez-se o primeiro rastreamento massivo de armas realizado no mundo. Rastreamentos eram até então realizados, por exemplo, pela Interpol e pelo ATF, mas só de armas isoladas. Eram muito limitados, não investigavam conjuntos de milhares de armas, como começamos a fazer, o que permitiria ir atrás das fontes de abastecimento do mercado ilícito, não nos restringindo a meros desvios isolados de armas.

O depósito do DFAE era uma bagunça, com armas e munições espalhadas pelo chão, intencionalmente, como depois seria comprovado, para facilitar seu desvio e impedir sua análise criteriosa. Com isso, provocamos uma revolução no conhecimento que se tinha do universo das armas no país, superando em muito nossas suspeitas. Armas que vinham desde o Brasil Colônia, uma enorme amostragem, que nos permitia realizar pesquisa pioneira, grande e com extenso período de tempo, e portanto extremamente representativa da realidade das armas no Rio. Por extensão, retrato muito próximo da situação em todo o país, como se comprovaria.

Ao se construir o perfil de 223.584 armas apreendidas, confirmou-se a tendência encontrada antes por Ignácio Cano numa amostragem menor. Provocamos uma reviravolta no conhecimento das armas no Brasil. Até então, o senso comum, como já vimos, informado por aqueles que sempre quiseram dissimular a realidade, acreditava que a maioria das armas ilegais em circulação era proveniente do exterior. Mas a pesquisa revelava que, pelo menos, 76,59% desse armamento apreendido no Rio na ilegalidade era brasileiro. Isto é, sem pesquisa, nossas forças policiais e o Exército trabalhavam na base da convicção de que "o problema eram as fronteiras", e nada faziam para controlar os desvios na produção, no comércio interno e no uso de armas e munições. A análise comprovou também que 80% das armas ilegais eram revólveres e pistolas, e não longas e de grosso calibre, derrubando outro mito. A partir dessa pesquisa, o Viva Rio passou a ser respeitado pelo pessoal sério da polícia e das Forças Armadas. Demonstrávamos a importância de se fazer pesquisa, de as autoridades públicas contarem com especialistas civis ligados à academia, como sucede nos países desenvolvidos e democráticos.

Tráfico de armas: um problema internacional

Cedo percebemos que enfrentar a proliferação de armas no Rio de Janeiro transcendia não só o município, mas o estado e o próprio país. As armas e munições que armavam a bandidagem, ou que eram vendidas ilegalmente para a sociedade, não eram fabricadas aqui, mas no Rio Grande do Sul, em São

Paulo e em outros países. Perguntávamo-nos: como proteger o Rio do tráfico de armas, com os desafios inerentes a qualquer contrabando, agravados por uma polícia ineficiente e com setores cúmplices do narcotráfico? Como entender o problema sem investigar o mercado nacional, regional e internacional?

Nesse contexto, em 12 de junho de 2000 foi sequestrado um ônibus no Rio de Janeiro, o que acabaria por ter muitas consequências.[19] Um ex-menino de rua, Sandro do Nascimento, sobrevivente do massacre da Candelária acontecido sete anos antes, fugindo de uma perseguição policial em Laranjeiras, se apossou de um ônibus. Armado, se recusava a se entregar, ameaçando os passageiros. Numa desastrada operação, segundo a mídia, coordenada por telefone pelo próprio governador, um policial tentou balear o delinquente e acabou matando a refém. Dominado, o sequestrador foi levado por uma Patamo da PM e, dentro do carro, segundo denúncia, foi estrangulado por um policial (que acabou absolvido). Uma sequência de atos exemplares de como uma polícia não pode – nem deve – atuar. O sequestro, televisionado ao vivo durante horas, provocou enorme impacto na opinião pública. Como reação ao violento desfecho, o Viva Rio organizou a campanha "Basta! Eu quero Paz!", em parceria com outras entidades. Foi uma campanha nacional, que mobilizou 14 capitais, como resposta a esse caso que chocou o país. Em sinal de protesto, as pessoas foram convocadas a acender uma vela e colocá-la na janela às 19 horas do dia 7 de julho de 2000. Esse gesto singelo alastrou-se. Em agosto, o Viva Rio levou quatro propostas ao presidente Fernando Henrique: reforma da polícia, controle de armas, investimentos sociais contra a pobreza e democratização da justiça. O presidente ouviu com atenção detalhes sobre o problema da proliferação de armas e resolveu agir.

Missão ao Paraguai

O presidente FHC decidiu nomear uma "missão especial" de alto nível para negociar com o governo paraguaio o problema do contrabando de armas em nossa fronteira. Coordenada pelo chefe da Casa Civil, Pedro Parente, a missão foi integrada pelo jurista e futuro ministro da Justiça Miguel Reale Júnior, pelo ex-deputado Euclides Scalco (MDB/PR), presidente da hidrelétrica Itaipu Binacional, por Rubem César, diretor do Viva Rio, Denis Mizne, diretor do Instituto Sou da Paz, Pablo Dreyfus, convidado a participar devido ao seu conhecimento da região, embora formalmente ainda não trabalhasse para nós, e por mim.

A missão foi um êxito. Parte da comitiva viajou uma semana antes, em agosto de 2000, para preparar o terreno, mantendo conversações com a DIMABEL (Dirección de Material Bélico), órgão das Forças Armadas do Paraguai de controle de armas, com a cúpula da polícia, com o ministro das Relações Exteriores e com parlamentares. Destes últimos, foi extremamente útil a conversa com o hoje senador, antes deputado, Blas Llano. Ele havia dirigido uma CPI sobre o contrabando de armas, motivada por uma avioneta que caíra abarrotada de armas brasileiras contrabandeadas. Dele ouvimos que, "em média, de cada 10 contêineres de armas brasileiras legalmente exportados para o Paraguai, apenas um de fato entra no Paraguai; os demais são desviados para o próprio mercado clandestino no Brasil, e apenas os papéis viajavam, para simular a exportação".[20]

Das autoridades do Paraguai, ouvimos que emissários do crime organizado do Brasil compravam todo tipo de armas e munições nas lojas paraguaias, apresentando-se como turistas e utilizando identidade falsa. Chamei esse comércio de "bumerangue", o de armas brasileiras exportadas para o país vizinho que reingressavam ilegalmente no Brasil. O crime organizado brasileiro comprava sobretudo armas norte-americanas e brasileiras, essas últimas mais baratas, de calibre proibido para civis no Brasil, como calibres 9 milímetros e 45. A munição mais vendida era a da CBC, que lá adotava o nome de Magtech. Detalhes importantes de um quadro de absoluto descontrole, que antes já motivara do então ministro da Justiça, Nelson Jobim, um pedido de colaboração do governo dos EUA.

Nas negociações com o governo paraguaio, naturalmente influiu o peso do Brasil na economia daquele país, e não por acaso participava da nossa missão o presidente da Itaipu Binacional: por ser escassamente industrializado, o Paraguai vende grande parte da sua cota da energia produzida para o Brasil, o que representa grande parte de sua receita.

Quando chegamos à reunião com o presidente paraguaio, Luís González Macchi, fizemos quatro propostas: proibição da venda de armas para turistas, compatibilização das leis de armas de ambos os países, intercâmbio de informações sobre contrabando de armas e fechamento das lojas de armas e munições na fronteira com o Brasil. Só não tivemos atendido o último pedido.

Com relação à entrada de armamento brasileiro no Paraguai e sua comercialização, o presidente foi sarcástico: "As armas brasileiras são trazidas do seu país por brasileiros, em grande medida vendidas em lojas de propriedade de brasileiros situadas na nossa fronteira e compradas por emissários do crime organizado do seu país. Como vocês podem ver, esse é um problema brasileiro." Não me contive, e mantive o tom de ironia: "Mas a barriga de aluguel é paraguaia, senhor presidente", aproveitando que na época barrigas de aluguel eram a grande novidade na medicina. O presidente deu uma gargalhada, o que desanuviou o ambiente. A reunião deu resultado. O governo paraguaio decretou uma moratória nas importações de armas e munições brasileiras, proibindo-as por três anos, tempo esse que teve forte impacto na redução do contrabando. A missão criada pelo presidente FHC foi um sucesso, segundo o Itamaraty.

Pragmático, e se aproveitando da corrupção intensa de um país que em grande medida vive do mercado paralelo e do contrabando, Pablo comprou, por apenas 40 dólares, o arquivo de entrada legal de armas e munições brasileiras no país, vendido por um policial da alfândega paraguaia. O que nossas autoridades de fiscalização não tinham, porque nunca haviam pedido, conseguimos: informações detalhadas sobre a entrada legal de armas no Paraguai, passíveis de comparação com as armas apreendidas na ilegalidade no Brasil, comprovando o efeito "bumerangue" que eu já denunciara. Material valioso, que nos permitiu elaborar vários diagnósticos sobre a situação das armas e munições no Paraguai. Nossas análises serviriam de base para a futura CPI da Câmara Federal sobre o tráfico de armas, para o trabalho da DIMABEL no combate ao comércio ilícito, e de fortes argumentos que iriam fundamentar a aprovação de uma nova lei de armas do Paraguai, em 2002.[21]

A "missão especial" teria um desdobramento posterior. Em dezembro de 2005, Pablo, o inspetor Luiz Carlos Silveira e eu investigamos o comércio de armas na fronteira, do lado paraguaio, principalmente em Pedro Juan Caballero e na Ciudad del Este (limítrofe com Foz do Iguaçu), e comprovamos que passou a ser rara a oferta de armas e munições brasileiras. O fato se deveu à moratória; à inibição da indústria brasileira de armas e munições de continuar a contrabandear, diante de nossas denúncias; e também à Resolução 17 do nosso governo, aumentando em 150% a alíquota de exportação desses produtos para o Paraguai e outros países vizinhos, conforme trataremos em "CPI da Câmara dos Deputados sobre tráfico de armas".

17. Mobilização: artistas, marchas e ONGs

Tendo em mãos as primeiras conclusões sobre a origem e o tipo de armas ilegais que circulavam no Rio, partimos para uma campanha de apoio popular à mudança da lei de armas. Buscamos o suporte da mídia, para que as pesquisas sobre as armas do Rio, e sobre a experiência internacional, não ficassem restritas aos círculos acadêmicos e viessem a esclarecer a opinião pública. Para nossa surpresa, os grandes meios de comunicação, com algumas exceções, abriram-se às novas informações, o que nem sempre acontecia em outros países, com pesada influência do lobby das armas sobre a mídia. De 2000 a 2003, com a novidade dos dados empíricos de pesquisas sérias, o Brasil debateu o controverso tema das armas.

Nossa comunicadora, a jornalista Mônica Cavalcanti, convenceu o roteirista da novela da TV Globo "Mulheres apaixonadas", Manoel Carlos de Almeida, a introduzir no enredo informações que esclarecessem a população sobre o uso de armas. Foi estimulante redigir esses dados e depois vê-los transformados em situações e diálogos na boca dos atores, apontando os prós e contras o uso de armas, a importância do seu controle etc. Através da novela das oito, as famílias brasileiras passaram a se informar, e em seguida discutir, num amplo e democrático debate nacional, um tema tão importante e que atingia diretamente suas vidas. Exemplo de papel que as novelas podem ter na formação da cidadania, em vez de ficarem restritas às futricas e consolidação de preconceitos.

A novela não se restringiu a provocar o debate. Uma enorme marcha em Copacabana, que coroou a mobilização nacional em prol de uma cultura de paz e por uma lei rigorosa de controle das armas, entrou no enredo da novela. Vários de seus personagens diziam que iriam participar do evento. E assim ocorreu fora da tela, misturando fantasia e realidade. No dia da marcha, denominada "Caminhada Brasil sem armas", em 14 de setembro de 2003 (dias antes da votação do nosso projeto de nova lei pela Comissão de Segurança

Pública da Câmara), lá estavam quarenta integrantes do elenco da novela, de braços dados, cantando e clamando em favor da aprovação do Estatuto do Desarmamento. Lembro-me de Christiane Torloni, Tony Ramos, Carolina Dieckmann, Camila Pitanga, Suzana Vieira, Marcelo Anthony, Marcos Caruso, Bruna Marquezine (ainda menina), Helena Ranaldi, Elisa Lucinda, Vera Holtz, Leonardo Miggiorin, Erik Marmo, Victor Cugula e Júlia Almeida.

Essa mobilização nacional realizou grandes marchas nas capitais de nove estados, organizadas por uma aliança de ONGs, igrejas de diferentes denominações, entidades filantrópicas e políticos de diversos partidos.

O domingo da marcha não poderia ter sido mais frio e chuvoso. Mesmo assim, cerca de 50 mil pessoas marcharam na calçada da praia de Copacabana. Compusemos a caminhada dividindo em alas os diferentes segmentos que apoiavam a causa, como uma escola de samba. Desfilaram policiais em cadeiras de rodas, vítimas de tiro; vítimas e parentes de vítimas de arma de fogo; sacerdotes de diferentes cultos; minorias sexuais, alvos preferenciais das armas; mães empurrando seus bebês em carrinhos; representantes de entidades filantrópicas, como Rotary Club, Maçonaria e Lions Clube; médicos e enfermeiros; chineses, que acabavam de ter um comerciante da sua comunidade assassinado; artistas plásticos, que realizaram esculturas na areia; políticos, sindicatos, associações, o ministro da Justiça, Márcio Thomaz Bastos, entre muitos outros participantes.

Nossa iniciativa foi um sucesso, como manifestação de cidadania, como incomum participação da sociedade na elaboração de uma lei, pressionando de forma democrática seus representantes no Congresso. Como a Lei da Ficha Limpa, o Estatuto do Desarmamento foi uma das leis mais representativas da vontade popular já votadas pelo Congresso, fruto de debate amplo e nacional durante anos, em diálogo com o Executivo, fazendo com que a opinião pública fosse ouvida pelo Congresso, dentro do mais legítimo figurino democrático.

E agora os que tentam revogar essa lei, que veio da sociedade, da rua para o Congresso, ainda têm a desfaçatez de acusá-la de "antidemocrática, de não representar o desejo da sociedade". Curiosamente, em 2003, essas forças contrárias à nova lei, apesar de contarem com significativo respaldo popular, apesar de minoritário, tentaram mobilizar seus adeptos. Realizaram uma pequena marcha em Curitiba, com cerca de duzentas pessoas, e depois disso desistiram.

Não conseguindo mobilizar o povo, concentraram-se no poder do lobby do dinheiro para conquistar votos no Congresso.

Em 1999, o Viva Rio já tinha organizado a campanha "Rio, abaixe essa arma!", com apoio do Programa de Segurança Pública do governo do Rio de Janeiro, buscando mobilizar a sociedade e pressionar o Congresso. O Instituto Sou da Paz repetiu o ato de espalhar centenas de sapatos de vítimas de arma de fogo que havia organizado quando da destruição pública de 100 mil armas no Rio, agora em frente ao Congresso Nacional. Em São Paulo, na praça da Sé, acendeu 9.969 velas, simbolizando a estimativa de mortes por arma de fogo ocorridas desde o dia em que o projeto de lei do Estatuto foi enviado à Câmara Federal e aquela data, 24 de outubro de 2003. Era impactante.

18. Votação no Congresso Nacional

Fui diretor da Polícia Federal e nunca andei armado.
Senador Romeu Tuma, ao votar pelo Estatuto

Rio e Brasília aprovam leis contra o comércio de armas
O Rio foi o primeiro estado a aprovar uma lei de controle de armas moderna. A iniciativa foi do então deputado estadual e futuro ministro Carlos Minc (hoje no PSB/RJ), que já colaborava com as iniciativas do Viva Rio nos campos da proteção ao meio ambiente e da segurança pública. Em abril de 1999, Minc consegue aprovar seu projeto de lei na Assembleia Legislativa, Lei nº 3.219/1999, de 4 de junho de 1999, que estabeleceu: "Fica proibida a comercialização de armas de fogo, peças avulsas, acessórios, munições e afins em todo o território do Estado do Rio de Janeiro" (art. 1º) e "Ficam excluídos as Forças Armadas, as Polícias Militar e Civil, o Corpo de Bombeiros e as empresas de segurança que necessitarem, comprovadamente, da aquisição de armas, para uso exclusivo em serviço" (art. 2º). Um mês depois, foi a vez de Brasília votar nova legislação sobre o tema, a Lei nº 2.375/1999, de 13 de maio de 1999, proposta pelo deputado distrital César Lacerda (PSDB/DF), que também proibia a comercialização de armas de fogo no âmbito do Distrito Federal.

As novas leis foram declaradas inconstitucionais, considerando que o tema é regulado por lei federal, de acordo com a Constituição. Mas expressavam a preocupação da sociedade com a crescente violência dos crimes. Acabaram por incentivar ainda mais o debate sobre o problema, pressionaram o Congresso e serviram de subsídio ao futuro Estatuto do Desarmamento.

Quando cheguei a Brasília pela primeira vez para sentir o ambiente em relação à mudança da legislação de armas, o clima não era nada propício. O lobby da Associação Nacional da Indústria de Armas e Munições reinava absoluto. Arquivava todas as iniciativas de parlamentares para melhorar a lei, por mais tímidas que fossem, com o intento de limitar a calamitosa proliferação de armas no país. Mas meu prévio conhecimento do funcionamento do Congresso e as relações que mantive com os parlamentares ajudaram bastante.

O governo FHC entra na luta

Em 1999, o então ministro da Justiça, Renan Calheiros, em visita ao Rio, para conhecer o projeto Delegacia Legal, ouviu com muito interesse a defesa de uma nova lei de armas, problema que afligia o Rio e também Alagoas, estado do ministro. Meses depois, Luiz Eduardo, como subsecretário de Segurança, e Rubem César, representando o Viva Rio, solicitaram audiência ao presidente FHC. Esse governo havia sido o primeiro a tomar medidas efetivas de controle de armas para fazer frente à expansão da violência armada, havendo criado o Sinarm. Por isso, sabíamos que seria sensível à necessidade de se mudar a lei permissiva ainda vigente. O presidente, sociólogo que valoriza a pesquisa científica, foi inteiramente receptivo à proposta, e logo o Ministério da Justiça elaborou um projeto de mudança da legislação de armas em vigor. O projeto, bem radical, limitava o comércio de armas às Forças Armadas, forças de segurança pública, empresas de segurança privada e organismos de inteligência do Estado. No Viva Rio, nos mobilizamos e realizamos o "Rio, abaixe essa arma!", uma campanha piloto de entrega voluntária de armas, com o apoio de igrejas evangélicas, como veremos no capítulo "O sucesso da campanha de desarmamento". Colhemos nas ruas do Rio 1 milhão e 350 mil assinaturas em apoio à proposta do Ministério da Justiça de proibição de armas para civis, entregues ao presidente FHC. Apresentado pelo PSDB como PL nº 1.073/1999, foi aprovado pela Comissão de Constituição e Justiça (CCJ) do Senado.

Dias antes de a Comissão do Senado apreciar o PL, o lobby divulgou informação dando conta que, na Inglaterra, após a proibição do uso de armas por civis, os homicídios por arma de fogo dispararam. Eu sabia que não era assim, conhecia bem aquele país, mas não tinha os dados. Liguei para a IANSA, solicitando os dados oficiais, e publicamos na véspera da votação, causando impacto entre os senadores. Nosso artigo, tendo como fonte o Ministério do Interior britânico, desmentia os armamentistas: "Na Inglaterra, no primeiro ano de vigência da nova lei de 1992, os assassinatos com armas de fogo caíram para 33. Em todo o ano de 1996, a polícia inglesa deu apenas 4 tiros. Isso não impede que seja uma das mais eficientes do mundo."[22] Nosso projeto de lei foi aprovado pela CCJ do Senado em 14 de junho de 2000, mas em seguida o lobby das armas conseguiu aprovar a substituição de nosso PL por outro, na Comissão de Relações Exteriores do Senado, autorizando a compra e posse de armas por civis. Continuou o impasse.

Para facilitar a aprovação de uma nova lei, passamos a discutir mudanças que levassem em conta as propostas já existentes no Congresso. Nos anos 1990, diversos projetos haviam sido apresentados, sendo o mais abrangente o do senador Gerson Camata (PSDB/ES), o PL nº 292, de 1997. Tomamos esse como base, pois incorporava mais de setenta projetos pontuais, que tinham sido engavetados; essas proposições muito específicas enriqueciam nossa proposta e facilitavam sua aprovação; e também pensamos o projeto anterior do Executivo ao PL do senador Camata. O texto original do Estatuto, cujos trabalhos foram coordenados pelo deputado Luiz Eduardo Greenhalgh (PT/SP), foi desse modo a conjunção, sistematizada e harmonizada, de proposta inicial da sociedade civil (Viva Rio), de senadores e deputados, com contribuições da Polícia Federal e do Exército, incorporando o melhor (e o possível) da experiência internacional. Bem distante daqueles que acusam o Estatuto "de ter sido imposto de cima para baixo, obra do governo do PT".

Governo Lula e Comissão Mista do Congresso

Com a posse do governo Lula em 2003, passamos a contar dentro do Executivo com o apoio de Luiz Eduardo Soares, na estratégica posição de secretário nacional de Segurança Pública. O deputado Greenhalgh se dispôs a apresentar o projeto ao plenário, mas carecíamos de respaldo dentro do próprio governo Lula. Segundo me disse Soares: "O núcleo duro do governo estava bastante refratário, até que pesquisas foram divulgadas mostrando que cerca de 80% apoiavam o desarmamento." Enquete feita na época pelo RJ/TV mostrou que 82% da população era a favor do "desarmamento voluntário", enquanto o Instituto Sensus apontava que 76% dos brasileiros eram favoráveis ao controle de armas. "Neste momento, Dirceu autorizou a base governista a pressionar o Congresso na aprovação do Estatuto. (...) Minha contribuição foi esta: a de levar o governo federal para essa proposta", completou Soares.

No Congresso, resolvemos aumentar a pressão para que nossa proposta superasse o bloqueio da bancada da bala, ainda desconhecida do público, mas já muito ativa para melar qualquer ameaça aos interesses de seus financiadores. Em julho de 2003, o Congresso foi convocado extraordinariamente, ao ser encaminhada mensagem presidencial dando prioridade aos PLs relativos à reforma da lei de armas. Por iniciativa do presidente do Senado, senador José Sarney, foi criada uma Comissão Especial Mista, concentrando nossas forças na Câmara e no Senado. Presidida pelo senador Tasso Jereissati (PSDB/CE), era integrada pelos deputados Greenhalgh, Aloysio Nunes Ferreira (PSDB/SP), Michel Temer (PMDB/SP), Roberto Jefferson (PTB/RJ) e José Carlos Aleluia (PFL/BA); e pelos senadores Romeu Tuma (PFL/SP), Aloizio Mercadante (PT/SP), Romero Jucá (PMDB/RR) e Edison Lobão (PFL/MA).

Tendo como relator o deputado Greenhalgh, que transformou as várias propostas em Substitutivo, a Comissão iria trabalhar em regime de "urgência urgentíssima". O presidente do Senado jogou papel importante, e designou nossa proposta de Estatuto do Desarmamento, numa época em que estava na moda o termo para denominar legislação setorial, como o Estatuto da Criança e o Estatuto do Idoso. Estatuto do Desarmamento foi um título que pegou, mas era indevido, porque o projeto não determinava o desarmamento. Quando muito, apenas autorizava o desarmamento voluntário e normatizava, isso sim, o controle de armas e munições. Mas o nome fantasia ficou.

"Exército Brancaleone" enfrenta a máquina da CBC

No Congresso, éramos muito poucos os que trabalhávamos o tema pelo lado das ONGs. Além de mim, contávamos com a jornalista do *Correio Braziliense* Valéria Velasco, da ONG Convive; Everardo Aguiar, educador; e Denis Mizne e Mariana Montoro, neta do ex-governador de São Paulo Franco Montoro, pelo Instituto Sou da Paz.

Com precários recursos, tínhamos que enfrentar o lobby, que foi reforçado no auge da refrega, segundo nos diziam os assessores parlamentares, por cerca de quarenta lobistas, regiamente financiados pela indústria de armas e munições. Frente a essa poderosa força, nosso pequeno grupo era chamado ironicamente de "Exército Brancaleone", pobre e romântico, alusão ao popular filme de Mario Monicelli. Mas tamanha desproporção de meios era compensada pelas pesquisas que divulgávamos na mídia, pela seriedade com que os parlamentares que apoiavam nossa proposta agiam e pelo crescente apoio da opinião pública, das igrejas e dos principais meios de comunicação. Não tínhamos grana, mas tínhamos uma bela causa e o suporte da maioria do eleitorado, o que acabaria por fazer toda a diferença.

No entanto, não bastava o apoio que havíamos conquistado na sociedade com nossas campanhas de esclarecimento. Tínhamos que informar e convencer os parlamentares, muitos deles desinformados sobre os achados das pesquisas, iludidos pela propaganda adversária, ainda presos a preconceitos e ao hábito de andar armado. Era preciso ajudá-los a transpor o Brasil subdesenvolvido, conservador, em que o atraso do campo se sobrepunha à cidade bem informada, para que se modernizassem. Com esse objetivo, elaboramos um prospecto, *Armas de fogo: desfazendo mitos*, em que condensávamos as principais estatísticas sobre as primeiras pesquisas realizadas no país. Também expúnhamos as opiniões de parlamentares influentes sobre o tema, como a manifestação do senador Ney Suassuna: "Sou bom atirador e, mesmo assim, fui ferido em assalto e vi minha mulher ser morta ao meu lado"; do deputado Paulo Delgado: "A arma é a ilusão da defesa privada contra a defesa coletiva"; do senador Marcelo Crivella: "Os que se armam são os primeiros a morrer"; e do deputado Fernando Gabeira: "A paz urbana depende do banimento das armas de fogo", falando com a autoridade de quem lutou com armas na mão contra a ditadura e foi ferido por tiro. Informações sérias e sintéticas, que passaram a embasar os debates nas comissões e nos plenários da Câmara e do Senado. Nossos parlamentares incorporavam os dados das pesquisas em seus discursos, fazendo frente às diatribes puramente ideológicas dos armamentistas.

Episódio de fortes consequências foi o ataque que sofri da CBC, chamando-me de "ingênuo" por acreditar que as munições podiam ser marcadas, e que acabou por desacreditar ainda mais a bancada da bala, como vimos em "O caso Marielle e o problema das munições".

Lei suprapartidária

Por constatarmos que a controvérsia sobre armas transcendia os partidos, com apoios à esquerda e à direita, tivemos o cuidado de conversar com o máximo de parlamentares. Cansativo, mas essa atitude favoreceu-nos quando do voto de liderança, nas decisões em plenário do Senado e da Câmara, permitindo que o Estatuto fosse aprovado pela unanimidade dos partidos políticos. O voto unânime, naturalmente, não significou que não houvesse parlamentares contrários ao controle de armas, mas que o apoio à nova lei contava com sua esmagadora maioria, que pôde fechar questão.

Nossa política sempre foi, e continua sendo, de tratar a segurança pública acima das disputas partidárias, o que tem se mostrado acertado. Mesmo porque, além do interesse público vir primeiro, defensores e oponentes do controle de armas se encontram em todos os quadrantes, embora haja uma nítida tendência de posições extremistas a se opor ao controle de armas.

Maiores apoios: especialistas, igrejas e mulheres

O respaldo mais significativo à aprovação do Estatuto veio dos que mais conhecem o impacto das armas na segurança e na saúde pública. Em novembro de 2003, o Manifesto de Especialistas pela Aprovação do Estatuto do Desarmamento pediu ao Congresso Nacional a aprovação da nova lei. Reuniu a unanimidade dos acadêmicos com pesquisas sobre armas e segurança pública. Assinaram o documento 56 especialistas brasileiros (ou trabalhando no Brasil), como pesquisadores, dois ex-ministros da Justiça, dois ex-secretários nacionais de Segurança Pública, a associação dos secretários de segurança pública estaduais, o presidente da OAB, as associações de juízes, procuradores, comandantes da PM e da PC, delegados, policiais e organismos internacionais, como UNESCO, UNICEF e ILANUD.

Os setores que mais se mobilizaram pela aprovação de uma nova lei foram as igrejas, como o Conselho Nacional das Igrejas Cristãs (CONIC), a Conferência Nacional dos Bispos do Brasil (CNBB), as igrejas evangélicas e os espíritas. As mulheres foram um apoio extraordinariamente importante, tanto em casa como se manifestando nas ruas. Levaram emoção ao Congresso, expondo as fotos de seus filhos mortos e fazendo um apelo à paz.

Médicos e enfermeiros, testemunhas do que não se mostra quando se vendem armas – corpos destroçados e aleijados –, que têm que lidar com os feridos que conseguem chegar vivos às emergências dos hospitais, deram diferentes depoimentos sobre o drama que diariamente compartilham. A Conferência Nacional de Saúde se posicionou em favor do Estatuto do Desarmamento, expressando aqueles profissionais incumbidos de minorar os efeitos das armas.[23]

As entidades filantrópicas, além das igrejas, se mobilizaram a favor da mudança da lei, movimento que foi crescendo até se expandir durante as futuras campanhas. Calcadas na "solidariedade" e "na cultura de paz", instituições como setores do Rotary Club, Lions Clube e lojas da Maçonaria abraçaram a causa do controle de armas, fiéis às suas propostas de pacificação e solidariedade social.

Votação do Estatuto: as vítimas derrotam o lobby

Em julho de 2003, nosso PL foi votado pelo Senado. Em 17 de setembro, foi aprovado o relatório da deputada Laura Carneiro em defesa do projeto na Comissão de Segurança Pública da Câmara. Momento decisivo ocorreu quando a proposta chegou à Comissão de Constituição e Justiça. O lobby concentrou forças aí, tentando todo tipo de artifício para considerar o PL inconstitucional. Sobressaíram no trabalho de evitar essas manobras os deputados e advogados Antônio Carlos Biscaia (PT/RJ), o meu ex-colega no ensino médio e amigo, o saudoso Luiz Carlos Sigmaringa Seixas (PT/DF) e José Eduardo Cardozo (PT/SP).

Momento comovente da última sessão ocorreu quando a deputada Sandra Rosado (PSB/RN), explicando a razão pela qual votaria a favor de uma lei de controle efetivo de armas, relatou em lágrimas como o seu filho de 18 anos, ao ter o noivado desmanchado pela namorada, pegou o revólver que a deputada guardava em casa para proteger a família e se matou. Momento de forte emoção. A realidade trágica se impôs. A partir daí, um constrangimento moral calou os opositores.

Com o empenho dos então "meninos do PFL", Antonio Carlos Magalhães Neto e Rodrigo Maia, constituiu-se com facilidade uma maioria. O relatório do deputado Greenhalgh foi aprovado e o PL, considerado constitucional pela Comissão, foi remetido para votação pelo plenário. Em 23 de outubro, a Câmara votou a proposta, e no dia 28 enviou-o ao Senado para revisão. Em 3 de dezembro, foi votado pela Comissão de Constituição e Justiça do Senado o relatório do senador César Borges (PFL/BA) em defesa da proposta. A nova lei de armas brasileira foi aprovada pelo plenário do Senado em 9 de dezembro, através do voto dos líderes de todos os partidos representados no Congresso. Sob aplausos e alegria no plenário e nas galerias, mães e parentes de vítimas de armas de fogo agradeciam aos nossos parlamentares. Chorando, abraçavam nosso pequeno grupo de ativistas: Valéria Velasco, Everardo Aguiar, Mariana Montoro e eu.

Assim, no final de 2003, após cinco anos de luta e três anos de mobilização nacional, debates, atos públicos, muitos artigos e entrevistas e marchas pelo país, e seis meses de tramitação no Congresso, estávamos cansados, mas felizes. Pesquisas de opinião confirmavam que tanto esforço tinha valido a pena: o apoio dos brasileiros à nova lei superava os 80%. Como vimos, não tínhamos os recursos financeiros do lobby, como os armamentistas, mas com pesquisas sérias, argumentos científicos, idealismo, apoio das igrejas, do governo, e a abertura de grande parte da mídia ao debate de nossa proposta, havíamos conquistado o eleitorado. O Congresso reconheceu esse apoio avassalador. Aprovamos uma nova, democrática e avançada lei de armas.

Nas comemorações que se seguiram à vitória, nada me comoveu mais do que a carta que recebi da mãe de Camila Lima, a jovem carioca que, condenada à cadeira de rodas por um tiro, tornou-se importante militante pela causa do desarmamento, como relatei em "Pesquisas sobre vitimização". Sua mãe, Anna Lúcia Lima, escreveu-me dias após a votação da nova lei:

> Parabéns pela vitória do Estatuto do Desarmamento. Foi um trabalho de equipe, de luta contra os que elegeram a arma como defesa individual, ao invés de cobrar das autoridades investimento nas áreas de Educação, Segurança, Saúde e melhor distribuição de renda. O êxito não foi resultado do acaso, mas da persistência em alcançar seus objetivos. Por isso, admiro a determinação com que conduziu as ações. Desejo que você tenha forças para manter o espírito de união. Conte com a participação da Camila, minha filha, vítima de bala perdida, que é um dos exemplos vivos da destruição que a arma faz, e do amor que ela tem pela vida. O importante é manter acesa a esperança de dias melhores, onde as pessoas tenham o direito de viver sem o risco de bala perdida.[24]

A nova Lei nº 10.826 foi sancionada pelo presidente Lula no dia 22 de dezembro de 2003, publicada no Diário Oficial da União (DOU) no dia 23, antevéspera de Natal, e a consideramos um "presente ao povo brasileiro". Após um semestre inteiro de tramitação, tínhamos uma moderna legislação, amplamente debatida em todo o país e apoiada pela maioria da população.

O Congresso, sensível à voz das ruas, votou consciente de que tinha que dar uma resposta contundente à escalada de violência no país. Difícil encontrar na história política do Brasil lei aprovada em processo tão participativo e democrático. Hoje, empenhados em destruir o Estatuto, setores obscurantistas querem apagar esse passado recente de lutas.

É necessário ressalvar que nem tudo que propusemos foi aceito pelo Congresso, mas o que acabou sendo votado significou um enorme passo no sentido de pôr-se limites à permissividade no uso de armas entre nós.

Regulamentação da lei

Dos 37 artigos da nova lei, apenas 9 puderam ser aplicados imediatamente (sobre os crimes e penas), pois os demais exigiram regulamentação. Esta foi elaborada pelos Ministérios da Defesa e da Justiça. Este último promoveu audiência pública, da qual participaram associações de atiradores esportivos e de colecionadores, ONGs como o Viva Rio, Instituto Sou da Paz e Convive, que deram sugestões, várias delas acatadas. O Ministério da Justiça também criou um site na internet, através do qual a população pôde fazer sugestões, num processo extremamente democrático e raro.

A regulamentação do Estatuto deu prazo de 180 dias para que aqueles que tivessem armas irregulares pudessem legalizá-las, daí a impertinência de se alegar que "a lei é contra os homens de bem". Ela deu ao homem de bem a possibilidade de ser coerente, sair da ilegalidade e deixar de cometer o delito de "posse ilegal de armas".

Medida importante na regulamentação foi, por sugestão minha, estabelecer-se o limite de 50 munições por ano, para cada uma das 6 armas que o cidadão pode legalmente possuir, como explicaremos no capítulo "Comparando o PL nº 3.722, o Substitutivo e o Estatuto do Desarmamento".

O regulamento da legislação de controle de armas foi realizado em seis meses, e no dia 18 de junho de 2004 o DOU publicava a Lei nº 10.884, de controle das armas de fogo e munições, devidamente regulamentada.

No debate que levou à revogação dos decretos presidenciais sobre posse e porte de armas no Senado, em junho de 2019, defensores dos decretos alegaram que "foram necessários porque o Estatuto do Desarmamento não estava regulamentado". Nada mais distante da verdade, como vemos.

PARTE 7

A LUTA PELO CONTROLE DAS ARMAS

Com o cidadão armado na rua, uma discussão no trânsito ou no bar pode acabar no cemitério.
Major PM Plauto de Lia, presidente da Associação dos Oficiais PM/BM (ASSOF) do Ceará

19. Destruição pública de armas no Brasil

Aprendendo com Mandela

Foi como colaborador voluntário do Viva Rio, ainda trabalhando no Conselho da Presidência da República, que participei de um seminário da IANSA que reuniu ONGs de diferentes países dedicadas ao controle de armas. Aconteceu em Durban, em 1998, na África do Sul, e fiquei tão entusiasmado com o que vi e aprendi, que se fortaleceu meu desejo de sair do governo e aceitar o convite do Viva Rio para dedicar-me à causa.

Quando lá cheguei, a capital, Joanesburgo, era a cidade mais violenta do mundo e, até Mandela chegar ao poder, enfrentava-se a violência apenas com violência, exacerbando-a. Ainda persistem traços daquele tempo. A segurança privada usa armamento pesado, com guardas de supermercados armados de fuzil. Vi à venda um dispositivo à la James Bond em que um botão no carro aciona jatos de fogo para queimar o eventual assaltante. Mandela já evitara um banho de sangue durante a democratização do país, canalizando o ódio e a intolerância acumulados em décadas de *apartheid* para o perdão dos algozes do regime racista, desde que confessassem seus crimes e pedissem o perdão. Funcionou. Poderíamos ter feito o mesmo no Brasil.

Como presidente, Mandela resolveu enfrentar o problema da criminalidade violenta a partir de experiências que deram certo em outros países, como as campanhas de desarmamento voluntário, pesquisas e a destruição pública de armas. Fiquei impressionado com a redução dos homicídios conseguida pelas sucessivas campanhas. Acho que a frase que melhor define Mandela é sua afirmação de que "O que conta na vida não é o fato de termos vivido. É a diferença que fizemos para a vida dos outros". Nada mais cristão, embora não fosse cristão. Naqueles dias, o presidente realizou mais uma destruição pública de armas. Pude constatar a importância do efeito educativo desse ato sobre a população, promovendo o debate público sobre armas ilegais e o uso responsável de armas, sobre a violência armada contra as mulheres, bem como divulgando o relevante trabalho das autoridades na apreensão e destruição de armas, usualmente realizado sem que a opinião pública tenha conhecimento. Voltei para o Brasil cheio de ideias, e animado a seguir o exemplo dessa bem-sucedida política de redução da violência, infelizmente abandonada pelo presidente seguinte.

Cerca de 50 mil na destruição de armas no Maracanã

Em 1999, levamos a proposta da destruição pública de armas estocadas em condições precárias no DFAE (Departamento de Fiscalização de Armas e Explosivos) ao recém-eleito governador do Rio, Anthony Garotinho, relatando-lhe o que havia visto na África do Sul. Convencemos o governador de que, além de ajudar a esvaziar o depósito de armas, de onde se extraviavam armas e munições, uma destruição pública traria maior consciência para a necessidade do controle de armas, que teria que passar pela mudança de nossa legislação.

Assim, em maio daquele ano, organizou-se a primeira destruição pública de armas no Rio, realizada no estádio do Maracanã. O governo reuniu cerca de 50 mil pessoas, em sua maioria da Igreja Batista, que ao som de cânticos religiosos, numa atmosfera emocionante, nos assistiram a danificar 2 mil armas ilegais, parte do estoque do DFAE, com a supervisão do Exército. Colocadas sobre chapas de ferro, destruíamos as armas com marretas. O uso de rolo compressor foi descartado, porque sob a pista estavam os vestiários dos jogadores, que não suportariam o peso de um trator. Ao meu lado, Garotinho terminou de marretar um revólver, e partiu para uma bazuca. Disse-lhe baixinho, para os jornalistas não ouvirem: "Governador, isso é aço sueco, não vai amassar." Não deu outra. Após uns cinco golpes, e sem sequer um amassado, suando e irritado, Garotinho desistiu e partiu para cima de uma espingarda, que destroçou com facilidade, sob os aplausos do público.

Rio: a maior destruição do mundo

Cerca de 800 mil armas dormiam no depósito do DFAE, sujeitas a desvios constantes (ainda não sabíamos disso). Esse volume, acumulado durante décadas, crescera com a implementação de uma política de apreensão de armas ilegais, através de blitz da polícia. Convencemos o governo do estado a destruir o máximo possível daquele arsenal. Para tanto, criei uma coordenação composta por representantes do Exército, Secretaria de Segurança Pública, PM, Polícia Civil e Viva Rio.

Dois obstáculos logo nos bloquearam os passos. O comandante do Comando Militar do Leste na época se opunha à destruição pública. Recorri ao presidente FHC que, como comandante das Forças Armadas, enquadrou o general. A segunda dificuldade era de ordem legal: muitas daquelas armas faziam parte de processos, e por norma tinham que estar à disposição dos tribunais durante longos vinte anos. Convencemos o Tribunal de Justiça, que teve sensibilidade para priorizar o problema representado para a segurança pública por tantas armas mal estocadas, superando os formalismos jurídicos. Reduziu-se esse prazo para cinco anos. Dessa forma, retiradas as armas com menos tempo de apreensão, e as antigas e de valor histórico, que doamos aos museus militares Conde de Linhares e Marechal Mallet, restaram 100 mil armas. Uma enormidade.

Naquele ano de 2001, se realizaria a grande Conferência da ONU sobre Tráfico Ilícito de Armas, e seu secretário-geral fez um apelo para que os países membros promovessem políticas de controle de armas, em especial, destruição pública dos estoques que excedessem as necessidades dos governos. Tratamos de agilizar nosso projeto, para não perder a oportunidade. Pela grande quantidade de armas, e tempo exíguo, nossos policiais e militares trabalharam duro e com eficiência.

Dias antes da Conferência da ONU, realizamos o ato, em 24 de junho de 2001, que nos custou meses de preparação pelo grande número de armas e pela pouca experiência. O evento no Maracanã tinha destruído apenas 2% das armas que agora tínhamos a nosso dispor. A nova destruição foi realizada no Aterro do Flamengo, simbolicamente em frente ao Monumento dos Pracinhas mortos na Segunda Guerra Mundial. Foi precedido por uma marcha com cerca de 20 mil participantes, num clima festivo de alegria e celebração da paz, com líderes das mais diferentes religiões, o corpo diplomático, um governador em júbilo e muita mídia para cobrir esse fato inédito: a maior destruição simultânea de armas já realizada no mundo!

Foi manchete nos principais jornais do país e do exterior. Entre as fotos que circularam, se destacou a de uma menina, filha de nossa colega Nívea, segurando uma flor enquanto caminhava sobre as armas, um contraste entre a inocência e o perigo representado pelas armas, "o anjo e a morte", como escreveu um jornalista.

Na Conferência da ONU, realizada um mês depois, nós brasileiros fomos celebrados. Os diplomatas nos cumprimentavam efusivamente, e nos discursos o Brasil foi felicitado e aclamado. Éramos o país que, atendendo ao apelo da ONU, havia promovido uma destruição pública de armas exemplar, com grande participação do povo, a maior destruição já realizada no mundo, até hoje não superada.

Os militares e a destruição de armas

O comandante militar do Leste não compareceu ao evento, forma de manifestar seu descontentamento, mas seus oficiais, que antes agiam com má vontade, visivelmente contrariados, acabaram se entusiasmando, compreendendo o alcance social e para a segurança pública da iniciativa, e no final o clima foi de confraternização. Como ex-militar, eu entendia esse desconforto, quase sacrilégio, de se destruir uma arma. Quando servia no Exército, logo na primeira semana de CPOR, ouvimos a advertência de que "não se podia descuidar da arma porque ela é mais importante que a namorada, pois sem ela podemos ser mortos pelo inimigo, indefesos". Só que se falava aí de treinamento para a guerra, e não de armas que se empilham em depósito inadequado ou são desviadas para o crime organizado.

Acontece que, à medida que trabalhavam conosco, os militares foram se dando conta de que, apesar de 90% das armas estarem em condições de uso, aptas a matar, não eram dessas armas que nossas polícias necessitavam, mas sim de armas modernas e adequadas ao uso em cidades. Compreenderam a recomendação da ONU para que "armas apreendidas sejam destruídas". Ao final do evento, os oficiais do Exército vibravam tanto quanto nós civis, confraternizando com o público que aplaudia os policiais e os militares. Na segunda destruição pública de armas, que veremos a seguir, o tenente-coronel Antônio Madeira, que representava o Exército na coordenação, começou de cara fechada. Mas levou tão a sério a missão, informando-se, absorvendo a experiência internacional que eu lhe passava, que ao final era o mais empolgado. Acabou contratado pelo Centro Regional da ONU para América Latina e Caribe, para transmitir nossa experiência à região.

O tenente-coronel Madeira e o escritório da ONU em Lima se juntariam à nossa equipe para realizarmos um vídeo de treinamento para destruição pública de armas, baseado na destruição de 10 mil armas, disponibilizado para nossas FFAA e nossas polícias.[1] Como sempre, o maior interesse foi dos governos de outros países.

Pedido aos diplomatas

Em 2002, havíamos concluído a análise das informações de todo o estoque de armas do DFAE, diligentemente catalogadas em computador para análise por nossa equipe, e que ficaria para uso da polícia. Tínhamos concluído um trabalho pioneiro em nível internacional, por sua abrangência. Ocorreu-nos então a ideia de promover um ato, junto com nova destruição pública de 10 mil armas, no dia 9 de julho, Dia Internacional da Destruição de Armas. A então governadora, Benedita da Silva, entregaria a 12 países, através de seus cônsules no Rio, as listas das armas fabricadas em cada um deles e apreendidas na ilegalidade no Rio de Janeiro.

No Palácio Guanabara procedeu-se à cerimônia, com a presença de Péricles Gasparini, diretor do UNLiREC (Centro Regional das Nações Unidas para a Paz, o Desarmamento e o Desenvolvimento na América Latina e Caribe). O Viva Rio expôs a metodologia e o resultado da pesquisa realizada, baseada na análise de 224.584 armas apreendidas na ilegalidade em um longo período (1950-2001), o que conferia aos resultados uma alta representatividade:[2]

Armas acauteladas no Estado do Rio de Janeiro por país de origem - 1950-2001*

	Número de armas	% do total	% de armas de fabricação estrangeira
Brasil	151934	79,34	---
EUA	12670	6,62	32,02
Espanha	10099	5,27	25,52
Bélgica	5309	2,77	13,42
Argentina	3190	1,67	8,06
Alemanha	2113	1,10	5,34
Itália	2039	1,06	5,15
República Tcheca	878	0,46	2,22
Áustria	627	0,33	1,58
França	518	0,27	1,31
China	335	0,17	0,85
Israel	192	0,10	0,49
Suíça	44	0,02	0,11
Outros países	1557	0,10	3,93
Total	191505**	100	100

*Fonte: DFAE

A governadora entregou as listas, com dados específicos de cada arma (país de origem, fabricante, nome comercial ou modelo, calibre, tipo, número de série), a cada diplomata. Eram eles representantes dos países exportadores das armas que em maior número foram apreendidas com a criminalidade em nosso estado. A governadora do Rio solicitava-lhes formalmente que seus governos tomassem medidas para evitar que continuassem a ser contrabandeadas para o Brasil.

A verdade é que, com exceção da Argentina e dos EUA, nenhum país tomou providências. Com o tempo, também a Áustria, fabricante das pistolas Glock, respondeu ao governo do Rio, mas só depois de uma entrevista dada por nós e foi publicada no *Le Soir*, um dos principais jornais da Europa, gerando pressões sobre o governo austríaco.

Em janeiro de 2003, os governos empenhados no controle de armas organizaram uma reunião dos seus embaixadores na ONU, no belo palácio Lancaster House, em Londres, para se tentar implementar as resoluções da Conferência da ONU de 2001. Convidado para falar em plenário, expressei-me francamente sobre a pesquisa das armas estrangeiras apreendidas e destruídas pelo governo do Rio, da solicitação feita na ocasião pela governadora aos cônsules de seus países e de nossa frustração quanto à falta de resposta por parte de nove dos países mencionados.

A "Fogueira da Paz"

Quando demos os primeiros passos para uma nova destruição de armas, em 2003, uma jornalista me disse: "Outra vez? Isso agora não vai ser notícia importante, é *déjà vu*." Ocorreu-me então um tipo de destruição realizada na África, em que, em vez de serem esmagadas, as armas foram queimadas. Uma fogueira tinha o inconveniente de ser antiecológica, mas um pouco de fumaça talvez fosse compensada pela fortíssima imagem de uma fogueira queimando armas, um exorcismo contra a morte.

Nas reuniões com a coordenação do evento, manifestaram-se algumas naturais resistências. A prefeitura temia pelos gramados do Aterro do Flamengo. Superamos a discordância ao sugerirmos outra área junto ao Monumento aos Pracinhas, onde já queimava uma pira, e que contava com uma grande esplanada de cimento. O risco de incêndio foi afastado por um técnico da TV Globo, especialista em "fogo" (usados em novelas e filmes), que tive a precaução de convidar a participar. Ele garantiu total controle sobre as chamas, que arderiam sobre uma base de chapas de ferro, protegendo o piso de cimento.

Como contávamos com 4 mil armas para destruir, separamos as longas, como espingardas, carabinas e fuzis, que se prestavam a formar a fogueira, e paralelamente promoveríamos o esmagamento das restantes armas de punho, como revólveres e pistolas, que seriam destruídas por rolo compressor. Mas as armas longas exigiam uma providência indispensável. Teriam que ter seus canos minuciosamente examinados, com mais rigor do que o dispensado às demais armas, para que deles fossem extraídas balas que eventualmente tivessem ficado entaladas. Como já mencionamos, no Mali as armas queimadas dispararam por essa falta de cuidado. Mostrei um vídeo sobre essa experiência tragicômica aos policiais e militares que trabalharam na inspeção extra, para que levassem a sério a tarefa.

Com tais precauções, em 6 de junho, o governador Garotinho e Rubem César acenderam a "Fogueira da Paz". Foi um sucesso. Não houve tiros, apenas aplausos. As imagens de armas ilegais sendo queimadas numa pirâmide de fogo, sob um céu azul, com o Pão de Açúcar no horizonte, correu o mundo, com seu enorme efeito visual e simbólico.

Governador Requião destrói armas

Debatíamos na mídia a necessidade de destruir publicamente os milhares de armas ilegais mal estocadas, quando o então governador do Paraná, Roberto Requião, me liga, convidando-me a participar de uma destruição pública em Curitiba. Ele saía na frente do governo federal, dando início, já em janeiro de 2004, a uma campanha de entrega voluntária de armas, que só em meados do ano seria implementada por Brasília. Havia recolhido muitas armas e queria destruí-las.

Conheci Requião quando eu dirigia a *Revista do PMDB*. Ele apareceu numa reunião do nosso grupo,[3] em Piracicaba (SP), cidade governada pelo boa-praça João Hermann, e se dispôs a representar a nossa revista no Paraná. Logo nos tornamos amigos, e agora era uma boa surpresa o convite para colaborar num novo tema, que nos unia. Requião colaborou muito nesse período e quando da aprovação do Estatuto. Tempos depois, no referendo, estivemos em lados opostos da barricada, mas sempre divergindo com lealdade e respeito.

Em Curitiba, a destruição de 3.015 armas pelo Exército foi realizada com o uso de rolo compressor, e o material foi em seguida levado para fundição numa siderúrgica. O governo do Paraná pagou as indenizações (R$ 100 por arma) com verba do próprio estado, uma vez que a campanha nacional sequer havia sido iniciada. Requião inovou também ao premiar o policial com R$ 100 por arma apreendida, política que outros governos acabariam por adotar. Na época, o Paraná apreendeu mais de 7 mil armas ilegais.[4]

No dia seguinte, Requião me levou de carro até o porto de Paranaguá, que também funciona como corredor importador/exportador para o Paraguai, que não tem mar, por aí entrando todo tipo de produto, sem controle das autoridades brasileiras e com completa autonomia do país vizinho. Explicou-me que todo mundo sabia que, em paredes falsas de contêineres, entrava enorme quantidade de contrabandos, entre eles armas e munições; que ele já havia denunciado e pedido providências à Polícia Federal, que alegou nada poder fazer.

Desvio de armas dos Fóruns Judiciais

A situação de falta de controle, de rastreamento e de destruição das armas, vigente nos depósitos de armas dos fóruns, em todo o país, propiciando seu desvio para o crime organizado, foi analisada em 2007. Através de pesquisa *in loco* nos depósitos de São Paulo, Isabel Figueiredo, na época trabalhando para o Instituto Latino-Americano das Nações Unidas para Prevenção do Delito e Tratamento do Delinquente (INALUD), chegou ao seguinte diagnóstico, além de apontar recomendações:

> Visitamos o depósito da 1ª Vara do Júri, que na época tinha cerca de 6.000 armas, e o depósito do fórum criminal central da Capital, que armazenava cerca de 55.000 armas. Síntese das principais conclusões: não há um sistema de controle de armas apreendidas em ações policiais. Se as armas não somem, é por mero acaso, e não porque haja alguma preocupação efetiva com o assunto. Os bancos de dados existentes não se relacionam nem estão disponíveis.[5]

Em 2011, o CNJ, através do Sistema Nacional de Bens Apreendidos, estimou que existiam mais de 755 mil armas e seus componentes armazenados em fóruns, constantemente desviados. Esse acúmulo era devido à morosidade com que se arrastam os processos em que essas armas estão envolvidas e ao fato de os juízes não as remeterem para destruição após os julgamentos finais, como manda o Estatuto. Segundo levantamento feito pela Câmara dos Deputados, entre 2004 e 2011, uma arma foi roubada ou furtada, por dia, dos fóruns em todo o país.

Felizmente, no final de 2017, o CNJ, por iniciativa de sua então presidente, Carmem Lúcia, fez um acordo com o Exército para que os Fóruns de Justiça cumpram a lei, e as armas liberadas de processos sejam enviadas para destruição pelo Exército, que se comprometeu a agilizar esse trabalho. A partir daí, este último promoveu a destruição de cerca de 109 mil armas, antes estocadas em precárias condições de segurança nos Fóruns de Justiça de diversos estados.

O Exército informou que "nos últimos 10 anos destruiu mais de 1,5 milhão de armas em todo o país. Apenas na Região Militar de São Paulo, foram 520 mil equipamentos destruídos".[6] Como regra, o Exército voltou ao seu procedimento corriqueiro de destruição de armas nos fornos das siderúrgicas, longe do público, sem transparência. Mas pelo menos destrói. Nos últimos três anos, na Operação Rolo Compressor, tem promovido a iniciativa no Rio de Janeiro, sendo que em julho último destruiu 16 mil armas no Batalhão de Manutenção e Suprimento de Armamento.

A aplicação da lei é muito bem-vinda, porque têm sido inúmeros os fóruns assaltados, como já mencionamos anteriormente. Essa a principal razão pela qual a solução não é estocar armas, nem reaproveitá-las (apenas 1% se prestam a serem reutilizadas pela polícia), mas destruí-las assim que possível, considerando que filigranas jurídicas são menos importantes que impedir que voltem para as mãos dos delinquentes. Em países menos bacharelescos, as armas vinculadas a processos são periciadas, fotografadas, colhidos todos os seus detalhes. Em seguida são destruídas, não sendo necessária sua existência física para que faça prova em tribunal nem se preste à encenação de advogados, irrelevâncias se comparadas aos riscos de sua manutenção em depósitos inseguros.

20. CPI da Câmara dos Deputados sobre tráfico de armas

O Viva Rio promoveu o grande inventário sobre o número de armas de fogo que circulam no país, seu perfil e seus detentores, como vimos em "Mapa das armas do Brasil". Coube aos nossos parlamentares, com o apoio da PF, DFPC e do Viva Rio, investigar o tráfico ilícito de armas no país, suas fontes, seus números e suas características. A essa CPI nacional, realizada pela Câmara dos Deputados, seguiram-se duas outras, focadas no problema do estado do Rio de Janeiro, no âmbito da Assembleia Legislativa.

Após essas amplas e minuciosas investigações, passou-se a conhecer em extensão e profundidade os percursos feitos pelas armas e munições da legalidade ao mercado clandestino e ao crime organizado. Desde então, nenhuma autoridade responsável pôde alegar o seu desconhecimento. No entanto, é inevitável perguntarmos: por que praticamente nada foi feito para combater o tráfico ilícito de armas e munições entre nós, seguindo as informações e propostas das CPIs? As autoridades responsáveis não foram processadas por omissão ou cumplicidade, muito menos demitidas por prevaricação. Veremos a seguir síntese do competente e relevante trabalho dessas CPIs.

De março a novembro de 2006, funcionou na Câmara dos Deputados a "Comissão Parlamentar de Inquérito Destinada a Investigar as Organizações Criminosas do Tráfico de Armas".[7] Essa CPI realizou um trabalho de enorme importância. Seu Relatório Final é sempre acessado por organizações internacionais e por outros governos, que o consideraram "o mais importante levantamento já realizado sobre o tráfico ilegal de armas de toda uma nação", conforme me disse um dirigente do setor de Desarmamento da ONU, em 2010. Os resultados dessa investigação pioneira são devastadores, e em grande medida explicam por que os índices de mortes por arma de fogo em nosso país estão entre os mais altos do mundo.

Nunca havia participado de uma CPI, e fiquei surpreendido com o poder que ela tem, obrigando autoridades públicas e empresas privadas a revelarem informações que normalmente mantêm a sete chaves. Sua capacidade de denunciar os desvios e a corrupção têm também repercussão. Por outro lado, frustrei-me quando vi que seu poder é apenas o de investigar e denunciar, não o de punir ou de mudar a lei; ela não pode mais que fazer recomendações, via de regra ignoradas. De qualquer forma, considerando-se a caixa-preta que é o universo das armas no Brasil, foi um grande passo identificar e trazer à luz do dia a estrutura do tráfico ilícito de armas, embora seja decepcionante quando não redunda em medidas para combatê-lo. Revelar em detalhes um grave problema que afeta a segurança da população, e constatar que nada se faz, é desesperador. Fica a esperança de que novos governos aproveitem esses achados para enfrentar de vez o problema.

A CPI foi presidida com seriedade pelo delegado da PF licenciado, e então deputado, Moroni Torgan (PFL/CE), que tomou os depoimentos de mais de cem militares, policiais, comerciantes, CACs, especialistas, e até traficantes de armas presos, estes últimos em audiências reservadas ou nos próprios presídios. Seu trabalho não se ateve a depoimentos e análise das informações fornecidas pela DFPC, PF, Secretarias de Segurança dos estados, Ministério Público Militar, comerciantes e fabricantes de armas e munições, entre outros setores relacionados às armas. Os sub-relatores da CPI saíram a campo para investigar o contrabando nas fronteiras e os desvios nos presídios. Nesses últimos, foram ouvidos Marcola, chefe do PCC, e outros criminosos presos.

A composição da CPI foi a seguinte:

Presidente:	Deputado Moroni Torgan (PFL/CE)
1º Vice-presidente:	Deputada Laura Carneiro (PFL/RJ)
2º Vice-presidente:	Deputado Josias Quintal (PMDB/RJ)
3º Vice-presidente:	Deputado Neucimar Fraga (PL/ES)
Relator:	Deputado Paulo Pimenta (PT/RS)
Sub-relator Fronteira Norte:	Deputado Luiz Couto (PT/PB)

Sub-relatora Fronteira Paraguai:	Deputada Laura Carneiro (PFL/RJ)
Sub-relator:	Deputado Neucimar Fraga (PL/ES)
Sub-relator Fronteira Argentina:	Deputado Colbert Martins (PPS/BA)
Sub-relatora Fronteira Peru e Bolívia:	Dep. Perpétua Almeida (PCdoB/AC)
Sub-relator Indústria, Comércio e CAC:	Dep. Raul Jungmann (PPS/PE)
Sub-relator Portos e Aeroportos:	Deputado Josias Quintal (PMDB/RJ)
Sub-relator Comunicações em Presídios:	Dep. Julio Semeghini (PSDB/SP)

A CPI trabalhou de forma exaustiva uma enorme massa de informações inéditas. Parte desses dados, que levaram a conclusões surpreendentes, algumas delas gravíssimas, foi obtida através do rastreamento (identificação do primeiro comprador) de 10.549 armas, realizado pela primeira vez, e a pedido do sub-relator Jungmann, pelos seus fabricantes Forjas Taurus S/A, Amadeo Rossi, CBC e IMBEL; e de 8.422 armas rastreadas pelo Sinarm, trabalho solicitado pelo presidente da CPI. Simultaneamente, o Viva Rio fez um detalhado levantamento do perfil (fabricante, tipo de arma, modelo, calibre e situação legal) de 146.723 armas apreendidas pelas forças públicas de segurança nos estados do Rio de Janeiro (78.011 armas), São Paulo (43.266 armas) e Distrito Federal (25.446 armas). A assessoria técnica prestada pelo Viva Rio à CPI, solicitada por seu presidente, foi realizada de forma voluntária e não remunerada.

Principais fontes de desvio de armas e munições

A DFPC teve um papel decisivo, pressionando os fabricantes de armas brasileiros a informar à CPI os "primeiros compradores" das armas que haviam sido apreendidas na ilegalidade, cujas listas o Viva Rio e a PF haviam fornecido à CPI. De início, esses fabricantes, descumprindo a lei, simplesmente ignoraram o pedido feito pela Comissão. A DFPC cumpriu o seu dever e se impôs como órgão fiscalizador, exigindo os dados. Só então as informações sobre a venda das armas foram liberadas. Essas informações permitiram que se conhecesse as principais fontes de desvio de armas e munições dentro do Brasil, conforme havíamos descrito:

DESVIOS DOMÉSTICOS
1) VAREJO: armas de cidadãos registradas e posteriormente furtadas, roubadas ou revendidas; armas de cidadãos sem registro; venda ilegal por lojas; falsos CACs;
2) ESTOQUES: empresas de segurança privada; desvios dos estoques das polícias e das FFAA; armas de serviço de policiais corruptos; armas apreendidas e revendidas por policiais corruptos;
3) TRANSPORTE: rodovias mal fiscalizadas; transportes das fábricas mal fiscalizados.

DESVIOS INTERNACIONAIS
4) Exportações de fachada, realizadas por fabricantes cúmplices ou operadas por *brokers* corruptos;
5) Exportações irresponsáveis para países que darão destino ilegal ao armamento;
6) Portos e aeroportos mal fiscalizados;
7) Costa, rios e lagos navegáveis mal fiscalizados;
8) Fronteiras do país mal fiscalizadas.

Desvios de armas dentro do Brasil: o Estado arma o crime

Através dos rastreamentos feitos, a Comissão concluiu que os maiores desvios de armas para o crime são realizados por lojas autorizadas a vender esses produtos legalmente (68% das armas vendidas pelas fábricas, desviadas e rastreadas). Isto é, comprovou-se que "bandidos compram armas em lojas". Em segundo lugar, confirmou-se a antiga suspeita de que boa parte das armas desviadas provém de empresas de segurança privada, de transportadoras de valores e de seguranças privadas de empresas (23% das armas rastreadas pela Polícia Federal). Em terceiro lugar, e essa é a revelação mais chocante, aparecem as armas vendidas para os próprios organismos do Estado brasileiro (18% das armas informadas pelas fábricas e rastreadas), sendo que em sua maior parte sob responsabilidade das PMs (59%), mas também do Exército (22%). Essas armas são desviadas por membros de organismos estatais criados e financiados para proteger a sociedade, e que se transformaram em fornecedores de armamento para aqueles que a agridem. Um escândalo.

Armas privadas de agentes públicos desviadas para o crime

A CPI se defrontou com outra descoberta chocante. Constatou, após investigar o armamento vendido para membros das FFAA e das forças de segurança pública, e posteriormente apreendido com delinquentes, que duas normas possibilitam o desvio de grande quantidade de armamento (armas e munições) para o crime organizado. Esse desvio aconteceria pela vigência de normas incompatíveis com uma democracia republicana, imposta na época do regime militar (1965), e desde então renovada.[8]

Por seu artigo 152, os oficiais, subtenentes e sargentos das FFAA podem comprar diretamente nas fábricas, em prestações, para uso próprio, a cada dois anos, até três armas, pelo preço de custo. Em seis anos, podem acumular até nove armas. A tentação de revender essas armas deve ser grande. Primeiro, porque ninguém necessita de nove armas para autodefesa. Segundo, porque a margem de lucro, para quem pagou preço de fábrica à prestação, não é pequena. Um militar pode também comprar com essas facilidades, a cada semestre, 300 cartuchos de bala para arma de porte; 500 cartuchos de bala para arma de alma raiada, para caça; e 500 cartuchos de chumbo para arma de alma lisa, para caça. Em 6 anos, além das armas, terá acumulado 15.600 munições, um arsenal.

Os mesmos privilégios têm os policiais militares, segundo a Portaria Ministerial nº 616, de 28 de outubro de 1992, em seu artigo 8º do anexo 40. Os policiais civis, rodoviários federais e ferroviários federais, de acordo com a mesma Portaria, têm o privilégio de comprar uma arma, também por preço de fábrica, com a ressalva de que não podem "revendê-la no prazo mínimo de seis anos após sua compra", isto é, já se pressupõe que irão revendê-la.

Não é de admirar que, pelos dados da CPI, muitas dessas armas tenham sido encontradas em grandes proporções no mercado ilegal: 52% das armas apreendidas, anteriormente vendidas para militares e policiais dentro dos quartéis, eram de calibre 38 e 33% de calibre 380, ambos de uso civil e as mais populares entre os delinquentes.

Segundo a CPI, "Os militares e policiais são cidadãos fardados. Fora dos quartéis e delegacias, eles deveriam, no que concerne à compra e registro de armas pessoais, estar submetidos às mesmas regras, controles e registros que os cidadãos civis".[9]

Para a CPI, esta situação é agravada pela recusa sistemática das FFAA darem acesso à PF ao seu banco de dados, Sigma, limitando em muito o Sinarm de embasar o rastreamento das armas civis envolvidas em delitos. A DFPC, nesse aspecto, simplesmente não cumpre a lei.

Fronteiras abertas ao contrabando

A CPI mostrou que por nossas fronteiras, sejam terrestres, aéreas ou aquáticas, entra tudo, por absoluta falta de um trabalho integrado dos órgãos de fiscalização alfandegária; por descaso no uso, sabotagem ou insuficiência de scanners e outros equipamentos de fiscalização; por omissão e/ou cumplicidade com o crime organizado de agentes públicos que operam em ambos os lados das fronteiras e nos postos, aeroportos e rodovias do país. Avaliando e depurando um grande repositório de informações, a Comissão mapeou as principais rotas e canais que suprem nosso país de armamento contrabandeado do exterior, ou de armas que são exportadas e retornam ao nosso território.

Se a maior dificuldade fosse a fronteira, estaríamos pessimistas, considerando que o Brasil tem 16.886 quilômetros de fronteira, 588 municípios fronteiriços com nove países. É mais de cinco vezes maior que a fronteira dos EUA com o México, que tem 3.152 quilômetros, e que com toda a tecnologia e polícia eficiente, não conseguem controlar de forma satisfatória. Sorte nossa que 86% (percentual das armas ilegais brasileiras) do problema é interno e não de fronteira. Se houvesse vontade política no cumprimento da lei, com boa fiscalização de fábricas, transporte, lojas, usuários e exportação de armas e munições, a questão do armamento ilegal estaria grandemente resolvida.

Pesquisa do Viva Rio nas fronteiras ajuda a CPI

A CPI deu grande importância, e se beneficiou em suas análises, da pesquisa de campo que realizei, com parte da minha equipe, nas fronteiras do Brasil com os países vizinhos. Em dezembro de 2005, tristes e desanimados com o resultado do referendo, para desanuviar e retomar o ânimo convidei Pablo Dreyfus e o inspetor aposentado Luiz Carlos Silveira para percorrermos essas fronteiras. Foi uma aventura muito produtiva, cujos resultados publicamos,[10] e que foram requisitados por quase todos os governos da América do Sul, menos pelo nosso.

Simulando que estávamos interessados em comprar armas e munições, embrenhamo-nos por diferentes pontos da fronteira, percorremos estradas e rotas clandestinas, cada loja desses produtos, investigando suas conexões. Pouquíssimos pontos são fiscalizados, e mesmo onde existe a fiscalização, prevaleceria o que chamam de "transpropina": cada posto teria um agente encarregado de liberar o armamento mediante propina de 10 a 20 dólares por arma (estávamos em 2006). O contrabando se faria em pequenas quantidades. Mas quando se tratar de ônibus ou caminhão, o armamento iria em lotes maiores, escondido embaixo de soja ou outras mercadorias. O uso de scanners, que detectaria tudo, é impensável. Segundo depoimento em audiência reservada de um traficante, "nas terças ou quartas-feiras acontece o 'Dia do Bonde', quando a polícia de ambos os lados da fronteira da Ponte da Amizade deixa passar centenas de ônibus e caminhões sem serem vistoriados".

Além do contrabando "formiga", individual, muito comum, pelo grande lago formado pela hidrelétrica de Itaipu, durante a noite é intenso o trânsito de pequenos barcos abarrotados de armas, cigarros e todo tipo de mercadoria. A ponto de o então cônsul da Argentina em Ciudad del Este nos afirmar que estava arrependido de haver alugado uma casa de frente para o lago, porque o barulho dos motores dos barcos fazendo contrabando à noite era insuportável. Pablo visitou a hidrelétrica de Itaipu, e quando o técnico encarregado de recebê-lo apontou com orgulho um radar, ativo na proteção da grande obra "contra ataques aéreos", Pablo não resistiu e perguntou: "Por que não utilizam o radar também para controlar um problema muito mais concreto, que é a passagem de tantos barcos com contrabando?" Não houve resposta.

A pesquisa que realizamos *in loco* nas fronteiras motivou da presidência da reunião da Comissão de Segurança do Parlatino o seguinte comentário: "Se a polícia brasileira fizesse a investigação que vocês fizeram, combateríamos o contrabando com mais eficiência."

Principais rotas internacionais do contrabando para o Brasil

A CPI apontou as principais rotas de entrada de contrabando de armas e munições em território nacional (segundo investigação de 2016, sempre considerando que as rotas mudam em função da repressão ou de outros fatores):

- Armas provêm dos EUA, passando pelo México e Paraguai, com destino ao Brasil.
- Armas provêm dos EUA, passando pelo México e ingressando pelo aeroporto do Galeão e portos do Rio de Janeiro, Sepetiba e Santos.
- Armas provêm dos EUA, passando pelo Panamá e Brasil, e são trocadas por drogas na Colômbia.
- Armas europeias seriam embarcadas no porto de Rotterdam, Holanda, seguiriam por mar até o Suriname (que, como ex-colônia holandesa, mantém livre comércio com esse país) e entrariam no Brasil por ar, via Nordeste, e por terra, pela região Amazônica, via Pará e Amapá, com destino à Colômbia. A relação de troca se faria com ouro dos garimpeiros do Brasil, armas provenientes do Suriname e drogas da Colômbia. O tráfico entre o Brasil e o Suriname se faria também através dos helicópteros que transportam garimpeiros brasileiros para esse país e voltam.
- Armas proviriam da China, e entrariam no Brasil pelo porto de Paranaguá (corredor de comércio legal do Paraguai), via porto de Montevidéu, e seguiriam para Paraguai e Colômbia.[11]

A CPI indicou também por quais cidades entra predominantemente o armamento ilegal, o que confirmamos *in loco*, mas são tantas que seria longo nominar.

Portos, aeroportos e costa sem controle

A ideia que se tem da falta de controle dos portos e aeroportos brasileiros, comparados com um queijo suíço, tantos são os buracos por onde flui o contrabando, não é uma metáfora exagerada da realidade. As pesquisas de campo realizadas por membros da CPI e pela equipe do Viva Rio, somadas aos detalhados depoimentos dados à Comissão pelas autoridades alfandegárias e demais órgãos responsáveis pela sua fiscalização, só corroboraram a péssima imagem que se tem do nosso sistema de controle alfandegário: "As características desse controle são a precariedade, a falta de integração dos vários órgãos, o desperdício de suas atividades e meios, a omissão e/ou cumplicidade com o tráfico." Crítica especial foi feita aos agentes da Fazenda nas fronteiras, "que não colaboram, não denunciam a presença de armamento, só preocupados com os impostos".[12]

Para fiscalizar os mais de 7 mil quilômetros de costa marítima, e as extensões de fronteira aquática de lagos e rios, com que conta o Brasil? A título de comparação, o litoral dos Estados Unidos é vigiado por uma guarda costeira, criada em 1915, de 42.042 homens. Segundo apurou a CPI, o Brasil, só em 1995, através do Decreto nº 1.507, criou os Núcleos Especiais de Polícia Marítima (NEPONS), num total de onze unidades, com algumas lanchas pilotadas por poucos policiais da PF. Não temos guarda costeira especializada no controle de nossa gigantesca geografia aquática, que fornece infindáveis entradas no país.

A Comissão apurou que, pela baía de Guanabara, durante a noite, entra tudo. Falsos pescadores, com seus pequenos barcos, desembarcam contrabando trazidos por navios que ficam próximos à entrada da baía, e não são fiscalizados, levando as cargas diretamente para as favelas do litoral.

Recentemente, o Grupo de Ação Especial de Combate ao Crime Organizado (Gaeco), do Ministério Público do Rio de Janeiro, anunciou como uma descoberta essa dinâmica do contrabando na baía de Guanabara. Não leram o Relatório da CPI de doze anos atrás? Mas como durante todo esse tempo nada se fez, a situação de hoje se revela muito pior. O narcotráfico e a milícia, que se tornaram sócios, se espraiaram pelo nosso principal cartão-postal. A baía de Guanabara, um espelho d'água de 400 quilômetros quadrados que banha sete municípios e sobre a qual se debruçam várias favelas, teve nos últimos cinco anos a maioria de suas ilhas transformada em fortalezas do crime organizado. Nem o Ibama pode fiscalizar a natureza ameaçada, pois é recebido a tiros. Para fiscalizar toda a área, contamos com a Marinha, a Capitania dos Portos e a PF, mas que se atêm ao entorno da Ponte Rio-Niterói e do porto, locais mais seguros, deixando tudo o mais desguarnecido.[13] Fiscalizar à noite, nem pensar, e não por coincidência é quando o contrabando se torna intenso, como no lago de Itaipu.

O porto de Santos seria outra calamidade, segundo a Comissão de Inquérito. Há pouco tempo, denunciou-se que um terço da cocaína que entra na Europa passaria por esse porto, e não se faz nada a respeito. Segundo o presidente da CPI, Moroni Torgan: "Se os portos continuam abertos, da forma que estão, de que adianta controlar as fronteiras?"

Burlando a ONU nas exportações: decreto secreto

No que diz respeito ao comércio externo de armas, a CPI fez revelações graves. Na contramão do espírito do Estatuto do Desarmamento, cedendo à pressão do lobby, e de forma mais que discreta, o governo revogou a Portaria nº 22, de 15 de setembro de 2000, dispositivo que obrigava as fábricas a marcar nas armas exportadas o nome do comprador, medida que dificultaria sua revenda para compradores ilegítimos (crime organizado, ditaduras, nações em guerra, terroristas) e facilitaria seu rastreamento quando desviadas.

A CPI constatou também sérias omissões e manipulação nos dados referentes ao comércio de revólveres e pistolas. Sob o pretexto de velar pela "segurança nacional", e por "razões estratégicas" abstratas e fragilmente argumentadas, seriam falseadas ou omitidas informações sobre nossas exportações. Por exemplo, revólveres e pistolas exportados seriam registrados como "armas de caça". Isso tem a ver com "interesses estratégicos"?

Verificou-se que, em plena democracia, prevalece nessa área uma espécie de "decreto secreto", da época da ditadura, e que segue sendo renovado, conforme vimos em "O papel da ONU". Para a CPI, isso é incompatível com o estado de direito, impede a fiscalização das exportações pelo Congresso e pelos ministérios da área econômica, e proíbe os funcionários públicos que tomam conhecimento dessas informações de prestarem esclarecimentos a respeito. O sigilo se basearia na "defesa da segurança nacional", que acaba por legitimar venda de armamento para ditaduras e por facilitar o seu desvio.

Subcomissão de Armas e Munições da Câmara

É importante explicar o que foi essa relevante Subcomissão e como foi extinta de forma a impedir investigações sobre desvio de armas. A partir do impacto positivo gerado pela CPI sobre o Tráfico de Armas, deputados independentes conseguiram, por pouco tempo, tirar o controle férreo da Comissão de Segurança Pública da Câmara por parte da bancada da bala. Foi possível, então, por sugestão minha e requerimento do deputado Raul Jungmann, criar-se, em 28 de março de 2007, a Subcomissão de Controle de Armas e Munições, nos moldes das existentes, por exemplo, nos parlamentos da Suécia, dos Estados Unidos e da Itália. Seu objetivo maior era subordinar o estratégico setor de armas de fogo a um organismo democraticamente eleito, como o Parlamento, e fiscalizar a aplicação da lei no controle de armas pequenas, tema subordinado à Comissão de Defesa, que, controlada pelo complexo industrial-militar, nunca fez nada a respeito.

Tratava-se, por exemplo, de pela primeira vez controlar a exportação de armas pequenas brasileiras, uma caixa-preta nunca fiscalizada por um órgão democraticamente eleito; cobrar o cumprimento da lei de controle de armas pelos órgãos públicos, indústria e comércio de armamento, além de realizar investigação e pesquisa para combater o tráfico ilícito de armas e munições e o desvio desses produtos, principalmente por parte de organismos estatais, como polícia e Forças Armadas. O Viva Rio prestou assessoria voluntária à Subcomissão, realizando várias pesquisas.[14] Enquanto funcionou, a Subcomissão foi presidida pelo deputado Raul Jungmann, depois substituído pelo deputado Alessandro Molon, e avançou muito na análise do comércio ilícito de armamento, antes de ser extinta pela bancada da bala.

Galeão: fuzis entram pela porta da frente do Rio

Um bom número de armas de guerra (fuzis, principalmente) entrou pela fronteira, e parte deles eram fuzis brasileiros vendidos às Forças Armadas da Bolívia; nos últimos anos, entraram fuzis AK-47 da Venezuela e Colômbia (que armam suas FFAA), ou que passaram pelos EUA, provenientes da Europa e dos conflitos árabes; 86 fuzis foram vendidos na Flórida a residentes brasileiros, e daí foram contrabandeados para o nosso país.

A CPI demonstrou como nossos aeroportos e portos são um corredor para o contrabando de armas e munições, e exigiu medidas para sustá-lo. As autoridades responsáveis ignoraram o pedido. Em 2017, um grande contrabando no Galeão expôs a gravidade da situação, com armamento entrando pela porta da frente do Rio. Uma desmoralização.

A apreensão de sessenta fuzis nesse aeroporto escancarou pelo menos dois sérios problemas: a vulnerabilidade desse grande aeroporto ao contrabando de armas e a falta de colaboração entre as várias polícias. Os fuzis apreendidos estavam acondicionados dentro de aquecedores de piscina. Eram 45 fuzis AK-47, 15 AR-10 e um G3 (alemão), além de 7 caixas de munição 7.62, num total de 140 projéteis. O lucro seria de mais de R$ 3,5 milhões, considerando-se que o preço de cada arma no mercado norte-americano varia entre 1,8 e 2,5 mil dólares, e seriam vendidas para as três facções que dominam o tráfico de drogas no Rio por até R$ 70 mil.

As armas foram enviadas da Flórida pelo contrabandista carioca Frederik Barbieri. O Ministério Público Federal calcula que, entre 2014 e 2017, Barbieri e quinze outros cúmplices, incluindo um despachante aduaneiro autorizado pela Receita Federal, tenham enviado pelo menos 75 carregamentos de armas, sempre escondidos dentro de aquecedores de piscinas, bombas de água e aparelhos de ar condicionado, num total de 1.043 fuzis, 300 mil projéteis e mais de mil carregadores. Não se ouviu falar de mudança na política de fiscalização do nosso aeroporto.

O último grande ato relativo ao contrabando de armas, até o momento, foi a maior apreensão já realizada no Rio: 117 fuzis encontrados pela Polícia Civil na residência de um cúmplice do ex-sargento PM Ronnie Lessa, acusado de haver assassinado a vereadora Marielle Franco e seu motorista, Anderson Gomes. Os fuzis não estavam montados, provavelmente para fugir às novas restrições impostas pelos EUA às exportações de armas para o Paraguai, que não atingem as peças de armas. A investigação segue.

Conclusões da CPI da Câmara

Em suas conclusões, o sub-relatório do deputado Jungmann sintetiza os trabalhos da CPI:

> Entre outras iniciativas, apresentamos o testemunho de militares e policiais, que apuraram como falsos colecionadores e atiradores esportivos são na verdade traficantes de armas e munições, e como clubes de tiro se tornaram verdadeiras feiras desses produtos, por serem controlados de forma precária.
>
> Demonstramos que a questão da informação é central, e que sem dados de qualidade e atualizados sobre armas, é inviável o combate aos seus desvios. Usando os poderes de investigação da CPI, pudemos mobilizar esforços, como da Polícia Federal, da DFPC e de algumas Secretarias de Segurança Estaduais, e obter a colaboração dos fabricantes de armas, provando que é possível o rastreamento de grandes quantidades de armas ilegais, nunca antes feito neste país. O importante é entender que o rastreamento é o caminho para se desbaratar o crime organizado, e não apenas para desarmá-lo, para se descobrir os focos de cumplicidade instalados em organismos do Estado,

para se revelar os descaminhos percorridos pelas armas e munições depois que saem das fábricas brasileiras, até chegarem às mãos dos criminosos.[15]

Denúncias e propostas da CPI: por que nada se fez?

O sub-relatório de Jungmann, elaborado com a colaboração técnica do Viva Rio, fez 92 propostas e recomendações, relativas a todos os problemas encontrados no combate ao tráfico ilícito de armas. Elas foram enviadas para todos os órgãos com responsabilidade no enfrentamento do tema, para que não restasse dúvida sobre o que cabia ao governo fazer, apontando-se a viabilidade e a legalidade das medidas demandadas. Apenas uma única medida foi tomada, pelo Ministério Público Federal de São Paulo, que, como mencionamos, acionou inutilmente a DFPC por não dar acesso à PF aos dados do Sigma. Depois de tanto esforço e gastos da CPI, não houve consequências, o tráfico se manteve intacto e só fez crescer. Por quê?

21. CPI do Rio sobre tráfico de armas

A CPI da Assembleia Legislativa do Estado do Rio de Janeiro concluiu seus trabalhos em dezembro de 2011.[16] Foi presidida pelo deputado Marcelo Freixo (PSOL), que já havia presidido, em 2008, a importante CPI sobre as Milícias, que revelou a extensão e gravidade adquirida por essa organização criminosa no Rio, que por falta de repressão só fez crescer. Naquela CPI foi pedido o indiciamento de 225 pessoas acusadas de envolvimento com as milícias, e feitas 58 propostas, ignoradas pelo Poder Público. Colaborei com a nova CPI sobre o tráfico de armas, prestando depoimento e fornecendo dados e informações.

Membros da CPI da ALERJ:

Presidente:	Deputado Marcelo Freixo
Vice-presidente:	Deputado Zaqueu Teixeira
Relator:	Deputado Wagner Montes
Membros efetivos:	Deputado Flávio Bolsonaro Deputado Luiz Paulo Correa da Rocha
Membros suplentes:	Deputado Gilberto Palmares Deputado Paulo Ramos

Situação de descontrole das armas no Rio

O relatório final dessa CPI constatou que o número de apreensões de armas ilegais no estado era insuficiente, por considerar que, segundo o ISP (Instituto de Segurança Pública), de janeiro a novembro de 2010 foram registradas 6.289 apreensões, estimando-se a média de 13 mil por ano. Entretanto, avaliou que, somente no município do Rio de Janeiro, em 2006, circulavam cerca de 998.621 armas, sendo que ao redor de 159.723 vinculadas ao crime.

Relacionando o narcotráfico com o tráfico de armas, a CPI informou que, quando da ocupação do Complexo do Alemão, em 2010, durante os doze dias de confrontos, foram apreendidas 544 armas (em sua maioria brasileiras), sendo 200 pistolas, 140 fuzis, 73 revólveres, 35 metralhadoras, 34 espingardas e 18 submetralhadoras, além de 38 granadas e 6 bombas artesanais.

Diligência feita pela Comissão, acompanhada da Polícia Federal e do Exército, na loja Max Shopping, em Nova Iguaçu, uma das oito apontadas por pesquisa do Viva Rio como suspeitas de não cumprir o Estatuto do Desarmamento, verificou que a relação oficial de armas não conferia com o estoque de armas à venda. As condições de segurança da loja eram precárias, não possuindo sequer câmeras de vigilância ou vigilantes. O relatório cita a pesquisa *Implementação do Estatuto do Desarmamento: do papel para a prática,* publicada em abril de 2010 pelo Instituto Sou da Paz, onde se afirma que a PF, além de não ter acesso aos dados do Sigma, tampouco tem acesso aos dados do Sistema de Controle Fabril de Armas (Sicofa), do Sistema de Informações Gerenciais da DFPC (SIG-DFPC), do Sistema de Guia de Tráfico Eletrônico (Sist G TrfElt) e do Sistema de Controle de Vendas e Estoques de Munição (Sicoven). Todos, criados após o Estatuto, revelam um esforço do Exército em aumentar a fiscalização, mas negando-se a compartilhar esses dados com as demais agências encarregadas de fiscalização e combate ao tráfico ilícito de armas e munições.

Quanto às munições, o relatório da CPI cita pesquisa publicada pelo anuário *Small Arms Survey*, segundo a qual, de uma amostragem de 1.045 cartuchos apreendidos com criminosos entre 2004 e 2006, no Rio de Janeiro, 84,4% eram de fabricação nacional, da CBC, e não munição estrangeira.

O relatório conclui: "O controle e a fiscalização do comércio legal de armas, munições e explosivos, pelo Exército, nas lojas de revenda, são meramente formais e burocráticos, sendo de fato ineficazes, não contando com uma interface com a Polícia Federal, à qual cabe esse papel a partir do momento da venda." O mesmo com relação ao mau controle exercido sobre os colecionadores, atiradores esportivos e caçadores. A CPI reproduz o depoimento de um coronel do Exército:

> Existem colecionadores que possuem mais de 500 armas, muitas vezes 50 do mesmo tipo. Quando a fiscalização vai lá, normalmente um homem só

> não verifica tudo, até porque tem uma agenda de fiscalização para cumprir. (...) Uma vez pegamos uns caras com fuzis na rua. Eram seguranças de um figurão da TV. Ele tinha comprado os fuzis como colecionador, mas era para uso na sua escolta. Não entendo por que o Exército tem que controlar os CACs. Não devia ser conosco, mas tem muita gente graúda nesse meio.

A CPI nomeia como principais problemas encontrados "a deficiência no controle e fiscalização do mercado civil interno, os desvios dos paióis estatais, a não fiscalização das rotas interestaduais e internacionais de armamento ilegal e a não integração dos dados informatizados pela Polícia Civil, Polícia Federal e Exército".

Órgãos não colaboram nem fiscalizam

Segundo o relatório da CPI, a Polícia Civil forneceu dados sobre 1.030 armas de pessoas jurídicas apreendidas, sem distinguir as empresas de segurança privada. Nada sobre munição. Por sua vez, a PF, informando apenas sobre armas de empresas de segurança privada, apresentou o registro de 1.402 armas de fogo com "ocorrências", sem especificar quais, além do registro de outras 6.733 armas de fogo, sendo 6.416 de furtos e 317 de perdas. Nada sobre munições.

O relatório chama atenção para o grande número de órgãos estatais que têm a ver com as armas de fogo no estado do Rio de Janeiro, num total de quinze. De todos, o único que teria se recusado a dar informações e a colaborar, como sempre acontece quando se trata de armas, foi o Corpo de Bombeiros. O procedimento do seu comando, nesse assunto, é o de ignorar as solicitações, o que contraria a norma. Talvez não seja um acaso que bombeiros e ex-bombeiros aparecem como integrantes das milícias que infestam o estado. No Brasil, diferentemente da maioria dos países democráticos, os bombeiros andam armados. Será que precisam de arma para apagar incêndio, salvar vítimas de desabamento e tirar gato de telhado?

De acordo com depoimento à CPI do então superintendente da PF no Rio, Valmir Lemos,

> só a segurança privada mobiliza no Rio 242.811 vigilantes cadastradas na PF – efetivo mais de quatro vezes maior do que os quadros inteiros

> das polícias Civil, Militar e Federal no estado. Enquanto isso, a PF conta aqui com apenas um agente policial e 3 administrativos para fiscalizar a atuação desse contingente, a serviço de 188 empresas legais e 68 equipes de segurança privada, que somam um arsenal de 21.751 armas.

E o relatório complementa: "Em relação à segurança clandestina, o cenário ainda é pior [o dobro das empresas legais]. A Superintendência da PF diz que a responsabilidade é da Secretaria de Segurança, que diz que é da PF, e ninguém toma providência. Enquanto isso, as empresas ilegais e o crime agradecem."

Corrupção de agentes públicos

Relatório enviado pela Subsecretaria de Inteligência da Secretaria de Estado de Segurança (SSINTE) à CPI informa:

> 49,14%, isto é, metade dos envolvidos em crimes envolvendo armas de fogo, munição e explosivos, de 2000 a 2010, totalizando 116 acusados, eram policiais. Desses, 39,66% eram da PM, inclusive oficiais superiores, fato que revela o nível de infiltração criminosa, que já atinge a cúpula dessa polícia. Crimes que envolveram tráfico de armas, venda de armas e munições para traficantes e milicianos, uso de armas subtraídas do tráfico.

Uma prática conhecida, afirma o relatório, é o policial ficar com as armas apreendidas de bandidos, consideradas "espólio de guerra", representando falta grave de conduta, armas que muitas vezes são plantadas para forjar "autos de resistência" ou comprometer alguém, as chamadas "velas", que se coloca ao lado da vítima.

Com relação aos desvios de conduta de agentes públicos, a CPI avalia que "os discursos das autoridades tendem a valorizar a culpa do indivíduo, e não a estrutura dos órgãos públicos que mantêm brechas que favorecem a prática de tráfico de armamento, como o coronel da PM que afirmou que 'policial que vende arma para bandido tem que ser fuzilado em praça pública' (*Extra*, 15.7.2007)".

Descontrole das munições e falta de rastreamento

O relatório afirma que "o controle sobre o desvio de munição é absolutamente 'negligenciado', com escassas informações. Se a Aeronáutica teve apenas 1% do total de armas desviadas, respondeu por 46% dos desvios de munições".

A delegada Barbara Lomba, da DRAE (Delegacia de Repressão a Armas e Explosivos), adverte a Comissão: "O rastreamento da arma pode elucidar o crime, mas não é costume que se investigue a origem da arma. A polícia corre atrás do autor, mas se esquece de descobrir de onde veio aquela arma."

Lomba afirma que pretendia criar um banco de dados para ajudar a polícia a rastrear a origem do armamento apreendido. Mas antes que pudesse fazê-lo, a DRAE foi extinta pelo governador Sérgio Cabral, em 2011. Tinha sido criada por pressão nossa, e Pablo Dreyfus trabalhou na sua implantação, com capacitação, informação e transmissão de métodos de rastreamento e pesquisa. Reativada em 20 de abril de 2017 com novo nome, a DESARME recebeu a cota de 15 policiais, quando deveria ter, no mínimo, 35 agentes e dois delegados, na opinião dos policiais. Nos outros estados nem existe órgão especializado no tema armamento. Nossa vizinha Argentina possui boa estrutura, com meios e capacitação para agir com eficiência em todo o país.

O relatório da CPI conclui que "o principal problema é que não existe uma prioridade institucional sobre o tema do controle de armas, (...) embora desde 2000 tenha havido nada menos do que cerca de 100 mil mortes provocadas por arma de fogo no Rio de Janeiro".

O relatório final contou com 47 votos a favor e um contra, do deputado Flávio Bolsonaro (PP).

22. CPI do Rio sobre desvio de armas

O PL nº 3.722 banaliza o uso de armas, que ceifam vidas, vendem ilusões e enriquecem seus mercadores.
Deputado estadual Carlos Minc (PSB/RJ)

Reportagem de 2015 noticiou ter havido extravio, furto e roubo de armamento em 36 dos 56 batalhões da PM do Rio de Janeiro, de onde foram extraviados 72 fuzis, 9 metralhadoras e submetralhadoras, 15 carabinas e espingardas, 167 pistolas, 38 revólveres .38, 1.761 carregadores, 466 munições, 151 coletes, 111 algemas e 7 radiotransmissores. Passados cinco anos, a falta de controle da força policial sobre um dos maiores paióis de armas do Rio continuava. Dados apresentados pelo Ministério Público Estadual mostraram ser desprezível o número de punições aos policiais devido, principalmente, às informações imprecisas da própria corporação. O deputado estadual Carlos Minc pediu então a instalação de uma CPI na Assembleia Legislativa para investigar o sumiço de armas na Polícia Militar, o que foi feito. Em agosto de 2016, a Assembleia Legislativa do Rio de Janeiro aprovou o "Relatório final da CPI destinada a investigar denúncias de desvio de armas, munições e explosivos (...)".[17] Como sempre, o Viva Rio colaborou com os trabalhos de mais uma CPI.

Membros da Comissão:

Presidente:	Deputado Carlos Minc (PSB)
Vice-presidente:	Deputada Martha Rocha (PSD)
Relator:	Deputado Luiz Martins (PDT)
Membros efetivos:	Deputado Zaqueu Teixeira (PT)
	Deputado Márcio Canella (PSL)
	Deputado Bruno Dauaire (PR)
	Deputado Flávio Bolsonaro (PP)
Membro suplente:	Deputado Paulo Ramos (PSOL)

Situação de desconhecimento, descontrole e desvio

O relatório da CPI, após mencionar o grande número de depoimentos pelas mais altas autoridades dos organismos de segurança do estado do Rio de Janeiro, diz causar espanto a constatação de que "todas as autoridades que prestaram informações à presente CPI declararam não terem conhecimento da existência, e tampouco do teor, do Relatório Final da CPI de 2011". Quer dizer, o relatório da CPI que vimos anteriormente, havendo sido enviado para todos esses órgãos para "tomada de providências", era desconhecido do seu alto escalão.

No Voto do Relator, o documento caracteriza a situação geral, após dezenas de depoimentos, relatórios dos organismos investigados e visitas das suas instalações: "Desvio de armamento dos paióis estatais e das empresas de segurança privada, e falta de organização integrada, sistêmica, informatizada e em tempo real (online) dos dados entre PM, PC, PF e Exército."

Em referência à marcação de munição (Portaria nº 16-D LOG/2006 do Exército, art. 50, III, "a", "b"), afirma que a marcação apenas da caixa (estojo) torna impossível seu rastreamento quando fora da embalagem, corroborando a crítica já formulada pelas CPIs anteriores.

Desvio nas empresas de segurança privada

Cabe à Polícia Federal fiscalizar as empresas de segurança privada legais.[18] Segundo declararam seus responsáveis no Rio à CPI, "existem 230 empresas legalizadas no Estado do Rio, sendo 30 delas para cursos de formação. Sua fiscalização é precária. (...) A própria PF suspeita da possibilidade de haver grupos organizados concorrendo para o extravio/furto/roubo de seu armamento, e solicitou providências às autoridades do Estado do Rio, mas nada foi feito". Examinando as informações fornecidas pela PF, a Comissão registrou que, "de um total de 58.476 armas de fogo pertencentes às empresas de segurança privada no Estado, 22.988 encontram-se regulares e 17.662 foram classificadas em extravio/furto/roubo, isto é, alimentaram traficantes, milícias e quadrilhas. Essas empresas parecem ser a principal fonte, dentre as analisadas no escopo desta CPI, que tem alimentado o crime organizado no Estado".

O descontrole dessas empresas é um problema nacional. Em São Paulo, após o roubo de 507 revólveres da empresa Vipper, o coronel José Vicente da

Silva afirmou: "Quem mais fornece armas de fogo para o crime são as empresas de segurança privada, mais que o contrabando."[19]

Cabe informar que o Brasil, na época da CPI, tinha 2.581 empresas de segurança privada legalizadas, com 583.100 vigilantes, segundo a Coordenação Geral de Controle de Segurança Privada (CGCSP) da PF. Considerando que sua fiscalização não é precária apenas no Rio de Janeiro, estamos diante de uma das principais fontes de armamento do crime no país.

Quanto às armas dessas empresas no Brasil, são hoje cerca de 5,5 milhões de armas (4,8 milhões são revólveres calibre 38), estando 66.688 em São Paulo, 22.092 no Rio de Janeiro, 19.508 em Minas Gerais e 5.758 no Espírito Santo. Pernambuco teve o maior número de armas dessas empresas desviadas (5,9%), seguido do Rio de Janeiro (4,21%), de São Paulo (3,1%), de Minas Gerais (2,5%) e do Espírito Santo (0,9%).

O fato de a maioria dessas empresas serem de propriedade de oficiais da polícia, e até mesmo das FFAA, sejam da ativa ou da reserva, gera graves contradições. *The Intercept Brasil* fez um inédito levantamento sobre quem está por trás das empresas de segurança privada no estado do Rio de Janeiro.[20] O mencionado coronel José Vicente observa: "Chefes policiais que lucram em atividades de segurança privada perdem o respeito de seus subordinados, que se veem livres para lucrar vendendo conveniências a criminosos",[21] e acrescentaria: "Qual o interesse em enfrentar o crime com eficiência em seu trabalho público, quando o crescimento da criminalidade só irá aumentar o mercado para sua empresa privada?"

Desvios nas polícias

Em referência ao trabalho do Ministério Público Estadual sobre desvio e armas de policiais, o relatório afirma que "dos 1.870 inquéritos instaurados, entre 2005 e 2010, sobre extravio/furto/roubo de armas em andamento, 1.818 continuam em andamento, 10 foram arquivados e apenas 42 (cerca de 2%) foram concluídos, resultando em denúncia", concluindo a CPI que "a atuação do MPF tem sido pálida".

A Comissão adverte que as investigações da CPI foram apenas sobre o armamento patrimonial (da corporação) dos policiais, e não sobre seu armamento particular, "outra fonte que acaba abastecendo o crime no Estado".

O Voto do Relator, após inspeções nos principais órgãos de controle de armas no estado, conclui: "O Poder Público tem falhado de forma grave no devido controle e fiscalização das armas, munições e explosivos."

Proposições da CPI

Dentre as 47 proposições feitas pela CPI, destacamos:

- Colocação de chips eletrônicos nas armas patrimoniais da polícia, para que possam ser localizadas e rastreadas.
- Marcação das munições vendidas para civis, como já se faz com as munições para as FFAA e forças de segurança pública.
- Adoção pela PM do sistema biométrico digital, informatizado, para o controle de suas armas.
- Integração de todos os batalhões da PM no Sismatbel.
- Promoção de cursos de capacitação periódicos para os policiais responsáveis pelos depósitos e paióis de armamento e explosivos.
- Edição de Projeto de Lei que estabeleça protocolo normatizando e obrigando que todas as armas apreendidas sejam rastreadas pela PC.
- Instalação de câmaras de segurança nos depósitos e paióis da PC, PM, Corpo de Bombeiros e Secretaria de Administração Penitenciária do RJ.
- Instituição de mecanismos de controle, por parte das corporações policiais, incluindo o Corpo de Bombeiros, sobre o armamento e munição particulares de seus servidores que sejam utilizados em serviço.
- Criação de um Comitê Executivo de Controle de Armas permanente, integrado por todos os órgãos de controle estaduais, para agir de forma interligada com os demais estados e a União.
- Que o Ministério Público do Estado, ao receber autos contendo apreensão de armas de fogo e munição, requeira à autoridade policial o seu rastreamento.
- Autonomia e independência da Ouvidoria da Polícia, com o fim de promover ações preventivas quanto ao envolvimento de agentes estaduais de segurança pública no tráfico de armas, munições e explosivos.
- Medidas por parte da SSP/RJ de repressão às empresas de segurança privada ilegais no Estado do Rio.

- Entrosamento da Superintendência da PF no RJ e da SSP/RJ, para que se levante a vida pregressa dos vigilantes em serviço, ou a serem contratados pelas empresas de segurança privada.
- Criação de uma Comissão de Representação para cobrar o atendimento dessas Recomendações.

Lei de Controle de Armas Estadual para o Rio

Em 13 de junho de 2017, foi apresentado à Assembleia Legislativa do Rio, o PL nº 2.966/2017, de autoria dos deputados Carlos Minc, Luiz Martins, Martha Rocha, Zaqueu Teixeira e Bruno Dauaire, propondo a instituição de "uma política estadual de controle de armas".

Indaguei ao deputado Carlos Minc se a competência para legislar sobre armamento não é da União, e ele respondeu: "Podemos legislar sobre segurança pública estadual e adaptar leis federais à realidade do Rio. Monitorar armas e munições dentro de quartéis e delegacias, por exemplo, é algo que podemos regrar."

Depois de aprovada a lei, o governador Pezão a vetou. Em 3 de dezembro de 2018, por unanimidade, a Assembleia Legislativa derrubou o veto e o PL foi promulgado como Lei nº 8.186/2018, votada por 49 parlamentares e nenhum contra.

Falta de foco nas armas

Três aspectos importantes, decorrentes de nossa reflexão sobre os resultados das CPIs, que julgo necessário ressaltar: falta de foco das polícias nas armas de fogo, ausência de setores especializados no combate ao tráfico de armas e desprezo pelo rastreamento das armas e munições apreendidas.

Nossas autoridades de segurança pública ainda estão focadas apenas no "crime" em si, preocupadas exclusivamente em produzir provas para fundamentar a condenação, desprezando a investigação sobre as armas apreendidas nos delitos como meios para se chegar ao universo maior da estrutura criminal. É uma visão "bacharelesca", que minimiza a eficiência que deve ter uma política de segurança pública, voltada não apenas para a condenação do réu, mas principalmente para o desbaratamento da organização criminosa e das fontes que abastecem de armas o crime organizado, para chegar-se aos mandantes e suas conexões, inclusive com o mundo legal. Minha experiência nos governos estadual e federal me diz que, na maioria das vezes, não se trata de incompetência, mas de conveniência, e mesmo de conivência. Essa limitação no caso das armas impede que se chegue aos *capi* do narcotráfico, aos bancos que lavam o dinheiro, aos poderosos da elite, restringindo-se a prender os pés de chinelo. Perguntas básicas, como "Que arma é essa?", ou "De onde veio essa arma?", não são respondidas, sequer são feitas. Pior, nossas polícias nem estão preparadas para rastrear armas, após a identificação adequada, o que prejudica inclusive a condenação do réu, que fica isento de outras culpabilidades. O mesmo sucede com as munições.

Setor específico de armas na polícia

Outra consequência desse desdém pela análise do tipo e origem da arma e munição ilegais, e/ou envolvidas em crime, é que o assunto nem sequer merece um setor específico dentro das estruturas policiais. Geralmente, as armas são tratadas por departamentos dedicados a vários outros crimes, ocupando prioridade baixa e lateral. No Rio, por pressão do Viva Rio, criou-se na Polícia Civil um departamento específico, depois fecharam, e recentemente foi reativado, como detalhamos em "CPI do Rio sobre tráfico de armas".

PARTE 8

DESARMAMENTO VOLUNTÁRIO E REFERENDO

Se você não é polícia nem bandido, desarme-se!
Apelo da polícia do Tocantins

23. O SUCESSO DA CAMPANHA DE DESARMAMENTO

A maioria das vítimas são homens jovens de 15 a 29 anos. Desse jeito, vai faltar homem. Mulheres! Arma de fogo, não!
Fernanda Torres, atriz

As campanhas de desarmamento voluntário realizadas no Brasil foram um fenômeno de massa, mobilizando milhares de pessoas. A primeira campanha foi um sucesso estrondoso, tirando de circulação quase meio milhão de armas, o segundo melhor resultado entre os 43 países que já promoveram a iniciativa. Seu resultado na redução de mortes por arma de fogo foi mais espetacular ainda, e nosso modelo passou a servir de exemplo para campanhas em diferentes nações.

Correr este país, das capitais aos grotões do interior, debatendo com diferentes auditórios, foi um aprendizado de Brasil. Como o país não se encontrava tão polarizado como hoje, e o tema era novo, despertando apoio ou mais curiosidade que oposição, sempre fui muito bem recebido, falando e ouvindo, debatendo de forma democrática. Mas passei algumas apreensões. Como na visita a Mossoró, maior cidade do interior do Rio Grande do Norte. Os debates na capital, Natal, tinham sido muito produtivos, com imensos auditórios lotados de civis e policiais. A participação do então ministro da Justiça, Luiz Paulo Barreto, contribuía para os auditórios apinhados de gente. Entretanto, quando nos dirigíamos de carro para Mossoró, Cleber Costa, o competente representante do MovPaz no estado, me alertou: "Não sei como será em Mossoró. A cidade tem orgulho de ter infligido a única derrota a Lampião e seus cangaceiros, que foram repelidos à bala pela população. Há um culto ao uso de armas. Não tenho ideia se seremos recebidos bem ou à bala", disse entre meio sério e galhofeiro. Por sorte, a governadora Rosalba Ciarlini organizara o evento e também participaria, com todos os secretários de Estado relacionados à segurança pública, além da PF no estado. Debatemos com um auditório amistoso, com centenas de participantes. Ao final, saímos ilesos, ao contrário dos cangaceiros.

Razões das campanhas

Ao ser regulamentada a nova lei de controle de armas, em junho de 2004, arregaçamos as mangas para viabilizar seu artigo 31, que autoriza a entrega de armas legais à PF, mediante indenização, além do artigo 32, que prevê a entrega de armas ilegais e, se comprovada a boa-fé do dono, sua indenização.

Começava assim todo um processo, aglutinando o governo federal e forças de todo o país, que levaria à implementação de três campanhas de desarmamento voluntário: a grande e exitosa campanha de 2004-2005, a campanha da Polícia Federal de 2008-2009 e a campanha iniciada em 2011, e que se tornaria uma discutível campanha "permanente".

O fundamento dessas campanhas é o de dar a oportunidade de entregar suas armas às pessoas que não se sentem em condições de usá-las para se defender, por inabilidade, receio, velhice ou enfermidade, ou porque se convenceram de que ter arma em casa é mais um risco que uma proteção. E seu objetivo é tirar o máximo de armas de circulação, para que haja menos armas para serem roubadas de residências ou serem instrumento de tragédia familiar, como acidente, suicídio ou assassinato de cônjuge, e contarmos com menos armas em conflitos pessoais que terminam em morte. Baseia-se na conclusão da quase unanimidade das pesquisas realizadas em diferentes países, de que "menos armas, menos mortes".

Com o Estatuto do Desarmamento, os cidadãos tiveram o prazo de 180 dias para regularizar o registro de suas armas na PF, mas os que o desejaram puderam entregá-las, mediante indenização. Daí a impertinência de se alegar que a lei "é contra os homens de bem". Na verdade, ela deu aos homens de bem a possibilidade de serem coerentes, de agirem como tais e deixarem de cometer o crime de "posse ilegal de armas".

A campanha, que começou a ser organizada a partir de julho de 2004, e que no Rio foi iniciada em agosto do mesmo ano, teve o término postergado várias vezes, pelo seu sucesso, até se encerrar em 23 de outubro de 2005, havendo durado quinze meses. A sua longa duração foi uma necessidade. Era uma novidade no Brasil e, por mudar mentalidades e atitudes, exigiu tempo para que o debate e a circulação de dados realistas, que contrariavam a informação leiga e os mitos da tradição, se irradiassem e alcançassem as lonjuras do país.

Para convencer o à época ministro da Justiça, Thomaz Bastos, de realizar a campanha no Brasil, dediquei-me a estudar a vasta experiência internacional nesse campo. Naquela época, cerca de trinta países já tinham realizado campanhas, com resultados diferentes. Essa avaliação prévia acabaria por nos poupar de vários equívocos. A partir daí, elaboramos a proposta de campanha, que apresentamos ao ministro da Justiça.

Mas antes da nova política nacional, convencemos o recém-eleito governador do Rio, Anthony Garotinho, a fazer conosco uma campanha piloto. Queríamos ensaiar o que seria uma iniciativa complexa e enorme, dadas as dimensões do Brasil. No Paraná, o governador Requião saíra na frente, realizando uma primeira campanha, como vimos, mas precisávamos dispor de mais experiência local antes de coordenarmos o desarmamento em nível nacional.

Entrega voluntária: apoio unânime

Estávamos otimistas porque, sendo voluntária a entrega de armas, quem poderia estar contra? Mesmo assim, de início, os grupos ligados à indústria de armas, como o Viva Brasil, se manifestaram contrários. Quando a primeira campanha começou a mostrar seus frutos, e os armamentistas ainda nos criticavam por "desarmar os homens de bem, e não os bandidos", o então diretor-geral da PF, Paulo Lacerda, respondeu: "Apreendemos 24 mil armas de bandidos e o desarmamento tirou 200 mil armas de pessoas de bem. Os bandidos não vão entregar suas armas. Elas têm que ser tomadas."

Com o transcorrer da campanha, o sentimento de que este era um movimento do bem, democrático, que não obrigava ninguém a participar, mas indenizava quem entregasse armas, por se tratar de um bem, a oposição ao desarmamento voluntário se calou, pelo menos naquele momento.

Perfil das armas entregues

Nossa equipe do Viva Rio analisou os dados de 5.091 armas entregues por 3.070 pessoas no posto da ONG, em nosso caminhão itinerante, e nas entidades parceiras no estado (igrejas, TV ROC/Rocinha, Assembleia Legislativa,

OAB, Associação dos Motociclistas, prefeituras etc.), até junho de 2005. Foram identificadas as seguintes características:

- 90% das armas estavam em condições de atirar, não eram sucata. [No Paraná, esse número foi de 95%, segundo sua SSP, em 2004.]
- 84% eram de cano curto e 14% de cano longo.
- 60% eram revólveres e 13% pistolas.
- 52% eram das marcas brasileiras Taurus e Rossi, e não estrangeiras.
- 91% de calibre de uso permitido para civis e 4% de uso restrito (as demais não foram identificadas).
- 91% sem registro (ilegais) e 9% com registro.
- Foram entregues 5 granadas (3 de morteiro), 4 metralhadoras (duas calibre .30, antiaéreas), 3 submetralhadoras e 77 fuzis de guerra.[1]

Considerando que o Rio de Janeiro é uma megalópole, e que não está em guerra, foi surpreendente encontrarmos armamento de guerra em residências. Esse geralmente era material levado para casa por militares e policiais, como suvenir, guardado em apartamentos, por exemplo, em Copacabana, como nos informaram os doadores. Um perigo.

Quem entregou arma e por quê?

A partir dessa enquete, traçamos o perfil de quem estava entregando armas e de suas razões: 60% homens, 77% com mais de 40 anos, 79% com mais de onze anos de estudo, 67% com salário superior a R$ 1.301. A maioria (71%) disse que entregou a arma "para evitar que caia em mãos erradas", 45% "por medo de acidente", 32% "por medo de uma tragédia em caso de assalto", apenas 18% "por causa da indenização" e só 16% "para não ser punido pela nova lei" (as percentagens não se somam porque era possível dar mais de uma resposta).

Campanha piloto: o mais barato método de destruição de armas

A campanha piloto de desarmamento no Rio, parte da campanha "Rio, entregue sua arma!", realizada em 1999, foi coordenada pelo Viva Rio, com a participação da Polícia Civil, da PM do estado e das igrejas, antes da campanha nacional. Algumas igrejas organizaram entre seus membros a campanha "Salve uma alma e entregue uma arma todos os dias". Assim que começou a entrega, começamos a receber telefonemas de pastores e padres de várias igrejas situadas em favelas e em outras áreas sob influência do narcotráfico. Nervosos, eles nos diziam que durante o dia recebiam várias armas, mas que elas só eram recolhidas no fim do expediente, e antes disso as igrejas ficavam expostas a serem invadidas pelos bandidos. Tivemos uma reunião de emergência para decidir o que fazer. Ocorreu-nos danificar as armas no ato de entrega, tornando-as imediatamente imprestáveis, eliminando o interesse dos delinquentes e dando segurança aos templos evangélicos e às igrejas, além de eliminar o risco de desvio posterior. Como tínhamos recursos escassos, se usaria uma pequena marreta, que custava apenas R$ 12. Acabávamos de inventar a forma de destruição de armas mais barata e rápida, se comparada com os métodos usados até então, como vimos em capítulo anterior.

Mas a autorização do uso da marreta teve que ser conquistada, e enfrentou resistências. Como, por lei, só o Exército pode destruir armas de fogo (o cidadão não pode destruir a sua própria arma, o que soa estranho), tive uma audiência com o comandante da Região Militar do Leste, que reiterou a impossibilidade de civis destruírem armas. Expliquei-lhe as vantagens de inutilizarmos a arma recebida, prevenindo desvios, uma vez que, após serem entregues na igreja ou na ONG, eram encaminhadas para a polícia estadual ou para a PF, e só posteriormente para o Exército. Além do quê, acrescentei, buscando um argumento que contornasse a proibição legal, "não vamos destruir as armas, general, apenas danificá-las, para impedir que disparem. A destruição será realizada posteriormente pelo Exército". O general deu uma risada, diante da saída esperta. Ele já demonstrara estar convencido da sensatez do argumento da segurança, e ficou satisfeito por encontrar uma solução legal para o impasse. Acabou autorizando a "danificação" das armas.

Coordenação nacional e excepcionalidade jurídica

Os resultados positivos da campanha piloto realizada no Rio, somados à experiência internacional analisada, deram um bom fundamento ao projeto que apresentamos ao ministro Thomaz Bastos, que aceitou muito bem a proposta. Criou-se em seguida uma Coordenação Nacional da Campanha, presidida pelo ministro e integrada pelas ONGs, PF, DFPC, OAB, CONIC e setores do

Ministério da Justiça. Reunindo-se sempre que necessário, a coordenação harmonizou opiniões, dirimiu dúvidas e reduziu resistências, numa campanha nacional e de longa duração.

Quanto ao general José Rosalvo, então diretor da DFPC, por seu empenho e seriedade na campanha de desarmamento, inclusive abrindo vários quartéis para o recebimento de armas, foi agraciado pela UNESCO, juntamente com o então governador do Paraná, Roberto Requião, com a comenda de Construtor da Paz em 2005.

Um herói de guerra contra o desarmamento

Não posso deixar de mencionar o meu debate, na Associação Brasileira de Imprensa, com um herói da Segunda Guerra Mundial, o brigadeiro Rui Moreira Lima, defensor do uso de armas. Depois de relatar sua gratidão pela pistola que lhe salvou a vida, ao cair com seu avião em território inimigo, ouviu meus argumentos sobre os riscos de se manter uma arma em casa, citando pesquisas internacionais. Acabei por convencer o simpático velhinho. Para espanto do auditório, ele disse que gostava da pistola, mas amava mais os seus netos, ainda crianças, que estavam sempre em sua casa, e poderiam brincar com ela, apesar de suas advertências. Sob aplausos do público, e com meu abraço emocionado, prometeu levar sua arma para ser destruída no Viva Rio.

Anistia e campanha permanente

A concessão de anistia durante o período da campanha é indispensável, porque os que possuem armas não legalizadas constituem a maioria dos que desejam se desfazer delas (91%). Isso sucede com frequência com os que herdaram armas nunca legalizadas, porque antigas ou porque o antigo dono não se importava com o registro. Como a legislação era permissiva, armas compradas naquela época geralmente não eram legalizadas. Com a nova lei, com a garantia de que seriam protegidos contra uma punição devido à anistia, seus donos se disporiam a entregar suas armas.

Seguindo os exemplos da Grã-Bretanha, Austrália, Taiwan e África do Sul, entre outros países, nada impedia que fizéssemos campanhas de tempos em tempos, com boa publicidade para bem esclarecer a opinião pública. Mas, a partir de 2008,[2] o Ministério da Justiça adotou a "campanha permanente", a meu ver a não campanha, que foi se esvaziando até desaparecer.

Anonimato

A garantia do anonimato a quem entregasse armas foi outra necessidade da política de convencer principalmente aqueles que possuíam armas não registradas. Como havíamos dito aos militares, também os comandos da polícia entenderam que, das armas nas mãos da população, as que mais ambicionávamos tirar de circulação eram as ilegais, impossíveis de serem rastreadas caso fossem usadas pela criminalidade. De início, houve muita hesitação por parte do público, diante do temor de ser preso ao comparecer nos postos policiais com armas ilegais. Mas com a circulação da notícia de que o anonimato era para valer, a campanha decolou. Foi assim aqui e também em outros países que adotaram a garantia do anonimato.

Indenização

A indenização financeira foi outra característica da campanha brasileira. Gostaríamos de ter oferecido gratificações coletivas, como asfalto ou iluminação para os bairros em que a entrega de armas fosse grande, por exemplo; ou, então, o bíblico "trocar espada por arado" por bens pacíficos e úteis, mas a complexidade para se aprovar e organizar esse tipo de oferta, frente ao pouco tempo de que dispúnhamos, as dimensões do país e a lentidão de nossa burocracia, levaram-nos a optar pela simples indenização. Pagou-se R$ 100 pela entrega de revólveres e garruchas, R$ 200 por espingardas e pistolas e R$ 300 por fuzis e outras armas de grosso calibre. Na última campanha, e na atual política de recebimento de armas em caráter permanente, esses valores foram atualizados para R$ 150, R$ 300 e R$ 450, respectivamente.[3]

Até 2012, tinham sido pagos de indenização cerca de R$ 5 milhões e, a partir de então, foram disponibilizados pelo governo mais R$ 10 milhões. Considerando que se indenizava por um bem entregue ao governo, e que se economizaram milhões ao se salvar vidas e reduzir o número de feridos nos hospitais do SUS, até que se gastou pouco.

Na primeira campanha, quem recebia a indenização podia optar por destinar o valor pago a uma instituição filantrópica, de uma lista elaborada pelo Ministério da Justiça.

Postos móveis

Durante a campanha no Rio, surgiu um novo problema. Apesar de as igrejas e ONGs que recebiam armas cobrirem boa parte do território do estado, em muitas áreas elas estavam ausentes, dificultando a entrega de armas. Ligavam para o Viva Rio reclamando que não tinham como transportar arma em ônibus, ou por receio ou por falta de dinheiro mesmo. Foi quando um membro da nossa equipe, o inspetor da Polícia Civil aposentado Luiz Carlos Silveira, deu a solução. Acoplou um trailer ao seu carro e fixou cartazes nele indicando que se tratava de um posto móvel de recolhimento de armas. Resultado: quando o trailer chegava em algum local distante, já havia fila para a entrega de armas. Funcionou.

Essa forma econômica e ágil de ir-se à população, quando ela não podia vir a nós, foi posteriormente utilizada pela PF para mobilizar, e acessar, populações da Amazônia. Em Alagoas, o então governador Teotônio Vilela Filho, filho do meu saudoso amigo senador Teotônio Vilela, líder da luta pela anistia dos presos políticos e exilados durante o regime militar, adaptou um ônibus para recolher armas nas ruas das cidades, em especial durante eventos e festas populares. Contou com a parceria do MovPaz, representado por Maristela Pozitano e André Carnaúba. O governador Renan Calheiros Filho deu continuidade à iniciativa, montando um grande ônibus com todos os requisitos de segurança e conforto, doado por uma empresa privada.

Papel das mulheres

As mulheres constituíram setor decisivo para a aprovação do Estatuto e o sucesso das Campanhas de Desarmamento. Grandes vítimas da violência causada pelo machismo e a misoginia, traço cultural ainda forte no país, as mulheres, seja através de suas organizações, seja individualmente, foram atívíssimas, votando, convencendo seus filhos e maridos a entregar suas armas, e em diversos casos a abandonar o crime, segundo os testemunhos de diversos padres e pastores, seus confidentes.

Não por acaso, as mulheres se mobilizaram. Durante o projeto piloto da campanha no Rio, ao perguntarmos por que estavam entregando a arma, via de regra, os homens respondiam: "porque minha namorada me convenceu", "porque minha mãe/avó não larga do meu pé enquanto eu não tirar essa arma de casa". Ou elas próprias pegavam as armas do marido ou do filho e iam entregar no Viva Rio

Outra campanha, idealizada pelas jovens do Viva Rio, ridicularizava os rapazes que, inseguros sexualmente, se apegavam a armas "potentes e de cano longo", e estimulava que as mulheres se recusassem a namorá-los se estivessem armados, sob o lema "Arma não! Ela ou eu!". A ideia original do logotipo – um batom em forma de bala – partiu do chargista Miguel Paiva, aperfeiçoada graficamente pelo publicitário Washington Olivetto.

Artistas apoiam o desarmamento

Uma das características da campanha de desarmamento brasileira foi a adesão maciça e voluntária dos artistas. Ao contrário, os armamentistas, ao terem que pagar uma fortuna para que Hebe Camargo os apoiasse, acabaram desistindo, como veremos em "Referendo sobre comércio de armas e munições". Em setembro de 2004, lançamos nas rádios e TVs uns ótimos spots, em que várias atrizes davam o seu recado. Com o título da campanha "Arma não! Ela ou eu!", faziam ironia com o machismo dos que usam arma. Alguns trechos:

Regina Casé: "A gente também está numa guerra. São milhares de armas, matando muitas pessoas pelas ruas do Brasil. E você sabe, como eu, que o homem que faz sucesso com as mulheres é o homem que não acaba antes da hora. Homem bom é homem vivo. Fica esperta. Desarme seu homem."

Fernanda Torres: "Mulheres! Segundo a ONU, no Brasil 88% dos homicídios são causados por arma de fogo, e a maioria das vítimas são homens jovens de 15 a 29 anos. Desse jeito, vai faltar homem! Mulheres! Arma de fogo, não!"

Maria Paula: "Tem gente que acha que a guerra está rolando lá do outro lado do mundo. Escuta esta: estou entrando num bar. Dou de cara com um moço, com um volume na calça que me deixou até emocionada. Eu, discretamente, dei mais uma olhadinha, só pra conferir. E de repente me toquei que era uma arma! Ah, fala sério. Você não imagina minha cara de decepção. Arma não dá, né? O cara só podia ter algum problema (faz o gesto de "pequenininho" com os dedos). Ela ou eu! Quer impressionar geral? Arma não! Mulheres pelo desarmamento!"

Beth Goffman: "Homem armado é muito cafona. Eu acho um atestado de burrice. Gente, arma representa muito mais um risco que proteção. Quem ama desarma!"

Thalma Freitas: "Gente, ter uma arma de fogo dentro de casa é colocar toda a sua família em risco. E a arma não te protege. Então, fala claro com quem você ama: não leve o perigo pra casa. Mulheres pelo desarmamento! Quem ama desarma!"

Na primeira semana de 2005, o programa *Fantástico*, da TV Globo, lançou um ótimo clipping, criado por Paulo Castro e Paulo Costa, com o jingle "Entregue sua arma agora", de Lucas Duque, produzido voluntariamente pela Focus Films e Sonido. Em torno de Fernanda Abreu (que prestigiou a maioria dos nossos eventos culturais), cantam também Lenine, Sandra de Sá, o titã Branco Mello, Ivo Meirelles, Leoni e outros, além da percussão do AfroReggae. A música é ótima.[4]

Foram realizados shows no Canecão e na praia de Copacabana, com a participação de Fernanda Abreu, AfroReggae e inúmeros outros artistas, com grande afluência de público. Dois documentários expuseram a questão das armas no Brasil, ouvindo os dois lados. Em 2012, Rodrigo MacNiven realizou o filme *Armados*, veiculado pelo Canal Futura.[5] Em 2018, Raoni Rodrigues, JP Bertol e Pitzan Oliveira dirigiram *Armas*, atualizando o debate entre pró e contra as armas.[6]

Numa iniciativa individual e espontânea, o compositor e músico Marcelo Yuka, indignado com a responsabilidade da Taurus "no verdadeiro genocídio provocado por suas armas no Brasil", dirigiu-se, em sua cadeira de rodas, para a frente dessa fábrica no Rio Grande do Sul, e na rua manifestou seu "protesto em favor da paz". Esse admirável artista, falecido em janeiro de 2019, se tornou um exemplo de solidariedade, tolerância e militância contra a violência.

Desfiles inéditos de motos e ciclistas

Conheci o motociclista e escritor Manoel Carlos de Carvalho quando ele nos procurou no Viva Rio, em 2004. Vinha de Nova Friburgo, e era pai de Ilona Szabó, que na época me assessorava coordenando a campanha de desarmamento no Rio, enquanto eu me ocupava da coordenação nacional. Ele queria mobilizar os motoclubes de todo o país em apoio ao desarmamento. Achamos estranhíssimo. Duvidávamos: "Mas você consegue? Esses brutamontes?" Respondeu: "Eles são boa gente. Deixa comigo." Era o início de uma iniciativa inédita: motociclistas se associando a um movimento pela paz, pela não violência, contra as armas.

Foram convocados motoclubes de todo o país para o "Encontro Nacional de Motociclistas de Nova Friburgo". De 16 a 19 de setembro de 2004, membros de mais de cem motoclubes compareceram. Debateram a proposta, aderiram e, em seguida, entregaram armas para serem marretadas pelo Viva Rio.

A segunda ação foi a ida de um grupo de representantes de motoclubes a Aparecida do Norte, no dia mesmo da santa padroeira do Brasil, 12 de outubro. Ele conta que não pediram autorização "porque achavam que a igreja ia levar um susto" devido à má fama dos motociclistas.

> Preferimos chegar de surpresa, vestindo os nossos trajes, claro, e carregando em sacos algumas armas recolhidas pelo Viva Rio na campanha de desarmamento. Falamos com um dos padres, que ficou felicíssimo. Com seu consentimento, caminhamos pelo imenso templo da Igreja Nossa Senhora Aparecida em direção ao altar, como se fosse uma procissão, só que, em vez de velas, levávamos armas. Alguns dos presentes se assustaram ao verem o que conduzíamos. Ao chegar ao altar, depusemos nossas armas numa mesa, em oferenda à santa. Durante o sermão, o padre oficiante fez um grande elogio ao nosso gesto em prol da paz, lembrando a importância da campanha de desarmamento promovida pelo Viva Rio. Os fiéis, que lotavam a imensa igreja, aplaudiram. Foi emocionante.

Mas o maior desafio estava por vir: a realização de uma grande "motociata", a ser feita por motoclubistas de todo o país, no dia 12 de dezembro, no Rio de Janeiro, em apoio à campanha nacional. Manoel Carlos recorda:

> Não tinha a menor ideia se viriam. Marcamos uma concentração na Barra da Tijuca. Começamos bem, apareceram umas mil motos. À medida que percorríamos a orla da praia, ia se avolumando a motociata. As pessoas na rua pareciam incrédulas, com aqueles homens com cara de mau, casacos e botas de couro preto, correntes, chifres na cabeça, caveiras, levando camisetas e banners em apoio ao desarmamento. Aplaudiam. Quando passamos pelo Leblon e Ipanema, de cada rua lateral saíam mais e mais motos, engrossando o desfile. Ao chegarmos em Copacabana, éramos mais de 3 mil motocicletas, ocupando metade de toda a extensão da praia. Uma barulheira infernal, entusiasmo, muita alegria. Organizamos um show de rock com Jone Brabo Banda, Eternal Flame, Fugitivos de Tóquio e Heavy Duty. Ao final, fomos celebrar numa churrascaria. Não podia acreditar. Tínhamos conseguido.

Outros esportistas emprestaram sua visibilidade para difundir a nossa causa. Foi o caso da ciclista Patrícia Moreira, dentista de artistas e empresários, vice-campeã brasileira de ciclismo, que usava uma camiseta estampando o símbolo do desarmamento voluntário. Essa profissional, mesmo cuidando da elite carioca, participou do grupo de trabalho criado por três amigos ciclistas e, juntos, conseguiram o sofisticado estádio de ciclismo construído para os Jogos Pan-Americanos e para as Olimpíadas, para que nele pudessem treinar jovens das favelas próximas, como Cidade de Deus e Vila Autódromo, além da Rocinha e do Vidigal, introduzindo-os no esporte. Mas o prefeito não teve sensibilidade para dar à caríssima obra uma utilidade social, apesar das promessas de deixar as milionárias instalações como um legado para a cidade, e não autorizou o projeto.

A decisiva participação das igrejas

Nossas grandes aliadas foram, e têm sido, as igrejas e religiões de diferentes credos, por uma razão fácil de entender. Os textos seminais dessas igrejas e cultos, e sua doutrina contemporânea, se fundam em solidariedade, amor, caridade e paz. Há uma minoria de religiosos que defende "matar em legítima defesa". O problema é que não entendem bem o que diz a lei, que exige "defesa proporcional à agressão". Diz o Código Penal (art. 25): "Entende-se em legítima defesa quem, usando moderadamente os meios necessários, repele injusta agressão, atual ou iminente, a direito seu ou de outrem." Isto é, se sou atacado por faca, não posso matar o agressor com tiro, se invadem minha casa sem arma, não posso atirar no invasor.

Ademais, divergência dentro da Igreja Católica sempre existiu. No Chile e na Argentina, padres assistiram e abençoaram torturas e assassinatos políticos promovidos pelas ditaduras, lembrando os tempos da Inquisição. Assisti a um vídeo de padres gaúchos defendendo o uso de armas de fogo. Seguir o ensinamento de Cristo não é fácil, mas é o que se espera de quem é padre: "dar a outra face", no sentido figurado de não responder à agressão e assim "quebrar o círculo vicioso do mal". O papa Francisco adverte: "Quando você comemora a morte de alguém, o primeiro que morreu foi você mesmo."

A participação das igrejas foi essencial. Primeiro, porque elas representavam um território "neutro". O segundo dos postos de recolhimento. De acordo com André Porto, responsável pelo projeto Movimento Inter-Religioso do Rio de Janeiro (MIR) do ISER (Instituto Superior de Estudos da Religião), "em agosto de 2004, foi aberto o primeiro posto religioso do Brasil, na Casa do Menor São Miguel Arcanjo, em Nova Iguaçu. No fim do ano, já eram 45 postos em igrejas no Rio de Janeiro. Foi essa experiência que nos credenciou a abrir postos em todo o país. Foi uma experiência fantástica".[7] André coordenou o projeto "Caravana da Paz", que percorreu o país mobilizando e capacitando igrejas para que participassem da campanha.

Os postos de recolhimento de armas funcionaram em cerca de 450 igrejas, em 22 estados e 102 cidades. Um sucesso. Outras quinhentas igrejas que quiseram participar não puderam fazê-lo, por não reunirem a tempo as condições de segurança e logística necessárias.

Participaram da campanha nacional todas as entidades religiosas e filantrópicas relevantes do Brasil. O CONIC reunia as igrejas Católica, Luterana, Presbiteriana, Metodista, Cristã Reformada, Ortodoxa Siriana e Episcopal Anglicana. A CNBB me convidou para participar da sua conferência anual, e sempre nos apoiou, além das Comissões Pastorais. Tanto o CONIC como a CNBB cumpriram – e cumprem – relevante papel no Congresso Nacional. Representando o sentimento de milhões de cristãos, sempre foram ouvidos com atenção pelos parlamentares, como deve ser num regime democrático.

Além dessas, contribuíram também as igrejas evangélicas, candomblés, espíritas, Visão Mundial e Iniciativa das Religiões Unidas (URI), falando em seus cultos e em suas mídias sobre a importância de uma política de não violência e de controle de armas.

Filantrópicas

Instituições relevantes em nossa luta têm sido também as entidades filantrópicas, dedicadas ao trabalho voluntário e ao bem comum, como setores da Maçonaria, do Rotary Club e do Lions Clube. Vários deles receberam armas durante a Campanha de Desarmamento, e envidaram esforços para convencer o cidadão de que seus problemas e conflitos de interesse devem ser resolvidos por meio de diálogo, concórdia e solidariedade. Advogam a pressão popular para que a segurança pública melhore e cumpra de forma eficiente o papel de proteger o cidadão.

Publicidade voluntária

A primeira campanha de desarmamento contou com o trabalho voluntário de grandes publicitários e suas agências, como Lula Vieira, da V&S; Washington Olivetto, da DPZ; e Paulo Giovanni, da Giovanni. Sabemos como publicidade custa caro, e ficamos felizes com o oferecimento dessas agências que nada nos cobraram. Também conseguimos que o maior canal de TV, a Globo, veiculasse essa publicidade gratuitamente, no que foi seguido por outros canais. Já a TV Bandeirantes, cujo dono, segundo diziam, era ativo defensor das armas, nada divulgou que fosse favorável à campanha – pelo contrário, colocou seus comentaristas para atacar o Estatuto. Mas no dia seguinte à veiculação da nossa publicidade na mídia, formava-se enorme fila de gente para entregar armas no Viva Rio e demais postos de recebimento.

Nelson Mandela entra na campanha

A tônica do NÃO foi o jogo sujo. Mostraram na TV cenas da visita de Nelson Mandela ao Brasil, com o texto ao fundo dizendo que Mandela havia lutado com armas na mão pela libertação dos negros na África do Sul, fazendo um paralelo com a nossa luta contra a ditadura. Imediatamente me comuniquei com um dos assessores de Mandela, Joseph Dube, e pedi que comunicasse ao ex-presidente, já bastante debilitado, o que ocorria. Mandela então enviou-me uma carta, dirigida à campanha do NÃO, explicando como havia abandonado a luta armada inicial em prol de um movimento de desobediência civil pacífica, e com essa estratégia tinha logrado isolar e derrubar o regime racista do *apartheid*. Mostrou-se indignado com a distorção dos fatos, manifestou seu apoio à campanha do SIM e exigiu a divulgação de sua carta, como direito de resposta. Estávamos na semana final da campanha do referendo, e o comando do NÃO simplesmente ignorou a exigência. Entretanto, o mais incompreensível foi a decisão de alguns companheiros da campanha do SIM terem decidido não divulgar a carta e não denunciar o fato, minimizando a grande simpatia que o povo brasileiro sentia por Mandela, em especial a população negra. Ao dar uma entrevista a um jornal da Bahia, introduzi a notícia da carta, o que talvez explique porque nossa derrota nesse estado foi uma das menores (44,55 votos pelo SIM). No município baiano Rio dos Pires, o SIM teve sua maior vitória (78,60% dos votos).

PF e ONGs: uma parceria exemplar

Durante as campanhas, cujo maior responsável era a PF, trabalhamos em parceria e em boa sintonia com a sua direção, em particular com os diretores do Sinarm, Fernando Segóvia e, posteriormente, Marcus Vinicius Dantas. Ambos apelaram insistentemente à DFPC para que cumprisse a lei e intercambiasse os dados do Sigma com o Sinarm, para facilitar o rastreamento das armas apreendidas, inutilmente. A delegada Alessandra Borba representou a PF na coordenação nacional da última campanha de desarmamento, dando continuidade à boa colaboração com as ONGs. Participou conosco, com ótimo desempenho, de várias conferências internacionais. Esses delegados conquistaram nosso respeito e admiração. Dantas iria posteriormente ser um dos instrutores do curso de controle de armas da ONU, do qual participei. O seu grande conhecimento dos assuntos ligados ao combate ao contrabando de armas foi mais de uma vez elogiado pela direção do Escritório da ONU sobre Drogas e Crime (UNODC) em Viena.

Segunda campanha exclui sociedade civil

Em 2008, para nossa decepção, quando se organizou a segunda campanha de desarmamento, o governo federal decidiu que apenas a PF receberia armas. Só duas ONGs foram autorizadas a receber armas: o Viva Rio e o MovPaz de Feira de Santana. Mesmo essa última apenas para colaborar com um posto instalado num quartel da PM. Difícil entender essa exclusão, considerando-se que a participação da sociedade civil tinha feito a grande diferença na primeira campanha.

Com somente os postos da PF recebendo armas, um por capital, o resultado não poderia ter sido outro: um fiasco. Durante o período de julho de 2008 a dezembro de 2009, foram entregues apenas 30.721 armas, em contraste com a primeira campanha, que recolheu, de julho de 2004 a outubro de 2005, um total de 459.855 armas. Segundo pesquisa do Viva Rio, concluída em 2010, houve uma queda de 93,3% na entrega de armas entre a primeira campanha e a realizada em 2008-2009, devido à não participação da sociedade civil.[8]

Campanha pela legalização de armas

Simultânea a essa última campanha, a PF promoveu uma campanha de legalização de armas, procurando convencer os milhões de "homens de bem" que mantêm suas armas sem registro a fazê-lo. De fato, pesquisa realizada pelo Viva Rio havia constatado que existiam cerca de 4.635.058 armas "informais", não legalizadas por civis e pessoas jurídicas, e não pertencentes a bandidos, como vimos.[9]

Em 2008, apenas a PF implementou a legalização. Diante dos magros resultados da campanha, em 2009 o governo abriu-se novamente ao apoio da sociedade civil. Apoiamos a campanha, juntamente com a ANIAM e outras entidades armamentistas. Contrárias ao desarmamento, viram no apoio à iniciativa da PF uma oportunidade de demonstrarem que não estavam de acordo com armas ilegais. Menos mal, diferençando-se dos armamentistas radicais dos EUA, que são contra o registro de armas, considerando-o "uma intromissão intolerável do governo na liberdade individual".

Em 2008, foram legalizadas 184.446 armas e em 2009, 1.223.839.[10] Uma demonstração a mais da diferença que faz a participação da sociedade civil nesse tipo de política pública.

A seleção brasileira e o desarmamento

A advogada Cristina Leonardo teve a ideia de propor que o tema social da Copa do Mundo de 2014 fosse o desarmamento. De início, obtivemos o apoio estratégico do então deputado Renan Calheiros Filho (PMDB/AL) e a liderança da proposta por parte do deputado Vicente Cândido (PT/SP), este último vinculado ao mundo do futebol. Para que a proposta passasse, fomos obrigados a ampliar o Tema Social, incluindo o tema do racismo, que nos pareceu bom, mas também o controverso tema das drogas. Fomos forçados a nos conformar que se vendesse bebida alcoólica durante os jogos, pressão do lobby da cerveja, contrariando a lei. No final, a proposta, costurada entre Congresso, Rede Desarma Brasil, Ministério da Justiça e CBF, foi aprovada com o lema "Por um mundo sem armas, sem drogas, sem violência e sem racismo" e sancionada pela presidente Dilma em junho de 2012.

Mesmo antes, tínhamos conseguido que a seleção exibisse a faixa com o tema social em jogos amistosos, como sucedeu quando jogamos contra os EUA em Washington (maio de 2012); com a Holanda, em Goiânia (junho); com a Argentina, no La Bombonera (novembro); e com o Chile, no Mineirão (abril). O exemplo foi seguido pelos clubes brasileiros, e a faixa foi exibida, sob aplausos, nos jogos Fluminense x Botafogo (maio de 2012), Santos x Vélez Sarsfield (maio), Santos x Guarani (final do Paulistão) e São Bernardo x São Paulo (maio).

Foram abertos 2 mil postos de entrega voluntária de armas. Após a ação da seleção brasileira, em que foi exibida a nossa faixa, a entrega de armas subiu 96% na semana em que se sucedeu cada partida.

Número e tipos de armas entregues

Para se ter uma noção do armamento entregue, indenizado e destruído em nossas campanhas, informações que me foram fornecidas pelo Ministério da Justiça e pela PF:

- De agosto de 2004 a início de 2014, mais de 650.000 armas, e 442.014 munições, foram entregues, sendo paga como indenização das primeiras R$ 11.399.100,00.
- Em quinze anos, de 1997 a 2012, o Exército destruiu 3.100.000 armas, sendo 15% delas provenientes do desarmamento voluntário.

- Tipos (espécies) de armas entregues em 2016 e 2017: Com fortíssima participação da sociedade civil na primeira campanha (2004-2005), recolheu-se um total de 459.855 armas. Com a não autorização de que participássemos na segunda campanha (2008-2009), foram entregues apenas 30.721 armas, isto é, 93,3% a menos. Por outro lado, a prova definitiva de que ao votar pelo NÃO no referendo sobre a proibição do comércio de armas e munições de 2005, não se votou contra o desarmamento voluntário nem contra o Estatuto do Desarmamento, é que no ano do referendo foram entregues 68.648 armas e no ano seguinte (2006), 170.984, mais do dobro. Somando-se as armas entregues entre 2004 e 2017, incluindo-se a campanha permanente de entrega de armas, chegamos a 722.999 armas,[11] o segundo maior número já recolhido em campanhas dessa natureza no mundo, suplantado apenas pelas campanhas da Austrália. Quantas pessoas a mais essas armas teriam matado?

Impacto na redução de mortes

A título de exemplos locais, durante a primeira campanha, em Pernambuco o governo Jarbas Vasconcelos criou um slogan forte: "Arma não dá segurança, dá cadeia." Como a confirmar o alerta, 435 pessoas foram então detidas portando arma ilegalmente, sendo que 70% delas não tinham passagem pela polícia. Já nos primeiros meses da campanha, as taxas de homicídio haviam caído 26%. No estado de São Paulo, os homicídios por arma de fogo caíram 18% e na capital, 22%. No Paraná, sob o lema "Menos armas, mais vidas", não foi diferente. A campanha pioneira realizada pelo governador Requião, após recolher cerca de 13 mil armas, reduziu as ocorrências com arma de fogo em 31% naquele estado, em 2004. O governador declarou na ocasião: "Cada centavo dos R$ 2 milhões que investimos na campanha valeu a pena. Estamos salvando vidas e economizando no tratamento de baleados nos hospitais."[12]

Foi grande o reflexo desse enxugamento de mais de meio milhão de armas em circulação no país na redução das mortes e dos homicídios. Segundo o *Mapa da Violência* 2016, teria havido um decréscimo de 15,9% nas mortes provocadas por arma de fogo entre 2004 e 2014, salvando 133.987 vidas, como detalhamos em "Pesquisas sobre vitimização".

Campanha do Brasil foi exemplo para o mundo

A Campanha de Desarmamento Voluntário de 2004-2005 e o Estatuto do Desarmamento foram iniciativas brasileiras estudadas e copiadas por diferentes nações, elogiadas como "medidas avançadas e democráticas" pela ONU e demais organismos internacionais que se dedicam ao controle de armas de fogo. A primeira campanha é tida como uma das melhores campanhas já realizadas em mais de 40 países, pela participação popular e por seu impacto na redução das mortes por arma de fogo, segundo declararam técnicos da UNODC em 2015. Tive a oportunidade de levar nossa experiência para a organização de campanhas de desarmamento na Argentina, Colômbia, Chile, Uruguai, El Salvador, Paraguai, Peru, Trinidad e Tobago, Venezuela, Guatemala, Moçambique e Angola. Em função do interesse internacional pela campanha brasileira, fui contratado como consultor da ONU, o que me deu a oportunidade de compartir nossa experiência com inúmeros países da África e América Latina.

Desarmamento infantil

Em 2005, escrevi:

> Em várias partes do país, iniciativas têm sido tomadas, em que as crianças são estimuladas a trocar armas de brinquedo por jogos pacíficos. Iniciativa da Editora Abril e da Dinap, foi a troca de armas de brinquedo por revistas e livros infantis: em 41 cidades, foram recolhidas 412 mil armas de brinquedo. Já em 1999, o Viva Rio havia realizado o concurso "Arme uma frase, desarme o Brasil!", nas escolas públicas do Rio: o aluno vencedor em cada escola, e sua professora, ganharam um computador da IBM. Crianças esclarecidas não serão apenas futuros construtores da paz, mas conscientizarão seus pais.[13]

Mas quem levou avante o desarmamento infantil, com iniciativas muito originais, foi o Movimento pela Paz e Não Violência de Londrina (Pazeando). Tendo à frente o dinâmico Luís Cláudio Galhardi, essa ONG criou uma política permanente, com apoio do Conselho Municipal de Cultura de Paz e da Associação Comercial e Industrial de Londrina. Contou com forte participação de professores e pais no programa midiático "Quem se importa", transmitido de forma gratuita.[14]

Conforme recordou Galhardi, em 2003 eles conseguiram aprovar a Lei Municipal nº 9.188, de autoria da deputada estadual Sandra Graça (PP), que proíbe a venda de armas de brinquedo. Em 2011, a lei ganhou outro texto, criando um "selo" de adesão à campanha "Arma não é brinquedo", concedido às lojas. O comerciante que continuou a vender armas de brinquedo passou a ser multado em um salário mínimo, e a reincidência pode levar à suspensão do alvará de funcionamento. A lei contou com o apoio da Associação Comercial e Industrial de Londrina. Resultado: 82 estabelecimentos, praticamente a totalidade das lojas de brinquedo de Londrina, exibem o selo, renovado a cada dois anos.[15]

A legislação contra armas de brinquedo da cidade paranaense já inspirou iniciativas semelhantes em Brasília (setembro de 2013), São Paulo (janeiro de 2014) e Rio de Janeiro (junho de 2015). No Congresso Nacional, o Pazeando conseguiu que o deputado Marcelo Belinati (PP/PR) e a deputada Erika Kokay (PT/DF) apresentassem o PL nº 2.413/2015, apoiados pelos deputados Alex Canziani (PTB/PR) e, localmente, pelo deputado estadual Tercílio Turini (PPS). Busca-se assim uma lei federal que proíba a fabricação, importação e venda de armas de brinquedo no país.

24. Referendo sobre comércio de armas e munições[16]

Nós propusemos o referendo contra a proibição do comércio de armas e munições, contra a vontade da bancada da bala no Congresso, e acabamos derrotados na eleição de 2005. O lobby das armas via milhares de pessoas marchando a favor da mudança da lei, o enorme apoio da opinião pública à campanha de desarmamento e ao controle de armas, constatado nas sucessivas enquetes, e tremia nas bases. Não queria saber de consulta popular. Contra sua vontade, conseguimos a duras penas aprovar a regulamentação do referendo... e perdemos nas urnas. Como isso foi possível?

O referendo que não foi um referendo

Com o recesso do Tribunal Superior Eleitoral (TSE), seu presidente passou a decidir sozinho. Como nunca tínhamos tido um referendo, Sua Excelência simplesmente aplicou a legislação das eleições partidárias (o Código Eleitoral é de 1965), sem se preocupar com as especificidades que fazem de um referendo uma consulta direta, com diferentes atores que não são os partidos.

As normas de uma eleição partidária são incompatíveis com a natureza de um referendo. No referendo, os principais atores não são os partidos, mas os movimentos sociais que defendem as posições relativas ao tema a ser votado. Mas o juiz decidiu que apenas os partidos políticos eram os atores. As principais forças sociais que lutavam pelo controle de armas deixaram na prática de existir como "atores". Fomos silenciados.

Os defensores do NÃO exultavam. Como nunca conseguiram promover uma mobilização popular significativa, não tinham que enfrentar a nossa sociedade civil, antes mobilizada e entusiasmada, agora engessada e muda. Por ironia, a indústria de armas e munições brasileira, verdadeiras multinacionais, com uma estrutura de venda internacional, fábricas na Flórida e na República Tcheca, e o comércio de armas e suas conexões também internacionais, agiam livremente, diante da maioria da nossa sociedade – dessa vez calada à força. O lobby agia com liberdade e desfaçatez, financiando a máquina de publicidade, de advogados, órgãos da mídia e outros lobistas na defesa do NÃO. Uma desproporção de meios acintosa, favorecida por uma legislação tendenciosa, que amordaçava um lado e liberava o outro.

O mensalão politizou o referendo

O momento era extremamente desfavorável ao SIM, com a opinião pública concentrada na crise do mensalão, revelado pouco antes, em maio de 2005. A proposta de sua realização surgiu de repente para a sociedade. Pareceu a muitos que era para desviar o foco da corrupção, concentrada no governo e no Congresso. O referendo aconteceu num período de enorme desgaste do governo Lula e do Congresso. "Se a campanha do desarmamento foi percebida como uma campanha social, o referendo foi tido como uma campanha política."[17] Prevaleceu o voto de protesto: "Votamos contra o governo corrupto."

Contra a "elite" e a participação dos artistas

Um grande trunfo com que sempre contamos foi o apoio maciço, espontâneo e voluntário dos artistas, como vimos no capítulo anterior. Mas no referendo foi diferente. Antes de um debate numa TV de Belo Horizonte, nosso adversário, com quem sempre mantive relação respeitosa, confidenciou-me que, para contrabalançar a adesão dos artistas à nossa causa, tinha buscado apoio entre a classe, inutilmente. Por fim, Hebe Camargo teria aceitado. Mas ela teria cobrado tão caro, que ele desistiu. Por sua vez, o publicitário deles, Chico Santa Rita, conta que algumas celebridades, como Nelson Piquet, se pronunciavam abertamente a favor das armas. A atriz Lúcia Veríssimo, que adora armas e cavalos, também queria participar da campanha, segundo o publicitário. No entanto, diante da desproporção, com a quase totalidade dos artistas apoiando o desarmamento, Santa Rita desistiu. Resolveu utilizar a nossa grande vantagem contra nós. De forma esperta, decidiu jogar a opinião pública contra os artistas que nos manifestavam apoio. Sua publicidade atacou: "Não temos artistas famosos, que vivem em condomínios com toda a segurança. Nossos artistas são as pessoas comuns, as indefesas – agricultores, policiais, aposentados, gente como você, que precisa se proteger e que não quer perder os seus direitos."[18]

Essa campanha agressiva constrangeu os artistas, que acabaram retirados da mídia. Assim, a adesão voluntária da maioria da classe artística, com sua forte influência em nossa "sociedade do espetáculo", deixou de ser um trunfo no referendo, e ficamos impossibilitados de usá-la em benefício da cultura de paz.

Publicidade esperta e ardilosa

O SIM teve redução sem precedentes já nos dois primeiros dias de publicidade na TV, iniciando uma tendência que não seria mais revertida. Do lado do NÃO, a indústria das armas contratou o Santa Rita, publicitário experiente e controverso. Ele mesmo revela em seu livro que iniciou a publicidade com cautela. Como a campanha de desarmamento era um sucesso, fez questão de divulgar que "Não somos contra o desarmamento voluntário". Sofreu críticas internas, "típicas de políticos à antiga, que tinham como dogma jamais pronunciar o nome do adversário. Mostrei que a palavra 'desarmamento' já estava tão disseminada que era impossível aumentar seu impacto positivo",[19] e manteve a mensagem de não atacar o desarmamento. Agora, afirmam que "o referendo decidiu contra o desarmamento".

Logo a influência da NRA se fez sentir. Nos Estados Unidos eles associam o uso de arma à "liberdade", ao "homem livre contra o Estado opressor", "ao direito" de comprar arma. Havia que se adequar esse enfoque à realidade brasileira, tirando a atenção da arma, fugindo do ponto central do referendo, que, segundo uma postura séria, deveria ser: "Queremos uma população armada, que se autodefenda, ou uma população desarmada e protegida por uma polícia melhor?" Ao contrário, resolveu fugir da verdadeira opção e focar na "defesa de um direito", pretendendo que seria a continuação do processo de democratização que o país atravessava, e não na "arma", o tema real. "Ameaçar um direito é retroceder à ditadura", dizia o marketing de uma campanha que era favorecida pelos responsáveis e apoiadores do regime militar.

Para se enquadrar no movimento vitorioso de democratização, era preciso ocultar a extrema direita, que liderava a campanha do NÃO. O deputado Jair Bolsonaro e militares saudosistas do regime anterior foram convencidos a se calarem, e vozes moderadas, como a do ex-governador de São Paulo e deputado Fleury, ocuparam a primeira cena, como confidenciaram meus amigos armamentistas.

O lobby jogou pesado no financiamento da mídia. Com a omissão do Sistema Globo, que mudou de postura e nem noticiava a campanha, por considerar que "diferentemente da campanha de desarmamento, esta era uma campanha política", importantes empresas da mídia receberam forte financiamento da indústria de armamento, abandonando a objetividade para só divulgar informações distorcidas e matérias contra o SIM.

Resultados do referendo

O referendo, realizado em 23 de outubro de 2005, consultou um eleitorado de 122.042.825 milhões de brasileiros, dos quais votaram 95.375.824 eleitores, isto é, 78% votaram. O resultado foi anunciado pelo TSE: 63,94% em favor do NÃO e 36,06% em favor do SIM, 21,6% de abstenções, 1,6% de votos nulos e 1,4% de votos em branco. Votaram no NÃO 59.109.265 milhões de eleitores e no SIM, o número cabalístico de 33.333.045 milhões.

O resultado não poderia ser mais claro. Mais de 60% do eleitorado votou contra a proibição do comércio de armas. Por outro lado, a opinião da população quanto aos demais aspectos do controle de armas foi medida antes e depois do referendo, e se manteve praticamente estática. Pesquisa do IBOPE de julho de 2005, três meses antes do referendo, constatou que 81% dos brasileiros eram a favor do controle das armas; a mesma pesquisa, realizada em novembro, um mês após o referendo, marcou 80% pelo controle. Nossa derrota não mudou essa vontade popular.

O referendo nos deu o recado de que a maioria da população quer mais segurança. O representante da PF na audiência pública da Comissão de Segurança da Câmara de 11 de junho de 2015, delegado Tony Gean de Castro, foi claro: "A população se manifestou a favor do comércio de armas e munições, mas controlado." E as pesquisas de opinião, da época e de agora, mostram que o povo quer o controle de armas e não que se ande armado nas ruas. Prova de que o referendo teve pouco a ver com o apoio da maioria dos brasileiros ao desarmamento nos foi dada pelo número de entregas voluntárias de armas. Em 2005, ano do referendo, foram entregues 68.648 armas, enquanto no ano seguinte, quase o triplo, 170.984, segundo a PF.

PARTE 9

ESTATUTO DO DESARMAMENTO EM DEBATE

O avanço que a nação alcançou com a Lei nº 10.826, o Estatuto do Desarmamento, não pode retroceder neste momento sob nenhuma hipótese, porquanto há que se considerar que os estudos indicam ter sido essa medida legal um fator preponderante para a salvação de milhares de vidas. Sou contra qualquer medida legislativa que caminhe na direção da liberação do porte de armas de fogo para civis, ainda que de calibre permitido.

José Mariano Beltrame, secretário de Segurança Pública do Rio de Janeiro

25. Ações contra e em defesa da nova lei

O Projeto de Lei nº 3.722/2012 é extremamente danoso à sociedade. Na prática, revoga o Estatuto do Desarmamento. A quem interessa armar a população? Quem ganha com a venda de armas? Facilitar o acesso às armas é sustentar a falsa ideia de que a segurança está no armamento das pessoas, além de aumentar as oportunidades de homicídios. É preciso promover a cultura da paz, pela não violência, e investir em políticas públicas eficazes para toda a população.

Conselho Permanente da
Conferência Nacional dos Bispos do Brasil, 16 de junho de 2016

Supremo Tribunal Federal (STF) decide pela constitucionalidade do Estatuto

A primeira iniciativa pesada contra o Estatuto do Desarmamento foi uma ação alegando sua inconstitucionalidade. O STF julgou a Ação Direta de Inconstitucionalidade (ADI nº 3.112) em 2 de maio de 2007. O Estatuto foi defendido pela advogada Heloisa Machado de Almeida, da ONG Conectas, representando outras ONGs, entre elas o Viva Rio e o Instituto Sou da Paz, além da CNBB e do CONIC. Ao final, com a concordância do relator, ministro Ricardo Lewandowski, o plenário do STF votou pela constitucionalidade da Lei nº 10.826/2003. Em resumo, a tese de que a nova lei é constitucional saiu vitoriosa, com a votação unânime do Tribunal.

O relator e nossa advogada refutaram os principais argumentos da acusação. Foi afirmado que "não existe o direito de ter arma" (apenas no México e nos EUA interpretou-se a lei nesse sentido, mas mesmo nesses últimos há controvérsias, como vimos), porque "ter arma é uma concessão do Estado", ou um "privilégio" que o Estado pode conceder ou não; reafirmou-se que democracia não se constrói com autodefesa do cidadão, mas com boa polícia, cuja missão é a proteção de todos, cabendo ao Estado a proteção dos cidadãos. Quanto à interferência do Estado no comércio de armas, foi asseverado que esse é um direito e um dever do Estado, a quem cabe regular as atividades econômicas em nome da segurança e do interesse públicos; em relação à cobrança de taxas e ao recadastramento de 3 em 3 anos, foi dito que é um direito do Estado cobrar taxas, e que se carros devem ser licenciados todos os anos, com mais razão as armas, que são produtos letais.

Nossa defesa alegou: "Ao restringir o acesso à arma de fogo, o Estatuto não estaria limitando o direito à vida e à segurança, como pretendem os defensores de armas, mas aumentando a segurança geral e diminuindo o risco de morte."

STF e MPF reafirmam a constitucionalidade do Estatuto

Assim como é comum juízes conservadores não punirem homens processados por agredirem suas mulheres, há juízes que, por serem contra o controle de armas, não cumprem a lei, embora sejam pagos para aplicá-la.

Em 14 de junho de 2016, foi a vez do Conselho Nacional do Ministério Público se posicionar com veemência em defesa do Estatuto do Desarmamento, a partir de uma minuciosa e extensa análise, afirmando: "assim, o Plenário do Conselho Nacional do Ministério Público expressa seu entendimento acerca da questão e posiciona-se contrariamente à aprovação do Projeto de Lei nº 3.722/2012, em trâmite na Câmara dos Deputados, uma vez que incorre em violação aos princípios da vedação ao retrocesso social e da proibição de proteção eficiente". A resolução foi assinada por seu presidente, Rodrigo Janot.

Trama contra a Resolução nº 17 sobre exportações

Já esclarecemos como, nos anos 1990, armas e munições brasileiras eram exportadas para o Paraguai e daí voltavam para o Brasil, armando a criminalidade. Para dificultar o *efeito bumerangue*, em 2001, a CACEX, do Ministério do Desenvolvimento, Indústria e Comércio, através da Resolução nº 17, de 6 de junho de 2001, havia fixado em 150% a alíquota de exportação de armas pequenas e munições nacionais para os países da América Latina e Caribe, com exceção das destinadas às Forças Armadas e a policiais, excluindo Argentina, Chile e Equador, por considerar que o citado tráfico não provinha desses países.

Em dezembro de 2005, regressamos às cidades de fronteira do Brasil com Paraguai, Argentina, Bolívia e Uruguai. Um mês de viagem para inspecionar lojas em 39 cidades. Revisitando o comércio de armamento, verificamos que suas prateleiras estavam vazias. O número de armas fabricadas por outros países havia caído significativamente, devido ao bom trabalho da DIMABEL, órgão de controle do Exército paraguaio, aplicando a nova lei. Nas lojas, perguntamos por armas e munições brasileiras e a resposta invariável foi: "Não vendemos mais porque ficaram caras." Mas a demanda continuava e daí a importância de se dificultar a exportação. Sobre a nova realidade, escrevemos relatório sobre o "mercado cinza" de armas nas fronteiras,[1] que entregamos aos governos em questão.

Pensávamos que, por fim, algo de efetivo se estava fazendo contra o tráfico nas fronteiras. Até que, em 2008, o deputado Raul Jungmann me contou que se tramava a revogação, na surdina, da Resolução nº 17, da CACEX. Por pressão da indústria de munições e armas, setores do governo estavam urdindo a anulação da medida que vinha dificultando a vida dos bandidos, como comprovamos *in loco*. Jungmann e eu convocamos a mídia e pusemos a boca no trombone, denunciando a tramoia. A denúncia pública, e a firme posição do Ministério da Justiça, sustou a iniciativa.[2]

Ações legislativas desfiguram a lei

Mas nem tudo tem sido vitória no esforço para manter íntegra a nova lei de armas. Iniciativas legislativas buscaram, com êxito, desfigurar o controle de armas e munições estabelecido pelo Estatuto do Desarmamento. São exemplos de mutilações da lei o porte de armas concedido às guardas municipais de cidades com mais de 50 mil habitantes, quando em serviço (Lei nº 10.867/2004); a auditores da Receita Federal e auditores fiscais do Trabalho (Lei nº 11.501/2007); a servidores das áreas de segurança dos Tribunais e do Ministério Público (Lei nº 12.694/2012); a agentes prisionais (Lei nº 12.993/2014); entre outras alterações. Essas ampliações de porte a diversas categorias subvertem a lógica inicial de restringir essa prerrogativa às instituições que reunissem não só um mandato de atuação na segurança pública, como também dispusessem de mecanismos adequados de treinamento e controle contra abusos.

Tramitação do PL nº 3.722 e seu Substitutivo

O Projeto de Lei nº 3.722 foi apresentado à Comissão de Segurança da Câmara em 19 de abril de 2012, sendo também criada uma Comissão Especial para apreciá-lo em 29 de maio de 2014, sendo designado relator o deputado Cláudio Cajado (DEM/BA).

A bancada da bala ocupou onze das dezenove vagas da Comissão, garantindo maioria. Reuniu-se pela primeira vez em março de 2014 e voltou a se reunir só em novembro daquele ano. Apesar de haver sido solicitada a realização de seis audiências públicas, só uma aconteceu, em novembro de 2014, e contou apenas com a participação de representantes da indústria nacional de armas e de defensores da lei vigente.

A escolha do deputado Cajado como relator foi um tiro no pé do lobby das armas. Embora crítico do Estatuto em vários pontos, não se curvou totalmente aos interesses da indústria de armas, surpreendendo a bancada da bala. Em 4 de junho de 2013, apresentou seu parecer, com Substitutivo. Algumas de suas propostas desagradaram aos armamentistas, como manter a idade mínima de 25 anos para a compra de armas. Assim reagiu o lobby: "Estamos profundamente decepcionados com o deputado Cláudio Cajado, que transformou um PL excelente em um novo estatuto do desarmamento."[3] A jogada para anular o seu parecer foi alegar-se que "não houve tempo hábil para a votação do relatório". A Comissão foi extinta em decorrência do final da legislatura e o PL arquivado.

Segunda Comissão Especial

O deputado Guilherme Mussi (PP/SP) requereu nova Comissão Especial, instituída em 17 de março de 2015. Foi designado como novo relator do PL, pelo presidente da Câmara, deputado Eduardo Cunha (PMDB/RJ), hoje preso, o deputado Laudívio Carvalho (PMDB/MG), em 15 de abril de 2015. Seu Substitutivo ao PL nº 3.722 não iria "decepcionar" o monopólio CBC/Taurus. O deputado tornou-se conhecido em Minas Gerais como apresentador de um programa radiofônico sensacionalista sobre violência.

O Substitutivo recebeu oito versões diferentes ao longo do ano. O relator ia mudando dependendo das reações do lobby ou da sociedade. As principais alterações se relacionavam às possibilidades de importação de arma de fogo, sendo que as primeiras versões do Substitutivo eram mais flexíveis quanto a essas possibilidades. Com a pressão exercida pelos monopólios nacionais, voltou-se a praticamente impedir a importação de armamento melhor e mais barato.

Votação do Relatório e do Substitutivo

A votação do Substitutivo ao PL nº 3.722 ocorreu em 27 de outubro de 2015, e foram aprovados por 19 votos a favor e 8 contra. Votaram contra o Substitutivo e em defesa do Estatuto do Desarmamento: Alessandro Molon (então na REDE/RJ), Subtenente Gonzaga (PDT/MG), Paulo Teixeira (PT/SP), Alice Portugal (PCdoB/BA), Flavinho (PSB/SP), Luiz Couto (PT/PB), Marcus Pestana (PSDB/MG) e Sarney Filho (PV/MA).

Votaram a favor do Substitutivo: Afonso Hamm (PP/RS), Arnaldo Faria de Sá (PTB/SP), Cabo Sabino (PR/CE), Cláudio Cajado (DEM/BA), Delegado Edson Moreira (PTN/MG), Delegado Éder Mauro (PSD/PA), Delegado Waldir (PSDB/GO), Eduardo Bolsonaro (PSC/SP), Ezequiel Teixeira (SD/RJ), Gonzaga Patriota (PSB/PE), Guilherme Mussi (PP/SP), Laudívio Carvalho (PMDB/MG), Marcos Montes (PSD/MG), Marcos Rotta (PMDB/AM), Rogério Peninha (PMDB/SC), Ronaldo Martins (PRB/CE), Silas Freire (PR/PI), Valdir Colatto (PMDB/SC) e Wellington (PR/PB).

Financiamento eleitoral do lobby das armas

Entre 2002 e 2014, a indústria armamentista doou R$ 10 milhões para campanhas eleitorais, metade diretamente para candidatos à Câmara e ao Senado, segundo o TSE. Nas eleições de 2010 e de 2014, 22% dos 54 deputados que integravam a Comissão de Segurança Pública da Câmara Federal tiveram financiamento dessa indústria em suas campanhas.[4] De acordo com o TSE, nas eleições de 2014, a CBC repassou a candidatos R$ 1,04 milhão, enquanto a Taurus desembolsou R$ 840 mil. Do total, R$ 1,019 milhão foi destinado a candidatos a uma cadeira na Câmara Federal: 20 deles foram eleitos como deputados ou suplentes e um senador. Dos deputados eleitos com esse financiamento, pelo menos oito passaram a integrar a Comissão Especial de avaliação da Lei de Armas, de 24 membros titulares, entre eles o próprio presidente da Comissão, deputado Marcos Montes, além do 1º e 2º vice-presidentes. Pergunta: votaram pensando na segurança pública ou para atender aos interesses do monopólio industrial que ajudou financeiramente as suas campanhas?

Vários desses deputados integram mais de um lobby, recebendo financiamentos de diferentes grupos de interesse. O presidente Marcos Montes aparece também como beneficiário do lobby das mineradoras, a denominada bancada da lama, como a Vale, que teria investido R$ 88 milhões nas eleições de 2014. Depois disso não se reelegeu, sendo recompensado com o cargo de secretário-executivo do Ministério da Agricultura do governo Bolsonaro.[5] Eis a lista dos que tiveram suas campanhas financiadas pela indústria de armas e munições, segundo o TSE:

Deputados da Comissão Especial financiados pelo lobby em 2014

Arnaldo Faria de Sá (PTB/SP)	R$ 130.000,00
Onyx Lorenzoni (DEM/RS)	R$ 100.000,00
Alberto Fraga (DEM/DF)	R$ 80.000,00
Pompeo de Mattos (PDT/RS)	R$ 70.000,00
Marcos Montes (PSD/MG)	R$ 30.000,00
Gonzaga Patriota (PSB/PE)	R$ 30.000,00
Nelson Marchezan J. (PSDB/RS)	R$ 30.000,00
Édio Lopes (PMDB/RR)	R$ 30.000,00

Deputados federais financiados pelo lobby nas eleições de 2014

Candidato	Cargo disputado	Partido	UF	Recebeu em 2010?	Valor (R$)	Eleito?
Alberto Fraga	Deputado federal	DEM	DF	SIM	80 mil	SIM
Alceu Moreira	Deputado federal	PMDB	RS	SIM	20 mil	SIM
Arnaldo Faria de Sá	Deputado federal	PTB	SP	NÃO	130 mil	SIM
Arthur Maia	Deputado federal	SD	BA	NÃO	69,9 mil	SIM
Anderson Benevides	Suplente	PSC	SP	NÃO	30 mil	Suplente
Daniel Vilela	Deputado federal	PMDB	GO	NÃO	70 mil	SIM
Édio Lopes	Deputado federal	PMDB	RR	NÃO	30 mil	SIM

Candidato	Cargo disputado	Partido	UF	Recebeu em 2010?	Valor (R$)	Eleito?
Fábio de Almeida	Deputado federal	PMDB	SE	NÃO	30 mil	NÃO
Ronaldo Benedet	Deputado federal	PMDB	SC	SIM	20 mil	SIM
Efraim Morais	Deputado federal	DEM	PB	NÃO	50 mil	SIM
Onyx Lorenzoni	Deputado federal	DEM	RS	SIM	100 mil	SIM
Ênio Bacci	Deputado federal	PDT	RS	SIM	20 mil	SIM
Guilherme Campos	Deputado federal	PSD	SP	SIM	50 mil	NÃO
Marcelo Borges	Suplente	PT	RJ	NÃO	20 mil	Suplente
Marcos Montes	Deputado federal	PSD	MG	SIM	30 mil	SIM
Misael Varella	Deputado federal	DEM	MG	NÃO	30 mil	SIM
Moreira Mendes	Senador	PSD	RO	SIM	50 mil	NÃO
Carlos Zarattini	Deputado federal	PT	SP	SIM	30 mil	SIM
Nelson Marchezan	Deputado federal	PSDB	RS	SIM	30 mil	SIM
Gonzaga Patriota	Deputado federal	PSB	PE	SIM	30 mil	SIM
Pompeo de Mattos	Deputado federal	PDT	RS	SIM	70 mil	SIM
Wilson Santiago	Deputado federal	PTB	PB	NÃO	30 mil	SIM
Sandro Avelar	Suplente	PMDB	DF	NÃO	20 mil	Suplente
Jerônimo Goergen	Deputado federal	PP	RS	SIM	30 mil	SIM

Fonte: Instituto Sou da Paz (consulta ao TSE).

No Poder Judiciário, em princípio, um juiz que tivesse algum tipo de vinculação com o réu estaria impedido de julgar, por conflito de interesses. No Legislativo não havia esse cuidado. Não era ilegal, mas eticamente discutível (pela nova lei o financiamento privado foi proibido). E os resultados estão aí: votam de acordo com os interesses do financiador, conforme agiram os membros da Comissão Especial que foram financiados pelo lobby. Está mais que na hora de o Congresso regulamentar a atividade de lobby. Em 23 países o lobby já foi regulamentado, mas na América do Sul, apenas o Chile o regulamentou. Na Câmara, há o PL nº 1.202/2007, do deputado Carlos Zarattini (PT/SP), sobre o tema, que não anda.

Ações do Ministério da Justiça e Disque Denúncia

Desde o governo FHC, o Ministério da Justiça teve um papel importante no empenho de se alcançar o controle das armas de fogo no país. Foi receptivo à participação da sociedade civil, cujos especialistas puderam influir em todo o processo, com altos e baixos nessa relação. Durante o governo FHC, nossa interlocução foi fácil e produtiva, o mesmo ocorrendo durante os governos Lula. Criou-se na época um grupo de trabalho, constituído por ONGs, PF e Ministério da Justiça (MJ), que se estenderia até o governo Dilma.

Merecem ser mencionadas algumas iniciativas do MJ, dentre as políticas adotadas no controle das armas. A primeira foi a criação, em 2005, da Rede Nacional de Altos Estudos em Segurança Pública (RENAESP). O projeto foi criado por Juliana Barroso, da Senasp, e continuado por Isabel Figueiredo. Os cursos eram de pós-graduação, para policiais selecionados de todas as corporações, com amplo programa, inclusive de cursos sobre controle de armas. Seus professores especialistas foram recrutados nas universidades de todo o país, além de policiais com boa experiência nas temáticas abordadas. Até 2016, cerca de setenta universidades haviam oferecido cursos para 8.700 policiais. O Viva Rio, em convênio com a FLACSO, e sob minha coordenação, ofereceu um dos cursos pioneiros, com ótimos resultados.

O segundo projeto relevante foi a criação, em 2006, de uma Rede de Ensino a Distância (Rede EAD) para policiais, bombeiros e guardas municipais. Considerando o tamanho do país, é indispensável que essa modalidade de ensino seja expandida, possibilitando também que profissionais façam os cursos sem interromper seu trabalho diário. Até 2018, a Rede havia contado com 42 ciclos, oferecendo 74 diferentes cursos sem carga horária com temáticas diferentes. Essa Rede já contou com mais de 1 milhão de matrículas, considerando-se que cada aluno pode realizar até dois cursos por ciclo. Tive a oportunidade de elaborar o curso sobre Controle de Armas. Atualmente, a Rede oferece 100 mil vagas gratuitas.

No período dos governos FHC, Lula e Dilma, no âmbito do Ministério da Justiça, destacaram-se na implementação de uma política de controle de armas os ministros Renan Calheiros, Márcio Thomaz Bastos, Luiz Paulo Barreto e José Eduardo Cardozo, além de Ricardo Balestreri, Isabel Figueiredo, Juliana Barroso, Alberto Kopittke, Guaracy Mingardi e Regina Miki, entre outros.

Merece ser mencionado, como política tópica de combate ao comércio ilícito de armas que deu certo antes do Estatuto do Desarmamento, o Disque Denúncia, do gaúcho Zeca Borges. Introduzido no Rio de Janeiro em 1995, ao completar vinte anos tinha recebido mais de 2 milhões de denúncias, e pago de recompensa R$ 500 mil. Cerca de 100 mil casos foram resolvidos. Em 2015, essas denúncias levaram à apreensão de 10 mil armas de fogo e 60 mil munições no estado do Rio. Argentina e Chile adotaram o modelo, também vigente no Canadá e em outros países.

26. Comparando o PL nº 3.722, o Substitutivo e o Estatuto do Desarmamento

O Projeto de Lei nº 3.722, que altera a Lei de Controle de Armas, é matéria que vai na contramão da segurança e do combate à violência. (...) A indústria de armas está a serviço de um vigoroso poder econômico que não pode ser alimentado à custa da vida das pessoas. Dizer não a esse poder econômico é dever ético dos responsáveis pela preservação do Estatuto do Desarmamento.

Assembleia Geral da CNBB, abril de 2015

Fundamentação do PL nº 3.722 e seu Substitutivo

A "Justificação" do PL nº 3.722 afirma que a Lei nº 10.826 "se baseia no desarmamento", o que não é verdade. A simples leitura do texto legal permite constatar que de seus 36 artigos, 35 tratam de controle de armas e munições e apenas um (art. 35) propõe um referendo democrático sobre a proibição do comércio de armas e munições para civis, que uma vez realizado, não a aprovou.

Em seguida, o PL assevera que "o referendo votou contra o Estatuto do Desarmamento", quando votou apenas contra a proibição do comércio de armas e munições. Não satisfeita, a Justificação afirma que o Estatuto "é uma lei do governo, impopular". Não é uma coisa nem outra: foi uma iniciativa da sociedade civil, apoiada em memoráveis marchas realizadas nas capitais dos estados, que, por sua vez, foi encampada pelo governo e votada pela unanimidade dos partidos no Congresso. Quanto a ser "impopular", sua aprovação pela população sempre esteve acima de 80%, antes e depois do referendo, conforme todas as enquetes realizadas por Ibope, Datafolha, CNI e Vox Populi.

A fundamentação do PL nº 3.722 conclui que a atual lei de armas "Não teria reduzido os homicídios por arma de fogo". A ligeireza com que o lobby faz afirmações, sem comprovação científica, é desmoralizante para seus autores, quando todas as pesquisas nacionais realizadas (UNESCO/FLACSO, Ipea,

FBSP) comprovaram o contrário: uma redução de mais de 197 mil homicídios por arma de fogo em doze anos, decorrente em grande parte da implementação do Estatuto. Relatório do Ministério da Saúde de 2015 concluiu: "O primeiro fator apontado nas análises como significativo na redução dos homicídios no Brasil foi o impacto da criação do Estatuto do Desarmamento e das ações de recolhimento de armas nos óbitos por armas de fogo."

O Substitutivo do PL nº 3.722, entregue à Comissão Especial em 7 de outubro de 2015, segue os mesmos passos tortuosos e falaciosos do PL. Afirma que este último "é um Novo Estatuto, que restabelece o direito universal à posse de armas". Como já dissemos, apenas dois países reconhecem esse direito. Ademais, conforme o STF se manifestou, "não existe o direito de posse ou porte de arma, mas o direito à vida", como vimos anteriormente.

Comparações

Procuro, a seguir, esclarecer como o Projeto de Lei nº 3.722/2012 (PL), de autoria do deputado Rogério Peninha (PMDB/SC), e seu Substitutivo (SB), de autoria do deputado Laudívio Carvalho (PMDB/MG), querem modificar a Lei nº 10.826, de 23 de dezembro de 2003:

Reduzem a idade mínima para compra de armas de 25 para 21 anos e porte aos 25 anos (PL, art. 74, e SB art. 15, II, e art. 33 x Lei art. 28):

Segundo o Ministério da Saúde (DATASIM, 2012), a taxa de mortes por arma de fogo de jovens de 20 a 24 anos é de 66,9 por 100 mil habitantes, enquanto a taxa média da sociedade é de 29. Baseada em pesquisas como esta, a nova lei de controle de armas estabeleceu 25 anos como a idade mínima para a posse de arma, antes fixada em 18 anos. O resultado foi uma drástica redução nas vítimas jovens. Segundo o *Mapa da Violência* 2015, "se os homicídios por arma de fogo de jovens tivessem seguido a tendência de crescimento existente antes do Estatuto, em 2012 teriam morrido 46.668 jovens, mas morreram 23.867. Assim, entre 2004 e 2012, a lei poupou a vida de 113.071 jovens, do total de 160.036 vidas poupadas. Isto é, 70,7% das mortes previstas foram evitadas". O que faz o analista Julio Jacobo Waiselfisz concluir: "O controle das armas de fogo no enfrentamento dos homicídios juvenis teve um caráter preventivo."[6]

Desprezando essa fortíssima correlação entre juventude e morte por arma de fogo, o PL e o SB propõem a redução da idade para compra de arma para 21 anos (PL art. 74 e SB art. 15 II), exatamente a faixa de altos índices de mortes, ampliando de forma desmedida o número de jovens que poderão comprar arma. Não satisfeitos, os representantes do lobby querem dar até mesmo porte de arma para a juventude, a partir dos 25 anos de idade (SB art. 33), para que andem armados na rua, nas escolas, nos shoppings, por toda parte, o que previsivelmente irá aumentar de forma exponencial a violência armada e o morticínio. Para o consultor do Departamento de Justiça dos Estados Unidos, John Calhoun, falando no penúltimo Fórum Brasileiro de Segurança Pública, "nos Estados Unidos não existe lugar seguro: escola, igreja, cinema. Perdemos de 30 mil a 35 mil indivíduos vítimas de arma de fogo todos os anos. Não façam o que nós estamos fazendo na área de armamentos". Com razão, a ex-chefe da Polícia Civil do Rio de Janeiro, deputada estadual Martha Rocha (PDT), debatendo o Substitutivo ao PL nº 3.722 comigo, em audiência da CPI da Assembleia Legislativa do Rio, observou: "Deveriam estar tornando obrigatório o ensino médio e não armando a juventude."

Restaura costume perigoso de atirar para o alto (SB, art. 82, § único x Lei, art. 14):

Uma prática corrente em países subdesenvolvidos é a de se atirar para o alto para celebrar festas, jogos e outros eventos. Mas balas que sobem têm que descer (e balas descendentes têm mais impacto). Os exemplos são incontáveis. No réveillon de 2018 no Rio de Janeiro, seis pessoas foram feridas por armas de fogo disparadas nas comemorações, duas na praia de Copacabana e quatro na Zona Norte.

Com a implementação do Estatuto, essa prática tem diminuído, porque a lei, nesses casos, prevê punição de 2 a 4 anos de reclusão e multa (art. 14). Entretanto, o SB não quer estragar a alegria do pessoal, isentando de pena quem pratica "disparo culposo, sem vítima" (art. 82, § único). Podem atirar à vontade, até que atinjam alguém; só aí estarão sujeitos a punição, caso se prove a autoria, improvável nesses casos. Estão preocupados em preservar os bons costumes violentos de nossa terra... e em vender mais munição. Não por coincidência, o Brasil é o segundo país em número de balas perdidas, atrás apenas da Venezuela, sendo que 45% de suas vítimas são crianças e jovens, segundo a ONU.

Permitem a impunidade de bêbados e drogados que usam armas (PL, art. 32, VII, § 3º, e SB, art. 39, "f", § 1º x Lei, art.10º, III, § 2º):
Pelas propostas, não mais se cancela automaticamente o direito de porte para quem for detido armado em estado de embriaguez ou drogado, como estabelece a lei vigente (art. 10º, III, § 2º), mas se abranda a penalidade. A autoridade apenas suspenderá a licença do porte, e poderá ou não reverter essa suspensão (PL, art. 32, VII, § 3º, e SB, art. 39 "f" § 1º). Se considerarmos que indivíduos embriagados ou drogados tendem a se tornar mais violentos e agressivos, relativizar esse controle é favorecer que andem armados nessa condição, comum na maioria dos assassinatos de mulheres pelos seus cônjuges.

Multiplicam a quantidade de munição para cada arma, de 50 projéteis por ano para 50 por mês, ou 100 por ano (PL, art. 62, e SB, art. 119 x Portaria nº 012 - COLOG, de 26 de agosto de 2009, que regulamentou a Lei):
Se alguém tinha dúvidas sobre as razões do intento de mudar a lei vigente, essa proposta revela sem pudor o objetivo de multiplicar a venda de mais munição, em prejuízo da segurança pública. A atual legislação (Portaria nº 012 - COLOG) já autoriza a compra de até 50 munições por ano para cada arma, quantidade mais do que suficiente para a hipótese de autodefesa. Foi o meu cálculo na época, quando propus esse quantitativo. Mesmo porque, se o indivíduo deseja treinar tiro, basta inscrever-se num curso apropriado, em que se permite o uso de grande quantidade de munição, assim como o teto para o caçador é muito maior. Possuir muito projétil em casa é um convite aos assaltantes, que encontram nesses estoques domésticos uma de suas fontes de abastecimento. Isso sem contar que a lei (Portaria nº 001 - COLOG de 16 de janeiro de 2015) permite que cada proprietário de arma compre até 200 cartuchos de munição de caça e esportiva por mês (art. 3º, II) e até 300 unidades de cartuchos de munição esportiva calibre .22 de fogo circular por mês (art. 3º, I), além de pólvora. Não esquecer que, pela lei "rigorosa", o cidadão pode comprar até quatro armas, o que pessoalmente considero excessivo para autodefesa.

Mas o PL quer revogar o teto de 50 munições. Primeiro, o autor do PL propôs que, em vez das 50 munições, se possam comprar 600 munições para cada arma por ano, ou 3.600 munições para as seis armas, por ano, por pessoa. Caso sejam cartuchos de armas de caça ou calibre .22, a quantidade permitida chega a 21.600 cartuchos anuais. E se na família, ou no local de trabalho, houver mais de um proprietário de arma, esses números vão se multiplicando, e se irá acumular um imenso estoque de munições, à espera de serem roubadas, como sucede com frequência em residências e empresas. Mais munição para a criminalidade.

A reação foi tão forte a essa proposta, deixando tão evidente que se tratava no fundo de vender mais munição, que o relator do SB reduziu a proposta para 100 munições para cada arma por ano (art. 119 do SB), o dobro permitido por lei. Ainda assim, um excesso para o uso apenas eventual como autodefesa, aumentando o risco de furto ou roubo. Como se não bastasse, o SB aumenta para 300 cartuchos por mês a munição para as armas de caça e também, injustificadamente, para calibre .22 (art. 119, "b", § 3º), calibre perigoso, que provoca morte por hemorragia. Os Decretos Presidenciais tratariam esse item com um tiro de canhão, autorizando a compra de 5 mil munições por arma, como veremos adiante. Os donos da CBC não fariam melhor.

Aumentam o número de armas de 2 para 9 por pessoa (PL, art. 61 x SB, art.118, Portaria nº 36-DMB de 9.12.1999, art. 5º, que regula a Lei, e Portaria da PF, de 14 de novembro de 2018):

Inicialmente, a lei permitiu que o cidadão comprasse até 6 armas para autodefesa em sua residência, ou no local de trabalho em que é proprietário, o que preocupou os especialistas, que consideraram esse número exagerado para o fim a que se destina. Por isso, Portaria da PF reduziu esse limite para até duas armas (uma de cano curto e uma de cano longo) para defesa pessoal, e esse limite seria flexibilizado caso fosse comprovada a necessidade de ampliá-lo.

O PL amplia o número de armas por cada cidadão para 9 (art. 61). As objeções a essa proposta foram muito desfavoráveis, os argumentos em sua defesa foram nenhum, deixando claro que o PL apenas atendia à pressão da indústria e do comércio. Para não fragilizar a defesa da proposta, o SB recuou e fixou esse número em seis armas por pessoa (art. 118). Mas tanto uma proposta como outra nem sequer exigem justificativa por parte do comprador de por que quer tanta arma, ao contrário do Estatuto, que demandava uma "declaração de efetiva necessidade" para se armar (Lei art. 4º). O novo decreto presidencial, nem isso, e amplia o número de armas para 4, como veremos.

Poder comprar um número de armas muito maior que o necessário serve de estímulo para que o excesso seja vendido no mercado clandestino, geralmente para pessoas que legalmente não poderiam comprar arma (bandidos, menores, inaptos). Já vimos como o excesso de armas que militares e policiais podem comprar diretamente nas fábricas tem estimulado sua venda no mercado ilícito, revelada pela CPI do Congresso.

Direito de aquisição de arma mesmo para quem foi condenado em processo criminal, ou responde por crime contra a vida (PL, art. 10, § 2º, e SB art. 15, VI, § 7º x Lei, art. 4, I):

Pelo Estatuto, quem deseja comprar arma naturalmente deve "comprovar idoneidade e não estar respondendo a inquérito policial ou a processo criminal" (art. 4º, I). Pelo PL nº 3.722 e seu SB, quem está sendo processado porque matou, mas não teve a intenção de matar, e mesmo quem já foi condenado por ter matado, mas não teve intenção de matar, vai poder comprar armas. Difícil de acreditar, mas esse é o ponto mais irresponsável da proposta de mudança da lei de armas. Consagra a impunidade.

Como é razoável, a lei retira o direito de comprar arma a quem está respondendo a processo criminal, não foi ainda absolvido de crime e, ainda, é suspeito de delito. Situação bem diferente da presunção de inocência de quem não teve julgamento definitivo, pois na lei vigente, enquanto não se prove sua inocência, o indivíduo estará sob suspeição, e não poderá comprar um produto que mata. Seria uma temeridade colocar uma arma de fogo nas mãos de um indivíduo que depois se prove criminoso. Então poderá ser tarde demais para prevenir novo crime. Leis modernas agem na prevenção e não para remediar crimes. Por isso, legislação de diferentes países, como Canadá, Nova Zelândia, Austrália, entre outras, vai até mais longe, e não permite que quem tiver mera denúncia de comportamento violento adquira arma.

Pela proposta do lobby, quem foi condenado por espancar a esposa pode comprar arma. Uma insensatez. A bancada da bala acusa os defensores do Estatuto do Desarmamento de "defenderem os bandidos contra os homens de bem", mas pelo PL fica claro quem favorece indiciados, e mesmo condenados, a comprar arma. Fazem qualquer coisa para aumentar suas vendas, mesmo para criminosos e acusados de crimes. Essa proposta é mais que regressiva. É permissiva, porque gera impunidade. Mesmo a legislação frouxa anterior ao Estatuto proibia quem não tivesse bons antecedentes criminais de comprar arma.

Reduzem as penas para quem viola a lei (PL, arts. 46, 52, e SB, art. 79, § único x Lei, arts. 16, 17 e 25):
O PL protege os que foram condenados pela prática de crimes ao propor a redução das penas para o comércio ilegal de armas, que passaria de 4 a 8 anos de reclusão e multa (Lei, art. 17) para 3 a 5 (arma de uso permitido) e para 5 a 7 (uso restrito, militar) (PL, art. 52). É reduzindo penas que querem combater o tráfico ilícito de armas e o contrabando? Pelo crime de posse ilegal de arma de uso permitido, reduz de 2 a 4 anos e multa (Lei, art. 14) para 1 a 3 anos e multa (PL, art. 46), e de uso restrito, de 3 a 6 anos e multa (Lei, art. 16) para 2 a 4 anos e multa (PL, art. 46). O SB vai mais longe, isentando de punição quem for pego com arma ilegal (uso civil) em sua residência ou local de trabalho (art. 81, § 1º). Essa é a forma de estimular a legalização das armas ilegais? De autoproclamados defensores "dos cidadãos de bem", o lobby das armas parece (se o considerarmos bem-intencionado) não perceber que facilita na prática os interesses dos que atuam na ilegalidade.

Permitem a publicidade de armas em todos os horários e meios de comunicação (PL, art. 67 x SB, arts. 130 e 131, II, e Lei, art. 33, II):
A atual legislação permite a publicidade da venda de armas e munições em publicações especializadas (art. 33, II), como são as várias revistas e portais destinados a quem se interessa por arma, como atiradores esportivos, caçadores, colecionadores ou interessados em geral. O bom senso levou o legislador a restringir o alcance da publicidade de um produto de alto risco, como já havia feito com produtos nocivos, como cigarro e bebidas fortes, destiladas. O governo garante a venda legal, compra quem quer, mas não se incentiva a população, principalmente os jovens, a comprá-los. Imaginem o efeito da publicidade de armas no intervalo dos programas infantis e violentos na TV (embora as autoridades não coíbam a venda de todo tipo de armamento pela internet, como deveriam)?

Na contramão dessa necessária limitação a um produto de grande periculosidade, o PL libera publicidade de arma de fogo, em qualquer horário, autorizando "qualquer publicidade de arma de fogo, veiculada em qualquer meio de comunicação" (art. 67). O lobby pensou melhor, e convenceu seu relator a recuar para não causar maior rejeição à proposta. O SB acabou por manter a limitação da lei atual, que restringe a publicidade às publicações especializadas (arts. 130 e 131, II).

Liberam o porte de armas para milhões de pessoas (PL, arts. 24 e 32, e SB, arts. 28, 31, 38, 42 e 66 x Lei, arts. 6 e 10):

a)Tipo de porte permitido – Pela lei atual, o civil não pode andar armado na rua (art. 6º), mas pode possuir arma em sua residência ou local de trabalho em que seja o proprietário (art. 5º). O Estatuto não é inflexível, e permite à PF autorizar o porte para indivíduos que "demonstrem a sua efetiva necessidade por exercício de atividade profissional de risco ou de ameaça à sua integridade física" (art. 10, § 1º, I). O porte é também facultado "aos residentes em áreas rurais que comprovem depender da arma de fogo para prover sua subsistência familiar alimentar" (art. 6º, XI, § 5º).

Não é verdade que "a PF praticamente nega o porte para todo mundo". No início de 2017, o "número era 54 vezes maior que as 1.641 autorizações de porte concedidas pela PF em 2016".[7]

b) Pesquisas de opinião sobre porte – No passado, a liberação geral se provou nefasta, ocasionando um crescimento vertiginoso dos homicídios. O cerne da nova lei foi a proibição de que a população andasse armada, o que reduziu drasticamente os tiroteios no trânsito, em bares, boates, brigas de vizinho e de torcidas de futebol, que antes eram comuns.

c) Porte em igrejas, escolas, cinemas, shoppings – Apesar disso, o SB, sob o pretexto de "aperfeiçoar a lei", libera geral o porte de arma (art. 31), proibindo que se ande armado apenas em "espetáculos artísticos, comícios e reuniões em logradouros públicos, estádios desportivos e clubes" (art. 38). Qual o critério? Se permitirá andar armado em escolas, igrejas, shoppings, restaurantes, cinemas, praias, bares etc. Como acontece nos Estados Unidos, a terra dos massacres?

d) Empresas de segurança privada e barcos – Pelo SB, até mesmo os vigilantes das empresas de segurança privada, comumente envolvidos em desvios de armas, poderão andar armados fora de serviço, com armas próprias ou da empresa (art. 66, § 3º). O SB quer armar também os proprietários de barcos, equiparando as embarcações a residência ou local de trabalho (SB, art. 28, §

3º e PL, art. 8º, § 3º), que se tornarão mais um alvo dos assaltantes e um risco para os passageiros.

e) Porte para políticos e inúmeras profissões – O SB quer estender o porte para inúmeras categorias profissionais, não satisfeito com as mordidas que PLs pontuais já deram no Estatuto, armando pelo menos 11 categorias. Pelo menos a maioria foi de profissionais com relação direta ou indireta com a segurança pública; mas nem todos, como auditores fiscais e analistas tributários da Receita Federal, o que só aqui joga mais de 20 mil pessoas nas ruas com arma na cintura.

O SB quer mais. Para passar desavisado e não provocar a reação da opinião pública, age de forma obscura. Assim já tinha feito a bancada da bala, no primeiro estrago que provocou na lei, ao colocar ilegalmente como "jabuti", numa Medida Provisória (693/15) dedicada à isenção de impostos para empresas relacionadas aos Jogos Olímpicos e Paraolímpicos de 2016 (por lei, uma medida provisória só pode tratar de um tema), a concessão do porte para os auditores fiscais e analistas tributários. Agora, o SB não nomeia todas as categorias a quem quer estender o porte. Remete para os arts. 45 e 46 da Constituição. O incauto que não a consulta fica sem saber, por exemplo, que se quer dar porte aos deputados federais e senadores (SB arts. 42, "a" e "b"). Voltaríamos para os tempos de bangue-bangue no Congresso, como os que envolveram o pai do senador Collor e vários outros assassinatos no Parlamento. O SB concede, ou garante, porte para agentes socioeducativos (para que, em vez de ensinar, agridam e matem os jovens), peritos (que já trabalham sob proteção policial), guardas municipais (a Guarda Municipal do Rio, que trabalha apenas com armas de baixa letalidade, é a que menos morre e menos mata no cumprimento do seu dever), bombeiros (o Brasil é um dos únicos países em que os bombeiros andam armados), agentes ambientais, oficiais de justiça e do Ministério Público etc. (art. 42). Tentou-se dar porte de arma fora do serviço para os guardas prisionais, mas essa proposta foi vetada pelo governo Temer.

f) Ampliação do porte no campo – O SB ignora a situação de conflito que persiste em vastas áreas rurais no país. Pensando em armar os fazendeiros (e os grileiros), vai armar os dois lados em litígio. Exagera ao permitir que se ande armado em todo o município em que se vive, além dos municípios limítrofes (art. 71, III, § 2º). Para tanto, bastará o apoio de duas testemunhas, na falta de comprovante de residência rural, e a declaração de um policial local, na falta de atestado de bons antecedentes (art. 71, § 1º). Tanta facilidade vai armar ainda mais o campo, açulando o conflito agrário. A proposta ignora também que, assim como na cidade, uma arma em casa tem seus efeitos colaterais, como assassinato por ciúme, suicídio juvenil, acidente infantil, conflito com vizinhos etc.

g) Porte para civis aumenta risco para policiais – Segundo afirmou em audiência pública da Comissão Especial o ex-presidente da Anaspra, deputado Subtenente Gonzaga, "com a liberação do porte, as grandes vítimas serão os policiais", uma vez que o agente terá que abordar indivíduos armados, muitas vezes hostis por terem cometido delito, ou bêbados ou drogados. Para o parlamentar, "o Estatuto facilita a PM, mas com a liberação do porte, o PM vai ter que liberar o bandido" que, por falta de outro flagrante ou prova, hoje é preso por porte ilegal de arma.

Com a atual lei, dizem os policiais, "em princípio, para nós policiais, civil com arma na rua é bandido", e como tal deve ser enfrentado. Com a população armada, como fazer a distinção sem se expor? Segundo o então secretário de Segurança de Betim (MG), Luís Flávio Sapori, "a liberação do porte de armas para civis vai aumentar os latrocínios. O porte, somado aos altos índices de impunidade, vai fazer a violência explodir".[8]

h) Como proteger o profissional em risco? – A política dos países que enfrentaram com sucesso a violência armada é a de garantir proteção armada da polícia para o exercício de atividades de risco, e não armar todo profissional que, em tese, pode correr risco. Como, por exemplo, a entrega de intimação judicial em área de risco. A solução não é armar esses profissionais, mas garantir escolta policial nas áreas de risco. O modelo democrático eficiente é contar com corpos da polícia bem armados, bem treinados e bem fiscalizados, que darão cobertura para que profissionais de atividade de risco sejam protegidos, sempre que necessário, e não armar todo mundo.

Policial acima da lei, isento do crime de porte ilegal de arma (SB, art. 79, § único):

É um princípio das leis das democracias que, se o civil deve respeito à lei, maior é a exigência de que o policial o faça. Como ser "agente da lei" se a viola? Da mesma forma, a penalidade de crimes contra um policial tende a ser maior.

O SB afronta esse princípio ao "isentar de pena o agente flagrado na posse ou guarda de arma (...) ilegal de uso permitido em sua residência ou local de trabalho, se for primário e tiver bons antecedentes" (SB art. 79, § único). Ao invés de se exigir do policial maior rigor no cumprimento da lei, trata de privilegiá-lo, favorecendo que mantenha armas na ilegalidade. Se considerarmos que atualmente a luta pelo estado de direito enfrenta o problema gravíssimo de maus policiais que usam armas ilegais para comprometer inocentes, ou mesmo para matar sem deixar pistas, a proposta do SB é um incentivo a essa prática criminosa.

O advogado Felippe Angeli chama a atenção para o fato de que, pelo SB, "policiais com denúncia recebida pelo Judiciário, inclusive por prática de homicídio, não perdem o porte de arma". Para agravar essa situação, o deputado Heitor Freire (PSL/CE) incluiu no PL proposta para permitir a aquisição de armas por policiais que respondem a inquérito.

Registro pela PF voltaria a ser feito pelas polícias estaduais (PL, art. 20, e SB, art. 2º, § 1º, e art. 4º x Lei, art. 5º, § 1º):

Pelo PL, a concessão de registro de arma (art. 4º), hoje atribuição da rigorosa PF, voltaria a ser feita também pelas polícias civis dos estados e do Distrito Federal (DF). Inclusive o registro das armas das empresas de segurança privada, grande vazadouro de armas para a criminalidade, conforme demonstrado pelas CPIs (art. 7º, § 3º).

A própria concessão da licença de porte de arma passaria a ser feita pelas polícias estaduais, e apenas comunicada ao Sinarm (art. 25, § 2º). O SB não ousa ir tão longe no retrocesso, tirando a PF totalmente do controle, e preconiza a celebração de convênios com as polícias estaduais e do DF para a criação de "órgãos responsáveis pela execução, nos respectivos territórios, das atividades do Sinarm" (art. 2º, § 1º), órgãos estaduais e distrital conveniados com o Sinarm (art. 2º), a quem caberiam conceder licença e registro de arma (art. 4º, de I a V) e cadastro e licença de porte (art. 4º, VI).

Pela lei atual, essas concessões passaram a ser feitas com rigor pela PF, consultando seu banco nacional de dados, Sinarm (art. 5º, § 1º). Apesar da precariedade de meios disponíveis para que a PF cumpra o seu papel, ela tem se revelado nossa polícia mais qualificada. Em vez de se pressionar o governo a conceder os meios necessários à PF para bem cumprir essa missão, propõe-se que as polícias estaduais recubram essa prerrogativa.

Usando o argumento de que deseja "aperfeiçoar" a lei vigente, o PL e seu SB também aqui não inovam, pelo contrário, querem voltar à situação anterior, que era uma calamidade. Qualquer cidadão minimamente informado sobre o mercado de armas sabe que esse poder dado às polícias estaduais se prestava a todo tipo de abuso e corrupção, com registro de armas e licença de porte sendo ilegalmente vendidos por fora, ou sendo concedidos como moeda de troca para figuras importantes da localidade. Em 1986, quando ocupei alto cargo no Executivo, recebi o porte de arma, sem que o houvesse solicitado. Era o procedimento normal de bajular a elite com privilégios. A centralização pela PF acabou com esse descontrole, mas tem gerado reclamações por tirar poder de barganha e de extorsão aos maus policiais.

Além do mais, o SB retira a fiscalização compartilhada das lojas de armas por parte do Exército e da PF, deixando-a para ser feita apenas pelo Exército, com a conhecida precariedade de sua ação nessa área.

A proposta do decreto presidencial de não mais exigir a prova de "efetiva necessidade" para a compra da arma tentou acabar com qualquer resquício de controle, mas foi barrada pelo Congresso como inconstitucional, como veremos em "Decretos presidenciais sobre armas e munições".

Dificultam a destruição das armas ilegais (PL, art. 70, e SB, art. 124 x Lei, art. 25, §§ 1º e 2º, modificada pelo Decreto nº 8.938, de 21 de dezembro de 2016, da Presidência da República):

A lei determina que a arma apreendida na ilegalidade seja enviada para perícia pela polícia, e quando não mais interessar à persecução penal, seja encaminhada pelo juiz ao Exército, para que num prazo máximo de 48 horas seja destruída, caso não seja do interesse das polícias ou das FFAA incorporá-la ao seu arsenal (art. 25). Mas o PL quer complicar esse processo priorizando o repasse da arma para doação às polícias ou às FFAA, e não para destruição. "Destruição" passa a ser apenas a sexta alternativa para o destino da arma ilegal (art. 70). No SB, a opção pela destruição ocupa o oitavo lugar (art. 123, §§ 6º e 8º).

Conhecendo nossa burocracia, o mais provável é que essas armas ilegais acabem mofando nos depósitos das corporações ou dos tribunais, que, como sabemos, estão sujeitos a desvios e assaltos. A proposta do PL dificulta sua destruição, favorecendo que voltem às ruas, como aconteceu com arma recolhida pela polícia de Minas Gerais, que "foi apreendida sete vezes", voltando todas as vezes para as mãos do crime organizado, como foi divulgado pela PM/MG. Em São Paulo, segundo a revista *Veja*, "uma arma foi apreendida oito vezes". O PL estabelece uma tramitação longa e tortuosa das armas apreendidas na ilegalidade, favorecendo o desvio.

Infelizmente, esse artigo do Estatuto não está mais em vigor. Foi modificado pelo Decreto nº 8.938/2016. Em vez de destruir, passaram a doar as armas apreendidas para a polícia. A medida pareceu razoável para o Exército, considerando-se o desperdício de se destruir armas que podem ser reaproveitadas pela segurança pública. Mas a realidade, que bem conhecíamos, comprovou o equívoco da medida. Em um ano de vigência do decreto, apenas 195 armas, de um total de mais de 135 mil apreendidas e entregues, foram reaproveitadas (1,4%), segundo levantamento feito pelo site de notícias G1 junto ao próprio Exército.[9] Com número raspado, gastas, ou cuja heterogeneidade impossibilita a manutenção, a maioria dessas armas foi descartada.

Proíbem o anonimato e as entidades filantrópicas (SB, art. 129, "d", § 4º x Lei, art. 129, § 1º, "b"):

Como vimos nas campanhas de desarmamento, mais importante do que receber armas legais indesejadas, é tirar de circulação armas ilegais, que não são rastreáveis. Por isso, uma regra básica de todo desarmamento bem-sucedido é a garantia do anonimato de quem entrega arma (Lei, art. 32). O SB acaba com o anonimato, ao exigir a entrega dos "dados de qualificação do portador" (art. 129, § 1º, "b").

Demonstramos também que o êxito da primeira campanha de desarmamento se deveu à participação da sociedade no recebimento de armas, principalmente das igrejas e demais entidades filantrópicas. Em sua fúria contra o desarmamento voluntário, o SB proíbe a participação dessas entidades filantrópicas ao determinar que "É vedado ao Poder Público celebrar convênios com pessoas jurídicas de direito privado de qualquer espécie para a coleta de armas de fogo voluntariamente entregues" (art. 129, "d", § 4º). Mais uma vez, como fizeram no referendo (proibindo a participação de entidades que recebiam recursos do exterior, como igrejas e ONGs), querem bloquear a participação da sociedade, dando rédea solta ao domínio das empresas multinacionais de armas e munições. Proíbem as igrejas de serem coerentes com sua doutrina de paz e de contribuírem para o desarmamento.

Reduzem a indenização pela entrega voluntária de armas e da taxa do registro de arma (PL, Anexo I, Tabelas A e B, e SB, Anexos I e II x Lei, arts. 31 e 32, e Anexo):

Se houve uma iniciativa que deu excelentes resultados, foram as campanhas de entrega voluntária de armas. Quem não quer arma entrega-a e é indenizado. Simples e democrático. Seus bons resultados foram comprovados. Mas o PL procura desmerecê-las, sob a justificativa de que "fracassaram em todo o mundo". Jogam com a desinformação e a memória curta dos eleitores.

Pela lei vigente, a quem se desfaz de armas, sejam legais ou não, o governo paga como indenização, como já mencionamos, R$ 150 (revólveres, espingardas e garruchas), R$ 300 (pistolas, carabinas, revólver cals. 44 ou 45) e R$ 450 (fuzis, pistolas cals. 9, 45 e 40, metralhadoras). O PL pretende reduzir para R$ 50 (armas de uso permitido) a R$ 150 (de uso restrito) (PL, Anexo I, Tabela A), visando desestimular sua entrega. Afinal, a indústria e o comércio não estão ganhando nada com isso.

Para minha grata surpresa, o SB contraria o PL e aumenta o valor das indenizações: curta de uso permitido (R$ 200), longa de uso permitido (R$ 300), curta de uso restrito (R$ 500) e longa de uso restrito (R$ 1.000) (SB, Anexo I).

O PL e o SB reduzem a taxa de registro de arma, que passaria de R$ 60 para R$ 50 (arma nova) e R$ 20 (usada), e renovação de porte de R$1 mil para apenas R$ 100. O SB chega a isentar de qualquer custo o registro da primeira arma para quem vive no campo ou se declare pobre (art. 76), buscando incrementar a venda de armas, um produto perigoso (PL, Anexo I, Tabela B, e SB, Anexo II).

Permitem registro de armas ilegais a qualquer tempo (PL, art. 20, e SB, art. 30 x Lei, arts.12 e 5º, § 3º):

Ao permitir que o cidadão que possui arma não regularizada possa registrá-la "a qualquer tempo" (PL art. 20 e SB art. 30), esses projetos estimulam a sua posse ilegal. A lei em vigor, ao considerar a posse sem registro como crime (art. 12), concedeu longo período para registro sem punição (art. 30). Depois, a lei abriu mais uma oportunidade, e permite que o cidadão entregue essa arma a qualquer tempo, sem punição e sendo indenizado (art.32). Ao contrário, o SB quer premiar, com o registro a qualquer tempo, aqueles que, dizendo-se "homens de bem", mantêm-se na ilegalidade, com armas sem registro. É bom repetir: ao serem usadas em crime, ou roubadas, não podem ser rastreadas.

Dificulta a colaboração entre o Sigma e o Sinarm (SB, art. 12 x Lei, art. 2º, e Decreto nº 5.123, de 1º de julho de 2004):
O decreto que regulamentou a lei determina: "Os dados do Sinarm e do Sigma serão interligados e compartilhados no prazo máximo de um ano." São armas dos CACs e privadas de militares e policiais, desviadas em grande número para a ilegalidade, como mostrou a CPI do Congresso. Sem acesso a essa informação, a PF fica impossibilitada de rastreá-las. Como já mencionamos de forma insistente, há quinze anos a PF vem solicitando à DFPC que cumpra a lei, para que possa investigar os desvios, inutilmente. Agora, o SB acaba de vez com a determinação, tornando apenas "possível" essa transmissão de informações (art. 12), indispensáveis para a repressão ao tráfico ilegal de armas e ao crime organizado. Depois dizem que somos nós que "defendemos os bandidos".

Libera a recarga de munição (SB, art. 18, "b" e "d" x Lei, art. 16, § único, VI, e Lei nº 11.706, art. 23, § 4º):
A lei autoriza a aquisição de "insumos e máquinas de recarga de munição" apenas pelas instituições de ensino policial e pelas guardas municipais capacitadas a usar armas de fogo (Lei nº 11.706/2008). Essa limitação decorre dos resultados da CPI da Câmara, que constatou que alguns instrutores de clubes de tiro revendiam munição normal, e também recarregada, para o PCC em São Paulo. Comprovou também que as 2.865 empresas de segurança privada legais existentes em 2005, com 413.994 armas, eram precariamente controladas, com desvios constantes de armamento. Após a CPI, o Exército informou que iria aumentar sua fiscalização, para que só as FFAA e os cursos de capacitação

de tiro das corporações policiais e GMs autorizadas pudessem recarregar munição, o que foi feito em 2008. Agora, o SB sabota esse esforço, ao propor a recarga por proprietários e trabalhadores rurais (art. 18, "d"), associações de caça e tiro e empresas de formação de agentes de segurança privada ("b"). É a esses setores, fiscalizados de maneira ineficiente, que se quer autorizar a "fabricação" de munição, pois a recarga é a "montagem" do projétil. Com a agravante de que a munição recarregada não é rastreável. Os últimos decretos presidenciais pretenderam autorizar os clubes de tiro a fazer recarga, apesar dos comprovados desvios para o crime apontados pela CPI.

Concedem de 5 a 10 anos de validade ao porte de arma (PL, art. 25, e SB, art. 31, § 2º x Lei, art. 6º):
A lei atual proíbe o porte de arma para civis (com exceções), admitindo-o apenas para as FFAA, de segurança pública e outras exceções (Lei, art. 6). O PL pretende, além de conceder o porte de arma para todos, dar-lhe validade de 5 anos (art. 25). O SB estende o prazo para 10 anos (art. 31, § 2º) e com validade em todo o território nacional, dificultando a sua fiscalização. Que importa se nesse grande período de tempo quem anda com arma na cintura já não tenha a vista boa, tenha ficado gagá, ou tenha vendido a arma no mercado ilegal? Terá 10 anos para que a autoridade pública desconheça essa situação de perigo.

Qual a justificativa dada pelo relator do PL para afrontar dessa maneira o bom senso? Em seu Voto, afirma: "O Certificado de Registro e Licenciamento de Arma de Fogo (...) é de fato um título de propriedade, e por essa razão, não faz sentido sua periódica renovação" (SB, p. 37). É inacreditável. Porque a arma é uma propriedade não tem que ter fiscalização periódica? Por essa lógica, também os carros, aviões, barcos ou quaisquer produtos privados hoje controlados não teriam que ser fiscalizados com frequência, pondo vidas em risco.

Para que não fique tão ostensiva a concessão de porte a quem não está apto a usar uma arma, o SB prevê um curso com "duração mínima de 10 horas" (SB, art. 33, § 1º). A título de comparação, são necessárias 70 horas de treinamento para obtenção de Carteira de Habilitação de motorista. Não é séria a proposta. Policiais, acostumados a usar arma com frequência, são mortos por bandidos ao tentarem revidar a um ataque armado. Imagine-se civis, que se forem pessoas responsáveis terão praticado tiro ao alvo em clubes de tiro, atirando em alvos fixos, quando na realidade de um assalto terá que alvejar alvos móveis, e muitas vezes múltiplos, enfrentando mais de um assaltante? Ao prever apenas dez horas de capacitação, o SB não leva em conta essas dificuldades da violência real. Brincam com a vida alheia.

Desde maio de 2017, os testes não são mais necessários para renovar o registro, que passou a ter validade por uma década. A pressão do lobby não esperou o novo governo. Contraria o próprio Conselho Federal de Psicologia, o qual adverte o qual "as condições psicológicas de uma pessoa, entre elas aquelas que interferem na aptidão para manuseio e/ou porte de arma de fogo, não são estáticas", criticando a dilatação do prazo para os testes psicológicos.[10]

Certificado de Registro, testes psicológico e de manuseio de arma, com prazo eterno (PL, art. 6º, § 1º, e SB, art. 91, § 5º x Lei, art. 5º, § 2º, e Decreto nº 5.123, de 1º de julho de 2004, art. 12, VI e VII) (lei reformada pelo Decreto nº 8.935, de dezembro de 2016):

O Estatuto estabelece o prazo de 3 anos para que o proprietário renove o Certificado de Registro da arma, para que comprove continuar na sua posse, que não a vendeu para terceiros indevidamente, ou a teve furtada ou roubada. Pelo Estatuto, o cidadão só pode revender arma para terceiros mediante autorização do Sinarm (art. 4º, § 5º). Mesmo assim, estudo do Ipea constatou que a venda (proibida) de armas para terceiros representa 55,4% do comércio de armas, como vimos.

O período de 3 anos é necessário também para que o proprietário da arma demonstre continuar com saúde física, como visão e uso das mãos aptos (Decreto nº 5.123, de 1º de julho de 2004, art. 12, VI), e com saúde mental (art. 12, VII), repetindo os testes de manuseio de arma e psicológico. Nada mais razoável para quem se dispõe a manejar um instrumento de altíssima periculosidade, requisitos presentes em todas as legislações modernas a respeito de armas. Evidentemente, são testes que têm que ser feitos regularmente, em períodos não muito longos.

Pelas mesmas razões, a legislação obriga à renovação periódica de licença (e exame de vista e de habilidade física) de quem dirige um carro (de 5 em 5 anos, e para os idosos de 3 em 3 anos), mesmo considerando-se que se trata apenas de um meio de transporte, mas que apresenta risco. Até o gado é mais fiscalizado que a arma nas fronteiras do país, para prevenir a entrada de animais doentes (exigência dos importadores de carne e não preocupação com o consumidor brasileiro).

O primeiro registro da arma torna-o "permanente" (PL, art. 8º, e SB, art. 137, "a"), dá-lhe validade ilimitada, eterna. A proposta revela-se indiferente à eventual incapacitação física ou mental do proprietário de arma. Sob pretexto de facilitar sua vida, acaba por colocá-la em risco, junto com a vida de familiares e de terceiros.

Em 2016, decreto do presidente Temer aumentou de 3 para 5 anos o prazo para renovação do Certificado de Registro de arma de fogo (Decreto nº 8.935, de dezembro de 2016). A justificativa foi o "acúmulo de trabalho da PF", em vez de lhe fornecer meios para cumprir a lei.

Ampliam o período de renovação de registro dos CACs, passando de 3 para 5 anos (PL, art., 6º, § 1º, e SB, art. 91, § 5º x Portaria nº 00 - COLOG - de 16 de janeiro de 2015, art. 8º):

Contrariam assim a norma do Exército (Colog cit.). A proposta, além dos malefícios já mencionados, ignora a insuficiente fiscalização dos CACs, reconhecida pelo próprio Exército, que para tanto alega a precariedade e falta de meios da DFPC. Segundo dados obtidos (por força de ação judicial baseada na Lei de Acesso à Informação) no Sigma,

> 1.960 armas de colecionadores foram roubadas, furtadas ou extraviadas, migrando para o mercado ilegal, de 2003 a 2015. Dessas, uma em quatro eram de uso restrito (grosso calibre, como fuzis). O número de colecionadores passou em 5 anos de 2.222 em 2010 para 40.402 em 2015. Calcula-se que 38% das armas de colecionadores acabam passando para o mercado clandestino.[11]

Investigação realizada pelo coronel Diógenes Dantas Filho, do Comando Militar do Leste, em 2001, comprovou ser comum que traficantes de armas e narcotraficantes se credenciem como colecionadores, ou atiradores esportivos, para obterem o direito de importar e comprar mais armas e munições, situação confirmada pela CPI da Câmara Federal. A investigação do Exército chegou a denunciar que essas atividades legítimas estavam servindo de "biombo" para o tráfico de armas do crime organizado.[12] É óbvia a necessidade de que as atividades dos CACs sejam fiscalizadas com rigor e frequência, separando os autênticos CACs dos traficantes. Esse é um desejo manifestado por vários colecionadores e atiradores esportivos com quem conversei, que não querem ver suas atividades confundidas com a de traficantes de armas e exigem o cumprimento da lei.

27. Projetos em defesa e contra o Estatuto do Desarmamento

Ao invés de armar a sociedade e cultuar a morte, há espaço para modernizar e aperfeiçoar a segurança pública e valorizar a vida. A redução das mortes violentas no Brasil é uma causa maior para a democracia e deve estar fundada numa ampla aliança suprapartidária. A revogação do Estatuto do Desarmamento é uma proposta irresponsável, mal informada, demagógica e que atenta contra a proteção da vida dos cidadãos. Ela ainda pode e deve ser barrada na Câmara dos Deputados e no Senado.

Sérgio Adorno, Renato Sérgio de Lima e Paulo Sérgio Pinheiro

Passada década e meia de vigência da lei de armas, considerando seu forte impacto positivo na segurança pública, deveríamos estar modificando-a para aperfeiçoá-la, torná-la mais abrangente e mais rigorosa, e não para mutilá-la, tornando-a inócua. Mais de vinte modificações já foram feitas no texto original da lei de armas, poucas melhorando o texto, a maioria desfigurando-o para torná-lo menos eficaz. Diz-se que tramitam na Câmara dos Deputados 642 projetos de lei sobre armas de fogo e munições, sendo que destes 151 foram apresentados na atual legislatura. No Senado tramitariam 31. Na legislatura passada, a maioria dos PLs contrários à lei foram apresentados por parlamentares de PMDB, DEM e PSC, e a maior parte das propostas de defesa e aperfeiçoamento da lei partiram do PSDB.

Agora seria a oportunidade de se apurar o que não está sendo aplicado, e buscar corretivos, como a precária fiscalização das lojas de armas; a não colaboração do Sigma com o Sinarm; o desvio de armas para a criminalidade, proveniente das próprias polícias e das empresas de segurança privada; o não envio de informação sobre armas apreendidas pelas polícias estaduais para a PF; o não rastreamento de armas e munições envolvidas em delitos; a não integração do trabalho dos órgãos responsáveis pela fiscalização do armamento; a marcação de munição de forma indevida; a não promoção de novas campanhas de desarmamento voluntário; a demorada destruição das armas estocadas nos fóruns judiciários, por exemplo. Seria também o momento para atualizar a lei, incorporando medidas que na época de sua aprovação foram bloqueadas por grupos privados ou corporativos, como marcação de munição vendida para civis, proibição de venda de armas para cidadãos violentos, ou novidades surgidas na última década, como a venda de arma pela internet, ou a produção caseira de armas em 3-D, ou o uso de *airsoft* e *paintball* em assaltos. Adultos que ainda gostam de brincar de guerra ou mocinho e bandido com essas últimas têm direito de exercitar sua imaturidade com essas imitações de armas, desde que controladas por lei, para prevenir que sejam instrumentos do crime. Os psicanalistas não deixam de ter razão quando afirmam que "a diferença entre determinados homens e os meninos é o preço dos seus brinquedos".

Fiscalização das coleções

Outro exemplo de proposta sensata, vigente em vários países, foi a de tornar inofensivas armas modernas e potentes de coleções. Quando assaltantes põem as mãos em coleções desse tipo de armamento, é um desastre. Meses antes da aprovação do Estatuto, a residência de um juiz colecionador, no bairro de Santa Teresa, no Rio, foi notícia: o narcotráfico se apropriou de um verdadeiro arsenal com o assalto. Existem coleções constituídas por centenas de armas, incluindo fuzis e metralhadoras em perfeitas condições de uso. Disseram-me que em Brasília existe um colecionador que tem até tanques de guerra em seu jardim. Um hobby individual que põe em perigo a sociedade, e que por isso deveria ser mais bem fiscalizado.

Levamos esse exemplo, entre outros, à apreciação dos senadores. Propúnhamos que das armas modernas de coleções devia se extrair algum dispositivo que impedisse o disparo, ou então que o cano fosse bloqueado por dentro, com a mesma finalidade, como se faz em vários países. Nada mais razoável, ainda mais num país em que assaltos a residências são usuais. Durante o debate numa das comissões do Senado, uma bela loura, sentada ao meu lado, segredou-me ao ouvido que nossa proposta não tinha a menor chance de ser aprovada. Eu me disse surpreso, porque confiava na boa índole dos colecionadores e dos senadores. Ela retrucou: "É ingenuidade sua. A maioria das coleções não é de admiradores de armas. É um negócio. Armas incompletas perdem valor. Não vão deixar aprovar", disse ela. Tinha conhecimento de causa, porque em seguida a identificaria como funcionária do lobby. E a nossa proposta de fato não foi aprovada pelo Senado.

Controle dos *brokers*

Nas pressões e contrapressões que antecederam as votações do Estatuto, procurávamos avançar o máximo possível em nossas propostas, antevendo que muitas delas, por mais racionais e necessárias que fossem, não passariam, diante dos fortes interesses que contrariavam. Foi o caso dos *brokers*, corretores privados de armamento, que funcionam como intermediários entre os fabricantes e os compradores. Para evitar que armas e munições, legalmente produzidas, sejam vendidas para o crime organizado, milícias, terroristas, nações em guerra, ditaduras etc., vários países produtores regulamentam e fiscalizam as atividades dos *brokers*. A fiscalização é tão necessária para a segurança doméstica, e internacional, que até mesmo os Estados Unidos, tão refratários à fiscalização do comércio de armas, regulamentam o setor. A própria Organização dos Estados Americanos (OEA), no segundo acordo regional celebrado sobre armas pequenas (CFTA), estipulou normas mínimas que deviam regular essa atividade.

Na Câmara, convenci o então deputado Aloysio Nunes Ferreira da importância dessa medida, e ele propôs a regulamentação da atividade na negociação dos partidos. A proposta foi aceita e aprovada em plenário. Mas o lobby dos *brokers* brasileiros, em sua maioria militares reformados e policiais aposentados, pressionou o Senado, que derrubou a proposta. Novamente a segurança pública saiu perdendo. E o resultado está aí: até mesmo ex-diretores da Taurus vendendo armamento para países que praticam genocídio, como o Iêmen.

Armas mal marcadas e não rastreadas

Obrigada pela lei, a fábrica às vezes marca as armas. Mas utiliza marcação mecânica, fácil de raspar, e não chips ou marcação interna, que não permitem raspagem. Envolvidas em crimes, não podem ser rastreadas. Os parlamentares precisam melhorar a lei para forçar a indústria de armas a tomar providências que permitam à polícia realizar seu trabalho na solução dos homicídios. Enquanto isso, a taxa de elucidação de crimes no Rio de Janeiro, segundo o ISP, está em 6%.

Porte para os CACs – Portaria nº 28, de 14 de março de 2017, do Comando Logístico do Exército, liberou o transporte de armas carregadas por integrantes de clubes de tiro, que antes deviam transitar com armas desmuniciadas e apenas recarregá-las nas dependências dos clubes. Podem agora transitar com arma carregada entre suas casas e o clube ou local da competição. Alegaram os desportistas dos "riscos de se andar com arma descarregada". Havia melhor solução. Em Buenos Aires, fui levado por assessor do governador a conhecer um de seus principais clubes de tiro. Após assistir à exibição de tiro a alvos móveis, mostraram-me onde os atiradores deixam guardadas, de forma segura, suas armas e munições. Não podem andar com elas na rua. Medida inteligente, que diminui riscos de assalto e conflito e atende às necessidades do desportista, segundo ouvi de vários deles. Mas os clubes têm que ter boa segurança e cofres.

Ao invés de nossos governos aumentarem os controles, reduzem-nos e estimulam que as pessoas se armem, fórmula infalível para a escalada da violência. Por uma portaria do governo Temer, os atiradores também ganharam o direito de portar arma na rua. Na prática, a medida burla o espírito da lei, que é a de evitar que civis andem armados. Chegam-nos denúncias agora de que, para aliciar novos membros, muitos clubes de tiro do país estão prometendo "porte de arma" para quem se filiar. Na prática, é isso que a nova portaria está propiciando: concessão do porte de arma, contrária à lei.

Seja para burlar a lei contra o porte de arma, para comprar mais armas e munições, para traficar armamento, ou porque são verdadeiros amantes do esporte, a verdade é que o número de atiradores que pedem registro ao Exército vem crescendo de forma explosiva. E é preciso salientar que atiradores podem ter até 16 armas, sendo 8 de calibre restrito (uso militar). Através da Lei de Acesso à Informação, o Instituto Sou da Paz obteve do Exército dados que revelam que

> as autorizações concedidas aos CACs aumentaram 879% nos últimos cinco anos, passando de 8.988, em 2014, para 87.989 em 2018. Já o número de

> armas nas mãos desse grupo foi de 227.402 para 350.693 unidades, um crescimento de 54%. O número de roubos, furtos e extravios de armas dos CACs foi de 5.808 entre 2010 e 2016, considerando-se que colecionadores e atiradores esportivos podem possuir armas de calibre restrito.[13]

Preocupado com os CACs, principalmente com novos atiradores esportivos que só se registraram como tal para portar arma na rua, o Exército, em janeiro passado, publicou ofício, informando aos CACs que "o acervo bélico deles se destina somente a essas atividades e continua sendo proibido usá-lo para defesa pessoal". O Exército quis dizer que, apesar dos decretos de Bolsonaro liberando a posse de arma, o civil que quiser ter arma para defesa pessoal tem que seguir as normas e procurar a PF. Os CACs são fiscalizados pelo Exército, através do R-105, segundo o qual "é infração administrativa portar ou ceder arma de fogo constante de acervo de colecionador, atirador desportivo ou caçador para segurança pessoal". Os CACs honestos deveriam ser os primeiros a querer que seus membros fossem fiscalizados, para se diferençarem dos bandidos, e não reagir, como se tivessem algo a ocultar.

Retrocessos e avanços no Estatuto

Decretos do governo Temer afrouxaram o controle de armas, aumentando de 3 para 5 anos o prazo para renovação do Certificado de Registro. Desde maio de 2017, cortaram-se os testes psicológico e de manuseio de arma na renovação do registro, e a validade passou de 3 anos para uma década.

Em 26 de outubro de 2017, o presidente Temer vetou o porte de arma para guardas de trânsito, lei oriunda do PL nº 152/2015, de autoria do deputado Tadeu Filippelli (PMDB/DF). Foram ouvidos setores responsáveis da categoria contrários, como o diretor do Sindicato dos Trabalhadores do Sistema Viário do Estado de São Paulo: "Podemos estar atuando em algum cruzamento e acontece um assalto. A primeira coisa que a população vai fazer é recorrer ao agente de trânsito. Não é nossa função. Nós não somos polícia. O porte de arma para nós é extremamente complicado."

Outro avanço foi a medida de tornar crime hediondo o uso por civis de armas de uso restrito, lei que seria contrariada pelos decretos presidenciais do novo governo, como veremos adiante.

Propostas que pioram ou melhoram o Estatuto

No Congresso aguardam momento oportuno dezenas de projetos de lei visando conceder o porte de arma a distintas categorias, como políticos, advogados, caminhoneiros, barqueiros, taxistas, policiais em voos comerciais, armas militares para vigilantes privados, CACs etc. Os últimos decretos presidenciais aproveitaram várias dessas propostas. Mas nem todos os PLs que circulam no Congresso são retrógrados. Vários visam aperfeiçoar a nossa lei de armas. O PL nº 9.061/2017, do deputado Alessandro Molon, propõe suspender o registro de posse e porte de arma de fogo para quem comete crime de violência doméstica e familiar e para quem agride crianças e adolescentes. Esse PL foi aprovado na Câmara em 13 de março de 2019 e e pelo Senado em 8 de agosto, aniversário de treze anos da Lei Maria da Penha.

Outro projeto que merece destaque é o do deputado Paulo Teixeira (PT/SP), PL nº 4.471/2012, que acaba com a definição de "auto de resistência", e cria regras para a abordagem por parte da polícia. Pretende acabar com a prática frequente de se camuflarem execuções sumárias, ou morte de inocentes durante tiroteios, sob a fachada de "resistência à prisão".

O Substitutivo do PL nº 3.722 apensou 45 projetos de lei contrários à lei vigente e apenas dois PLs que se harmonizam com o controle de armas: o chip eletrônico para rastreamento de arma e o aperfeiçoamento do porte no campo. Este último, PL nº 4.134/2015, é de autoria do deputado Subtenente Gonzaga (PDT/MG), do então deputado Raul Jungmann e do deputado Marcus Pestana (PSDB/MG). Ele concede, entre outras propostas, "o prazo de um ano para a efetiva interligação dos sistemas Sigma e Sinarm". Propõe "a criação de regras para inibir o comércio ilegal de munições, estabelecendo a obrigação da apresentação do certificado do registro da arma de fogo no momento da compra". Sobre o campo, propõe a controversa posse de arma, não apenas na residência, mas também em todas as terras do proprietário. Com respeito ao "tráfico internacional de armas, sugere a inclusão das expressões 'partes' e 'componentes' na redação atual do art. 18 da lei, para coibir o tráfico não só das armas montadas, mas também o tráfico de suas partes e componentes a fim de criminalizar esta conduta".

Lei mais dura contra fuzis

Em agosto de 2015, três ONGs que lutam pelo controle de armas entregaram à presidência da Câmara dos Deputados uma "nota técnica", em que apoiavam a proposta do secretário de Segurança do Rio de Janeiro, José Mariano Beltrame, a parlamentares, apontando a necessidade de uma legislação mais forte contra o porte de armas de guerra, em especial a disseminação de fuzis.[14]

O presidente Temer sancionou, em 26 de outubro de 2017, a lei tornando crime hediondo[15] o porte ou a posse ilegal de armas de uso restrito, como fuzis, metralhadoras e submetralhadoras. A lei se originou do PL nº 3.376/2015, de autoria do então senador Marcelo Crivella (PRB/RJ), e foi proposta ao Congresso pelo mencionado secretário de Segurança do Rio.

Enquanto isso, na contramão da história, o PL nº 3.722 propõe abrandar as penas para posse de armas de uso restrito, estipuladas pelo Estatuto em 3 a 6 anos de prisão e multa (art. 14), para 2 a 4 anos e multa (PL, art. 46). Pior faria o decreto presidencial, que chegou a conceder o porte de fuzis de guerra por civis, T4 da Taurus, para uso civil; proposta tão absurda que o presidente teve que voltar atrás, embora mantendo a posse.

Pressione o seu parlamentar

O Instituto Sou da Paz, com o apoio da Rede Desarma Brasil e do Viva Rio, lançou em setembro de 2017 uma campanha pela internet para que os eleitores possam reivindicar junto aos parlamentares a defesa do Estatuto. Tentamos dessa forma criar um hábito democrático, que é a cobrança de que os representantes votem em sintonia com a vontade dos representados e para fazer frente à pressão exercida sobre o Congresso pelo lobby da indústria de armas e munições. O acesso aos que querem enviar mensagens aos parlamentares federais é http://descontrole.org.br/.

PARTE 10

CIÊNCIA OU IDEOLOGIA?

Se matar para roubar um celular está errado,
mas matar para recuperar um celular está certo,
o que está proibido não é matar, mas violar a propriedade
privada. O sagrado não é a vida, mas a propriedade.
Ricardo Aronskind, economista argentino

28. Mitos que matam

Mesmo armado, me senti indefeso.
Deputado Jair Bolsonaro, após ser assaltado por dois jovens no Rio e ter roubadas sua moto Honda 350 e sua pistola Glock 380, em 1995.

Armamentistas contra as pesquisas

Uma pergunta não quer calar: se os armamentistas, e a rica indústria de armas e munições, estão convencidos de que "mais armas nas mãos dos homens de bem aumentarão a segurança e diminuirão a violência", por que nunca fizeram pesquisas no Brasil que confirmassem sua tese? Ou, se fizeram, por que não as divulgaram? A falta de resposta fala por si mesma.

Enquanto isso, Thomas Conti, da Unicamp, avaliou 61 pesquisas, realizadas entre 2013 e outubro de 2017, principalmente nos EUA e no Brasil, relacionando armas, crimes e violência. Conti concluiu que a quase totalidade desses estudos demonstra que "mais armas, mais crimes".[1]

Não contando com pesquisas próprias, os armamentistas fazem leitura parcial, recortada, dos resultados das investigações acadêmicas e as distorcem para que embasem sua propaganda. Por exemplo, fundamentando o seu PL contrário à lei de armas, o senador Wilder Morais escreve: "Desde o Estatuto do Desarmamento, há dez anos, o número de homicídios e vítimas por armas de fogo só aumentou. Entre 2011 e 2015 foram 279 mil vítimas."[2]Ao afirmar "Desde o Estatuto do Desarmamento", ignora que a lei é de 2003 e não de 2011, e mais uma vez não compara o antes e o depois da legislação que pretende criticar. O leigo incauto acredita.

Ora, um dos fatores distintivos entre países desenvolvidos e em desenvolvimento está na implantação de políticas públicas baseadas em pesquisa científica, em dados empíricos, nos primeiros, e políticas realizadas a partir de meras impressões e conhecimento vulgar, no caso dos segundos. Mas o debate no Brasil se dá entre os que se baseiam em conhecimento científico, muitas vezes mal compreendidos por uma população em grande parte semianalfabeta, e aqueles que defendem o uso de armas a partir de puro achismo ou da manipulação primária das pesquisas existentes.

No Congresso, se repete essa dualidade nos debates, opondo ciência e ideologia. Preocupados em colocar a discussão sobre segurança pública em um patamar sério e bem fundamentado, e com o domínio exercido pelo lobby da indústria de armas sobre a Comissão Especial que analisava o PL nº 3.722, em 2016 a comunidade acadêmica voltou a se manifestar, alertando para o grande equívoco que seria a revogação do Estatuto do Desarmamento. Assim, em 21 de setembro, foi lançado o Manifesto de Especialistas em Defesa do Estatuto do Desarmamento,[3] assinado pela unanimidade dos acadêmicos com pesquisas empíricas na área. A iniciativa contou com o apoio de 57 pesquisadores, entre eles quatro dos mais respeitados pesquisadores em nível internacional: David Hemenway (Universidade de Harvard), Edward Laurance (Monterey Institute, Califórnia), Philip Alpers (Universidade de Sydney, Austrália) e Khatchik DerGhougassian (Universidad de San Andrés, Argentina) (ver em Anexos).

Prós e contras em debates e pesquisas

A seguir, os principais temas debatidos no Congresso e na sociedade, seus prós e contras, e o que dizem as pesquisas.

- ***"Devemos usar arma de fogo para nossa autodefesa"* x *"Arma de fogo é um excelente instrumento de ataque, mas precário para autodefesa"***

Na ONU se diz que minha maior contribuição à teoria do controle de armas é a constatação de que a arma é bom instrumento de ataque, mas precário na autodefesa. Costumo dizer que "Arma é boa para ataque, mas péssima para defesa". Por que é assim? A regra nos assaltos e nos assassinatos é o ataque súbito. O agressor escolhe o local e o momento de agir e atua com rapidez. Ele não quer correr risco, e não vai se anunciar antes de apontar a arma para a vítima. Esse fator surpresa concede ao agressor superioridade esmagadora: quem reage morre, e só não é assim na fantasia do cinema. De nada adianta se a vítima é exímio atirador. Não dá tempo de sacar a arma, de buscá-la na gaveta, no porta-luvas do carro, no cofre. A arma do agressor dispara em frações de segundo. No cinema, o mocinho, mesmo com várias armas apontadas em sua direção, tem tempo de sacar a arma, enquanto vai matando os bandidos um por um, que "aguardam" serem abatidos. Alguns homens, intoxicados na infância por filmes de faroeste e de guerra, inconscientemente ainda acreditam nessa mágica. Desconhecem a realidade de um assalto. Nele, além do fator surpresa, o agressor se move, não é um alvo fixo, como o alvo no estande de tiro, se protege e atira. No caso de agir com um cúmplice, aí a pequena chance de êxito da defesa praticamente se anula. E se você, ao não ter tempo de empunhar sua arma, se rende, para não morrer, o agressor vai vasculhar a casa em busca do que roubar, vai encontrar a arma, e na maioria dos casos, conforme os boletins de ocorrência policial revelam, vai dispará-la contra você ou um familiar, que terá sorte se for poupado. Essa é a realidade nua e crua dos assaltos, de quem os vivencia ou faz pesquisa.

Ao contrário, se você quer matar, não hesite e use uma arma de fogo. Escolha uma dessas armas modernas e caras. É um dos meios mais seguros e eficazes para cometer um homicídio. Escolha o local e momento certos e ataque. As armas são cada vez mais potentes, e hoje já matam mais do que ferem. Diferentemente da arma branca, que exige coragem porque se fica próximo à vítima, que pode revidar, com a arma de fogo pode-se atirar a certa distância, mas não muita, porque a proximidade facilita que se acerte no alvo. Por isso há quem diga que "as armas de fogo são as armas dos covardes", que não dão chance às vítimas. Razão por que, nos julgamentos, são uma agravante nos crimes com elas praticados.

Um assalto real é muito diferente do mostrado no cinema. Eis um relato dos jornais cariocas da época do assalto a Jair Bolsonaro, com foto e tudo: "O deputado federal Jair Bolsonaro foi assaltado ontem, quando seguia para panfletar junto a seus eleitores, na Zona Norte do Rio. Dois homens abordaram o deputado. Os criminosos levaram a motocicleta do parlamentar, a Honda Sahara 350, ano 94, e a sua arma, uma pistola Glock 380. 'Mesmo armado, me senti indefeso', admitiu na ocasião o parlamentar."[4]

O primeiro estudo a respeito da autodefesa armada no Brasil foi realizado pelo sociólogo Ignácio Cano, já em 1999. Ele analisou 3.394 ocorrências policiais registradas na Polícia Civil do Rio de Janeiro e constatou que "a chance de sofrer lesão ou morte é pequena para as vítimas que não reagiram, maior para as que reagiram sem arma de fogo e ainda maior para as que puxaram uma arma. (...) Quando se reage com arma de fogo, a chance de se morrer é 180 vezes maior do que quando não se reage. A possibilidade de se ficar ferido é 57 vezes maior do que quando não há reação". Registrou também que 88,5% dos assaltos praticados no Rio foram perpetrados com arma de fogo.[5] Já pesquisa do Ibccrim, de 2000, identificou que 7 em cada 10 pessoas armadas que tentaram reagir a roubo com armas foram baleadas.[6]

As pesquisas internacionais não mostram outra coisa. De acordo com um estudo do respeitado Violence Policy Center, dos EUA, "para cada criminoso morto por um civil com arma de fogo em autodefesa, ocorrem outras 34 mortes de vítimas, 78 suicídios e 2 mortes por disparo acidental".[7]

Há casos de pessoas atacadas que revidam e têm êxito na autodefesa? Há, mas são excepcionais, são pura sorte. E não moldamos nosso comportamento, nem se faz política pública com as exceções, mas com as regras. Claro que há situações em que a vítima vê o agressor se aproximar e tem tempo de se defender. Mas é raro. Dizem: "Há tantos casos que não são registrados na polícia em que um tiro para o alto bota o ladrão para fugir, e nem é preciso matar." Muito difícil acontecer. O agressor não é bobo, nem quer morrer. Ele planeja o ataque, surpreende a vítima, vem pelo ângulo morto do carro, por baixo da janela, surge de repente quando se vai entrar em casa, mesmo protegida.

A publicidade armamentista pega casos isolados e os difunde como exemplos de autodefesa bem-sucedida. Mas mesmo determinados "casos" são distorcidos, para "provar" a tese da autodefesa. O mais impressionante e mais difundido no Brasil foi o da velhinha gaúcha de 87 anos que, mesmo sem os óculos, atirou e matou um assaltante. O fato ocorreu em 9 de junho de 2012, no Rio Grande do Sul, e teve enorme repercussão nacional, saindo até no *Fantástico*. Vejamos o que disse uma reportagem posterior, só divulgada localmente:

> O assaltante Márcio Nadal, de 33 anos, morreu com três tiros disparados pela aposentada Odete Prá, de 87 anos, ao assaltar seu apto., em Caxias do Sul. A idosa relatou que acordou com um homem estranho em casa: 'Levantei sem aparelho, sem óculos, sem muleta, sem nada', disse ao

> *Fantástico*. Ela teria pego o revólver no armário e atirado no estranho; com o homem caído, ela teria atirado mais duas vezes, e o assaltante morreu no local. Esse o seu relato. Submetida à perícia do IGP, constatou-se que não havia resquício de pólvora nas mãos da aposentada, e o revólver usado, calibre 32, necessariamente deixaria fragmentos de pólvora em quem o disparasse. Segundo informações obtidas com exclusividade pela reportagem, haveria mais uma pessoa na casa que seria a responsável pelos disparos.[8]

Depois a suspeição da polícia recaiu sobre o neto, que teria efetuado os disparos. A notícia inicial da façanha da simpática velhinha foi divulgada nacionalmente. Mas a informação sobre a perícia e o suposto autor tive que buscar no noticiário local, e pouca gente ficou sabendo. O lobby das armas só divulgou a primeira.

Pesquisa do sociólogo Cláudio Beato, coordenador do Centro de Estudos em Criminalidade e Segurança Pública da UFMG, aplicando 78 mil questionários em todo o Brasil, e computando as respostas de assaltados que reagiram com arma e dos que não reagiram, constatou que as chances dos que estavam armados sofrerem uma agressão, seja tiro, coronhada ou agressão física, aumentaram em 87%. Mesmo policiais armados correram 89% mais chances de serem agredidos do que os desarmados. Por seu lado, a revista *Veja* ouviu 94 homicidas presos, e em "quase 100% dos casos, a justificativa que tiveram para matar foi a suposta reação das vítimas",[9] isto é, "quem reage morre". O senador Luís Eduardo Girão (Podemos/CE), homem que leva a religião a sério, reflete a respeito: "É fácil imaginar que pessoas que matam pessoas, mesmo para se defender, depois podem sofrer com depressão, remorso e outros problemas. Isto é, quem mata, também morre um pouco."

- ***"Armas não matam, quem mata são as pessoas"* x *"Armas não matam, quem mata são as pessoas armadas"***

Este é um sofisma bem construído, por isso se tornou o principal slogan da NRA, e convenceu muita gente, tanto nos Estados Unidos quanto no Brasil. Baseia-se, na primeira ideia da frase, no óbvio: um objeto inerte não mata espontaneamente. Mas, por esse raciocínio, veneno também não mata. Vamos permitir que o veneno fique por aí, sem controle? O senador norte-americano Daniel Patrick Moynihan, ironizando essa falácia, saiu-se com essa: "Armas não matam, quem mata são as balas."

O mais convincente é a segunda ideia da frase: "são as pessoas que matam". Outra obviedade, mas que permite uma conclusão esperta: temos que nos preocupar com a pessoa, e não com a arma. "Uma pessoa bem-educada só vai usar a arma responsavelmente", dizem, seja adulto ou criança (controlar crianças não é fácil). Por isso, devemos investir em educação, uma proposta simpática e aceita por todos, e não controlar as armas, raciocinam.

Argumentos que se encaixam como uma luva na ideologia positivista norte-americana: o poder decisivo da força da vontade, querer é poder. Ignora o psiquismo, a força do inconsciente, ignora Freud, Lacan e toda a psicanálise. Acham que a razão pode tudo. Um indivíduo educado, e racional, vai agir sempre com responsabilidade e bom senso. Até que encontra a esposa na cama com o vizinho, se desespera e fuzila o rival. Até que é despedido injustamente, e fulmina o patrão, fato comum nos EUA.

Sem desmerecer a educação (fui professor), os valores e a ética podem pouco quando o inconsciente os contraria, quando o nível emocional interfere, movido pelo medo, pelo ódio ou pelo sentimento de rejeição. Por exemplo, rejeição provocada pelo bullying, presente em tantos casos de massacres nos EUA e também entre nós. Tais emoções fortes podem levar o indivíduo a tomar atitudes "irracionais". Aflora o outro lado do ser humano, intenso, incontrolável, afogando a "boa educação". É o poder da emoção, fator de tantos crimes e assassinatos, como os crimes "passionais". Mas o sofisma o ignora: homens bem-educados saberão sempre usar suas armas de forma responsável. É o que todos desejaríamos que fosse verdade, até que se descontrolam.

Por isso, se recomenda não ter uma arma ao alcance da mão, para que num impulso não matemos, ou não nos matemos, num gesto impensado e sem volta. É preciso um tempo de reflexão, um intervalo entre o sofrimento psíquico e o ato de empunhar a arma, como preconiza o "tempo de espera" na compra da arma, da Emenda Brady nos EUA. A ausência desse tempo foi o que levou o filho da deputada Sandra Rosado, rejeitado pela noiva, a se suicidar com a arma da mãe, guardada em casa. A proximidade da arma é o impulso certo para a morte. Por isso, respondo ao slogan da NRA: "Quem mata são as pessoas armadas." Ou, nas palavras do médico Danilo Blank, da UFGRS: "Se são as pessoas que matam, são as armas de fogo que lhes permitem matar." Ou, ainda, como diz um personagem de Guimarães Rosa: "Bala vai onde é mandada." Dizer que a arma não tem que ser controlada porque "não tem culpa" é tão surrealista como afirmar, como alguém já disse, que "pão não engorda; engorda quem come pão".

- ***"A arma protege o lar"* x *"Arma atrai arma"***

De acordo com dados do Departamento de Estado, "nos Estados Unidos, 75% dos assaltantes não usam arma de fogo. Se as vítimas potenciais passarem a armar-se, podem incentivar o uso de arma por assaltantes. Nesse caso, a propensão a disparar também pode crescer (por medo de uma reação da vítima). Isso pode explicar por que é mais frequente ladrões usarem armas em estados com maiores taxas de acessibilidade às armas" .[10]

No Rio de Janeiro, quando se começou a armar a PM com fuzis de guerra AR-15, os policiais começaram a ser assaltados pelo crime organizado, interessado em capturar esse armamento poderoso. Vários policiais foram mortos nessa circunstância, e foi preciso que recebessem ordem de só portarem essa arma quando acompanhados por outros policiais, para dissuadir os assaltantes.

A impressão de que "arma nos protege das armas" é mera ilusão. Desconhece-se que a arma é um objeto de desejo dos delinquentes, por ser um valioso instrumento de trabalho para eles e por seu valor no mercado clandestino. Por isso, os especialistas dizem que "arma atrai arma". Pesquisa realizada em Baltimore, com base nos dados oficiais do FBI, revelou que taxas altas de posse de armas aumentam a probabilidade de casas serem alvos de assalto. "Um aumento de 10% nas taxas de posse de armas resulta num aumento de 3 a 7% na probabilidade de as casas serem assaltadas. As armas constituem um bem valioso a ser roubado. Apoia essa teoria o fato de que em 14% dos assaltos, na casa onde uma arma foi roubada, ela foi o único item roubado."[11]

A maioria dos assaltos de residências em Massachusetts, onde morei, não é realizada com armas de fogo, por duas razões: os ladrões sabem que dificilmente o assaltado tem arma, devido à lei restritiva do estado, e porque o seu uso aumenta em muito a pena, em caso de prisão do assaltante.

Além de as armas atraírem a cobiça dos ladrões, em residências que se sabe que tem arma, o assaltante certamente usará arma de fogo e já chegará atirando, para prevenir alguma reação armada. Os riscos de morte são potencializados, como reconhece o próprio FBI. É o oposto do que diz o deputado Peninha, em sua "Justificação" do PL nº 3.722: "A certeza de que a vítima está desarmada torna o criminoso mais ousado." O deputado pode entender de clube de tiro em Santa Catarina, mas não está bem informado sobre a dinâmica dos assaltos de residência.

Quem pensa o contrário se fixa apenas no risco representado por um eventual assaltante. Mas existem vários outros riscos quando se introduz uma arma de fogo em casa. Por exemplo, em Caçapava do Sul (RS), em junho de 2017, "um idoso de 67 anos atirou por acidente em sua esposa, Fátima Oleques. Ela havia se levantado durante a noite e, quando voltava para o quarto, o marido pensou que era o vulto de um assaltante. Matou-a com um tiro de revólver calibre 22 no peito. Segundo o delegado, a arma não era registrada. O idoso ficou arrasado".[12] Essa circunstância muito frequente, de se atirar num parente que regressa tarde e é confundido com um ladrão, foi bem registrada por Raphael Barbosa, no curta de 2016, *Avalanche*.

Mas o que mais sucede é o assassinato premeditado da mulher pelo cônjuge. Diz a promotora Valéria Scarance, do Grupo de Enfrentamento da Violência Doméstica do MP de São Paulo: "A existência de armas de fogo dentro de casa é um fator maior de risco. Afinal, em geral os homens que praticam violência contra a mulher e o feminicídio são réus primários, têm bons antecedentes e residência fixa." Para a promotora, "a principal causa de morte de mulheres até 29 anos, entre 2011 e 2016, foi disparo de arma de fogo".[13]

Ter arma em casa para proteção é uma atitude nem sempre bem-sucedida. Célebre pesquisa pioneira, realizada pelo médico Arthur Kellermann, tornou-se mundialmente famosa ao revelar que "os lares com armas de fogo aumentam o risco de homicídio interfamiliar em 2,7 vezes, os acidentes em 4 vezes e os suicídios em 11 vezes, se comparados com lares sem armas".[14]

Desarmado, o cidadão corre perigo. Armado, corre mais perigo ainda. Por isso, a saída é pressionar o Estado para que desarme os bandidos e proteja o cidadão, como fizeram as democracias que derrubaram os homicídios com arma.

- ***"Devemos ter arma para autodefesa" x "O mais provável é que a sua arma seja roubada"***

É comum que cidadãos de bem comprem armas para a defesa de sua residência, ou local de trabalho, e acabem tendo essas armas furtadas ou roubadas por criminosos. As estatísticas são assustadoras, mesmo considerando que, no Brasil, esses números são grandemente subnotificados, segundo a PF. Nos Estados Unidos, foram roubadas ou furtadas de residências em um ano (1997), cerca de 500 mil armas, e na África do Sul, cerca de 23 mil, em 2001.[15]

O acontecido com duas figuras públicas do Rio de Janeiro, em 2005, serve para ilustrar essa realidade, que se repete. Os apresentadores de TV William Bonner e Fátima Bernardes foram assaltados em sua residência por bandidos que usavam uma pistola roubada um mês antes da residência de um oficial reformado, no mesmo bairro do Rio. Involuntariamente, o oficial armou a bandidagem.

Certa vez, procurei o ex-prefeito do Rio Eduardo Paes, quando ele era deputado federal, para convencê-lo a votar em favor do projeto do Estatuto do Desarmamento. Ele contou-me o que lhe havia acontecido tempos atrás. Sua mulher havia saído de manhã cedo para comprar pão próximo de casa, e ao retornar, apesar do sistema de segurança que protegia a casa, ao abrir o portão, bandidos armados entraram junto com ela. O parlamentar, que dormia, foi acordado em sua cama com uma pistola encostada em sua testa. Os ladrões roubaram vários pertences da casa, principalmente as duas armas que o então deputado guardava no cofre, "para autoproteção". Disse o deputado: "Por sorte não me mataram nem à minha esposa, e é por isso que vou votar pelo Estatuto."

De cerca de 77 mil armas apreendidas na ilegalidade no estado de São Paulo em 1998, 71.400 haviam sido roubadas e 5.500 extraviadas, segundo a Polícia Civil.

- ***"A lei desarma os homens de bem e deixa os bandidos armados" x "A lei busca fiscalizar as armas dos homens de bem e desarmar os bandidos"***

Um dos argumentos contra a lei de armas é que ela "desarma os homens de bem e deixa os bandidos armados". A simples leitura da lei, pelos que a criticam sem ler, comprova que ela apenas fiscaliza a compra e o uso de armas e munições, procura evitar que caiam nas mãos da criminalidade ou de quem não as sabe manejar, permite que aqueles que desejam se desfazer delas o façam em segurança e sejam indenizados, e facilita o trabalho da polícia na apreensão de armas ilegais e na elucidação de crimes, reduzindo os homicídios. As medidas previstas no Estatuto visam dar meios e obrigações para a polícia combater o tráfico de armas e desarmar os criminosos, e não "deixar indefeso o cidadão".

A lei não "desarma o homem de bem". Impede, sim, que criminosos, ou inaptos física ou mentalmente, comprem armas. Ou parece sensata a política de Trump, de permitir que milhares de doentes mentais possam voltar a se armar?

Como dizer que "a sociedade brasileira foi desarmada" quando cerca de 88% do total de 15.996.301 armas estão nas mãos da sociedade e não das Forças Armadas e das polícias públicas?[16]

Com as apreensões pela polícia e as entregas voluntárias, houve, durante um certo período, apenas uma redução no número de armas em circulação, mas o Brasil seguiu sendo uma das sociedades mais armadas do mundo (ocupa o sétimo lugar), com as consequências que bem conhecemos. Além disso, a venda legal de armamento no país cresceu nos últimos anos, como informa Ricardo Sérgio de Lima, do FBSP: "Entre 2004 e 2014, foram concedidos mais de 121 mil registros a civis pelo Departamento de Polícia Federal, e o número está crescendo. É falso, portanto, dizer que o cidadão não tem acesso a arma, ou que o referendo de 2005 não está sendo respeitado."[17]

Com o pretexto de que é "praticamente impossível conseguir registro de uma arma", os projetos contra o Estatuto querem retirar a discricionariedade da Polícia Federal em determinar se a pessoa tem necessidade ou não de ter e portar arma. O presidente Bolsonaro saiu na frente e, através de decretos, tenta liberar a posse e o porte de arma, como veremos em seguida. Mas, contrariando a afirmação do lobby, levantamento por meio da Lei de Acesso à Informação realizado pelo *Correio Braziliense* conseguiu saber que,

> entre 2010 e 2017, o número de novas licenças no país praticamente triplicou, com uma média de 66 armas liberadas por dia para pessoas físicas. Atualmente, mais de 331 mil pessoas têm registros ativos no Sinarm. Nos

> últimos 8 anos, o número de novas licenças concedidas pela PF subiu de 12 mil para 33 mil, um aumento de 175%. Só em 2017, a média de registro de novas armas liberadas foi de 90 por dia. Em 2015, a média chegou a 100 por dia, com 36.807 novas licenças.[18]

O discurso dos armamentistas é infundado. O deputado Peninha diz que "é quase impossível o acesso a armas no país", no que é refutado pela própria DFPC do Ministério da Defesa: "O Exército concedeu 72.000 novos registros no período de 2004 a 2014, e as lojas venderam mais de 500 mil armas para civis." Esses números oficiais desmentem categoricamente a afirmação do lobby de que "o Estatuto impede o cidadão de ter arma, o bandido não". Mas o Estatuto impõe critérios para a concessão de posse ou porte de arma, ao contrário da proposta de liberação geral, camuflada de "flexibilização" da lei.

Vamos à segunda mensagem do slogan. Se a polícia não está desarmando o homem de bem, estaria "deixando o bandido armado"? Os números de dois dos estados que mais têm implementado o Estatuto, São Paulo e Rio de Janeiro, demonstram exatamente o contrário: as armas tomadas aos delinquentes superam em muito as armas entregues voluntariamente pelos cidadãos de bem. Segundo fontes oficiais, no período 2009-2014, foram apreendidas em São Paulo 115.291 armas e entregues 37.110. No Rio de Janeiro, foram apreendidas 48.029 e entregues 10.602. No Rio, de cada 4 armas que saíram de circulação, 3 foram tomadas dos criminosos pela polícia.[19]

Os dados oficiais demonstram também que nunca se comprou tanta arma no Brasil, isto é, o Estatuto não impediu os "homens de bem" de se armarem, além do que o desarmamento voluntário fez com que milhares de "homens de bem" desistissem de ter arma e as entregassem ao Estado em troca de indenização. É o que revelam os números da Polícia Federal: "Entre 2004 e 2017, foram vendidas no país 805.949 armas de fogo e, no mesmo período, entregues voluntariamente 704.319 armas."

Mas alguns continuam negando os fatos da vida real. Quando, baseados nas estatísticas criminais, procuramos convencer as famílias a não terem arma em casa, é exatamente para evitar crimes interfamiliares, mais comuns do que se quer admitir: homens rejeitados pela esposa, enciumados, bêbados ou despedidos do emprego, que descarregam sua raiva, frustração ou vergonha na mulher e nos filhos. Cena comum nos EUA, e que sucede com cada vez mais frequência entre nós. Não houvesse arma de fogo à mão, a raiva, a bebedeira ou a vergonha passariam, ou redundariam em uma agressão verbal ou física, e não em mortes.

- ***"Não é com a arma legal que se cometem os homicídios"*** **x** ***"Os homicídios são cometidos com armas ilegais e legais, por criminosos e por homens de bem"***

A Conferência da ONU sobre Tráfico Ilícito de Armas conheceu uma reviravolta quando da substituição do presidente Clinton pelo presidente Bush. O representante dos Estados Unidos, membro da NRA, introduziu o conceito de "armas do bem e armas do mal", como Bush fez em política internacional, ao dividir os países em "nações do bem e eixo do mal", com as desastrosas consequências que todos conhecemos, desestabilizando o Oriente Médio e iniciando várias guerras calamitosas e intermináveis. No caso específico, "as armas dos cidadãos de bem são do bem, e não têm por que serem fiscalizadas, uma vez que são as armas do mal, ilegais, que cometem crimes". O corolário desse princípio foi suspender a tímida fiscalização do comércio legal de armas, incentivando o contrabando, inclusive para o Brasil, como temos visto.

Esse maniqueísmo falseia a realidade de diferentes formas. Primeiro, impede o combate ao mercado ilegal de armas, que em sua quase totalidade é suprido pelas armas legalmente fabricadas, ao contrário das drogas, ilegalmente produzidas. Sem a devida fiscalização, as armas submergem no mercado clandestino. Não há essa barreira "natural" entre mercado legal e ilegal: este último se alimenta do primeiro com a falta de fiscalização.

A segunda manipulação é afirmar-se que "não é com a arma legal que se cometem os crimes", como pontifica a "Justificação" do PL nº 3.722. As pesquisas dizem exatamente o contrário. O grande especialista neozelandês Philip Alpers, pesquisador da Sydney School of Public Health, da Austrália, e com trabalhos na Universidade Harvard, me informou em carta:

> Nos homicídios com arma de fogo, o assassino é frequentemente, até aquele momento, um homem de bem, proprietário de uma arma legalizada. Alguns

> exemplos: nos últimos 16 massacres ocorridos na Europa, 86% das vítimas foram mortas por um atirador usando arma legalizada; em pelo menos 29 assassinatos em massa nos EUA, 139 pessoas foram mortas por armas compradas legalmente; em 16 assassinatos em massa na Austrália e na Nova Zelândia, a maioria das vítimas (55%) foi morta por proprietários devidamente registrados e com armas legalizadas.[20]

No estado de São Paulo, entre de 2011 e 2012, quatro em cada dez armas apreendidas no cometimento de crimes tinham sido legalmente compradas.[21] No Rio de Janeiro, segundo o ISP, 38% das armas de fogo apreendidas pela polícia envolvidas em homicídio e roubo haviam sido registradas anteriormente.

No entanto, sem qualquer base científica, o deputado Peninha, autor do projeto que derruba a nossa lei de armas, insiste em dizer: "O Estatuto não consegue dar segurança ao cidadão. Arma de fogo com cidadão de bem só vai ter bom uso." Ao contrário, o que mais se vê são homicídios cometidos por pessoas próximas, com arma legalmente registrada. Nos EUA, segundo levantamento do governo norte-americano, 14% das vítimas de arma de fogo foram mortas por familiares, 37,3% por conhecidos e apenas 15% por estranhos, no período 1976-2000.[22] Na Austrália, encontrou-se praticamente o mesmo resultado: apenas 15,6% dos homicídios foram cometidos por desconhecidos das vítimas no período 2001-2002.[23] Em Mendoza, na Argentina, apenas 10% dos assassinos eram desconhecidos de suas vítimas, de acordo com pesquisa do governo.[24]

Os armamentistas alimentam uma crença comum, e equivocada, de que "o perigo é o estranho" e o lar e as relações pessoais são um universo seguro. Nada mais contrário à realidade. Estudo do Departamento de Homicídios da Polícia Civil de São Paulo concluiu que 21% dos assassinatos cometidos no estado foram praticados por vingança pessoal, 9% por razões passionais, 9% por desavenças em bares e apenas 7% eram relacionados ao tráfico de drogas.

O mesmo se passa com os assassinatos de mulheres por arma de fogo, em grande parte cometidos pelo cônjuge ou ex-cônjuge da vítima. Como já assinalei, quando estive em Teresina constatei que 70% das mulheres assassinadas foram vítimas de seus cônjuges, de acordo com o Tribunal de Justiça do estado.[25] No resto do Brasil não é muito diferente.

A realidade, como comprovado pelas pesquisas, contraria as aparências e crenças, principalmente porque é difícil, é duro, se admitir que se possa estar "dormindo com o inimigo", que a ameaça possa estar dentro da própria família, das relações de amizade ou de trabalho. Mas os estudos confirmam esse pesadelo. Eles revelam que a maioria absoluta dos homicídios por arma de fogo acontece nos chamados conflitos interpessoais, quer dizer, desentendimento entre pessoas, e não no crime organizado, que por ser amplamente noticiado parece constituir-se a maioria. No estado de São Paulo, estudo revelou que 83% dos homicídios com arma de fogo foram cometidos por motivos fúteis, e não pelo crime organizado.[26]

Somos obrigados a admitir que "homens de bem também matam", e muito. E essas mortes são causadas pela soma de tensões individuais e sociais com a acessibilidade fácil às armas. Daí o equívoco de o Estado não fiscalizá-las. Daí condenarmos que homens que se dizem de bem, contraditoriamente, tenham armas ilegais em casa. Segundo um dirigente da Associação Nacional de Tiro Esportivo admitiu em conversa comigo, "muitos associados me dizem que, para cada arma legal que possuem, têm quatro outras ilegais".

- ***"Se carros, piscinas e facas também matam, vamos proibi-los?"* x *"O que representa grave risco tem que ser controlado com rigor ou proibido"***

O relativismo é um velho truque. Ao exagerarmos, tudo se iguala. A diferença está na dosagem, no uso, na utilidade. Uma dose alta de remédio vira veneno. O lobby brasileiro repete a cartilha da NRA: "Morrem mais crianças em piscinas nos EUA que por arma. Vamos proibir as piscinas? "A função da arma é matar. As piscinas existem para prática de esporte ou lazer, e apresentam riscos. Daí a necessidade de medidas preventivas, que garantam suas funções e minimizem os riscos, principalmente para crianças, como salva-vidas, boias, profundidade controlada, canos protegidos etc.

A NRA insiste que os carros são tão ou mais perigosos que as armas, e nem por isso vamos abrir mão deles. Ora, exatamente porque carros são muito perigosos, embora extremamente úteis, são inúmeras as medidas preventivas aplicados a eles e aos motoristas. Minimizam-se os riscos para nos beneficiarmos com segurança de sua utilidade. Simples assim. Mas não querem que façamos o mesmo com as armas, mesmo considerando que os riscos que representam são muito maiores e os benefícios, pequenos e discutíveis.

Dizer que "facas matam tanto quanto arma de fogo" é outra bobagem. Pregando o armamento da população, o então candidato Jair Bolsonaro quase selou sua morte. Tivesse seu agressor utilizado uma arma de fogo, e não uma faca, dificilmente teria sobrevivido.

Alega-se também que "se não se tiver arma de fogo, quem quer matar, ou se matar, vai usar outro instrumento". Outros meios matam muito menos. "Nas tentativas de suicídio por outros meios, de vinte tentativas apenas uma se consuma", constatou a OMS em 2015.

É constrangedor que um general, Augusto Heleno, ainda por cima ministro de Estado, compare publicamente os riscos do uso de armas de fogo ao de um carro. Não satisfeito, disse que "ter uma arma em casa é direito como qualquer outro, como ter geladeira, televisão ou aparelho de som". Pior, beirando o ridículo, é quando ninguém menos que o chefe da Casa Civil do governo, Onyx Lorenzoni, compara a periculosidade da arma de fogo com a de um liquidificador. Aí já entramos no deboche.

- ***"O cidadão tem que ter a liberdade de poder andar armado"* x *"O meu direito termina onde começa o do outro"***

A NRA relaciona o tema ao "cerceamento da liberdade individual". O Substitutivo ao PL nº 3.722 copia a ideia e afirma que a lei de controle de armas vigente exerce "uma tirania" sobre os brasileiros, ao controlar as armas: "Não pode o Estado sobrepor-se à autonomia da vontade do cidadão, individual e coletivamente, tornando-se o grande tutor. Na verdade, um tirano." É um raciocínio rudimentar. Desde quando impor limites a atividades e produtos perigosos é uma "violação da liberdade individual"? É dever do Estado, embora sejam medidas que, no início, provoquem reação dos interesses contrariados, ou mesmo dificuldade na mudança de hábitos. Foi assim com a imposição do cinto de segurança, com os remédios de tarja preta, dos capacetes para motociclistas, dos limites de velocidade no trânsito, da Lei Seca etc. As operações desta última, iniciadas em 2009, até 2017 já haviam salvado a vida de 40 mil pessoas em todo o Brasil, "restringindo a liberdade" dos que teimam em dirigir alcoolizados.[27]

- **"Bandido não compra arma em loja" x "Compra"**

A publicidade durante o referendo afirmava que "bandido não compra arma em loja". Infelizmente ainda compra, pelo não cumprimento da lei por muitos comerciantes e precária fiscalização do comércio por parte das autoridades.

Argumentam: "De que vale a lei ser rigorosa com quem compra arma legalmente, exigindo atestados psicológico e de manuseio, de bons antecedentes, de trabalho? Ela não atinge os bandidos, que não compram arma em loja."

São dois os equívocos, para não dizer manipulação. Primeiro, obviamente as leis são feitas para normatizar a conduta dos homens de bem, que deverão cumpri-las, sob pena de se tornarem delinquentes e serem punidos como tais. Ao contrário, os criminosos, por definição, são aqueles que violam as leis. Portanto, a lei visa manter os homens de bem "na linha" e tentar dissuadir o criminoso de não afrontá-la, sob pena de punição. Assim, afirmar que uma lei é inócua porque não afeta os criminosos é uma incongruência. Seria o mesmo que acabar com a lei que pune os assaltantes de banco porque os bancos continuam sendo assaltados. Uma bobagem.

O segundo equívoco é considerar que bandidos não compram armas e munições nas lojas brasileiras. Como já vimos, tem sido mais que comprovado pelas CPIs que, por falta de fiscalização adequada, várias lojas vendem armamento de forma ilegal, contribuindo para armar o crime organizado.

O que dizem as investigações? Em São Paulo, 57% das armas desviadas tinham antes sido vendidas para pessoas físicas e 43% para empresas de segurança privada, de acordo com a SSP/SP e o Sou da Paz. Pesquisa do Viva Rio demonstrou que 68% das armas apreendidas na ilegalidade no Rio tinham sido originalmente vendidas pelas fábricas para o comércio local, antes de mergulharem no crime, como vimos em "Pesquisas pioneiras".

- ***"A polícia não pode estar em toda parte, por isso precisamos nos armar"* x *"É necessário aperfeiçoar as instituições públicas e não substituí-las"***

As instituições são falhas, mas umas falham mais que as outras. Não dá para comparar a polícia alemã com a brasileira. Mas relativizar tudo, como sempre fazem os armamentistas, como única forma de justificar suas propostas simplistas, falseia a realidade. Nos EUA, eles criaram o slogan "We don't call 911" ("Não podemos contar com a polícia", em tradução livre), referindo-se ao telefone da polícia.

Dada a indigência imaginativa de nossos armamentistas, copiaram também essa cantilena falaciosa de que "a polícia não pode estar em toda parte". Que não resiste a uma simples pergunta: "É assim que os países com baixa violência garantem a segurança dos cidadãos?" Claro que não. O que vemos em países pacíficos como Portugal ou Suécia? Vemos policiais por todos os lados? Ou as pessoas andam armadas? Nem uma coisa nem outra. Nesses países, quase não se vê policiais nas ruas e os cidadãos não portam armas. Então, o que garante tanta tranquilidade? Um somatório de políticas públicas: polícia eficiente e honesta, boa escolaridade da população e forte cultura de paz, Judiciário eficiente e democrático, confiança nas autoridades públicas, sistema penitenciário humanizado, política de prevenção às drogas inteligente, programas de integração da juventude etc. Nosso atual governo, incapaz de implementar qualquer uma dessas políticas, quer armar a população, isentando-se de responsabilidade.

A segurança pública foi sendo construída ao longo dos séculos. Antes, quando os homens andavam armados para se defender, os homicídios atingiam até 15% da população. Hoje, a maioria dos países desenvolvidos, com boas polícias e população educada e integrada, baixou essa taxa para cerca de 3%.[28]

Muitas das nossas instituições públicas são deficientes, mas não podemos ignorá-las. Se o sistema penitenciário está abaixo da crítica, não podemos por isso defender a pena de morte ou soltar todos os presos. Se o sistema judiciário é lento, não podemos por isso fazer justiça pelas próprias mãos (no Brasil, um processo demora em média 9 anos, enquanto em Portugal leva 7 meses). Se a polícia é deficiente, não podemos por isso armar a população. Temos que lutar para melhorar essas instituições, como fizeram com sucesso outros países, e não regredir à barbárie.

Qual a nova proposta? O restabelecimento do porte de armas, a defesa individual no lugar da defesa pública republicana. Essa é uma inovação ou um retrocesso? Uma jabuticaba que só vai dar certo no Brasil? Ou já foi tentada em vários países? Deu certo ou aumentou a mortandade? O que fizeram as nações que foram capazes de construir sociedades pacíficas?

A palavra república é muito usada, mas pouco entendida. Uma de suas implicações é a solução coletiva para problemas coletivos, que não estão ao alcance de o cidadão resolver sozinho. "Ah, é muita coisa para mudar, não vamos conseguir a curto prazo. Enquanto isso, me armo." O problema é que há pseudossoluções individuais que inviabilizam a mudança. Gente armada na rua é mais tiroteio, matanças em escolas, cinemas e igrejas, é mais arma para ser roubada, é trabalho mais difícil e arriscado para a polícia, é mais e mais gente se armando, numa espiral ascendente. Aumenta-se o problema coletivo com a busca de uma solução individual equivocada, que fere o direito dos demais. Não por acaso, nossa Constituição, art. 144, determina que "a segurança é dever do Estado" e não do indivíduo.

Outro aspecto do conceito de república é o seu caráter de política pública universal, em benefício de todos, e não apenas de quem pode pagar. No caso em pauta, dando meios e regulando o trabalho das forças públicas de segurança e controlando a posse e o uso de armas por civis. Claro que o controle de armas, por si só, não acaba com a violência, embora seja um dos fatores determinantes, como não cansamos de repetir.

O deputado Alessandro Molon indagou na Comissão Especial: "Como policiais podem propor que os próprios cidadãos se defendam? É o faroeste." É a admissão de incompetência por parte de alguns policiais. Melhor fariam esses policiais que apontassem suas deficiências, reivindicando que sejam solucionadas, para superá-las, e não confessar-se impotentes. Em seu Substitutivo, o ex-deputado Laudívio Carvalho afirma: "Não adianta chamar a polícia depois do assalto, do homicídio, do estupro. O crime já foi cometido e quase nunca será esclarecido." Comentando essa declaração, o então deputado Raul Jungmann se manifestou durante a Comissão Especial: "É estarrecedor que o parlamentar, que deveria dizer-se cioso pela melhoria da segurança pública no país, decida a falência inexorável da investigação criminal, propondo como solução que a sociedade faça justiça com as próprias mãos."

O argumento da substituição do Estado foi usado pelo então deputado Flávio Bolsonaro, quando votou contra a instalação da CPI das Milícias, na Assembleia Legislativa do Rio, e defendeu a existência das próprias milícias: "O Estado não tem capacidade para estar nas quase mil favelas do Rio. Dizem que as milícias cobram tarifas, mas eu conheço comunidades em que os trabalhadores fazem questão de pagar R$ 15 para não ter traficantes."[29] Hoje, os milicianos, aliados com o narcotráfico, dominam crescentemente o estado do Rio.

- ***"As ditaduras desarmam o povo. A arma garante a liberdade do indivíduo" x "Ditaduras garantem a segurança do Estado, democracias garantem também a segurança do povo"***

O símbolo central da propaganda da NRA não é a "arma", mas a "liberdade". Ela ensinou aos nossos armamentistas não centrar a campanha no referendo sobre comércio de armas na "compra", mas "no direito de comprar", conforme analisamos em "Referendo sobre comércio de armas e munições". É um artifício esperto, buscando se apropriar de ideias fortes e consensuais, como "liberdade" e "direito".

Para serem coerentes, e se apresentarem como maiores defensores da liberdade, inventou-se que "as ditaduras desarmam o povo". Ousaram criar essa grande mentira baseados na ignorância de boa parte da população e na ingenuidade dos que acreditam que podemos "nos defender do Estado, do comunismo ou das raças inferiores" com o nosso revólver. Ou, como querem nossos velhos comunistas, "defender a pátria da invasão ianque". O candidato Jair Bolsonaro dizia: "Ditaduras sempre primeiro se instalam com o desarmamento da sociedade." Eleito presidente, afirmou: *"Quem quer desarmar, quer o poder absoluto."*

Nos tempos de internet, em que se divulga qualquer coisa, fabricaram uma história em que "Hitler teria desarmado o povo alemão, para subjugá-lo", quando na verdade a lei de controle de armas é anterior à ascensão de Hitler, e foi promulgada pela liberal República de Weimar exatamente para tentar conter os grupos armados (SA) do Partido Nazista, no que fracassou. Hitler armou ainda mais seus apoiadores e manteve o povo desarmado. A distorção chega ao cúmulo de culpar os próprios judeus por terem sido massacrados pelos nazistas, "pois se tivessem reagido com armas, teriam protegido o seu povo". Uma farsa de mau gosto, em desrespeito aos milhões de judeus exterminados por um aparato bélico estatal alemão avassalador, e o "esquecimento" de que, ao reagirem com armas ao cerco do gueto de Varsóvia, os judeus foram massacrados.

Então, qual a relação entre regime político e posse de arma de fogo? Não há relação direta. Temos uma China "comunista" e um Japão democrático, ambos proibindo armas de fogo para os civis. A doutrina comunista, ao prever a "ditadura do proletariado", defende que "o povo seja armado contra a burguesia e o imperialismo", o que Fidel fez em Cuba no início da Revolução, mas depois o desarmou, mantendo armados apenas grupos de apoiadores, que passaram a reprimir os protestos, como se fosse "uma reação do povo". Maduro e Daniel Ortega seguiram seu exemplo e armaram seus paramilitares, que massacram a oposição. Curiosamente, os extremos se aproximam quando a ultradireita apregoa que "os homens de bem sejam armados".

No Brasil, o regime militar (período áureo do complexo industrial-militar) liberava o uso de armas pela população, com regulação mínima. O então deputado Bolsonaro se lembrava com nostalgia daquele tempo, em que "o povo podia ir na Mesbla comprar sua arma". Foi apenas no regime democrático, com o governo de FHC, que se deu início ao seu controle efetivo, seguindo o exemplo das democracias avançadas.

Até a Idade Média, o Estado se protegia e protegia seus súditos de ataques externos. Mas, por falta de polícia que garantisse a segurança da população, esta andava armada, e era constantemente vítima de ladrões igualmente armados. "Desarmar o povo" não foi uma proposta dos comunistas, mas do liberalismo, cerne do ideário capitalista. Foi Thomas Hobbes (1588-1679), no *Leviatã* (1651) quem primeiro propôs que o "Estado exercesse o monopólio da violência legal", cumprindo seu papel de defensor do povo, que deveria em contrapartida abrir mão de parte de seus direitos, entre eles o uso da violência, para que o Estado harmonizasse os diferentes conflitos de interesse. Esse é um dos alicerces teóricos da democracia moderna, que os radicais de direita e de esquerda querem erodir. Voltaríamos ao "olho por olho, dente por dente", à "justiça pelas próprias mãos", o que já está acontecendo entre nós, com tantos linchamentos não noticiados. E aí, como dizia o Mahatma Gandhi, "olho por olho, dente por dente, e a humanidade acabará cega e desdentada".

O que a história nos ensina é que, nas ditaduras, o Estado se ocupa apenas da sua segurança e se lixa para a segurança pública, desde que ele próprio não seja ameaçado e os impostos sejam pagos. Nas democracias, ao contrário, tão importante quanto a segurança do Estado é a segurança do povo, que é protegido pelo Estado.

Afinal, queremos um povo armado e violento ou um povo desarmado e pacífico, protegido por um Estado democrático? Os modelos de sociedade estão aí, com raras exceções: países violentos, com população armada, e países pacíficos, com seu povo protegido por uma boa polícia. Não temos que inventar.

29. Decretos presidenciais sobre armas e munições

Com a liberação do porte de armas, os policiais serão os primeiros a tombar porque estão na linha de frente.
Deputado Raul Jungmann

Logo após assumir a Presidência da República, Jair Bolsonaro assinou um decreto presidencial sobre o uso de armas de fogo. Alegando que estava apenas regulamentando a Lei nº 10.826/2003, na verdade estava modificando o próprio "espírito da lei", a sua razão de ser. Através de um mero decreto, pretendeu mudar o texto legal. A grita na área jurídica foi geral e unânime, caracterizando o ato como inconstitucional e, portanto, ilegal.

Mas se o gesto surpreendeu devido ao flagrante desdém pelas normas democráticas de um estado de direito, essa era apenas a primeira de sucessivas iniciativas no mesmo sentido. Em apenas um semestre, seriam promulgados e, diante das reações, revogados, para serem em seguida promulgados novamente, nada menos que sete decretos presidenciais, numa tentativa insólita de revogar a lei de armas vigente. Lei que, como vimos, foi previamente discutida em todo o país por quatro anos, debatida no Congresso por um ano, regulamentada com ampla participação da sociedade e que mesmo assim se pretendeu derrubar com uma simples canetada imperial.

No sistema presidencialista de um regime democrático, quando o Executivo deseja promulgar uma lei, ou revogar uma lei vigente, envia um projeto de lei para o Congresso e mobiliza sua base de apoio parlamentar para aprovar a medida. Apesar dessa norma básica, e inescapável, para revogar a Lei nº 10.826/2003 o presidente Bolsonaro editou um decreto-lei, cuja função legal é apenas a de regulamentar uma lei. Ao mesmo tempo, violou o princípio da divisão de poderes, pois é prerrogativa do Congresso a aprovação ou revogação das leis. A inconstitucionalidade dos decretos se tornou inconteste. Foi a forma que encontrou para evitar o debate público e a votação democrática no Congresso. Um ato de arbítrio, incompatível com a democracia que diz defender.

De início, foram três os decretos presidenciais relativos às armas de fogo e munições. Ao anunciar o primeiro, liberando a posse de armas, o presidente afirmou: "Ninguém pode dizer que se surpreendeu com o decreto, porque foi o atendimento de promessas de campanha." Foi celebrado por alguns como "coerente", num país em que políticos primam por prometer e não cumprir, mas colidiu com o princípio basilar da democracia, que é "governar para a maioria". Pesquisas de opinião já apontavam que os brasileiros contrários à posse de armas superavam os 60%, e ao seu porte, os 70%, realidade que o Executivo conhecia, mas tratou de não levar em consideração. Mesmo no eleitorado do presidente, apenas 31% aprovaram a "flexibilização da posse de armas", segundo o Datafolha de dezembro de 2018. O decreto foi um ato autoritário. Atendeu a uma minoria, em desrespeito à maioria esmagadora do eleitorado.

Apenas duas justificativas foram dadas para a edição dos decretos, nenhuma baseada em estudos do seu impacto sobre a segurança pública. Alegou o presidente que se respaldava no resultado do referendo de 2005, quando sabemos que o povo votou apenas pelo direito de comprar armas e munições e, como mostraram as pesquisas de opinião, continuou a apoiar a lei e o controle de armas. A prova foi que, no ano seguinte ao do referendo, nunca se entregou tanta arma na Campanha de Desarmamento, como vimos. A segunda razão alegada foi "o direito do cidadão de bem ter sua arma", quando o Estatuto jamais retirou esse direito, desde que controlado. Pelo contrário, em 2017 foram concedidas seis novas licenças de compra por hora, volume onze vezes maior do que antes do Estatuto do Desarmamento. Desde 2004 foram vendidas legalmente mais de 840 mil armas (dados do Exército).[30]

Políticos ligados ao Planalto alegaram, em defesa do decreto, que o "Estatuto desarma os homens de bem e deixa armados os bandidos". Pois o decreto vai armar os bandidos como nunca. Mais da metade (53%) dos roubos e furtos de armas em São Paulo acontecem em residências e lojas. Foram pelo menos 11,5 mil ocorrências entre 2014 e 2018, apesar da enorme subnotificação, conforme dados da SSP do estado.[31] Paralelamente, a Secretaria Especial de Assuntos Estratégicos da Presidência da República, do governo anterior, havia declarado: "A redução na circulação de armas aumenta o preço do armamento nos mercados legal e ilegal, reduzindo o feito delas nas estatísticas de homicídio." O decreto vai no sentido contrário: estimulando que se tenha mais armas em casa, essas funcionarão como chamariz para os assaltantes. A abundância de armas abaixará o seu preço no mercado clandestino.

Decreto Presidencial nº 9.685/2019: posse de arma
Assinado em 15 de janeiro de 2019, o primeiro decreto presidencial procurou modificar a posse de arma. Vejamos os principais pontos.

Compra de armas – Autorizou a compra de até quatro armas, alterando a Portaria da PF de 2018, que estabelecia o limite de até duas armas. O decreto acabou, ainda, com a obrigatoriedade de comprovar "efetiva necessidade" para sua aquisição, impedindo a PF até mesmo de investigar a alegada necessidade, a não ser nos casos de fraude documental ou envolvimento com grupos criminosos.

Ao autorizar também a aquisição de arma por quem vive em áreas com mais de 10 mil homicídios por 100 mil habitantes (índice obtido no *Atlas da Violência* 2018, obra que os armamentistas costumam menosprezar), na prática liberou sua compra para todo o país.

Armas em residência – Determinou que residências com crianças, adolescentes ou deficientes mentais possuíssem cofre para armazenar as armas, ignorando que, guardadas em cofre, as armas não se prestam à pretendida autodefesa, no caso de um assalto. Claro que é mais seguro para a família, mas é contraditório.

Registro de armas – Ampliou de 5 para 10 anos o prazo para renovação do registro da arma, não explicando como se fará para, nesse longo período, impedir que a arma seja usada por quem adoeceu, seja ilegalmente vendida ou, se roubada, seja rastreada.

Munição – Permitiu que os clubes de tiro fornecessem munição recarregada a seus associados, minimizando o fato de que munição recarregada não pode ser rastreada e fazendo pouco caso das denúncias da CPI da Câmara, de que instrutores de tiro foram surpreendidos vendendo munição para o crime organizado.

O governo reconheceu que "esse decreto não tinha a ver com segurança pública". Um ato falho que revela falta de embasamento científico que justificasse uma política de redução da criminalidade através do armamento da população. Como reação, sete senadores do PT apresentaram no Senado projeto de decreto legislativo sustando o decreto presidencial, no que seriam seguidos por seis outros projetos, com o mesmo propósito. Também a Procuradoria Federal dos Direitos do Cidadão enviou representação à procuradora-geral da República, alegando "inconstitucionalidade", o mesmo argumento do MP de vários estados, que também entraram com ações contrárias ao decreto. Por sua vez, a Associação Brasileira de Saúde Coletiva (Abrasco) ressaltou que "o decreto é um retrocesso e pode piorar nossos índices de violência". De imediato, a Rede Sustentabilidade, o PSOL e o PCdoB entraram com ações de inconstitucionalidade no STF contra o decreto.

Decreto Presidencial nº 9.785/2019: posse e porte de armas

Em 7 de maio, o presidente assinou o segundo decreto, com ênfase na concessão do porte de arma e radicalizando as normas de posse do decreto anterior. Vejamos seus pontos mais controversos.

Porte e posse de armas por civis – Considerou de uso permitido para civis o porte e a posse de arma de fogo de porte ou portátil de grosso calibre, ao expandir o limite legal de armas para civis com energia cinética de 407 para 1.620 joules. A medida liberou a compra de armas como fuzis, como o T4 da Taurus, de 1.320 joules, gerando críticas inclusive do Exército. Os próprios líderes armamentistas não se entendem. O presidente quer armar a população com fuzil e o governador do Rio manda a polícia "abater" quem for visto empunhando essa arma. Jogam os proprietários de armas na zona de perigo.

Não se levou em conta que, no passado, muitos criminosos de alta periculosidade foram detidos e condenados por porte ilegal de arma de uso restrito, que com o decreto passam a ser de uso permitido. A iniciativa passou a possibilitar que esses presos tenham redução de pena porque, no direito penal, a norma retroage em benefício do réu.

Também concedeu porte para 23 categorias profissionais, entre elas os parlamentares de todo o país (só de vereadores, temos 57.949), advogados com função pública, caminhoneiros (mais de 492 mil profissionais), agentes de trânsito, residentes em área rural (18,6 milhões), jornalistas em cobertura policial, conselheiros tutelares (30 mil), CACs (112.659), praças das Forças Armadas etc.

É importante lembrar que, entre 2010 e 2016, os CACs reportaram à DFPC o furto, roubo ou extravio de nada menos que 5.808 de suas armas. Quanto aos caminhoneiros, além da carga, terão suas armas como objeto de desejo dos assaltantes. E o armamento das populações rurais vai incendiar o campo.

Compra de munição por civis, CACs e policiais – O decreto aumentou o limite para compra por civis de 50 munições anuais, por arma, para 5 mil para armas de uso permitido e 1 mil para armas de uso restrito. Enquanto isso, os CACs e os policiais poderiam comprar munição sem limite de quantidade. Contrariou-se o Ministério da Defesa, que teria se manifestado contra a mudança nas normas que regulam os CACs através de simples decreto, ao ser consultado antes de sua assinatura. Ao multiplicar por 100 a quantidade de munição, vão se criar verdadeiros arsenais nas residências, à mercê dos assaltantes, enquanto as milícias e o crime organizado serão regiamente abastecidos pela banda podre da polícia, sem limites para a compra de munição.

Clubes de tiro – Pelo decreto, os CACs poderiam transportar arma curta municiada no percurso para o clube, o que se constitui numa concessão disfarçada de porte de arma, privilégio que burla a lei.

Ademais, menores de qualquer idade poderiam dar tiro nos clubes, bastando para isso autorização de um dos seus responsáveis. Como nos EUA, aprenderiam desde cedo, para atirar nos colegas de escola ou nos pais, se não se acidentarem antes. Lembrando que, no Brasil, o controle de armas levou à redução das mortes de crianças por acidentes com arma de fogo em casa, que era de 20 por ano, à metade.

Os clubes e escolas de tiro ficam autorizados a fornecer munições recarregadas para seus associados em quantidade ilimitada e, em Nota Técnica, a DFPC havia anteriormente declarado que "a munição recarregada é questão extremamente sensível, posto que enseja dificuldades em seu rastreamento e não haver previsão legal de sua marcação". Não foi ouvida.

Armas em voos – O decreto buscou também autorizar o embarque de passageiros armados durante os voos, o que contraria normas internacionais, tirando a responsabilidade da agência civil de controle, Anac, e colocando em risco os passageiros e a tripulação, em ambiente pressurizado.

Importação – O decreto permitiu que o Comando do Exército autorizasse a importação de armas de fogo e munição para agentes públicos e civis, inclusive armas de uso restrito. A medida quebra o monopólio das armas defeituosas e caras da Taurus, mas dissemina armas de grosso calibre entre a população.

Contrários a essa iniciativa do Executivo, sete decretos legislativos no Senado, e cerca de trinta na Câmara, foram apresentados para derrubar os decretos presidenciais. Demonstrando o repúdio à medida de amplos setores, transcendendo o campo da oposição, governadores de 14 estados, de diferentes partidos, inclusive da base parlamentar do governo, assinaram manifesto contra o decreto, considerando que "não contribuirá para tornar nossos estados mais seguros" e propondo que, ao contrário de armar a população, o presidente "apresente um Plano Nacional de Segurança Pública".[32]

Em outra iniciativa, expressando a preocupação do mundo jurídico e da comunidade de segurança pública com a revogação de uma lei por decreto, e defendendo a eficácia do Estatuto do Desarmamento, 11 ex-ministros da Justiça e da Segurança Pública se manifestaram contra a iniciativa do presidente Bolsonaro que, segundo acreditam, irá agravar a violência armada no país.[33] Por sua vez, Nota Técnica da Consultoria Legislativa da Câmara Federal apontou pelo menos nove artigos do decreto como "inconstitucionais".

Decreto Presidencial nº 9.797/2019: altera decreto anterior

Assinado em 21 de maio, esse "decreto alterador" visou "corrigir" o decreto anterior, mantendo a maioria de seus artigos. Vejamos os pontos mais relevantes.

Porte e posse de armas – Desautorizou o porte de armas portáteis por civis, como fuzis, carabinas e espingardas, mas não proibiu a posse. Além de aumentar o risco para a família, serão presas fáceis para os assaltantes de residência, que terão aí uma fonte fácil de abastecimento de armamento pesado.

Aumentou ainda mais o número das categorias que poderão portar arma, autorizando todos os advogados (1,2 milhão) e os proprietários de empresas de segurança privada e transportadoras de valores. Restringiu o porte nas zonas rurais aos proprietários de terra "com posse justa". E, dessa forma, concedeu o porte somente a fazendeiros, excluindo a maioria dos trabalhadores rurais.

Compra de armas e munição – Os CACs poderiam adquirir enorme quantidade de armas: os colecionadores, até 5 armas de cada modelo; os caçadores, até 15 armas; e os atiradores esportivos, até 30. Esse excesso de armas é um incentivo para que sejam vendidas ilegalmente ou roubadas. Além disso, os atiradores esportivos e os caçadores não teriam limite na compra de munição, e tampouco os que aplicam teste de manuseio de arma em convênio com a PF.

Sobre a comunicação de compra, determinou que quem adquirisse arma teria sete dias para comunicar o Exército, quando pela lei cabe ao vendedor essa comunicação obrigatória e imediata. Assim, destrói o sistema criado pelo Exército em 2005, o Sicovem, pelo qual o lojista tinha que comunicar essas vendas.

Clubes de tiro – Autorizou a prática de tiro nos clubes para menores a partir de 14 anos, mas com autorização conjunta dos responsáveis legais ou de apenas um, na falta do outro. Suas mães passariam a ser ouvidas, mas não o juiz, que o Estatuto prevê para avaliar os responsáveis pelo jovem.

Armas em voos – Recuou, voltando a atribuir a autorização para se voar armado à Anac, mas manteve a regalia, contrária à legislação internacional.

A contestação desse novo decreto veio rápida. Nota Técnica da Consultoria Legislativa do Senado considerou que "não houve modificação substancial, contrariando a lei, criando direito e obrigação não previstos por ela. O decreto é exorbitante". A Procuradoria da República dos Direitos dos Cidadãos, órgão do MPF, afirmou que o decreto "não apenas manteve, como agravou as ilegalidades do anterior". Apontou que permitir que jovens de 14 anos atirem é ilegal, questionou a compra ilimitada de munição concedida aos policiais, além de não estabelecer a necessidade de se marcar toda a munição que será vendida para agentes públicos e civis.

Congresso restabelece sua autoridade

Em 12 de junho, a Comissão de Constituição e Justiça do Senado analisou os sete decretos legislativos contrários ao Executivo e os decretos presidenciais. Por 15 votos a 9, caíram esses últimos, e foi aprovado simbolicamente um voto separado apresentado pelo senador Veneziano Vital do Rêgo (PSB/PB). A votação em plenário ocorreu no dia 18 do mesmo mês. O lobby armamentista, através das redes sociais, ameaçou de morte vários senadores defensores do Estatuto do Desarmamento e seus familiares (e pensar que são essas pessoas que querem portar arma "para se defender"). As ameaças foram denunciadas de público, recebendo a solidariedade e medidas de proteção determinadas pelo presidente do Senado, senador Davi Alcolumbre. Na hora da votação, mesmo senadores favoráveis à "flexibilização" da lei votaram contra os decretos presidenciais, diante da explícita usurpação de poderes por parte do Executivo. Por 47 votos a 28, os senadores derrubaram como inconstitucionais os decretos do presidente, numa reação articulada pelo senador Eduardo Girão (PODEMOS/CE).

Últimos decretos presidenciais

Diante da certeza de que a Câmara Federal seguiria o voto do Senado, e de que o STF consideraria inconstitucionais os seus decretos, numa medida inédita e de total afronta à autonomia dos demais poderes da República, o presidente Bolsonaro revogou seus próprios decretos e, em seguida, reeditou quatro novos. Foi assim que, em 25 de junho, foram assinados os decretos de nº 9.844, 9.845 e 9.846, e na madrugada do dia seguinte, o de nº 9.847. De novidade eles não tinham nada. As controversas normas foram restabelecidas, mas dessa vez foram fatiadas em dois desses decretos. O de nº 9.845 repetiu quase todas as polêmicas normas dos anteriores, o de nº 9.846 reproduziu os privilégios para os CACs, que mantiveram a prerrogativa de comprar armas de uso restrito (como 9 milímetros, .45, .44 Magnum e .353 Magnum), passando a ter armamento com poder de fogo superior ao do utilizado pelos policiais (calibres 38 e .40), o que é um contrassenso. Quanto ao Decreto nº 9.847, revogou o de nº 9.844 e a ampliação de novas categorias com direito ao porte, mas manteve a compra de fuzis por parte de civis. Essa liberação provocou um grande alarde e preocupação. O Executivo então concedeu ao Exército 60 dias para se pronunciar. Em 15 de agosto, portaria da DFPC liberou a compra por civis de pistolas e revólveres de grosso calibre, como 9 milímetros, .40 e .45, antes restritos às forças militares, igualando-nos aos países mais violentos do continente, onde essas armas fizeram explodir o número de homicídios. O Exército, pelo menos, manteve a proibição da compra de fuzis de guerra por parte da população.

Mesmo para os armamentistas minimamente responsáveis, era de esperar que, ao liberar a posse e o porte de arma para civis, inclusive as de uso militar, e o descomunal aumento do número de armas e munições para civis, o novo governo aumentaria também a sua fiscalização, para que não viessem a cair em mãos erradas. O que se viu foi um simultâneo afrouxamento dos controles, praticamente um convite ao desvio para a milícia e o crime organizado. A proposta do governo vai desorganizar o sistema de controle de armas no país, que já é precário. Em defesa das prerrogativas constitucionais do Congresso, tanto o senador Fabiano Contarato (REDE/ES) quanto o deputado Alessandro Molon (REDE/RJ) protocolaram novos decretos legislativos para derrubarem essas últimas medidas do Executivo.

Além dos últimos decretos presidenciais, um projeto de lei foi encaminhado ao Congresso, tratando do porte de arma, por se tratar do tema mais contestado; se aprovado, permitirá ao presidente autorizar, por decreto, o porte para novas categorias profissionais, além das previstas na lei vigente.

Ilegalidade dos últimos decretos presidenciais

Completava-se dessa forma pouco sutil uma manobra agressiva, claramente destinada a impedir que os demais poderes exercessem suas prerrogativas de formular ou julgar leis, burlando o rito democrático. O MPF classificou essas idas e vindas do Executivo como "caos normativo", colocando em risco a normalidade jurídica do país. Em seguida, o MPF requereu junto à 21ª Vara Federal a suspensão de 24 dispositivos contidos nos decretos presidenciais assinados no dia 25 de junho, "por afrontarem diretamente a lei, trazerem perigo de dano à segurança pública (...) e representarem um retrocesso no sistema de controle de armas no País".[34]

Por sua vez, a Procuradoria da República do Distrito Federal entrou com ação na justiça solicitando a suspensão de pelo menos 12 artigos dos decretos presidenciais assinados em 25 de junho. Arguiu a ilegalidade, por exemplo, da falta de limites para aquisição de munição, piorando o decreto anterior, que, mesmo permitindo um número absurdo de munição, pelo menos o limitava. Contestou o uso de armas de uso restrito por civis, entre outros exageros. Antes, a equipe de técnicos legislativos do Senado já havia arguido a "patente e extrema precariedade técnica" desses últimos decretos, que manteriam "oito pontos com vícios remanescentes dos decretos anteriores".

Como o Executivo não conseguiu empurrar pela goela do Congresso a imposição de seus decretos presidenciais, o partido do presidente propôs um projeto de lei no Senado como alternativa letal. O PL nº 3.713/2019, apresentado pelos senadores Major Olímpio (SP), Soraya Thronicke (MS) e Flávio Bolsonaro (RJ), reuniu quase todas as propostas contidas nos mencionados decretos presidenciais, para ver se dessa vez, cumprindo as normas, conseguem destruir o

Estatuto do Desarmamento. No momento, está em discussão no Senado. Em 21 de agosto, o Congresso aprovou a posse de arma em toda a extensão da propriedade rural, mas rejeitou o porte de arma no campo.

Nas duas casas legislativas tramitam mais de seis centenas de projetos de lei que buscam reformar o Estatuto do Desarmamento, como vimos. Neste livro, oferecemos como subsídio uma análise das propostas mais relevantes, no pressuposto de que sejam úteis aos debates no Parlamento, que esperamos contar com a participação da sociedade. Tomada de decisão sobre tema tão relevante, que afeta a segurança dos cidadãos, não pode se efetivar através de arbitrário ato de vontade de uma só pessoa, que tem revelado ignorância e descaso pelas leis de prevenção e proteção à vida e aos direitos humanos. Não estamos mais numa monarquia nem na ditadura. A república democrática que estamos construindo há mais de três décadas tem que ser respeitada. Por isso, confiamos em que, por meio dos processos democráticos de feitura das leis, possa emergir uma legislação mais eficiente, e não menos, no controle das armas.

Conclusões

Mudar comportamentos arraigados não é fácil. A prática do duelo, com seu componente de "honra ofendida", levou décadas para ser extirpada, mesmo depois de proibida. A resistência ao uso do cinto de segurança e à recente Lei Seca foi grande, embora a primeira tenha reduzido as mortes em acidentes de carro em 70% no país e a segunda, em 53%.

O uso de armas nos rincões despoliciados do Brasil rural é até compreensível, mas nas cidades não se justifica. É necessário que se entenda que a presença da arma de fogo muda a natureza dos embates entre os indivíduos. Ela torna conflitos pessoais corriqueiros com insultos, ou no máximo agressão física, em confrontos letais, em tragédias irreversíveis, que ceifam a vida das vítimas e destroem suas famílias. A arma de fogo pode ser útil em algumas raras situações. No entanto, na maioria dos casos, quando em mãos inadequadas ou indevidas, ela se torna tóxica, colocando em risco a vida de terceiros, quando não do próprio usuário. Como apontam as estatísticas sobre a causalidade da maioria dos homicídios em nosso país, o descontrole das armas transforma conflitos banais em crimes fatais.

Resultados da Lei de Armas – Muitos criticam a nossa lei sem conhecimento de causa. É uma lei de controle e não de desarmamento, como explicamos em detalhes. Negam seus efeitos comprovados. No que foi cumprida, pois artigos importantes continuam no papel, a lei derrubou os homicídios por arma de fogo. Pesquisa da PUC/RJ concluiu que se não fosse o Estatuto do Desarmamento a taxa de homicídio teria aumentado 12% acima da verificada, entre 2004 e 2007.[1] O problema é que as outras reformas necessárias não foram realizadas, e o controle de armas não conseguiu por si só evitar o colapso da segurança pública.

Naturalmente, com o agravamento da crise, os homicídios voltaram a crescer. Tentam agora revogar a lei, como se ela fosse a culpada pelo recrudescimento dos homicídios, e não fator essencial de sua contenção. Os pesquisadores demonstraram que sem a lei de controle de armas as mortes violentas intencionais teriam subido muito mais: em vez da taxa de 30,8 homicídios por 100 mil habitantes, estaríamos agora com 40 pelo menos. Como já se disse, "o Estatuto não é uma panaceia, não resolve tudo. Mas, desarmado, o cidadão corre perigo. Armado, corre mais perigo ainda". A revogação da lei é uma ameaça que, no campo da segurança cidadã, vai abrir as portas do inferno.

O governo Bolsonaro e as armas – Precisamos, e a maior parte da população já entende assim, de fiscalização mais rigorosa das armas, sejam as pertencentes às empresas de segurança privada, às polícias, às Forças Armadas, sejam as de civis, e não de menos controle, para que se suste seu desvio para o crime organizado e o seu mau uso, como comprovado pelas CPIs. Quer-se que a atual legislação seja aprimorada, e não desossada, com os dentes quebrados, tornada ineficaz, sob o argumento de "flexibilizá-la". Mas o governo, de forma demagógica e irresponsável, insiste em facilitar e estimular a compra de armas pela população, quando a tendência mundial é no sentido oposto, com a adoção crescente de armas de baixa letalidade pela polícia, leis mais rigorosas de controle de armas (como a Nova Zelândia e a Suíça acabam de fazer) e combate mais eficiente ao crime organizado e à corrupção policial, através de investigação inteligente e prevenção, e não com simples repressão.

Os decretos presidenciais, impostos de forma autoritária e ilegal, liberando as armas, caso não sejam democraticamente revogados, vão ser um tiro no próprio pé. Combate-se o crime organizado e a violência armada combatendo-se e desarmando-se os bandidos, controlando as armas dos cidadãos de bem – para que essas últimas não acabem nas mãos dos primeiros –, e não se armando a população. Essa é a lição das democracias avançadas e pacíficas. Por isso, ao lançar a Campanha da Fraternidade de 2019, a Conferência Nacional dos Bispos do Brasil declarou: "Não é armando a sociedade que vamos diminuir a violência."

Entre 2009 e 2011, a Polícia Federal registrou 52,3 mil armas roubadas, furtadas ou extraviadas. Mas há quem ache que "agora é a vez de os homens de bem se armarem". Ignoram que as armas também vão ficar mais acessíveis e baratas para os criminosos. Constrói-se uma espiral ascendente, em que ambos os lados se armam crescentemente, e a violência explode, como vimos suceder com as nações campeãs em violência. Num país como o Brasil, em que 7 em cada 10 dos homicídios são cometidos com arma de fogo, conceder o porte de arma, ainda mais de grosso calibre, é uma insanidade.

Os decretos presidenciais liberando posse e porte de arma para os civis, inclusive de uso militar, foram um erro grave do governo, passo no sentido inverso à pacificação social, uma aposta na conflagração geral, verdadeira marcha da insensatez. O país ficou perplexo.

Pacto contra os homicídios – No início do governo de Sérgio Cabral, o Viva Rio fez um apelo por um "pacto contra os homicídios" no Rio, que começou a ser negociado, mas foi abandonado pelo governador. Anos depois, o então ministro da Justiça, José Eduardo Cardozo, anunciou medida semelhante, sem jamais implementá-la. O *Atlas da Violência* 2018, do Ipea e do FBSP, renovou "a necessidade de um maior comprometimento das principais autoridades políticas e da segurança pública em torno de um pacto contra os homicídios, em que a coordenação, o planejamento e a boa gestão venham a substituir o proselitismo político vazio, seguido de ações midiáticas que nada resolvem".

Recentemente, uma rede de ONGs, através do Instituto Igarapé, fez de novo o apelo: "Nosso país, campeão em homicídios do planeta, precisa assumir a liderança de um pacto social que valorize a vida, centrado no controle das armas." Parte dessa iniciativa foi a edição de *Segurança Pública para virar o jogo*, verdadeiro programa de ação contra a violência e o crime.[2]

Apoios ao Estatuto do Desarmamento – Quando a nossa lei começou a ser questionada de forma mais virulenta no Congresso, com a criação pelo então deputado Eduardo Cunha de Comissão Especial para revogar o texto legal, várias entidades representativas saíram em defesa do Estatuto do Desarmamento. Assim se posicionaram a Federação Nacional de Entidades de Oficiais Militares Estaduais; a Associação Nacional de Sargentos e Praças da PM; o Conselho Nacional de Segurança Pública (que reúne os secretários de Segurança Pública dos estados); praticamente a unanimidade dos pesquisadores da área acadêmica, através de manifesto enviado ao Congresso; o Conselho Nacional do Ministério Público; a CNBB, o CONIC, o Conselho Latino-Americano de

Igrejas (CLAI), amplos setores do movimento espírita e das igrejas neopentecostais, a Visão Mundial e a Iniciativa das Religiões Unidas (URI); setores da Maçonaria. A posição contrária ao porte de arma, manifestada pelo público religioso, foi medida pelo Datafolha de julho de 2019: evangélicos neopentecostais (76%), espíritas kardecistas (75%), umbanda, candomblé e outras religiões afro-brasileiras (74%) e católicos (70%). A grande maioria dos brasileiros em geral, como vimos anteriormente, também assim se expressou. Por último, vieram os relevantes apoios ao Estatuto e a repulsa aos decretos presidenciais de liberação das armas para civis, por meio do manifesto de nada menos que 14 governadores e da carta aberta de 11 ex-ministros da Justiça e da Segurança Pública (ver Anexos).

Aperfeiçoamento da Lei de Armas – O Congresso Nacional discute projetos que revogam a Lei de Armas em vigor, sob o pretexto de "flexibilizá-la". Procuramos demonstrar, a partir de análise detalhada, como o intuito é revogá-la, ou torná-la tão anêmica, que se torne inócua no controle de armas e munições. Mas essa pode ser também a oportunidade de se discutir as determinações da lei que não estão sendo aplicadas, como o não envio de informações do Sigma para o Sinarm, para a PF poder combater o tráfico ilícito de armas.

Seria o momento para atualizar a lei, incorporando medidas que na época de sua aprovação foram bloqueadas por grupos privados ou corporativos, como regulamentação dos *brokers*; desativação das armas de coleção, sujeitas a roubos frequentes; marcação da munição usada por civis e lotes menores de munição marcada, para permitir e incentivar o trabalho de investigação da nossa polícia. Sua falta de apetência, e de competência, para proceder ao rastreamento das armas e munições envolvidas em crimes é uma das maiores razões de sua vergonhosa incapacidade de elucidá-los. Consegue esclarecer 10% dos homicídios dolosos, se tanto, enquanto no Canadá esse índice é de 80% e na Alemanha de 96%. Precisamos regular novidades surgidas na última década, como *airsofts* e *paintballs,* utilizados crescentemente em assaltos; votar o PL do deputado Molon, que propõe suspender o registro de posse e porte de arma de fogo de quem comete crime de violência doméstica e familiar e de quem agride crianças e adolescentes; exigir teste antidrogas para a compra de arma; aprovar a proposta de criação de um Banco Nacional de Perfis Balísticos ajudaria no esclarecimento de crimes e no combate à impunidade. Queremos um Congresso sintonizado com a vontade popular e com os novos tempos. O Estatuto do Desarmamento é um dos pilares que restam de uma segurança pública sucateada.

O Congresso há de votar com o povo – Os próximos meses serão decisivos para a permanência de uma lei que tem contido o aumento ainda maior das mortes violentas no país. A saída é coletiva, democrática, republicana, proteção para todos e não apenas para quem pode pagar segurança privada ou comprar arma, que, além de não garantir segurança, é cara. Exigir que o cidadão se vire sozinho, escapando o Estado de sua obrigação de protegê-lo, é mais um "jeitinho" de setores da elite brasileira para tirar o corpo, atitude enganosa e irresponsável, como é tradição quando prevalecem os interesses escusos e as forças do atraso.

O Congresso será sensível à situação de insegurança da população? Ou os negócios da indústria e do comércio de armas voltarão a se sobrepor, defendidos pela venal bancada da bala, como durante anos prevaleceram os interesses da bancada da lama, ambas com seu séquito de vítimas inocentes? Consta que a mineradora Vale teria investido 88 milhões no financiamento de campanhas de parlamentares nas eleições de 2014. Alguns parlamentares não fazem por menos, e pertencem às duas bancadas, da bala e da lama, como o presidente da Comissão Especial que aprovou o PL nº 3.722, que pediu a revogação do Estatuto do Desarmamento.

Movimento contra o porte de armas – O ex-ministro Raul Jungmann deixou estruturada uma Política Nacional de Segurança Pública, que parece ter sido engavetada. A ignorância e o desprezo por estudos e pesquisas têm sido uma constante nesse governo errático, focado numa agenda regressiva no campo da segurança pública. O que vimos até agora tem sido apenas o afã de destruir o trabalho consumido em quase duas décadas de avanços no controle de armas e de maior proteção à vida. É urgente que nos mobilizemos nacionalmente contra a volta do porte de armas nos espaços públicos de nossas cidades, ameaçando a segurança e contrariando a vontade da grande maioria da população. As pesquisas de opinião revelam que mais de 70% dos brasileiros é contra o porte de arma por civis, como mencionamos. Para que a vontade da maioria prevaleça, estamos organizando uma mobilização nacional em defesa do Estatuto do Desarmamento, para que o Congresso ouça a voz das ruas. A primeira ação foi em Brasília, no domingo de Páscoa de 2019, organizada pelas ONGs e diferentes grupos religiosos da capital, celebrando a paz e repudiando o porte de arma de fogo.

Defender a Lei de Armas, o Estatuto do Desarmamento, cujos bons resultados estão comprovados pelas pesquisas, contra os que o ameaçam desidratar ou revogar, é o que a maioria do povo brasileiro espera de seus representantes no Congresso Nacional.

Posfácio

Deputado federal Alessandro Molon (PSB/RJ)*
Líder da Oposição na Câmara dos Deputados

Na era da proliferação das *fake news*, vemos o rastro ligeiro e danoso deixado por versões que circulam, na internet e fora dela, travestidas de fatos. A construção de "verdades" alcançou um pico perigoso, influenciando até eleições. Situações, falas e imagens são manipuladas com o único intuito de servir à construção ou destruição desta ou daquela pessoa ou instituição.

Por muitos anos, mesmo antes da chegada avassaladora das *fake news* no Brasil, percebo como o debate na Câmara também se deixa levar por esse tipo de comportamento preocupante, especialmente no tocante ao debate sobre o Estatuto do Desarmamento no Brasil. Dados concretos são deixados de lado para priorizar "achismos". Informações são distorcidas para favorecer este ou aquele ponto de vista, de forma absurda. Pois, como dizia o senador americano Daniel Patrick Moynihan, cada um tem direito a seu ponto de vista e é certo que opiniões podem ser debatidas, mas ninguém tem direito a seus próprios fatos.

Os fatos deveriam estar acima de qualquer preferência pessoal. Eles se impõem. Como é o caso do estudo que mostrou a desaceleração vertiginosa da taxa de crescimento anual de homicídios por 100 mil habitantes, logo após a implantação do Estatuto do Desarmamento: de 6,9%, entre 1993 e 2003, para 0,3% a partir de 2004. E também do estudo do Instituto de Pesquisa Econômica

* O deputado federal Alessandro Molon foi presidente da Subcomissão de Armas e Munição da Câmara dos Deputados. É coordenador da Frente Parlamentar pela Prevenção da Violência e Redução de Homicídios. Em 13 de março de 2019, a Câmara aprovou, por unanimidade, projeto de lei de sua autoria (PL nº 9.061/2017), que suspende o registro de posse e porte de arma de fogo para quem comete crime de violência doméstica e familiar e para quem agride crianças e adolescentes.

Aplicada (Ipea), de 2015, que comprova que mais armas representam mais mortes, pois cada aumento de 1% no número de armas em circulação numa cidade corresponde a um crescimento de 2% no número de homicídios.

Pesquisas produzidas por órgãos respeitados deveriam alcançar de maneira mais eficaz os ouvidos dos parlamentares contrários ao Estatuto do Desarmamento. No entanto, a "bancada da bala", como é chamada, busca soluções elásticas para construir suas próprias verdades, ignorando o que atestam os números e a experiência brasileira.

Este desafio não é novidade. As tentativas de desconstrução do texto tiveram início pouco depois que as novas regras entraram em vigor, em 23 de dezembro de 2003. Nestes últimos sete anos como deputado federal, e também membro da Comissão de Segurança Pública em várias ocasiões, enfrento as inúmeras e insistentes tentativas de se flexibilizar o Estatuto do Desarmamento, ou até mesmo de extingui-lo por completo.

Desde 2012, por exemplo, tramita na Câmara o Projeto de Lei nº 3.722, que, entre outros perigos, libera o porte de armas nas ruas, diminui de 25 para 21 anos a idade para aquisição de arma de fogo e aumenta de 50 unidades por ano para 300 unidades por mês o volume de munições que podem ser compradas.

A ofensiva ganhou força com a chegada de Michel Temer ao poder. Sem base de sustentação, Temer escolheu sacrificar vidas em troca de apoio. E assim, para ganhar votos dos deputados armamentistas, apresentou, na base da canetada, um decreto que flexibiliza as regras de controle de armas no país – decreto este que estamos lutando para sustar, na Câmara dos Deputados, por meio dos PDCs nº 657/17 e 658/17.

A ascensão de Jair Bolsonaro à Presidência da República levou a perseguição ao Estatuto do Desarmamento a patamares nunca antes vistos. Cumprindo suas perigosas promessas de campanha, assinou decretos que, na prática, instituíram o que poderíamos chamar de "Estatuto do Armamento". Nos textos, liberou o acesso a armas a milhões de pessoas – armas estas que antes eram restritas às Forças Armadas e aos policiais –, autorizando um faroeste no Brasil. Para evitar essa barbárie, recorremos ao Supremo Tribunal Federal e apresentamos decretos legislativos no Congresso.

A situação já é dramática. Em 2016, o Brasil registrou 61.619 homicídios, mostrou o *Anuário do Fórum Brasileiro de Segurança Pública*. É como se a bomba atômica que explodiu sobre Nagasaki caísse todos os anos no Brasil, e de forma seletiva, porque sabemos que aqui os homicídios têm um recorte de idade, gênero e raça bem definido. Mais armas nas mãos da população apenas serviriam para agravar este triste quadro. Afinal, é importante lembrar que parte considerável dos homicídios por arma de fogo no país ocorre em brigas de bar, em casa e em discussões de trânsito. Um desentendimento que poderia ser contornado se torna fatal porque os envolvidos têm acesso a armas. No Rio de Janeiro, entre janeiro de 2011 e setembro de 2012, 26,85% dos homicídios registrados foram por "motivos fúteis", como mostra estudo do Conselho Nacional do Ministério Público.

Vale lembrar, ainda, que cerca de 75% das armas apreendidas em crimes pela polícia, segundo pesquisa realizada no Rio de Janeiro e em São Paulo, são pistolas e revólveres fabricados no Brasil. Além disso, 38% das armas apreendidas em roubos e homicídios em São Paulo, em 2015, tinham origem legal, conforme pesquisa do Ministério Público do Estado de São Paulo em parceria com o Instituto Sou da Paz. Eram, portanto, armas registradas por brasileiros, e que foram roubadas e desviadas para a ilegalidade. Ou seja, o cidadão que pensa em se defender, muitas vezes se torna um alvo maior, ou tendo sua arma levada ou tendo sua vida ceifada.

A solução para o aumento da criminalidade não está, portanto, nas mãos armadas de cada cidadão, uma ilusão na qual alguns deputados querem nos fazer crer. Tampouco cremos que o Estatuto do Desarmamento terá a capacidade de resolver sozinho o desafio da segurança pública no país. Mas ele é parte essencial de um projeto necessário para o país, com uma política clara e eficiente, baseada na inteligência de informações e não apenas no policiamento.

Como líder da oposição neste ano de 2019, estou dedicado a articular soluções concretas para o gravíssimo problema da violência. E, na trincheira da Câmara, continuarei a luta para frear os ataques ao Estatuto do Desarmamento, de onde quer que sejam desferidos. Sempre contei e continuarei contando nesta caminhada com a parceria fundamental de organizações como o Viva Rio, que sempre se dispuseram ao enfrentamento desses retrocessos, nos provendo com dados e nos auxiliando presencialmente em audiências públicas realizadas pela Câmara ao longo de todos estes anos. Seguiremos na luta, sempre!

Deputado estadual Carlos Minc (PSB/RJ)*
Ex-ministro do Meio Ambiente

A luta pelo controle das armas e pelo desarmamento dos criminosos, e também da sociedade, acompanhada pela maior qualificação e modernização do equipamento das polícias, foi e é uma batalha árdua e complexa, que opõe visões muito diferentes da sociedade, da cidadania e da própria segurança pública.

A defesa da vida das pessoas é um objetivo essencial, e quando as estruturas sociais e políticas não a garantem de forma plena, as vozes que pregam o autoarmamento generalizado, até a violência defensiva e os linchamentos, ganham apoiadores desinformados e desesperados.

Participo ativamente deste debate e desta luta há trinta anos, escrevendo, legislando, atuando. Neste longo período fui parceiro de Antônio Rangel Bandeira e de toda a equipe do Viva Rio, como Rubem César e Tião Santos, também do Instituto Igarapé, e de movimentos como o Sou da Paz, do Cedec, de Julita Lemgruber, Sílvia Ramos, Bárbara Soares, e também de Jaqueline Muniz, Luiz Eduardo Soares, Ignácio Cano e de parlamentares, como Molon, Freixo, Chico Alencar e tantos outros.

Fui autor da primeira lei estadual do país, a Lei nº 3.219/99, que restringiu fortemente a comercialização de armas de fogo, complementada pela Lei nº 3.680/01, que ainda criou seis novas exigências para o comprador, como não possuir antecedentes de violência no trabalho e na justiça. Aprovamos ambas depois de fortes embates na mídia e na ALERJ, dos quais Rangel Bandeira participou ativamente. Na justificativa destas constava uma estatística definitiva, da época: de cada 100 pessoas que resistiam com armas a assaltos de criminosos armados, 75 eram assassinadas!

Participamos também das amplas campanhas para recolhimento de armas, com artistas e pesquisadores, que foram bem-sucedidas: centenas de milhares

---

* O deputado estadual Carlos Minc foi ministro do Meio Ambiente e secretário estadual do Meio Ambiente do estado do Rio de Janeiro. Presidiu a CPI sobre o Desvio de Armas da Assembleia do Rio de Janeiro. Propôs a primeira lei de controle estadual de armas do país (Lei nº 3.219/99). Foi autor da Lei nº 8.186, de 2018, que estabeleceu uma Política de Controle de Armas para o estado do Rio de Janeiro, em coautoria com os deputados estaduais Luiz Martins (PDT), Martha Rocha (PSD), Zaqueu Teixeira (PSD) e Bruno Dauaire (PR).

de armas foram devolvidas, mediante ressarcimento financeiro. As curvas de evolução dos homicídios no Brasil desabaram! Milhares de vidas deixaram de ser ceifadas!

Mas apesar disso tivemos um duro revés na consulta nacional sobre proibição do comércio de armas, onde, usando o medo e a desinformação, os armamentistas obtiveram vitória. As razões desse resultado no referendo são analisados neste livro, e o debate continua. As forças mais conservadoras e obscurantistas tentam desfigurar completamente o Estatuto do Desarmamento, aproveitando a maré reacionária e a aliança da bancada da bala com as bancadas do boi, da bíblia, da lama e de outras, aproveitando-se também da fragilidade de um governo refém dessas bancadas!

Pretendem ampliar muito a possibilidade de as pessoas comprarem várias armas, com muito menos exigências, desde idades mais jovens e menos necessidade de exames e de comprovação de antecedentes. Muito preocupante!

Nos EUA, onde a ideologia pró-armamentista é o pior paradigma mundial, finalmente, depois de incontáveis chacinas em escolas, surgiu um potente movimento da juventude que balançou pela primeira vez o predomínio ideológico e político da Associação Nacional do Rifle.

No Rio de Janeiro, presidi a CPI das Armas, que trabalhou com intensidade por um ano. Com vários deputados experientes, inclusive com dois ex-chefes da Polícia Civil, Martha Rocha e Zaqueu Teixeira, fizemos um levantamento que constatou que, em dez anos, entre 2005 e 2015, foram desviadas da PM 3.200 armas, da Polícia Civil, 3.050, e das firmas de segurança privadas, 17 mil armas. Todo esse armamento foi parar nas mãos de criminosos. Ouvimos dezenas de autoridades estaduais e federais, incluindo o secretário de Segurança Mariano Beltrame, o comandante da PM e o chefe da Polícia Civil.

A CPI votou 48 resoluções, entre elas a volta da DRAE, que foi desativada por oito anos. Ela foi recriada com o nome DESARME, e logo apreendeu sessenta fuzis novos no Aeroporto Internacional do Rio de Janeiro. Só que descobriu que trinta carregamentos idênticos, escondidos em sistemas de aquecimento de piscinas, haviam entrado na cidade e chegado aos comandos que dominam as comunidades do Rio.

Nove das resoluções foram convertidas em projeto de lei, recentemente aprovado pela Assembleia como "Política de Controle de Armas para o Estado do Rio de Janeiro" (Lei nº 8.186, de 2018). Determina a numeração de armas e munições, o monitoramento, chips, equipamentos de filmagem nos paióis e investigação direcionada aos extravios. Foi um passo importante, que contou com a assessoria e o apoio das ONGs parceiras. Seguimos empenhados nesta dura e necessária batalha pela segurança e contra a barbárie.

Ilona Szabó de Carvalho*
Diretora do Instituto Igarapé

A lei de controle de armas – Lei nº 10.826/2003 –, conhecida como Estatuto do Desarmamento, foi uma conquista da sociedade. Fruto da articulação de ONGs, acadêmicos, lideranças religiosas, artistas e meios de comunicação, que se uniram para exigir ação contra a escalada de mortes violentas no país. Tive a oportunidade de participar das mobilizações para a aprovação da lei, que aconteceram nas ruas e ganharam reforço no mundo da ficção, quando fazia parte da equipe da ONG Viva Rio.

Trabalhei também na primeira fase da campanha de entrega voluntária de armas (CEVA), uma das maiores do mundo, vigente entre 2004 e 2005. Nessa época, criamos o modelo, treinamos policiais e líderes da sociedade civil e abrimos mais de 400 postos civis de coleta de armas Brasil afora. Foram recolhidas quase 500 mil armas! Em paralelo à CEVA, nos engajamos no debate e na articulação do referendo de 2005, que decidiu pela manutenção da venda de armas para civis no Brasil.

Hoje, em meu trabalho à frente do Instituto Igarapé, cofundado por mim e colegas em 2011, continuo comprometida com essa agenda. Nossas propostas estão baseadas em estudos e experiências exitosas. E, no caso das armas, a maioria absoluta das pesquisas mostra que quanto mais armas em circulação, mais mortes por arma de fogo acontecem. Sabemos que o Estatuto do Desarmamento, mesmo que só parcialmente implementado, reduziu os homicídios no país

---

* Ilona Szabó de Carvalho é cofundadora e diretora-executiva do Instituto Igarapé. Mestre em estudos internacionais pela Universidade de Uppsala, Suécia. Colunista da *Folha de S.Paulo* e cofundadora do Movimento Agora. Autora dos livros *Drogas: as histórias que não te contaram* e *Segurança Pública para virar o jogo* (2017 e 2018, Zahar Editora, Rio de Janeiro).

em 15,9% entre 2004 e 2014. Sem ele, pelo menos 133 mil brasileiros teriam morrido de forma violenta desde 2004, de acordo com o *Mapa da Violência*. Não sou contra a posse responsável de armas por cidadãos que cumpram os requisitos da lei. Mas mesmo a posse traz riscos. É importante que cada um tome essa decisão com base em informação confiável. Em lares onde há armas, há mais risco de suicídios com armas, de acidentes com crianças, inclusive de essas armas serem usadas contra você e sua família ou de serem roubadas em um assalto. São raros os casos de legítima defesa bem-sucedida, mesmo quando falamos de policiais treinados. Além disso, há os impactos invisíveis das armas na violência doméstica. Portanto, reflita sobre tudo isso antes de tomar sua decisão.

Entendo que a população está com medo. Todos estamos. Queremos uma solução para a insegurança diária que vivemos. Mas vemos que, em momentos como esse, é mais fácil ser manipulado pelo medo, acreditar em atalhos. Só que, na segurança pública, atalhos não existem. Há, no entanto, inúmeras soluções com comprovação de eficácia. E falo com tranquilidade que armar a população não é uma delas. Por isso me oponho de forma contundente ao porte de arma por civis.

Para construirmos saídas reais para a crise da segurança, precisamos primeiro nos lembrar de que o dever principal de um governante de um estado democrático de direito, como é o Brasil, é proteger seus cidadãos. A meu ver, quando um governante defende que para melhorar a segurança pública é necessário armar os cidadãos, está se isentando de sua principal responsabilidade ou querendo terceirizá-la de forma irresponsável. Está abrindo mão do monopólio do uso da força, que é do Estado, e de antemão dizendo que não assume seu dever de implementar soluções que de fato tornem o país mais seguro, que protejam as pessoas.

Para virar a página da insegurança no Brasil, entre outras medidas descritas no documento lançado pelos institutos Igarapé e Sou da Paz, com o Fórum Brasileiro de Segurança Pública – Segurança Pública é Solução –, precisamos fortalecer a Política Nacional de Controle de Armas e Munições. As prioridades devem incluir o combate ao tráfico de armas nacional e internacional, a exigência de marcação de todas as armas e munições, para que seja possível o rastreamento das armas e balas do crime, a melhoria e a integração das bases de dados das polícias Civis e Federal e do Exército. Por fim, como já disse, é de vital importância a manutenção da proibição do porte de armas para civis e uma regulação mais eficiente da posse para cidadãos comuns, já prevista em lei.

Essas medidas ajudarão as polícias a chegar aos culpados de crimes e ao ponto exato dos desvios, seja de forças de segurança oficiais, de empresas de segurança privada ou de cidadãos que descumprem a lei. Vale lembrar que as armas, em sua maioria absoluta, nascem legais, e que armas legais alimentam o mercado ilegal. Já temos muitas brechas na lei atual e em sua fiscalização, o que permite desvios e condutas ilícitas que ajudam a armar criminosos, organizados ou não. Armas têm vida longa. Por isso, a necessidade de renovação do registro é tão importante e não pode ser extinta. O prazo, que até 2018 era de cinco anos, foi modificado para dez anos por um decreto presidencial no início de 2019, e isso preocupa. Por mais que possa parecer contraintuitivo para uma minoria da população, ficaríamos muito mais desprotegidos sem uma lei de controle de armas. Temos a obrigação, enquanto cidadãos, de nos informar, de levar essa mensagem adiante, de convencer as pessoas de que há outras soluções que vão nos levar para um lugar muito melhor do que a gente está hoje. Essas alternativas não passam por nos armar ou revogar uma lei que foi uma das poucas conquistas da sociedade no âmbito da segurança pública nas últimas décadas. Passa, sim, por fortalecê-la e demandar a implementação de uma política nacional de segurança pública baseada em evidências.

Cronologia

1808 – D. João VI cria a Fábrica Real de Pólvora da Lagoa Rodrigo de Freitas, no Rio de Janeiro
1926 – Fundação da CBC
1939 – Fundação da Forjas Taurus
1952 – A CBC já marcava a munição que vendia para nossas Forças Armadas
1975 – Criação da Indústria de Material Bélico do Brasil (IMBEL), estatal
1982 – Término da Guerra das Malvinas, com aumento do contrabando de armas
1985 – Por essa época, o Brasil entra na rota das drogas (e, com ele, do tráfico de armas), de início como corredor exportador e, após, também como mercado consumidor
1991 – Extinção da União Soviética, com grande fluxo de armas russas para o mercado ilícito
1992 – Criação do MovPaz, Movimento Internacional pela Paz e Não Violência, na Bahia
1993 – Especialistas norte-americanos relacionam a proliferação de armas pequenas ao aumento da violência urbana no mundo
1993 – Criação do Viva Rio
1994 – Primeira campanha de desarmamento voluntário nas favelas, realizada pelo Viva Rio
1995 – Boutros Boutros-Ghali, secretário-geral da ONU, recomenda o "microdesarmamento"
1995 – Grupo de especialistas da ONU recomenda uma Conferência sobre SALW
1995 – Explosão do principal arsenal da Marinha, no Rio de Janeiro
1996 – Término da Guerra Civil na América Central, aumento do contrabando de armas
1997 – Convenção para Erradicação das Minas Terrestres, em Ottawa
1997 – A "Campanha dos Estudantes pelo Desarmamento – Sou da Paz" promove a destruição pública de 1.721 armas voluntariamente recebidas, em São Paulo

1997 – Após massacre de crianças, o *Fire Arms Act* proíbe civis de possuírem armas no Reino Unido
1997/98 – Maior campanha de desarmamento voluntário, realizada na Austrália
1998 – Fundação da International Action Network on Small Arms (IANSA), em Haia
1998 – Primeira campanha de desarmamento voluntário da ONU, na Albânia
1999 – Criação do Instituto Sou da Paz, em São Paulo
1999 – Criação do anuário *Small Arms Survey*, em Genebra
1999 – Criação do Sinarm pelo governo FHC
1999 – Campanha de Desarmamento Voluntário piloto no Rio, realizada pelo Viva Rio
1999 – Massacre na Columbine High School, no Colorado
1999 – Destruição de 2 mil armas no Maracanã, com a participação de 50 mil evangélicos
1999 – Acesso do Viva Rio ao DFAE, permitindo a primeira pesquisa massiva sobre armas: mais de 80% das armas apreendidas na ilegalidade eram brasileiras
1999 – Criação do Instituto Sou da Paz, em São Paulo
2000 – Kofi Annan, secretário-geral da ONU, considera as armas pequenas como "novas armas de destruição em massa"
2000 – Million Mom March, Marcha de um Milhão de Mães contra as Armas, nos EUA
2000 – Missão do governo FHC ao Paraguai contra o contrabando de armas
2001 – Destruição de 100 mil armas no Aterro do Flamengo, Rio de Janeiro
2001 – Primeira Conferência da ONU sobre Tráfico Ilícito de Armas
2002 – Seminário ONGs Mercosul sobre controle de armas, realizado pelo Viva Rio
2002 – Criação do Fórum Parlamentar Internacional sobre SALW, em Estocolmo
2002 – Destruição de armas na sede do governo do Rio, governo de Benedita da Silva
2003 – Destruição de armas na "Fogueira da Paz", no Rio de Janeiro
2003 – Manifesto de Especialistas pela Aprovação do Estatuto do Desarmamento
2003 – Marchas em nove capitais pela aprovação de uma nova Lei de Controle de Armas
2003 – Congresso Nacional aprova nova Lei de Controle de Armas, Estatuto do Desarmamento
2003 – Londrina aprova selo "Arma não é brinquedo", para as lojas, iniciativa da ONG Pazeando

2004 – Governador Requião, do Paraná, promove desarmamento voluntário e destruição pública de 3 mil armas
2004/2005 – Primeira Campanha Nacional de Desarmamento Voluntário no Brasil
2004 – Campanha das mulheres do Rio "Arma não! Ela ou eu!", realizado pelo Viva Rio
2005 – Primeira pesquisa nacional sobre armas, *Brasil: as armas e as vítimas*, realizado pelo Viva Rio
2005 – Criação da Rede Desarma Brasil, reunindo as ONGs pelo controle de armas
2005 – Referendo nacional sobre o Comércio de Armas e Munições
2006 – CPI da Câmara dos Deputados sobre tráfico de armas
2006 – Aprovação da Lei Maria da Penha pelo Congresso
2007 – STF julga o Estatuto do Desarmamento constitucional
2007 – Criação da Subcomissão de Controle de Armas e Munições da Câmara Federal
2008 – Suprema Corte dos EUA muda a interpretação da Segunda Emenda, de 1791, ao considerar "a posse de arma como um direito individual" e não coletivo
2008/2009 – Segunda Campanha Nacional de Desarmamento Voluntário no Brasil e Campanha Nacional pela Legalização das Armas
2009 – Primeira Conferência Nacional de Segurança Pública
2010 – Seminário Internacional sobre Desarmamento Voluntário, em Brasília
2011 – Massacre na Escola Tasso da Silveira, em Realengo, Rio
2011 – Terceira Campanha Nacional de Desarmamento Voluntário no Brasil
2011 – Assassinato da juíza Patrícia Acioli, morta por PMs com 21 tiros, no Rio de Janeiro
2011 – CPI do Rio sobre tráfico de armas
2012 – Massacre na Sandy Hook School, em Connecticut
2012 – PL nº 3.722, contra o Estatuto, apresentado à Comissão de Segurança da Câmara
2013 – Aprovação do Arms Trade Treaty (ATT) pela ONU
2014 – A CBC se torna sócia majoritária da Forjas Taurus, ampliando o monopólio
2015 – Deputado Eduardo Cunha cria Comissão Especial da Câmara sobre o PL nº 3.722
2016 – CNBB defende a manutenção do Estatuto do Desarmamento

2016 – CPI do Rio sobre desvio de armas
2016 – Manifesto dos Pesquisadores contra a Revogação do Estatuto do Desarmamento
2017 – Governo quebra o monopólio CBC/Taurus, autorizando a instalação no Brasil de fabricante estrangeiro (Ruag, Suíça), através da Portaria nº 841, de 4 de setembro de 2017
2017 – Massacre em Las Vegas (o maior nos EUA)
2017 – Governo Temer libera transporte de armas para atiradores esportivos
2017 – Lei torna crime hediondo o porte de fuzil por civis
2018 – Congresso Nacional ratifica o Arms Trade Treaty (ATT), da ONU 2018 – Assassinato da vereadora Marielle Franco e de seu motorista, Anderson Gomes
2018 – Conferência de Revisão da ONU sobre o Plano de Ação sobre SALW
2018 – Massacre na escola Marjory Stoneman Douglas, de Parkland, Flórida
2018 – Lei nº 8.186/2018 cria "Política de Controle de Armas" para o Rio de Janeiro
2018 – Massacre na Catedral de Campinas, São Paulo
2019 – Apreensão de 117 fuzis no Rio de Janeiro, em crime correlato à elucidação parcial do assassinato da vereadora Marielle Franco e de Anderson Gomes
2019 – Massacre na Escola Estadual Professor Raul Brasil, em Suzano, São Paulo
2019 – Massacre em duas mesquitas na Nova Zelândia, com cinquenta mortos
2019 – Decretos presidenciais liberando a posse e o porte de arma e sua contestação no Congresso e no STF
2019 – Nos EUA, ocorreram massacres em Dayton, Ohio, e em El Paso, Texas, matando 31 pessoas e ferindo outras 53 (ocorreram 32 massacres no primeiro semestre de 2019)

Datas comemorativas
1 a 8 de maio – Semana Mundial de Ação Contra a Violência Armada, iniciativa da IANSA
15 de abril – Dia Internacional do Desarmamento Infantil
4 de julho – Dia Internacional do Desarmamento
9 de julho – Dia Internacional da Destruição de Armas
15 a 21 de julho – Ação Global contra a Violência, iniciativa da IANSA
21 de setembro – Dia Mundial da Paz
10 de novembro – Dia Internacional dos Direitos Humanos

Siglas e abreviaturas

AK – Kalashnikov, fuzil de fabricação russa
Anaspra – Associação Nacional dos Praças da Polícia Militar
ANIAM – Associação Nacional da Indústria de Armas e Munições
ANMaC – Agencia Nacional de Materiales Controlados (Argentina)
AR – Armalite, fuzil de fabricação norte-americana
ATF – Bureau of Alcohol, Tobacco, Firearms and Explosives (EUA)
ATT – Arms Trade Treaty, Tratado de Comércio de Armas, ONU

BID – Base Industrial de Defesa ou Banco Interamericano de Desenvolvimento

CACs – Caçadores, Atiradores Desportivos e Colecionadores
CBC – Companhia Brasileira de Cartuchos
CDCP – Center for Disease Control and Prevention (EUA)
CNBB – Conferência Nacional dos Bispos do Brasil
CNJ – Conselho Nacional de Justiça
CONIC – Conselho Nacional das Igrejas Cristãs
CPI – Comissão Parlamentar de Inquérito

DESARME – Delegacia Especializada em Armas, Munições e Explosivos (Polícia Civil, RJ)
DFAE – Departamento de Fiscalização de Armas e Explosivos (Polícia Civil, RJ)
DFPC – Divisão de Fiscalização de Produtos Controlados (Ministério da Defesa)
DIMABEL – Dirección de Material Bélico (Paraguai)
DRAE – Delegacia de Repressão a Armas e Explosivos (Polícia Civil, RJ)

FBSP – Fórum Brasileiro de Segurança Pública
FFAA – Forças Armadas
FIRJAN – Federação das Indústrias do Rio de Janeiro

IANSA – International Action Network on Small Arms (Rede de ONGs)
IMBEL – Indústria de Material Bélico do Brasil
Ipea – Instituto de Pesquisas Aplicadas
ISER – Instituto Superior de Estudos da Religião, RJ
ISP – Instituto de Segurança Pública do governo do Estado do Rio de Janeiro

MovPaz – Movimento Internacional pela Paz e Não Violência
MPF – Ministério Público Federal
MPLA – Movimento Popular de Libertação de Angola

NRA – National Rifle Association (EUA)

OMS – Organização Mundial de Saúde
ONU – Organização das Nações Unidas
OTAN – Organização do Tratado do Atlântico Norte

Parlatino – Parlamento Latino-Americano
PC – Polícia Civil
PCC – Primeiro Comando da Capital
PF – Departamento de Polícia Federal
PL – Projeto de Lei
PM – Polícia Militar
PRF – Polícia Rodoviária Federal

Renar – Registro Nacional de Armas (Argentina)

SALW – Small Arms Light Weapons (Armas pequenas e leves)
Senasp – Secretaria Nacional de Segurança Pública, Ministério da Justiça
Sicovem – Sistema de Controle de Vendas e Estoque de Munições
Sigma – Sistema de Gerenciamento Militar de Armas (Forças Armadas)
Sinarm – Sistema Nacional de Armas e Munições (Polícia Federal)
SSP – Secretaria de Segurança Pública

UNICEF – United Nations International Emergency Fund for Children
UNITA – União Nacional para a Independência Total de Angola
UNLiREC – United Nations Regional Center for Peace – Disarmament and Development in Latin America and the Caribbean (Peru)
UNODC – United Nations Office for Drugs and Crime (Viena)

Anexos

CARTA ABERTA DOS EX-MINISTROS DA JUSTIÇA E DA SEGURANÇA PÚBLICA

Aloysio Nunes Ferreira
Eugênio Aragão
José Carlos Dias
José Eduardo Cardozo
José Gregori
Luiz Paulo Barreto
Miguel Reale Jr.
Milton Seligman
Nelson Jobim
Raul Jungmann
Tarso Genro
Torquato Jardim

Nós, ex-ministros da Justiça e da Segurança Pública, que em diferentes momentos da história fomos responsáveis por conduzir a política de segurança pública no âmbito federal, demonstramos nossa profunda preocupação com os retrocessos no controle de armas e munições e com o impacto dos decretos federais no desmantelamento dos principais pilares desta agenda.

A efetividade das políticas públicas depende de sua continuidade, monitoramento e avaliação constantes para que possamos aperfeiçoá-las e dar respostas a seus novos desafios. O controle de armas e munições no Brasil é uma agenda central para o enfrentamento do crime organizado e para a redução dos homicídios. Por essas razões, seus ganhos não podem ser colocados em risco. Precisamos trabalhar para o seu fortalecimento, impedindo retrocessos.

No período em que exercemos nossas funções de ministro, cada um de nós trabalhou para que fosse estabelecida no país uma política de regulação responsável de armas e munições. Em 2003, o Congresso aprovou o Estatuto do Desarmamento, um importante passo nesta trajetória. Resultado de mobilização entre diferentes partidos, organizações da sociedade civil e lideranças de diversos setores da sociedade, além de quase um ano de debates no Congresso, o estatuto definiu alguns dos pilares centrais desta regulação: proibição do porte civil, restrições à posse e o estabelecimento de mecanismos de controle de produção, circulação e comercialização de armas e munições.

Atuamos para fortalecer as capacidades nacionais de controle e fiscalização, reduzindo as armas em circulação. Também trabalhamos para enfrentar desvios e o tráfico de armas e munições. Resistimos às pressões de grupos no Congresso e de categorias que buscavam flexibilizar as condições da posse e as restrições ao porte de arma de fogo.

Independentemente dos partidos que estavam no poder e da orientação dos governos dos quais fazíamos parte, nosso compromisso sempre foi o de fortalecer avanços que consolidassem o Brasil como uma referência de regulação responsável de armas e munições para a América Latina e para o mundo.

Conquistamos avanços importantíssimos, incluindo a queda da taxa de crescimento de homicídios nos primeiros anos da legislação em vigor e a desaceleração no crescimento de mortes por armas de fogo nos anos posteriores. De acordo com o Mapa da Violência, na década seguinte à sua aprovação, o Estatuto do Desarmamento ajudou a salvar a vida de cerca de 133 mil brasileiros. Apesar desses avanços, agora se articula o desmantelamento de uma lei largamente discutida, democraticamente votada e universalmente executada por diferentes governos.

A consolidação de uma regulação responsável de armas e munições no país é uma ação de longo prazo e é preciso orientar todos os esforços para superar os desafios com os quais ainda somos confrontados. Tais esforços precisam ser feitos em contínua colaboração com os estados e quadros técnicos e profissionais que se dedicam ao enfrentamento dos desvios e tráfico ilegal de armas e munições, à redução da criminalidade e à prevenção da violência no país.

Neste sentido, precisamos aperfeiçoar, por exemplo, os mecanismos de marcação de armas e munições e a qualidade das informações necessárias para permitir o rastreamento de armas desviadas para a ilegalidade e utilizadas na criminalidade, o que contribuirá para o esclarecimento de delitos.

Como ex-ministros e cidadãos, estamos convencidos de que ampliar o acesso às armas e o número de cidadãos armados nas ruas, propostas centrais dos decretos publicados pelo Executivo federal, não é a solução para a garantia de nossa segurança, de nosso desenvolvimento e de nossa democracia.

Ao invés de flexibilizar os principais pilares do controle de armas e munições de nosso país, precisamos proteger o legado das conquistas que protagonizamos e concentrar nossos esforços na função primordial do Estado: garantir o direito à vida e a segurança para todos.

4 de junho de 2019.

MANIFESTO DOS GOVERNADORES: "UM PAÍS PARA TODOS"

Ao longo dos últimos dias, nós, 14 governadores de diferentes partidos e estados do Brasil, nos unimos para pedir aos poderes Executivo, Legislativo e Judiciário a imediata revogação do decreto presidencial que aumenta a circulação de armas de fogo e munição e permite que muitos indivíduos andem armados nas ruas de nosso país. Nossas vozes se unem a diferentes setores da sociedade, incluindo organizações da sociedade civil, profissionais da segurança pública e juristas, e à maioria da população, que não acredita que um país mais armado fará de nós um país mais seguro.

A violência e a insegurança que afetam grande parte da população de nossos estados são alguns dos maiores obstáculos ao desenvolvimento humano e econômico do Brasil. Uma ação importante para reverter esse cenário é a combinação de esforços para reduzir a disponibilidade de armas de fogo e munições ilegais, que são utilizadas no crime. Também é preciso evitar que uma arma de fogo esteja presente nas discussões entre nossos vizinhos, nas mãos de nossos filhos pequenos, em brigas de trânsito ou no ambiente doméstico.

Em 2003, o país deu um passo importante na melhoria de seus controles de armas e munições, com a aprovação do Estatuto do Desarmamento, resultado de uma grande mobilização da sociedade e de diferentes partidos. Mas ainda há muito em que avançar. Precisamos melhorar, por exemplo, a marcação de armas e munições para que possamos rastreá-las ao longo de toda a sua vida útil. Também é fundamental aumentar os meios de controle e fiscalização para coibir os desvios, enfrentar o tráfico ilícito e evitar que as armas que nascem na legalidade caiam na ilegalidade e sejam utilizadas no crime.

Diante de nossa realidade e das evidências disponíveis, avaliamos que as medidas propostas pelo Decreto 9.785 (de 7 de maio de 2019) não contribuirão para tornar nossos estados mais seguros. Ao contrário, elas aumentarão a quantidade de armas e munições que poderão abastecer criminosos e também os riscos de que discussões e brigas entre nossos cidadãos acabem em tragédias.

Precisamos unir os esforços da União, de estados e municípios para fortalecer políticas baseadas em evidências e implementar um plano nacional, construído em conjunto com poder público e sociedade. Um plano que combine estratégias de prevenção, geração de oportunidades, enfrentamento às desigualdades e à evasão escolar, acesso à saúde e investimentos em nossas crianças e adolescentes e, sem dúvida, policiamento e repressão inteligentes. A urgência dessa agenda não permite retrocessos.

Reforçamos nosso compromisso com o diálogo e com a melhoria da segurança pública do país. Juntos e juntas, construiremos um Brasil seguro para as atuais e futuras gerações.

21 de maio de 2019.

Belivaldo Chagas, Sergipe
Camilo Santana, Ceará
Fátima Bezerra, Rio Grande do Norte
Flávio Dino, Maranhão
Helder Barbalho, Pará
Ibaneis Rocha, Distrito Federal
João Azevêdo, Paraíba
Mauro Carlesse, Tocantins
Paulo Câmara, Pernambuco
Renan Filho, Alagoas
Renato Casagrande, Espírito Santo
Rui Costa, Bahia
Waldez Góes, Amapá
Wellington Dias, Piauí

MANIFESTO DE ESPECIALISTAS EM DEFESA DO ESTATUTO DO DESARMAMENTO

À sociedade brasileira:

Somos pesquisadores de instituições públicas e privadas de ensino e pesquisa no Brasil e no exterior. O intuito deste documento é informar a sociedade sobre as evidências científicas disponíveis acerca da efetividade do Estatuto do Desarmamento como um instrumento para salvar vidas. Essas evidências encontram-se publicadas em teses de doutorado, periódicos científicos e capítulos de livros, alguns dos quais estão listados ao final deste texto. Desejamos deixar registrados os resultados de pesquisas que refutam a hipótese de que "mais armas em circulação causam uma redução na violência".

Este manifesto se faz necessário em face da recente aprovação, por uma comissão especial da Câmara dos Deputados, do Projeto de Lei 3722/12, que visa revogar o Estatuto do Desarmamento. Entre outros pontos, o projeto de lei reduz a idade mínima para aquisição de armas de fogo de 25 para 21 anos e autoriza indivíduos que respondem a inquérito policial ou a processo criminal a possuírem e portarem armas de fogo, inclusive aqueles processados por homicídio.

Sentimos o dever moral de dar ciência ao público das conclusões dos estudos científicos com o intuito de fomentar uma discussão séria sobre a efetividade da lei atual, sem viés ideológico. Infelizmente, alguns legisladores tomam decisões sem se pautar em evidências científicas, mesmo quando elas existem. O relaxamento da atual legislação sobre o controle do acesso às armas de fogo implicará mais mortes e ainda mais insegurança no país.

Inegavelmente, o apelo à aprovação desse projeto de lei ganha força no rastro da sensação de insegurança que vivemos no Brasil. No entanto, a violência é um fenômeno complexo. Há outros fatores estruturais e conjunturais relacionados ao nível de violência, como educação, desigualdade de renda, arranjo institucional e orçamento para segurança pública. Assim, ao se avaliar o efeito da quantidade de armas em circulação sobre a violência, deve-se levar em conta todos esses fatores. Estudos científicos que lograram abordar esse problema de forma estatisticamente adequada geraram evidências empíricas robustas sobre a relação entre armas de fogo e violência. Esses estudos, conduzidos em inúmeras instituições de pesquisa domésticas e internacionais, levam à conclusão inequívoca de que uma maior quantidade de armas em circulação está associada a uma maior incidência de homicídios cometidos com armas de fogo.

Essas evidências foram encontradas por cientistas e pesquisadores independentes, tanto do Brasil quanto do exterior, treinados em metodologias estatísticas rigorosas aceitas na academia internacional. Essas metodologias constituem o estado da arte para se lidar com as dificuldades inerentes à identificação do efeito causal em fenômenos sociais complexos.

Nossa intenção com este manifesto é alertar a sociedade brasileira para a existência de fortes evidências que vinculam uma maior circulação de armas de fogo a mais violência letal causada por armas de fogo. Ressalte-se que a miséria da política de segurança no Brasil nasce quando leis são formuladas sem levar em conta o conhecimento científico acumulado em anos de pesquisa, como está ocorrendo na proposição em discussão na Câmara dos Deputados. Os estudos científicos listados abaixo (que fundamentam este Manifesto) devem ser considerados pelos nossos representantes no Congresso Nacional antes de decidirem sobre a aprovação do projeto de lei que visa tornar mais fácil a posse e porte de armas de fogo no Brasil.

Brasília, 21 de setembro de 2016.

Assinam:

1. **Alba Zaluar** (*Doutora em Antropologia, professora do Instituto de Estudos Sociais e Políticos da Universidade Estadual do Rio de Janeiro*)
2. **Ana Lúcia Kassouf** (*PhD em Economia, professora da Universidade de São Paulo*)
3. **André Zanetic** (*Doutor em Ciência Política, pesquisador do Núcleo de Estudos da Violência da Universidade de São Paulo*)

4. **Antônio Rangel Bandeira** (*Mestre em Ciência Política, consultor da ONU e do Viva Rio*)
5. **Arturo Alvarado** (*Doutor em Ciências Sociais, professor do El Colegio de México*)
6. **Arthur Trindade Maranhão Costa** (*Doutor em Sociologia, professor da Universidade de Brasília*)
7. **Bruno Langeani** (*Bacharel em Direito, pesquisador e coordenador de Sistemas de Justiça e Segurança Pública do Instituto Sou da Paz*)
8. **César Barreira** (*Doutor em Sociologia, professor e diretor do Laboratório de Estudos da Violência da Universidade Federal do Ceará*)
9. **Cláudio Beato** (*Doutor em Ciências Sociais, diretor do Centro de Estudos em Criminalidade da Universidade Federal de Minas Gerais*)
10. **Cristiano Aguiar de Oliveira** (*Doutor em Economia, professor da Universidade Federal do Rio Grande do Sul*)
11. **Dalva Maria Borges de L.D. de Souza** (*Doutora em Sociologia, professora e pesquisadora do Núcleo de Estudos sobre Criminalidade e Violência da Universidade Federal de Goiás*)
12. **Daniel Ricardo de Castro Cerqueira** (*Doutor em Economia, pesquisador do Instituto de Pesquisa Econômica Aplicada*)
13. **Danilo Santa Cruz Coelho** (*PhD em Economia, pesquisador do Instituto de Pesquisa Econômica Aplicada*)
14. **David Hemenway** (*PhD em Economia, professor da Harvard School of Public Health e diretor do Harvard Injury Control Research Center – Estados Unidos*)
15. **Doriam Borges** (*Doutor em Sociologia, professor da Universidade Estadual do Rio de Janeiro*)
16. **Edinilsa Ramos de Souza** (*Doutora em Saúde Pública, pesquisadora do Centro Latino-Americano de Estudos sobre Violência e Saúde, Escola Nacional de Saúde Pública – Fundação Oswaldo Cruz*)
17. **Edward J. Laurance** (*PhD em Relações Internacionais, professor e Gordon Paul Smith Chair no Middlebury Institute of International Studies at Monterey – Estados Unidos*)
18. **Eduardo Pazinato** (*Doutorando em Políticas Públicas, coordenador do Núcleo de Segurança Cidadã da Faculdade de Direito de Santa Maria e diretor de projetos estratégicos do Instituto Fidedigna*)

19. **Felippe Angeli** (*Mestre em Ciências Políticas, assessor de Relações Institucionais do Instituto Sou da Paz*)
20. **Felippe De Rosa** (*Mestre em Relações Internacionais, Instituto de Relações Internacionais da Pontifícia Universidade Católica do Rio de Janeiro*)
21. **Giácomo Balbinotto Neto** (*Doutor em Economia, professor da Universidade Federal do Rio Grande do Sul*)
22. **Gláucio Ary Dillon Soares** (*PhD em Sociologia, professor do Instituto de Estudos Sociais e Políticos da Universidade Estadual do Rio de Janeiro*)
23. **Gustavo Oliveira Vieira** (*Doutor em Direito, professor da Universidade Federal da Integração Latino-Americana*)
24. **Ignácio Cano** (*Doutor em Sociologia, professor e diretor do Laboratório de Análise da Violência da Universidade Estadual do Rio de Janeiro*)
25. **Ivan Marques** (*Mestre em Relações Internacionais, mestre em Direitos Humanos, pesquisador e diretor-executivo do Instituto Sou da Paz*)
26. **Jacqueline Sinhoretto** (*Doutora em Sociologia, professora da Universidade Federal de São Carlos*)
27. **João Manoel Pinho de Mello** (*PhD em Economia, professor do Insper-Instituto de Ensino e Pesquisa*)
28. **Jony Arrais Pinto Junior** (*Doutor em Estatística, professor da Universidade Federal Fluminense*)
29. **José Luiz Ratton** (*Doutor em Sociologia, professor da Universidade Federal de Pernambuco*)
30. **Joviana Quintes Avanci** (*Doutora em Ciências, pesquisadora da Escola Nacional de Saúde Pública – Fundação Oswaldo Cruz*)
31. **Julio Jacobo Waiselfisz** (*Mestre em Planejamento Educacional, coordenador do Programa de Estudos sobre a Violência da Faculdade Latino-Americana de Ciências Sociais*)
32. **Julita Lemgruber** (*Mestre em Sociologia, coordenadora do Centro de Estudos de Segurança e Cidadania*)
33. **Kai Michael Kenkel** (*PhD em Relações Internacionais, professor do Instituto de Relações Internacionais da Pontifícia Universidade Católica do Rio de Janeiro*)
34. **Khatchik DerGhougassian** (*PhD em Estudos Internacionais, professor da Universidad de San Andrés – Argentina*)

35. **Liana de Paula** (*Doutora em Sociologia, professora da Universidade Federal de São Paulo*)
36. **Luciana Maria de Aragão Ballestrin** (*Doutora em Ciência Política, professora da Universidade Federal de Pelotas*)
37. **Ludmila Mendonça Lopes Ribeiro** (*Doutora em Sociologia, professora da Universidade Federal de Minas Gerais*)
38. **Luiz Eduardo B. de M. Soares** (*Doutor em Sociologia, professor da Universidade Estadual do Rio de Janeiro*)
39. **Luiz Flávio Sapori** (*Doutor em Sociologia, professor da Pontifícia Universidade Católica de Minas Gerais*)
40. **Luiz Guilherme Scorzafave** (*Doutor em Economia, professor da Faculdade de Economia e Administração da Universidade de São Paulo*)
41. **Luiza Jane Eyre de Souza Vieira** (*Doutora em Enfermagem, professora da Universidade de Fortaleza*)
42. **Marcelo Fernandes** (*PhD em Gestão, professor da Escola de Economia de São Paulo da Fundação Getulio Vargas e da Queen Mary University of London*)
43. **Marcelo Justus** (*Doutor em Economia, professor do Instituto de Economia da Universidade Estadual de Campinas*)
44. **Maria Cecília de Souza Minayo** (*Doutora em Saúde Pública, pesquisadora da Fundação Oswaldo Cruz*)
45. **Maria Fernanda Tourinho Peres** (*Doutora em Saúde Pública, professora da Universidade de São Paulo*)
46. **Maria Luiza Carvalho de Lima** (*Doutora em Saúde Pública, pesquisadora do Laboratório de Estudos em Violência e Saúde, Fundação Oswaldo Cruz/Recife*)
47. **Pery Francisco A. Shikida** (*Doutor em Economia, professor da Universidade Estadual do Oeste do Paraná*)
48. **Philip Alpers** (*Professor da Sydney School of Public Health – The University of Sydney*)
49. **Renato Sérgio de Lima** (*Doutor em Sociologia, professor da Escola de Administração de Empresas da Fundação Getulio Vargas e vice-presidente do Fórum Brasileiro de Segurança Pública*)
50. **Robert Muggah** (*PhD em Desenvolvimento Internacional, Economia e Ciência Política; pesquisador e diretor de pesquisa do Instituto Igarapé*)

51. **Robson Sávio Reis Souza** (*Doutor em Ciências Sociais, coordenador do Núcleo de Estudos Sociopolíticos da Pontifícia Universidade Católica de Minas Gerais*)
52. **Rodrigo Ghiringhelli de Azevedo** (*Doutor em Sociologia, professor da Pontifícia Universidade Católica do Rio Grande do Sul*)
53. **Rodrigo Reis Soares** (*PhD em Economia, professor da Escola de Economia de São Paulo da Fundação Getulio Vargas*)
54. **Sérgio Adorno** (*Doutor em Sociologia, professor e coordenador do Núcleo de Estudos da Violência da Universidade de São Paulo*)
55. **Sergio Salomão Shecaira** (*Doutor em Direito Penal, professor da Faculdade de Direito da Universidade de São Paulo*)
56. **Tulio Kahn** (*Doutor em Ciência Política, pesquisador e consultor para assuntos de segurança pública*)
57. **Vilma Pinheiro Gawryszewski** (*Doutora em Saúde Pública, assessora para informação de saúde e análise da Organização Pan-Americana da Saúde*)

PRINCIPAIS DEFENSORES DO CONTROLE DE ARMAS

Parlamentares

A elaboração da lei de armas, dando forma à iniciativa popular, a luta por sua aprovação, e posteriormente por sua implementação e defesa ao longo dos últimos vinte anos, têm sido lideradas por parlamentares de diversos partidos. Nessa luta já histórica sobressaíram, por ordem cronológica de atuação, o então ministro da Justiça do governo FHC, e depois presidente do Senado, senador Renan Calheiros, o então presidente do Senado, José Sarney, os então senadores José Roberto Arruda, Tasso Jereissati, Romeu Tuma, Gerson Camata, Antonio Carlos Magalhães, Aloizio Mercadante, Lindbergh Farias, Marcelo Crivella, Ney Suassuna, Jorge Viana, Edson Lobão, César Borges, José Serra, Sergio Cabral Filho, Randolfe Rodrigues, Paulo Paim, Humberto Costa e Paulo Rocha; e os então deputados Luiz Eduardo Greenhalgh, Laura Carneiro, Perpétua de Almeida, Paulo Delgado, Luciana Genro, Eduardo Campos, Jandira Feghali, Antônio Carlos Biscaia, Chico Alencar, Fernando Gabeira, Sandra Rosado, Aloysio Nunes, Eduardo Paes, Sigmaringa Seixas, José Eduardo Cardoso, Antonio Carlos Magalhães Neto, Rodrigo Maia, Manuela d'Ávila, Raul Jungmann, Alessandro Molon, Paulo Teixeira, Maria do Rosário, Paulo Pimenta, Iriny Lopes, Subtenente Gonzaga, Ivan Valente, Luiz Couto, Sóstenes Cavalcante, Érika Kokay, Glauber Braga, Sarney Filho, Alice Portugal, Vicente Cândido, Jarbas Vasconcelos, Roberto Freire, Marcus Pestana, Jean Willys, Lídice da Mata, Sibá Machado e muitos outros, que votaram e sempre apoiaram o Estatuto do Desarmamento. São integrantes de diferentes partidos, que sempre mantiveram a defesa do controle de armas acima das disputas governo-oposição ou esquerda-direita, resguardada como política de Estado no interesse da segurança pública.

Na atual legislatura, além dos que foram reeleitos, nesse início de mandato já se destacam, em defesa do Estatuto do Desarmamento, os senadores Luís Eduardo Girão, Fabiano Contarato, Rogério Carvalho, Jacques Wagner, Rodrigo Cunha, Zenaide Maia, Jean Paul Prates, Kátia Abreu, Eduardo Braga, Vital do Rego, Flávio Arns, Rose de Freitas, Eliziane Gama, Cid Gomes, Otto Alencar, Daniella Ribeiro, Roberto Costa e Leila Barros.

Na Câmara, temos contado, dentre os deputados em primeiro mandato, com o apoio dos deputados Marcelo Freixo, Paulão, Tereza Nelma, João Daniel, Helder Salomão, Talíria Petrone, entre outros.

Uma nova coalizão, a Frente Parlamentar pela Prevenção da Violência e Redução de Homicídios, foi lançada em 6 de dezembro de 2017, reunindo 198 parlamentares de 25 partidos. É coordenada pelo incansável deputado Alessandro Molon, atualmente líder da oposição na Câmara Federal, que afirmou em seu lançamento que "os deputados vão trabalhar nos estados para procurar boas experiências e replicá-las pelo país", com ênfase na defesa do Estatuto do Desarmamento e em seu aperfeiçoamento.

Entre os deputados estaduais sobressaíram Carlos Minc e Marcelo Freixo, que presidiram CPIs sobre tráfico e desvio de armas na Assembleia Legislativa do Rio, além da Lei sobre Política de Controle de Armas para o Estado do Rio de Janeiro.

ONGs e Rede Desarma Brasil

Durante a primeira campanha de desarmamento voluntário se verificou o auge da participação da sociedade civil, quando 30 ONGs se mobilizaram em todo o Brasil para ajudar o governo a receber armas, afora as igrejas e instituições filantrópicas, ultrapassando 400 entidades. Eram ONGs que se dedicavam ao controle de armas, ou a outros temas humanitários, como defesa das mulheres, dos direitos humanos, contra o racismo, discriminação sexual etc., e ampliaram sua atuação para minorar a violência armada no país. Em 2005, o Instituto Sou da Paz tomou a iniciativa de criar uma rede que melhorasse a coordenação entre tantas ONGs, cada uma mantendo sua autonomia: a Rede Desarma Brasil. Passamos a atuar em sintonia cada vez maior com a CNBB, CONIC, URI e outras entidades religiosas na construção de uma cultura de paz. Recentemente, ingressou no movimento pelo controle de armas e pela paz a Rede RePacificar.

Após a aprovação da nova lei, aumentou o número de ativistas em sua defesa que se dispunham a conversar com os parlamentares, acompanhar os debates, ajudar com informações e dados, falar com a imprensa e outras iniciativas, durante longos dias de trabalho no Congresso Nacional, para tentar reduzir a influência do poderoso, rico e numeroso lobby das armas. Tínhamos o grupo inicial, que lutou pela aprovação do Estatuto, formado por Valéria Velasco (Convive, de Brasília), Mariana Montoro (Instituto Sou da Paz), Everardo Aguiar (Brasília), Elianildo Nascimento (URI, Brasília) e por mim (Viva Rio). A esse time, vieram se juntar Cristina Leonardo (CBDCA do RJ), a rede do MovPaz (Clóvis Nunes, da Bahia; Almir Laureano, da Paraíba; Cleber Costa, do RN; Maristela Pozitano e André Carnaúba, de Alagoas); Melina Risso (de início pelo Instituto Sou da Paz e agora Instituto Igarapé), Luis Eduardo Girão e Duda Quadros (Ceará); Luiz Cláudio Galhardi (Pazeando, Paraná); Irmã Henriqueta (CNBB Regional, Pará), Heder Martins (Anaspra, MG), Murilo Cavalcanti (CEBRAE/PE), Antônio Carlos Costa (Rio de Paz, RJ), José Roberto Bellintani (Instituto São Paulo Contra a Violência), Iracilda Toledo (Associação Parentes Vítimas Vigário Geral, RJ), Vitória Bernardes (União Brasileira de Mulheres, RS) e Brenner Guimarães (Guayi, RS), Michele dos Ramos (Instituto Igarapé), João Sana e Patrícia Henzell (Espírito Santo), Jupira Dias (Nação Hip Hop, SC), Alberto Cabral (Grande Oriente do Brasil, PB), Susana Varjão (Movimento Estado de Paz, BA), Max Cavalcanti (Cufa, Central Única de Favelas), Cilma Azevedo (Justiça e Paz, DF), Carlos Moura (CNBB, DF), Felippe Angeli e Ivan Marques (Instituto Sou da Paz), Terezinha Magalhães (Vítimas de Chacina da Baixada Fluminense, RJ), Vera Lúcia Flores (Vítimas de Acari, RJ) e recentemente Salette Aquino (URI, Brasília) e Rede RePacificar, entre outros.

No domingo de Páscoa, 21 de abril de 2019, realizou-se em Brasília a "Caminhada Pela Paz, Contra as Armas, o Ódio e a Violência", primeira iniciativa do movimento contra a política do novo governo de liberar porte de armas. Participaram o Conselho Nacional de Igrejas Cristãs, Iniciativa das Religiões Unidas, Comissão de Justiça e Paz da Arquidiocese de Brasília, Rede Desarma Brasil, Legião da Boa Vontade (LBV), Olé Axé Ita Bagan; Centro Popular de Formação da Vida e Juventude; Associação Being Tao; Praça da Harmonia Universal; Templo Shin Budista da Terra Pura; e Movimento de Apoio ao Trabalhador e Trabalhadora Rural. Participaram também a deputada federal Érika Kokay e os deputados distritais Arlete Sampaio e Fábio Felix, todos de Brasília.

Equipe Viva Rio

Quando cheguei para trabalhar como consultor no Viva Rio, já pesquisavam o tema os sociólogos Luiz Eduardo Soares, Ignácio Cano e Leandro Piquet

Carneiro. A partir daí, durante 20 anos, com entradas e saídas, participaram de nosso Projeto de Controle de Armas: Pablo Dreyfus, Marcelo Nascimento, Júlio César Purcena, Carolina Iootty, Patrícia Rivero, Luciana Phebo, Josephine Bourgois, André Porto, Ilona Szabó, Luis Carlos Silveira (inspetor aposentado), Jessica Galeria, Jacqueline Sulivan, Daniel Luz, Rebeca Perez, Natasha Leite, Marília Bandeira, Clemir Fernandes, Walter da Silva Barros (delegado licenciado), Geraldo Peixoto (SSP/RJ), Eduardo Henrique da Silva (cadeirante) e Mariana Roquete Pinto.

De outras áreas do Viva Rio, colaboraram com nossa equipe Mônica Cavalcanti, Yuri Moraes, Maíra Jucá, Shelley de Botton, Chico Vargas, Bete Costa, Márcia Lisboa, Lis Moriconi, Christina Magnavita, Luiz Cláudio Costa, Andrea Dotti, Ronaldo Lapa, Renata Rodrigues, Kika Pedroza, Sandra Delgado, Roberto Pêgo, Maurício Lissovsky, Carolina Carvalho, Adriane Fablício, Pablo Siqueira, Vera Pinheiro, Fernanda de Matos, Brenno Ottoni, Layra Santos, Sílvia Seixas, Adriana Perusin, Clarissa Huguet, Maria Eduarda Hasselman, Maria Helena Moreira Alves, Osmar Vargas, Adriana Pereira, Sandro da Costa (capitão PM retirado), Ubiratan Ângelo e Ibis Silva Pereira (coronéis PM reformados), Luke Dowdney, Edson Leocádio e Carmelo Pereira. Supervisionando o Viva Rio, Rubem César Fernandes e Sebastião dos Santos.

OS LÍDERES POLÍTICOS E AS ARMAS

"O Estatuto do Desarmamento foi uma construção política feita com a sociedade. E teve efeito: reduziu o número de mortes. Que já é absurdo e continua sendo absurdo. Como é que vamos agora derrubar este Estatuto e permitir que pessoas, até criminosos, tenham legitimamente armas? Eu faço um apelo para que se recuse essa votação que houve na Comissão Especial e que o Parlamento mantenha o Estatuto do Desarmamento."

Ex-presidente Fernando Henrique Cardoso

"Tem cidadão que acha que vai acabar com a violência dando arma. Eu quero dar emprego. Se você gera um emprego, você gera um salário e consequentemente um consumidor. Um jovem empregado tem menor chance de se envolver com a violência."

Ex-presidente Lula da Silva

"Irresponsável o governo que desarma o cidadão de bem e deixa a vagabundagem muito bem armada. Eu quero equilibrar esse jogo, dar o direito à legítima defesa para a população. Não é você comprar na birosca da esquina uma .40 para você, vai ter algum critério para essa questão."

Candidato deputado Jair Bolsonaro

"O maior equívoco para enfrentar a bandidagem, a violência que nos amedronta, é imaginar que uma população armada, sem maior treinamento, vai reduzir a violência. Isso não é a experiência que a gente conhece no mundo. Os países que restringem o uso de armas têm menos violência. Eu não facilitarei a posse de arma pra ninguém porque eu sou amante da paz e quero nosso povo protegido."

Candidato ex-ministro Ciro Gomes

"Não se resolve o problema da segurança distribuindo armas para a população. Isso é uma insanidade. As pesquisas mostram que, em uma casa onde tem uma arma, o risco de acontecer uma tragédia é incomparavelmente maior. Está provado que as mulheres são as maiores vítimas. A segurança é um problema do Estado. Nós temos que treinar continuadamente nossos policiais, nós temos que valorizá-los. (...) Uma arma nunca será o símbolo do Brasil que eu amo. (...) Qualquer tentativa de desconfigurar o Estatuto do Desarmamento será um retrocesso lastimável."

Candidata ex-senadora Marina Silva

"A política de controle de armas e munições deve ser aprimorada, reforçando seu rastreamento, por meio de rigorosa marcação, nos termos do Estatuto do Desarmamento. A redução da violência causada pelo uso de arma de fogo passa por utilizar inteligência acumulada para retirar armas ilegais de circulação e represar o tráfico nacional e internacional."

Candidato ex-prefeito Fernando Haddad

Bibliografia

2003 OSCE Handbook of Best Practices on Small Arms and Light Weapons. Viena: OSCE, 2003.

ABBUD, Bruno. "Decreto das armas pode aumentar arsenal do crime". *O Globo,* 22 jan. 2019.

________________. "Violência custa R$ 365 bi". *O Globo,* 1 jul. 2018.

AGAMBEN, Giorgio. *Homo sacer: O poder soberano e a vida nua.* Belo Horizonte: Editora UFMG, 2010.

ALBUQUERQUE, Fabrícia. "Os projetos de lei que flexibilizam o Estatuto do Desarmamento avançam no Congresso Nacional". Jornal *O Sul,* 18 nov. 2017.

Anuário Brasileiro de Segurança Pública 2018. São Paulo: FBSP, 2018.

Armas argentinas de uso exclusivo de forças públicas apreendidas no Rio de Janeiro. Rio de Janeiro: Viva Rio, 2003.

Arsenal fluminense: Análise das apreensões de munições no estado do Rio de Janeiro (2014-2017). São Paulo: Instituto Sou da Paz, set. 2017.

Atlas da Violência 2018. Brasília, São Paulo: Ipea, jun. 2018. *Atlas da Violência* 2019. Brasília, São Paulo, jun. 2019.

BANDEIRA, Antônio Rangel. "Brazil: Gun Control and Homicide Reduction". In: *Reducing Gun Violence in America.* Webster, Daniel e Vernick, Jon, op. cit.

________________. "Armas Pequeñas y Campañas de Desarme: Matar los Mitos y Salvar las Vidas". In: *Programa de Cooperación en Seguridad Regional.* Bogotá: Fundação Friedrich Ebert, 2012.

________________. "Control de Armas en Brasil y Agenda Regional". In: *Informe sobre Seguridad Ciudadana en las Américas: 2012.* Washington D.C.: OEA, 2012b.

________________. "El Crímen Organizado en Brasil". In: SOLÍS, Luiz Guillermo; ARAVENA, Francisco Rojas (orgs.). *Crímen Organizado en América Latina y el Caribe.* Santiago: Catalonia e FLACSO, 2008.

________________. "A epidemia das armas". In: *Divulgação em Saúde em Debate,* Revista do Centro Brasileiro de Estudos de Saúde. Rio de Janeiro, n. 35, jun. de 2006a.

_________________ (coord.). *Proyecto de Ley Marco de Armas de Fuego, Munición y Materiales Relacionados.* Montevidéu: Foro Parlamentario sobre Armas Pequeñas y Ligeras, Clave e Swefor, outubro de 2006b.

_________________. "Paraná na vanguarda do desarmamento". *Tribuna,* 9 jun. 2004.

_________________. *Sombras do paraíso.* Rio de Janeiro: Ed. Record, 1994.

_________________. "The Portuguese Armed Forces Movement: Historical Antecedents, Professional Demands, and Class Conflict". In: *Politics & Society.* Nova York, v. 6, n. 1, 1976.

_________________ .*The Ideological Struggle in Chile: the Middle Class and the Military.* Toronto: Brazilian Studies, 1974.

_________________. "Una Contribución Científica a la Ley 26.216 de Desarme". In: *Las Armas y las Víctimas: Violencia, Proliferación y Uso de Armas de Fuego en la Província de Buenos Aires y la Argentina.* Buenos Aires: Universidad de San Andrés, s/d.

_________________; BOURGOIS, Josephine. *Armas de fogo: Proteção ou risco?.* Rio de Janeiro: Viva Rio, 2005. [Edição internacional modificada, Estocolmo, Parlamentary Forum on Small Arms and Light Weapons, 2006]

_________________; CANO, Ignácio. "O lobby atira". *Jornal do Brasil,* 27 jan. 2000.

_________________; DREYFUS, Pablo. "Exportação de armas e responsabilidade social". *Correio Braziliense,* 26 jun. 2006.

_________________; DREYFUS, Pablo; NASCIMENTO, Marcelo. "El Comércio de Armas Ilícito en Brasil". In: *Armas Pequeñas y Livianas: Una Amenaza a la Seguridad Hemisférica.* San José: Facultad Latinoamericana de Ciencias Sociales, 2007.

_________________; DREYFUS, Pablo; NASCIMENTO, Marcelo; BARROS, Walter; PURCENA, Júlio. *Weapons Risk Mitigation and Mainstreaming Mine Action, Small Arms & Light Weapons Controls in Mozambique.* Maputo: PNUD e Polícia Nacional de Moçambique, 2010.

_________________; SILVEIRA, Luiz Carlos. *Manual de instalação de postos de entrega voluntária de armas e campanhas de desarmamento.* Rio de Janeiro: Viva Rio e Ministério da Justiça, 2011.

BARBIERI, Cristiane. "Endividada, Taurus foca no exterior para tentar crescer". *O Estado de S. Paulo,* 17 jan. 2019.

BARROS, Walter da Silva. *Estatuto do Desarmamento comentado*. Rio de Janeiro: Editora Espaço Jurídico, 2004.

BATCHELOR, Peter; KENKEL, Kai Michael (orgs.). *Controlling Small Arms: Consolidation, Innovation and Relevance in Research and Policy*. Devon e Nova York: Routledge, 2014.

BEATO, Cláudio. *Vitimização e armas de fogo no Brasil*. Belo Horizonte: Centro de Estudos de Criminalidade e Segurança Pública (s/d).

BICC e Monterey Institute of International Studies. *Tackling Small Arms and Light Weapons: a Practical Guide for Collection and Destruction*. Bonn, 2000.

BOLLE, Mônica de. "E as mulheres brasileiras?". *Época*, 20 mar. 2018.

BOTTARI, Elenice. "A origem de tudo". *Época*, 28 jan. 2019.

________________. "Depósito de jovens: Justiça manda fechar abrigo". *O Globo*, 2 mar. 2018.

BOUTWELL, Jeffrey; KLARE, Michael T.; REED, Laura W. *Lethal Commerce: The Global Trade in Small Arms and Light Weapons*. Cambridge: American Academy of Arts and Sciences, 1995.

CANO, Ignácio. *Profile of Weapons Sold to Brazilians in Paraguay*. Rio de Janeiro: ISER, 2000.

________________. *Armas acauteladas na DFAE*. Rio de Janeiro: ISER, 1999a.

________________. *Pesquisa sobre vitimização nos roubos*. Rio de Janeiro: ISER, 1999b.

________________. *Letalidade da ação policial no Rio de Janeiro*. Rio de Janeiro: ISER, 1997.

CARVALHO, Cleide. "Quando o alvo são as mulheres". *Época*, 13 jan. 2019.

CAVALCANTI, Murilo (org.). *As lições de Bogotá e Medellín: do caos a referência mundial*. Recife: Editora INTG, 2013.

CERQUEIRA, Daniel. *Causas e consequências do crime no Brasil*. Rio de Janeiro: PUC/RJ, 2010.

________________; BUENO, Samira (coords.). *Atlas da Violência* 2019. Rio de Janeiro: Ipea e FBSP, 2019.

________________; SOARES, Gláucio. *Estatuto do Desarmamento: um tiro que não saiu pela culatra*. Rio de Janeiro: Ipea, mar. 2015.

________________; MELLO, João Manuel Pinho de. *Evaluating a National Anti-Firearm Law and Estimating the Causal Effect of Guns on Crime*. Rio de Janeiro: PUC/RJ, 2013.

________________. *Menos armas, menos crimes*. Brasília: Ipea, 2012.

CHADE, Jamil. "Por reputação, governo suíço veta fábrica de munições no Brasil". *O Estado de S. Paulo*, 6 set. 2018.

________________. "Brasil passa a ser 3º maior exportador de armas leves". *O Estado de S. Paulo*, 13 set. 2017.

CHAPMAN, Simon; ALPERS, Philip; JONES, Michael. "Gun Law Reforms, Gun Deaths in Australia – Landmark 20-year Study". *Journal of the American Medical Association* (JAMA), 22 jun. 2016.

CONTI, Thomas. "Dossiê Armas, crimes e violência: o que nos dizem 61 pesquisas recentes". *Thomas V Conti*, out. 2017. Disponível em: http://thomasvconti.com.br/2017/dossie-armas-violencia-e-crimes-o-que-nos-dizem-61-pesquisas-recentes/.

Convenção Interamericana contra a Fabricação e o Tráfico Ilícitos de Armas, Munições, Explosivos e seus Componentes (CFTA). Washington D.C.: OEA, 1997.

COSTA, Breno; CHAVES, Reinaldo. "O lucrativo exército de segurança privada comandada por militares, milicianos e amigos de Eduardo Cunha no Rio". *The Intercept Brasil*, 16 jul. 2018.

COURA, Kalleo. "Cabeça de assassino". *Veja*, 17 nov. 2010.

Craft Production of Small Arms. Small Arms Survey Research Notes n. 3, mar. 2011.

CUKIER, Wendy. *The Feasibility of a Global Ban on Civilian Possession of Military Assault Weapons*. Toronto: Canadian Peace Building Coordinating Committee, 2005.

Custos econômicos da criminalidade no Brasil. Brasília: Secretaria de Assuntos Estratégicos da Presidência da República, 2018.

Dados sobre armas brasileiras e estrangeiras que foram acauteladas na DFAE entre 1950 e 2001. Rio de Janeiro: Viva Rio, jul. 2002.

De onde vêm as armas do crime: análise do universo de armas apreendidas em 2011 e 2012 em São Paulo. São Paulo: Instituto Sou da Paz, dez. 2013.

De onde vêm as armas do crime apreendidas no Sudeste? Análise do perfil das armas de fogo apreendidas em 2014. São Paulo: Instituto Sou da Paz, out. 2016.

Destruction: Weapons. ISACS 5.40, UN CASA, 2012.

Document on Small Arms and Light Weapons. OSCE, 2000.

________________. *Children of the Drug Trade*. Rio de Janeiro: Editora 7 Letras, 2004.

________________. *Nem guerra nem paz:* comparações internacionais de crianças e jovens em violência armada organizada. Ed. 7 Letras, Rio de Janeiro, 2005.

DREYFUS, Pablo. *Cartilha básica para rastreamento de cartuchos de munição de fogo central para armas pequenas e metralhadoras pesadas.* Rio de Janeiro: Ministério da Justiça e Viva Rio, 2010a.

________________. *Manual de rastreamento de armas pequenas.* Rio de Janeiro: Ministério da Justiça e Viva Rio, 2010b.

________________. "Crime and Ammunition Procurement: The Case of Brazil". In: PÉZARD, Stéphanie; ANDERS, Holger (orgs.). *Targeting Ammunition.* Genebra: Small Arms Survey, 2006.

________________. *Border Spillover: Drug Trafficking and National Security in South America.* Tese (doutorado em Relações Internacionais) – Institut Universitaire de Hautes Études Internationales, Genebra, 2002.

________________; BANDEIRA, Antônio Rangel. *Vizinhança sob observação: um estudo sobre as transferências "cinza" de armas pequenas e munição nas fronteiras do Brasil com Paraguai, Bolívia, Uruguai e Argentina.* Rio de Janeiro: Viva Rio, 2006.

________________; GODNICK, William; IOOTTY, Carolina; LESSING, Benjamin. *Control de Armas Pequeñas en el Mercosur.* Rio de Janeiro e Londres: Viva Rio e International Alert, 2003.

________________; GUEDES, Luis Eduardo; LESSING, Ben; BANDEIRA, Antônio Rangel; NASCIMENTO, Marcelo; RIVERO, Patrícia. *Small Arms in Rio de Janeiro: the Guns, the Buyback, and the Victims.* Genebra: Small Arms Survey Special Report, 2008.

________________; NASCIMENTO, Marcelo de Sousa; PURCENA, Júlio César. *Estoques e distribuição de armas de fogo no Brasil.* Rio de Janeiro: Viva Rio, Subcomissão de Armas e Munições da Câmara Federal e Ministério da Justiça, 2010a.

________________. *Ranking dos estados no controle de armas: análise quantitativa e qualitativa dos dados sobre armas de fogo apreendidas no Brasil.* Rio de Janeiro: Viva Rio e Ministério da Justiça, 2010b.

ECOSOC Resolution 1995 [sobre microdesarmamentos]. Viena: Economic and Social Council, 1995.

Estatuto do Desarmamento: comentários e reflexões – Lei 10.826/2003. São Paulo: Quartier Latin, 2004.

Estudo global sobre homicídios. Viena: UNODC, 2011.

EUA suspendem venda de armas para o Paraguai. Brasília: Embaixada dos Estados Unidos, 25 set. 1996.

FERNANDES, Rubem César (org.). *Brasil: As armas e as vítimas*. Rio de Janeiro: ISER e Editora 7 Letras, 2005.

FIGUEIREDO, Isabel. *O controle de armas apreendidas pela Polícia*. São Paulo: Ilanud, 2007.

Firearms and Violent Deaths. Small Arms Survey Research Notes n. 60, out. 2016.

FLEITAS, Diego. *Los Planes de Recolección de Armas en Latinoamérica*. Buenos Aires: BID, 2010 (não publicado).

FLORQUIN, Nicolas; KING, Benjamin. *From Legal to Lethal Converted Firearms in Europe*. Genebra: Small Arms Survey, abr. 2018.

FOULKES, Imogen. "Domestic killings shock Swiss". *BBC News*, 9 maio 2006.

FOWLER, Katherine A. et al. "Childhood Firearm Injuries in the United States". *Pediatric*, v. 140, 19 jun. 2017.

FRANCO, Bernardo Mello. "A força do lobby da lama". *O Globo*, 29 jan. 2019.

GALDO, Rafael. "Fuzis, um risco mesmo a longa distância". *O Globo*, 24 set. 2017.

Geneva Declaration on Armed Violence and Development. Genebra: Geneva Declaration Secretariat, 2006.

GIRÃO, Luís Eduardo. "Tragédia na escola dos meus filhos reforçou minha convicção contra armas". *O Globo*, 22 fev. 2018.

Global Action Against Armed Violence. EUA: IANSA, 5-12, jun. 2017.

GODNICK, William. *An Examination of the Impact of Voluntary Weapons Collection Programmes on Citizen Security in Latin America*, 2010. Tese (Doutorado) - University of Bradford, Inglaterra, 2010.

________________; BUSTAMANTE, Julián. *El Tráfico de Armas de Fuego en América Latina y Caribe*. Lima: UNLiREC, set. 2012.

GRINSHTEYN, E.; HEMENWAY, David. "Violent Death Rates: the US Compared with Other High-income OECD Countries, 2010". In: *The American Journal of Medicine*, v. 129, n. 3, 1 mar. 2016.

GUIMARÃES, Luciana; RISSO, Melina. "Privatizaram o trabalho legislativo". *O Globo*, 21 mar. 2013.

HELAL FILHO, William. "Estatuto do Desarmamento freou escalada de homicídios e evitou 197 mil mortes no país, diz estudo". G1, 14 maio 2019.

HEMENWAY, David. "Firearms Legislation and Mortality in the US". *The Lancet*, v. 387, 30 abr. 2016.

__________________. *Private Guns, Public Health*. Ann Arbor: University of Michigan Press, 2004.

How to Guide SALW Legislation. Viena: UNDP, 2008.

Implementação do Estatuto do Desarmamento: Do papel para a prática. São Paulo: Instituto Sou da Paz, abr. 2010.

International Ammunition Technical Guidelines: Demilitarization and Destruction of Conventional Ammunition. EUA: UNODA, 2011.

International Small Arms Control Standards (ISACS). EUA: United Nations Coordinating Action on Small Arms (CASA).

International Tracing Instrument (ITI). EUA: ONU, 2005.

IOOTTY, Carolina. *Mercosul: Harmonizando leis para a prevenção do tráfico ilícito de armas de fogo*. Rio de Janeiro: Viva Rio, 2004.

JUNGMANN, Raul. "Um futuro com mais segurança depende de foco na juventude". *Jornal do Commercio*, 3 abr. 2019.

__________________. "Sub-relatório de Indústria, Comércio e C.A.C." In: *Relatório da Comissão Parlamentar de Inquérito destinada a investigar as organizações criminosas do tráfico de armas*. Brasília: Câmara Federal, 27 nov. 2006.

KARP, Aaron. *Estimating Global Civilian Held Firearms Numbers*. Genebra: Small Arms Survey, jun. 2018.

KOSOVSKY, Darío. *El Ciudadano Sheriff: Armas de Fuego y Violencia en Argentina*. Buenos Aires: Editorial Capital Intelectual, 2006.

LAMBERT, Natália. "Registro de armas para pessoa física triplica no país e chega a 66 por dia". *Correio Braziliense*, 11 mar. 2018.

LANGEANI, Bruno; BAIRD, Marcello Fragano; RISSO, Melina. *De onde vêm as armas do crime: Análise do universo de armas apreendidas em 2011 e 2012 em São Paulo*. São Paulo: Instituto Sou da Paz, 2013.

LANGEANI, Bruno; POLLACHI, Natália. *Deseminación de Prácticas: Lucha contra el Tráfico y Desvío de Armas y Municiones*. São Paulo: Instituto Sou da Paz, 2018.

Legislation. UNDP, Nova York, 2008.

LAURANCE, Edward; MEEK, Sarah. *The New Field of Micro-Disarmament: Addressing the Proliferation and Buildup of Small Arms and Light Weapons*. Brief 7. Bonn: Bonn International Center for Conversion, 1996.

LIMA, Ludimila de; GALDO, Rafael. "Água de ninguém". *O Globo,* 28 out. 2018.

LIMA, Ricardo Sérgio de. "Portar arma não aumenta chances de defesa em caso de assalto". *UOL,* 1 set. 2015.

LIMA, R.S.; PIETROCOLLA, L.G.; SINHORETTO, J. "Também morre quem atira: risco de uma pessoa armada ser vítima fatal de um roubo". *Revista do Ibccrim*, v. 8, n. 29, pp.365-74, jan.-mar. 2000.

LOTT, John. *More Guns, Less Crime.* Chicago: University of Chicago, 1998.

LUZ, Daniel. *The Impact of Small Arms on Children and Adolescents in Central America and the Caribbean: a Case Study of El Salvador, Guatemala, Jamaica, and Trinidad and Tobago.* Panamá City: UNICEF, 2007.

MACK, Daniel. "O Brasil e as lágrimas de Obama". *Medium,* 15 jan. 2016. Disponível em: https://medium.com/o-brasil-e-as-armas/o-brasil-e-as-l%-C3%A1grimas-de-obama-10808e61dfde

MAGALHÃES, David Almstadter de. *A política brasileira de exportação de armas no contexto da revitalização da base industrial de defesa*, 2016. 305 f. Tese (doutorado em Relações Internacionais) – PUC, São Paulo, 2016.

"Marginais rendem Bolsonaro e levam motocicleta e arma". *Tribuna da Imprensa*, 5 jun. 1995.

MARIZ, Renata. "Arsenal reforçado: Em 5 anos, registro de atiradores cresce 879%". *O Globo,* 22 abr. 2019a.

________________. "Munições, mercado de uma só empresa que descumpre regras". *O Globo,* 13 jan. 2019b.

________________. "Apenas 23% das munições podem ser rastreadas". *O Globo,* 27 ago. 2018a.

________________. "Exército falha no controle do próprio paiol". *O Globo,* 3 jun. 2018b.

________________. "Sem fiscalizar a munição, o quadro de violência se agrava". *O Globo,* 3 jun. 2018c.

________________. "Flexibilização por decreto". *O Globo,* 8 maio 2017.

MAZURANA, D.; MCKAY, S. *Women & Peacebuilding.* Montreal: International Centre for Human Rights and Democratic Development, 2004.

MELLADO, Rebeca Pérez. *Hacia un Tratado Internacional de Control de Transferencias de Armas Pequeñas y Ligeras: la Visión del Mercosul.* Rio de Janeiro: Viva Rio, 2006.

MELLO, Adriana. "A violência contra a mulher no âmbito familiar". *Café Filosófico*, TV Cultura, 19 nov. 2017. Disponível em: https://tvcultura.com.br/videos/63390_a-violencia-contra-a-mulher-no-ambito-familiar-adriana-mello.html.

MENA, Fernanda. "Combate à evasão escolar pode evitar homicídio, diz pesquisadora". Cotidiano, *Folha de S.Paulo*, 21 jun. 2017.

Menos Armas, Más Seguridad. Montevidéu: IELSUR y Unión Europea, 2015.

MERVOSH, Sarah. "Nearly 40,000 People Died From Guns in U.S. Last Year, Highest in 50 Years". *The New York Times*, 18 dez. 2018.

MILENA, Lilian. "AGU desvenda tentativa de ocultar patrimônio de R$ 60 milhões". *Jornal GGN*, 4 out. 2015.

MILIBAND, Ralph. *O Estado na sociedade capitalista.* Rio de Janeiro: Zahar Editora, 1972.

MILITÃO, Eduardo. "Governo ignora proposta criada por ele mesmo que poderia ajudar casos como o de Marielle". *The Intercept Brasil*, 11 jun. 2018.

Model Law Against the Illicit Manufacturing of and Trafficking in Firearms, Their Parts and Components and Ammunition. Viena: UNODC, 2011.

MORAIS, Wilder. "Direito de se defender". *O Globo*, 13 out. 2017.

MOURA, Tatiana. *Rostos invisíveis da violência armada: Um estudo de caso sobre o Rio de Janeiro.* Rio de Janeiro: Editora 7 Letras, 2007.

"MPF pede à Justiça suspensão de dispositivos dos novos Decretos de Armas". Ministério Público Federal, 10 jul. 2019. Disponível em: http://www.mpf.mp.br/df/sala-de-imprensa/noticias-df/mpf-pede-a-justica-suspensao-de-dispositivos-dos-novos-decretos-de-armas.

MUGGAH, Robert; THOMPSON, Nathan B. "Como o Brasil virou o 4º maior vendedor de armas de pequeno porte do mundo". *Folha de S.Paulo*, 20 nov. 2016.

MUGGAH, Robert; TOBON, K.A. *Citizen security in Latin America: Facts and Figures.* Rio de Janeiro: Instituto Igarapé, 2018.

NASCIMENTO, Marcelo; PURCENA, Júlio César. *Estoques e distribuição de armas de fogo no Brasil.* Rio de Janeiro: Viva Rio, Subcomissão de Armas e Munições da Câmara Federal e Ministério do Justiça, 2010.

NERI, Marcelo. *Impactos do Estatuto do Desarmamento sobre a demanda pessoal por armas de fogo.* Rio de Janeiro: Ipea, 2013.

NOGUEIRA, Rodrigo. *Como nascem os monstros: A história de um ex-soldado da PMERJ.* Rio de Janeiro: Ed. Topbooks, 2013.

NOWAK, Matthias. *Femicide: a Global Problem*. Small Arms Survey Research Notes n. 14, fev. 2012.

OLLIVEIRA, Cecília. "Morte com uma arma Taurus une 'algoz' e família da vítima contra a empresa e o estado de São Paulo". *The Intercept Brasil*, 3 abr. 2017.

Oslo Commitments on Armed Violence. Oslo: 2010.

PARKER, Sarah; WILSON, Marcus. *A Guide to the UN Small Arms Process*. Genebra: Small Arms Survey, 2016.

PEKNY, Ana Carolina; LANGEANI, Bruno; ANGELI, Felippe; MARQUES, Ivan; MORIN, Stephanie. *Controle de armas no Brasil: O caminho a seguir*. São Paulo: Friedrich Ebert Stiftung Brasil. Análise nº 12/2015, nov. 2015.

A paz na prática. São Paulo, Instituto Sou da Paz, 2019.

PENHA, Maria da. *Sobrevivi... Posso contar*. Fortaleza: Armazém da Cultura, 2010.

PÉREZ, Rebeca. *Hacia un Tratado Internacional de Control de Transferencias de Armas Pequeñas y Ligeras: la Visión del Mercosur*. Rio de Janeiro: Viva Rio, 2006.

PÉZARD, Stéphanie; ANDERS, Holger (orgs.). *Targeting Ammunition*. Genebra: Small Arms Survey, 2006.

PINKER, Steven. *Os anjos bons da nossa natureza: Por que a violência diminuiu*. São Paulo: Companhia das Letras, 2017.

PULITA, Guilherme. "Exame não acha pólvora em idosa de 87 anos que diz ter matado invasor". RBS TV, 9 out. 2012.

PURCENA, Júlio César; NASCIMENTO, Marcelo. *Seguindo a rota das armas: Desvio, comércio e tráfico ilícitos de armamento pequeno e leve no Brasil*. Rio de Janeiro: Viva Rio, Subcomissão de Armas e Munições da Câmara Federal e Ministério da Justiça, 2010.

Referendo do Sim ao Não: Uma experiência da democracia brasileira. Rio de Janeiro: Comunicações do ISER, n. 62, ano 25, 2006.

Relatório da Comissão Parlamentar de Inquérito destinada a investigar as organizações criminosas do tráfico de armas. Brasília: Câmara Federal, nov. 2006.

Relatório final da CPI com a finalidade de investigar, no âmbito do estado do Rio de Janeiro, o tráfico de armas, munições e explosivos, e a consequente utilização desse arsenal por traficantes de drogas, milicianos e outros bandos, quadrilhas ou organizações criminosas. Rio de Janeiro: Assembleia Legislativa do Estado do Rio de Janeiro, dez. 2011.

Relatório final da CPI destinada a investigar denúncias de desvio de armas, munições e explosivos, e a consequente utilização desses arsenais por traficantes de drogas, milícias e outros bandos, quadrilhas ou organizações criminosas, no âmbito das secretarias de segurança pública e de administração penitenciária do estado do Rio, entre os anos de 2005 e 2010. Rio de Janeiro: Assembleia Legislativa do Estado do Rio de Janeiro, ago. 2016.

REUTERS. "Para ativistas, Nobel da Paz representa um 'alto reconhecimento' do sofrimento dos yazidis". *O Globo*, 5 out. 2018.

SAIN, Marcelo. *El Leviatán Azul: Policía y política en la Argentina.* Buenos Aires: Siglo XXI Editores, 2008.

SALW and Development. Bonn: Equipe Bourne and Tresa, 2006.

SANTA RITA, Chico. *Novas batalhas eleitorais: O que o público não vê nas campanhas políticas.* Rio de Janeiro: Ediouro, 2008.

SANTOS, Rita; MOURA, Tatiana; PUREZA, José Manuel (orgs.). *Violência de armas de fogo em Portugal.* Coimbra: Editora Almedina, 2016.

SIVESTRI, Elis; LUCCHESE, Bette. "Hospitais do RJ atendem 4.3 mil por tiro de arma de fogo em 10 meses". *O Globo*, 10 nov. 2017.

Small Arms Survey. Inglaterra: Oxford University Press, 2001 a 2006.

Small Arms Survey. Cambridge: Cambridge University Press, Genebra: Graduate Institute of International and Development Studies, 2007 a 2018.

SMITH, Henry; COE, Jim. *Action Against Small Arms.* Londres: International Alert, Saferworld & Oxfam, 2003.

Stockpiles Management: Weapons. EUA: ISACS 5.20, UN CASA, 2012.

Subsídios da sociedade civil para aperfeiçoamento da legislação de controle de armas e munições no Brasil – Nota técnica. Rio de Janeiro: Instituto Sou da Paz, Instituto Igarapé e Viva Rio, ago. 2015.

SYKES, Michael. "NRA report $55 million loss with heavy declines in membership dues". *Axios*, 27 nov. 2018. Disponível em: https://www.axios.com/nra-loses-money-membership-dues-trump-guns-6b7d8514-5691-445f-9ff-9-182630aab9f0.html.

SZABÓ, Ilona; RISSO, Melina. *Segurança Pública para virar o jogo.* Rio de Janeiro: Zahar Ed., 2018.

Tackling Small Arms and Light Weapons: a Practical Guide for Collection and Destruction. Bonn: BICC e Monterey Institute of International Studies, 2000.

TAYLOR, Sarah. "Incorporating a Women, Peace and Security Lens into Disarmament, Demobilization and Reintegration Programmes and Priorities". In: *Civil Society and Disarmament: Applying a Disarmament Lens to Gender, Human Rights, Development Security, Education and Communication: Six Essays*. UNODA, 2012.

The United Nations Commodity Trade Statistics Database (Comtrade). Nova York: ONU, 2012.

Training Manual. Lima: UNLiREC, 2013.

UN PoA [Plano de Ação da ONU]. Nova York: ONU, 2001.

VELASCO, Clara. "Um ano após decreto, país reutiliza menos de 200 armas das mais de 135 mil apreendidas". G1, 18 nov. 2017.

Violencia, Crímen y Tráfico Ilegal de Armas en Colombia. Bogotá: UNODC, 2007.

WAISELFISZ, Julio Jacobo. *Mapa da Violência 2016: Homicídios por armas de fogo no Brasil*. Brasília: Ministério da Justiça e FLACSO, 2016.

________________. *Mapa da Violência 2015: Juventude, mortes matadas por arma de fogo*. Brasília: Secretaria-Geral da Presidência da República, 2015.

Wassenaar Arrangement's 2000 Best Practices For Effective Export Control Enforcement. Wassenaar, 2002.

WEBSTER, Daniel W.; VERNICK, Jon S. (orgs.). *Reducing Gun Violence in America: Informing Policy with Evidence and Analysis*. Baltimore: The Johns Hopkins University Press, 2013.

World Health Organization. *Aliança para a Prevenção da Violência*. Genebra: 2004.

The World Health Report 2002: Reducing Risk, Promoting Healthy Life. Suíça: World Health Organization (WHO), 2002.

ZALUAR, Alba. "Estatísticas e mistérios ignorados". *O Globo*, 5 nov. 2017.

ZAREMBA, Júlia; AMÂNCIO, Thiago. "Mulheres encampam empoderamento feminino com armas após decreto de Bolsonaro". *Folha de S.Paulo*, 16 jan. 2019.

NOTAS

Parte 1

Origens do movimento pelo controle das armas

1 Utilizo as expressões "arma de fogo" ou "arma pequena" para me referir às armas que disparam por detonação de pólvora ao serem manuseadas por apenas uma pessoa, como revólveres, pistolas, espingardas, carabinas, fuzis, rifles, submetralhadoras, metralhadoras etc. A sigla relativa a "armas leves e pequenas", em inglês, "small arms and light weapons" (SALW) é muito usado, e inclui, entre essas últimas, metralhadoras pesadas, lançadores de granadas, morteiros menores que calibre 100 milímetros, lançadores de mísseis antitanque etc. e suas munições, de acordo com a definição adotada pela ONU em 1997.

2 *Armas...* (2003).

3 Laurance, Edward. "The Small Arms Problem as Arms Control". In: Batchelor; Kenkel (2014).

4 Boutwell; Klare; Reed (1995).

5 Laurance; Meek (1996).

6 Batchelor; Kenkel, op. cit.

7 Idem, ibidem.

8 Idem, ibidem.

Os Estados Unidos e as armas

9 Godnick; Bustamante (2012).

10 Karp, Aaron. "The Global Geography of Small Arms Numbers".In: Batchelor; Kenkel, op. cit.

11 Karp (2018).

12 Mervosh (2018).

13 *Dados...* (2002).

14 *Small Arms Survey Research Notes* (2016).

15 Pew Research Center, 2017.

16 Wilkinson, Francis. *Bloomberg.net*, 30.3.2017.

17 Webster; Vernick (2013).

18 O maior massacre foi cometido com bombas, colocadas numa repartição pública em Oklahoma City, em 1995. O autor, o supremacista branco Timothy McVeigh, ao detonar 2.500 quilos de explosivos numa grande repartição pública, quis atacar

"o governo comunista de Clinton". Matou 168 pessoas, entre elas 19 crianças, e feriu mais de 500 outras.

19 O acelerador permite, por exemplo, que uma pistola que dispara até 15 tiros possa disparar 90. Está à venda na cidade de Santa Rosa, a 70 quilômetros de Ciudad del Este, numa loja de um brasileiro. Valor: pistola + adaptador = R$ 6.500, mais barato que comprar um fuzil por R$ 50 mil.

20 Girão (2018).

21 Acessar "Em vídeo, jovem de 13 anos não consegue comprar bilhete de loteria, mas compra rifle". *All Sports*, HBO.

22 Wilkinson, Francis. "The Shooting of Millie Kelly", *Bloomberg.net*, 17.7.2019.

23 Fowler (2017).

24 *The New York Times*, 17.1.2013.

25 Allen (2018).

26 Entrevista a Lígia Guimarães, "Dar acesso a armas piora a segurança para a sociedade". *Valor Econômico*, 25.10.2017.

27 Hemenway (2016).

28 Grinshteyn; Hemenway (2016).

Mapa mundial das armas

29 Karp, Aaron. "The Global Geography of Small Arms Numbers". In: Batchelor; Kenkel, op. cit.

30 *Small Arms Survey* (2018).

31 *Small Arms Survey* (2007).

32 *Legislation*. UNDP, 2008.

33 *Small Arms Survey* (2006).

34 Chade (2017).

35 Florquin, Nicolas. "Armed Actors: a New Subject of Research". In: Batchelor; Kenkel, op. cit.

36 *Small Arms Survey* (2002).

37 Hall, Peter. "Products and Producers. A Global Business".In: Batchelor; Kenkel, op. cit.

38 Idem, ibidem.

O papel da ONU

39 *EUA...* (1996).

40 *Proyecto...* (2006).

41 *Model...* (2011).

Parte 2

Mulheres e violência armada

1 "Feminicídio" é o assassinato de mulher por ser mulher, que envolve violência doméstica,

ou menosprezo, ou discriminação à condição de mulher. A Lei nº 13.104/2015, alterando o Código Penal, definiu-o como crime doloso contra a vida das mulheres em razão do gênero.

2 Lei Maria da Penha nº 11.340, de 7 de agosto de 2006, contra a violência doméstica e familiar, estabelecendo medidas para a prevenção, assistência e proteção às mulheres em situação de violência.

3 Batchelor, Peter; Muggah, Robert. "An emerging research and policy agenda". In: Batchelor; Kenkel, op. cit.

4 Kirsten, Adèle. "Defining the small arms control agenda".In: ibidem.

5 Everytown for Gun Safety. *Guns and violence against women: America's uniquely lethal domestic violence problem*, 2014. Disponível em https://everytownresearch.org/reports/guns-violence-women-americas-uniquely-lethal-domestic-violence-problem/.

6 Nowak (2012).

7 Bolle (2018).

8 *The World...* (2002).

9 Tribunal de Justiça do Estado do Piauí, agosto 2015.

10 Cemujer, San Salvador, 2002.

11 Zaremba; Amâncio (2019).

12 UNLiREC. *Training Manual*. Lima, 2013.

13 Fórum Brasileiro de Segurança Pública, 2016.

14 Mello (2017).

15 Waiselfisz (2015). O *Mapa da Violência* é um respeitado anuário publicado pelo sociólogo Julio Jacobo Waiselfisz.

16 IANSA (2017).

17 *Small Arms Survey* (2013). Essa publicação dedicou uma edição ao problema: *Small Arms Survey 2014: Women and Guns*. Londres, Cambridge University Press, 2014.

18 Taylor (2012).

19 Murad, Nadia. *O Globo*, 6.10.2018.

20 Mazurana (2004).

21 *Small Arms Survey* (2014).

22 The Violence Policy Center, cit. in *Small Arms Survey* 2013.

23 *Small Arms Survey* (2013).

24 Bandeira; Bourgois (2005).

25 Idem, ibidem.

26 Idem, ibidem.

27 IANSA (2017).

28 https://www.facebook.com/maryleighblek.

29 Carvalho (2019).

Violência e juventude

30 A definição de "jovem" varia. Para a ONU, vai de 15 a 24 anos. Para alguns países, de 15 a 35. No Brasil e em outras nações, de 15 a 29 anos de idade.

31 *Small Arms Survey* (2006).

32 Bandeira; Bourgois, op. cit.
33 *How...* (2008).
34 Depoimento de Isaac Lappia, da Anistia Internacional de Serra Leoa, cit. in Smith; Coe (2003).
35 Dowdney (2005).
36 Dowdney (2004).
37 Luz (2007).
38 Agamben (2010).
39 Albuquerque (2017).
40 Palestra durante a Cúpula sobre Redução da Violência das Armas, na Johns Hopkins University (Webster; Vernick, 2013).
41 Neri (2013).
42 Cavalcanti (2013).
43 Depoimento de Flávio Saudade ao autor, outubro 2018.
44 Bottari (2018).
45 Mena (2017).
46 Bottari, op. cit. (2018).
47 Jungmann (2019).

Parte 3

Destruição de armas e munições

1 *Small Arms Survey* (2008).
2 *Small Arms Survey* (2014).
3 Press release da IANSA, 8 jul. 2017.
4 BICC e Monterey Institute of International Studies. *Tackling Small Arms and Light Weapons: a Practical Guide for Collection and Destruction*. Bonn, 2000.
5 ISACS (2012, 2012a).
6 *International...*(2011).
7 Info-Humanium-Metal.com Desarmamento Voluntario
8 *Razões para acreditar*, 30.6.2019.

Desarmamento voluntário

9 *ECOSOC...* (1995).
10 DRAE, Polícia Civil do RJ, 2005.
11 Bandeira; Bourgois (2005).
12 Fernandes (2005).
13 Outras informações sobre o impacto de várias campanhas podem ser encontradas em *Small Arms Survey* (2008).
14 Chapman; Alpers; Jones (2016).
15 Alpers, Philip. "The Big Melt: How One Democracy Changed after Screpping a Third of Its Firearms". In: Webster; Vernick (2013).

16 North, Michael. "Gun Control in Great Britain after the Dunblane Shootings". In: Webster; Vernick, op. cit.
17 Fleitas (2010).
18 Bandeira; Bourgois, op. cit.
19 Kosovsky (2006).
20 Entrevista com Juan Pablo Hernández, coordenador do "Programa Desarmamento e Vida Sagrada", da Prefeitura de Bogotá, 2014.
21 Villaveces, Andrés. *Journal of the American Medical Association* (JAMA), 2000.
22 *Violencia...* (2007).
23 Restrepo e Aguirre, cit. in Godnick (2010).
24 Forensis, Bogotá, 2018.
25 Godnick (2010).
26 *Jornal de Angola*, 17.5.2016.
27 Van der Graaf; Faltas, 2001; Celenk, 2006, cit. in Godnick, op. cit.
28 Conversa com Gabriel Conte, 2014.
29 Bandeira; Bourgois, op. cit.
30 Rivero, Patrícia. "O mercado ilegal de armas de fogo na cidade do Rio de Janeiro". In: Fernandes (2005).
31 Fleitas, op. cit.
32 Site do Governo do Piauí, 3.7.2017.
33 *Small Arms Survey* (2003).
34 *Small Arms Survey Research Notes*, n. 3, mar. 2011.
35 Idem, ibidem.
36 UNODC, 2013.
37 *O Observador*, 11.2.18.
38 Santos; Moura; Pureza (2016).
39 Moura (2007).
40 Bandeira, Antônio Rangel. "Control de Arms y Municiones en Brasil: Medidas y Resultados". *In: Seminario Internacional: Control de Armas, Municiones y Desarme.* Caracas, Comisión Presidencial de Control de Armas, 2012.
41 "Chávez: El desarme es una medida para lograr la paz social": <https://youtu.be/sN3SgXdEbeU>.

Parte 4

Violência armada: o Brasil no mundo

1 Robert Muggah. *The New York Times*, 6.6.2016.
2 Os países com maiores taxas de mortes por arma de fogo em 2016, foram a Síria, El Salvador, Venezuela, Honduras e Afeganistão, sendo que apenas a Síria e o Afeganistão estavam em guerra, de acordo com o *Small Arms Survey* (2017).
3 Muggah; Tobon (2018).
4 *Custos...* (2018).

5 *Geneva Declaration Secretariat*, (2015), cit. in *Small Arms Survey Research Notes*, n. 60, out. 2016.
6 *Estudo...* (2011).
7 Bandeira; Bourgois (2005).
8 Bandeira; Bourgois (2005).
9 Foulkes (2006).

O caso Marielle e o problema das munições

10 Mariz (2018b).
11 Mariz (2019).
12 Militão (2018).
13 Mariz (2018).
14 Debate durante o Seminário Internacional sobre Policiamento Comunitário no RJ em 1999, que organizei para o Viva Rio.
15 Mariz (2018a).
16 Idem. "Munições sem controle", *O Globo*, 8.7.2019.

Mapa das armas do Brasil

17 Fernandes (2005).
18 Dreyfus (2002).
19 Dreyfus; Nascimento; Purcena (2010).
20 Purcena; Nascimento (2010).
21 É preciso considerar uma limitação das pesquisas baseadas em armas apreendidas: acredita-se que as melhores dessas armas, como as estrangeiras, acabem sendo desviadas por maus policiais, o que afetaria até certo ponto os resultados dessas análises.
22 Langeani; Baird; Risso (2013).
23 Neri (2013).
24 Pesquisa nacional realizada pelo CRiSP chegou a conclusão diferente: "a maioria dos que têm arma é de classe média e tem mais de 45 anos". Ver em Beato (s/d). Devido à controvérsia, o tema demanda mais pesquisas.

Indústria brasileira de armas pequenas e munições

25 Principal fonte para este capítulo: Dreyfus, Pablo; Lessing, Benjamin; Purcena, Júlio César. "A produção brasileira de armas leves e de pequeno porte: produção legal e comércio". In: Fernandes (2005).
26 Idem, ibidem.
27 Milena (2015).
28 Freitas, Caetanno. *IstoÉ Dinheiro*, 18.8.2016.
29 Herdy e Abbud, op. cit.
30 Barbieri (2019).
31 Herdy e Abbud, op. cit.
32 DefesaNet, 16.7.2014.

33 *Jornal do Commercio*, 8.1.2016.
34 Mack (2016).
35 Magalhães (2017).
36 Muggah; Thompson (2016).
37 Guimarães; Risso (2013).
38 Muggah; Thompson, op. cit.
39 Fonseca, Bruno. "Exclusivo: apesar de proibido BNDES emprestou mais de R$ 60 milhões à Taurus". *Publica*, 24 jul. 2019
40 www.armasboito.com.br.
41 Ver no YouTube, no canal amborbaomelhor: <https://www.youtube.com/watch?v=N5Zd0MzKXas>.
42 www.rossi.com.br.
43 Dreyfus et al., op. cit.
44 Chade (2018).

Parte 5

Pesquisas sobre vitimização
1 Sivestri; Lucchese (2017).
2 Galdo (2017).
3 Cerqueira; Bueno (2019).
4 Abbud (2018).
5 Phebo, Luciana. "Impacto da arma de fogo na saúde da população no Brasil". In: Fernandes (2005).
6 Cerqueira (2010).
7 Cerqueira; Mello (2012).
8 Cerqueira; Mello (2013).
9 Daniel Cerqueira em Audiência Pública da Comissão Especial da Câmara, na Assembleia Legislativa do Rio de Janeiro, em 21 de agosto de 2015.
10 Helal Filho (2019).
11 Cerqueira; Bueno (2019).
12 Zaluar (2017).
13 *Atlas da Violência* 2019.
14 LGBTI+ é a sigla para lésbicas, gays, bissexuais, travestis, transexuais, intersexuais, e o "+" se refere a outras identidades de gênero e sexualidade não identificadas na sigla.
15 Waiselfisz (2016).
16 Dreyfus, Pablo e Nascimento, Marcelo. "Posse de armas de fogo no Brasil: mapeamento das armas e seus proprietários". *In: Fernandes, Brasil...*(2005)
17 Monitor da Violência, G1, 27.2.2019.
18 *O Globo*, 22.6.2019.
19 Facebook @vitimasdataurus (https://www.facebook.com/vitimasdataurus/).
20 Olliveira (2017).

Parte 6

Evolução das leis brasileiras

1 Purcena; Nascimento (2010).
2 Iootty, Carolina. "Legislação para controle de armas leves no Brasil: de Vargas a Lula". In: Fernandes (2005).
3 Idem, ibidem.
4 Idem, ibidem.
5 Pekny; Langeani; Angeli; Marques; Morin (2015).
6 Iootty, op. cit.
7 DefesaNet, 29.10.2017.
8 Iootty, op. cit.
9 Dreyfus, Pablo e Nascimento, Marcelo. "Posse de armas de fogo no Brasil: Mapeamento das armas e seus proprietários", in Fernandes, *Brasil*... (2005).
10 Art. 10º da Lei do Sinarm.
11 Iootty, op. cit.
12 O histórico das primeiras atividades do Viva Rio me foi fornecido pela historiadora Fernanda Motta, do Viva Rio, e por seu diretor-executivo, Rubem César Fernandes.
13 Na América Latina, só El Salvador havia experimentado até então uma campanha limitada de desarmamento voluntário, coordenada por Edward Laurance, trabalhando para a ONU, com assistência de William Godnick.
14 Mensagem de Luiz Eduardo Soares para o autor, em 8 de abril de 2018.

Pesquisas pioneiras
Primórdios da luta no Brasil

15 Bandeira (1974).
16 Bandeira (1976).
17 Miliband (1972).
18 Cano (1999).
19 Em 2002, *Ônibus 174* virou um documentário de José Padilha.
20 Bandeira; Bourgois (2005).
21 Outra nova lei de armas, Lei nº 4.036, seria promulgada no Paraguai em 2010.
22 Bandeira; Cano (2000).
23 Bandeira (jun. 2006).
24 Carta de Anna Lúcia M. Lima ao autor, em 5 de janeiro de 2004.

Parte 7

Destruição pública de armas no Brasil

1 Vídeo *Destruindo as armas no Rio de Janeiro: Para treinamento de destruições públicas de armas de fogo*, direção de Daniela Almeida, assistência de Joana Milliet, 16 min., Viva Rio e SSP/RJ, 2003.

2 *Dados...* (2002).
3 Na época, formávamos a "tendência social-democrata do PMDB" e na reunião estavam: Almino Afonso, FHC, Mário Covas, Raphael de Almeida Magalhães, Luiz Henrique da Silveira, João Hermann, José Serra, Roberto Requião e eu.
4 Bandeira (2004).
5 Figueiredo (2007).
6 Velasco (2017).
7 *Relatório...* (2006).

CPI da Câmara Federal

8 Art. 222 do Regulamento 105 (R-105), de 1965, atualizado pelo Decreto nº 3.665, de 20 de novembro de 2000 (referente aos oficiais militares), e Portaria nº 616, de 28 de outubro de 1992 (referentes aos policiais), inseridas no R-105.
9 *Relatório...*, op. cit.
10 Dreyfus; Bandeira (2006).
11 *Relatório...*, op. cit.
12 Ibidem.
13 Lima; Galdo (2018).
14 Pesquisas realizadas pelo Viva Rio a pedido da Subcomissão de Controle de Armas e Munições da Câmara Federal, com apoio do Ministério da Justiça: *Estoques e distribuição de armas de fogo no Brasil* (Dreyfus; Nascimento; Purcena, 2010); *Seguindo a rota das armas: Desvio, comércio e tráfico ilícito de armamento pequeno e leve no Brasil* (Purcena; Nascimento, 2010); *Ranking dos estados no controle de armas: análise quantitativa e qualitativa dos dados sobre armas de fogo apreendidas no Brasil* (Dreyfus; Nascimento; Purcena, 2010a).
15 Jungmann (2006).

CPI do Rio sobre tráfico de armas

16 *Relatório final...* (2011).

CPI do Rio sobre desvio de armas

17 *Relatório final...* (2016).
18 Portaria DG-PF nº 3.233, de 10 de dezembro de 2012, do DPF.
19 Entrevista ao *Jornal Nacional*, da TV Globo, em 8 de outubro de 2017.
20 Costa; Chaves (2018).
21 *O Globo*, 1.11.2017.

Parte 8

O sucesso da campanha de desarmamento

1 Bandeira; Bourgois (2005).
2 MP nº 417/2008, convertida na Lei nº 11.706/2008, art. 32.

3 Portaria nº 2.969, de 22 de novembro de 2012.

4 Assista ao clipe em: <https://www.youtube.com/watch?v=_WZn3A9BaOk>.

5 Assista ao filme em: <https://m.youtube.com/watch?feature=youtu.be&v=zP838wjRcuY>.

6 *Armas* foi veiculado no canal GNT, no programa *Quebrando o Tabu*, 1ª temporada, episódio 6, e está disponível no Globosat Play.

7 Mota, Maria Aparecida Rezende. "O referendo de outubro/2005: das conquistas plurais à derrota singular". In: ISER (2006).

8 Nascimento; Purcena (2010).

9 Dreyfus, Pablo. "Posse de armas de fogo no Brasil: Mapeamento das armas e seus proprietários". In: Fernandes (2005).

10 Dados do Sinarm, cit. in Dreyfus; Nascimento; Purcena, op. cit.

11 Números fornecidos ao autor por Sinarm, PF e Ministério da Justiça (2018)

12 Bandeira; Bourgois, op. cit.

13 Bandeira; Bourgois, op. cit.

14 Acesso em www.facebook.com/ArmaNaoEBrinquedo.

15 *Jornal de Londrina*, 12.9.2011.

Referendo sobre comércio de armas e munições

16 Para análises mais detalhadas sobre o tema, ver ISER, op. cit.

17 Conrado, Flávio Cesar. "Quem crê em Cristo diz sim à vida? As igrejas e o desarmamento". In: ISER, op. cit.

18 Santa Rita (2008).

19 Santa Rita, op. cit.

Parte 9

Ações contra e em defesa da nova lei

1 Dreyfus, Pablo e Antônio Rangel Bandeira. *Vizinhança sob observação: Um estudo sobre as transferências "cinza" de armas pequenas e munição nas fronteiras do Brasil com Paraguai, Bolívia, Uruguai e Argentina*. Rio de Janeiro, Viva Rio, 2006.

2 Dreyfus; Bandeira (2006).

3 Site do Instituto de Defesa Nacional, s/d.

4 Pekny; Langeani; Angeli; Marques; Morin (2015).

5 Franco (2019).

Análise comparativa: PL nº 3.722, Substitutivo e Estatuto

6 Waiselfisz (2015).

7 Mariz (2017).

8 Seminário da Anaspra, Belo Horizonte, 2015.

9 Velasco (2017).

10 Entrevista com Marcelo Resende, tenente-coronel da PMMG e psicólogo. "Avaliação psicológica compulsória", in *Diálogos*, Conselho Federal de Psicologia, maio 2019.

11 Pesquisa do *Jornal R7 Notícias*, 27.7.2015.
12 Bandeira; Bourgois (2005).

Projetos em defesa e contra o Estatuto do Desarmamento

13 Mariz (2019).
14 *Subsídios...* (2015).
15 O crime hediondo exige que 40% da pena seja cumprida para ter início a progressão, e o condenado perde os benefícios da anistia e de indultos.

Parte 10

Mitos que matam

1 Conti (2017).
2 Morais (2017).
3 Ver texto completo do manifesto em "Anexos".
4 *Marginais...* (1995).
5 Cano (1999a).
6 Lima; Pietrocolla; Sinhoretto (2000).
7 Violence Policy Center, "Firearms Justifiable Homicides and Non-Fatal Self-Defense". Washington D.C., 2015.
8 Pulita (2012).
9 Coura (2010).
10 McDowall e Loftin, 1999, cit. por Thomas Conti, op. cit.
11 Johns Hopkins Center, 2002.
12 G1 do RS, 12.6.2017.
13 Carvalho (2019).
14 Kellermann, Arthur. *New England Journal of Medicine*, 1993.
15 *Small Arms Survey* (2004).
16 Dreyfus; Nascimento; Purcena (2010).
17 Lima (2015).
18 Lambert (2018).
19 Dados da SSP de São Paulo e Ministério da Justiça (para SP) e do ISP e Ministério da Justiça (para o RJ), coletados pelo Ministério Público de São Paulo.
20 Carta de Philip Alpers ao autor, agosto 2016.
21 Ministério Público de SP e Instituto Sou da Paz, 2013.
22 U.S. Department of Justice, 2002.
23 Australian Institute of Criminology, 2003.
24 Gobierno de la Província de Mendoza, 2003.
25 Tribunal de Justiça do Piauí, agosto 2015.
26 Ministério Público de SP e Instituto Sou da Paz, 2015.
27 Centro de Pesquisa e Economia da Escola Nacional de Seguro, 22.12.2017.
28 Pinker (2017).

29 Bottari (2019).
30 *A paz...* (2019).
31 Entrevista de Bruno Langeani à *Folha de S.Paulo,* 20 jan. 2019.
32 Ver texto completo do manifesto em "Anexos".
33 Ver carta dos ex-ministros em "Anexos".
34 "MPF..." (2019).

Conclusões

1 Cerqueira; Mello (2013).
2 Szabó; Risso (2018).

Em www.leya.com.br você tem acesso a novidades e conteúdo exclusivo. Visite o site e faça seu cadastro!

A LeYa também está presente em:

facebook.com/leyabrasil

@leyabrasil

instagram.com/editoraleya

1ª edição	Setembro de 2019
papel de miolo	Pólen Soft 70g/m²
papel de capa	Cartão Supremo 250g/m²
tipografia	Minion Pro
gráfica	Edigráfica